중세 해상제국 베네치아

이화학술총서

중세 해상제국 베네치아

Venezia

남종국 지음

이화여자대학교출판문화원

프롤로그

이 책은 초라한 작은 섬에 불과했던 베네치아가 어떻게 중세 말 유럽 최고의 경제 부국으로, 지중해 바다를 주름잡는 해상제국으로 성장할 수 있었는가를 밝히고자 한다. 베네치아는 약 414평방킬로미터에 지나지 않는 작은 섬으로, 사람이 생존하기에 적합지 않은 자연환경을 가지고 있었다. 베네치아는 "경작도 파종도 수확도 하지 않는다non arat, non seminat, non vendemiat"는 속담처럼 농사지을 땅도 거의 없었다.[1] 중세 초 이민족의 침략을 피해 이탈리아 북부에서 베네치아로 피난 온 초기 원주민들이 석호에 집을 짓고 살기 시작했을 때 아무도 베네치아가 중세 말 유럽을 대표하는 경제 중심지이자 지중해 해상 강자로 성장할 것이라고는 상상조차 할 수 없었다.

중세 지중해와 베네치아의 역사를 연구하면서 마주한 또 다른 의문점은 근대 유럽 세계가 어떻게 탄생했는지이다. 특히 근대 세계의 경제 질서인 자본주의의 탄생 과정, 자본주의를 뒷받침하는 상업 제도와 경제적 심성이 어떻게 해서 탄생했는지를 밝히고 싶었다. 일반적으로 근대 세계의 탄생은 인도로 가는 새로운 항로 개척을 선도했던 대서양 연안 국가인 포르투갈과 에스파냐가 주도한 것으로 생각된다. 그러나

1 페르낭 브로델(1997), 『물질문명과 자본주의 III-1』, 주경철 옮김, 까치, 144쪽.

조금 더 자세히 들어가면 근대의 탄생을 실질적으로 준비하고 만든 것은 이탈리아 상업 도시들과 상인들이었다. 특히 베네치아의 역할이 작지 않았다. 페르낭 브로델Fernand Braudel은 베네치아가 자본주의 체제의 첫 중심지였다고 말한다. 이 소박한 책은 어떻게 중세 베네치아가 해상제국으로 성장하고 자본주의의 첫 중심지가 될 수 있었는가라는 두 가지 의문에서 출발한다.

역사가는 자신이 다루는 주제에 대해서 무의식중에 애정을 갖기가 쉽지만, 이 책에서는 중세 베네치아의 역사를 과장하고 신화화하기보다는 거시적이고 구조적인 차원에서 분석할 것이다. 이를 위해서는 두 가지 사실에 주목해야 한다. 첫째는 베네치아의 성공은 중세 후반 지중해의 정치·군사적 판도라는 구조하에서 설명되어야 한다는 것이다. 중세 해상제국 베네치아라는 신화가 만들어지는 시기는 대략 11세기부터 15세기까지이다. 5세기 동안 지중해에서는 패권의 변화가 진행되었고, 이러한 패권의 변화가 베네치아의 성공에 유리했다. 우리의 이야기를 1000년경부터 시작하는 것이 적합할 것 같다. 변화가 시작되는 1000년경 지중해 제일의 강자는 이슬람 세계였고, 그다음이 비잔티움제국(동로마제국), 그리고 가장 열세에 놓였던 곳이 바로 서유럽 기독교세계였다. 8세기부터 10세기까지 지중해 바다 또한 사실상 이슬람의 바다였다.

그렇지만 서유럽 기독교 세계는 이전 시기의 침체를 극복하고 11세기 이후 경제적으로 성장 국면에 접어들었다. 이전까지 지중해 교역에서 소외되어 있었던 서유럽 상인들은 지중해로 다시 진출하기 시작했고, 이러한 지중해 진출을 선도했던 세력은 베네치아, 제노바, 피사와 같은 이탈리아 항구 도시들이었다. 경제 성장과는 달리 정치적으로 서유럽 기독교 세계는 9세기 서로마제국의 와해 이후 강력한 세력이 성장하지 못했고 왕권이 약한 봉건 왕조들로 분할되어 있었다. 10세기 이후 서유럽에서는 삼백 년 동안 봉건제를 포함한 다양한 방식의 권력 파편화가 이루어졌고 이렇다 할 강력한 패권 세력이 등장하지 못했다. 결국 이들 서유럽 봉건 왕조들은 지중해 바다를 장악할 해군은커녕 자국 상품을 수송할 선박조차 충분히 보유하고 있지 못했다. 이러한 상황 덕분에 베네치아, 제노바, 피사와 같은 이탈리아 항구 도시들이 지중해 교역에서 나름 역할을 할 수 있었다.

1000년경까지 지중해에서 강자였던 이슬람 세계와 비잔티움제국은 이후 전성기의 활력과 힘을 잃어갔다. 11세기 후반 이슬람 세계가 처한 중대한 위기는 분열이었다. 이전까지 이슬람 세계의 맹주였던 아바스제국은 옛 영광을 상실했고 11세기 중반부터는 중앙아시아에서 온 셀주크 터키의 침략에 시달렸고, 10세기 초 이집트에 수립된 파티마 왕조(909-1171)는 아바스제국과 경쟁하고 있었으며, 이베리아반도의 이슬람 세력은 내부 분열과 기독교 세계의 공격이라는 이중의 어려움에 처해 있었다. 비잔티움제국은 11세기 발칸 지역에서 슬라브족의 공격을, 아드리아해에서는 노르만족의 공격을, 소아시아의 국경 지대에서는 중앙아시아에서 온 유목 민족인 셀주크 터키의 공격을 받았다. 급기야 11세기 말 비잔티움제국 황제는 교황에게 도움을 요청하기에 이르렀다. 게다가 제국의 수도 콘스탄티노플에서는 황제 자리를 차지하기 위한 파벌 싸움이 심각했다. 이후 비잔티움제국은 오스만제국에게 멸망하는 1453년까지 전성기의 영광을 되찾지 못했다. 1204년에는 4차 십자군의 공격을 받고 제국을 상실한 적도 있었다.

이와 같은 서유럽 세계의 권력 파편화, 잦은 외침에 시달릴 정도로 약해진 비잔티움제국의 국력, 그리고 이슬람 세계의 분열과 더불어, 베네치아가 지중해 해상 강국으로 부상할 수 있었던 또 다른 정치·군사적 상황 중의 하나는 이슬람 세계와 비잔티움제국의 해상력 쇠퇴였다. 11세기까지만 해도 이슬람 세계와 비잔티움제국은 나름의 해군력을 보유하고 있었다. 당시 이집트의 알렉산드리아와 다미에타, 이슬람 지배하에 있던 발렌시아, 알메리아Almeria, 데니아Denia 등의 항구들은 시리아 북부, 마그레브, 아나톨리아 등지에서 들여온 목재로 선박을 건조하고 있었다.[2] 그러나 주로 지중해 남부에 위치한 이슬람 세계는 지중해 북부에 위치한 서유럽 세계에 비해 항시적인 목재 부족에 시달리고 있었다.[3] 이슬람의 지중해 지배가 서유럽 기독교 세계의 본격적인 도전에 직면한 것은 11세기 후반부터였다. 11세기 제노바와 피사는 티레니아해에서 사라센 해적을 몰아내려고 노력하고 있었다. 아드리아해에서는 베네치아가 비잔티움제국에 함대 지원을 해주는 등 입지를 강화해가고 있었다.[4]

12세기 이후 서유럽 기독교 세계에서는 선박 건조와 수송이 성장했던 반면 이슬람 세계와 비잔티움제국에서 선박 건조와 수송은 상대적으로 쇠퇴했다. 쇠퇴의 증거들은 여러 사례들에서 확인할 수 있다. 파티마 왕조는 12세기 초중반 아슈켈론Ashkelon 앞바다에서 벌어진 해전에서 패배하면서 강력한 해상 세력으로서의 지위를 상실했다. 1123년 십자군은 다수의 이집트 함선을 침몰시켰다. 1153년에는 아슈켈론 항구가 기독교 세력에게 넘어갔고, 그 이후 동지중해에서 이슬람 선박의 수는 현격히 줄어들었다.[5] 12세기 후반 이베리아반도 출신의 순례자 이븐 주바이르Ibn Jubayr는 메카 순례를 다녀오면서 왕복 구간 모두에서

2 Michel Balard(2003), "A Christian Mediterranean: 1000-1500," *The Mediterranean in history*, ed. by David Abulafia, London: Thames & Hudson Ltd., p.185.

3 John H. Pryor(1988), *Geography, technology, and war: studies in the maritime history of the Mediterranean, 649-1571*, New York: Cambridge University Press, p.80.

4 데이비드 아불라피아(2016), 『위대한 바다: 지중해 2만년의 문명사』, 이순호 옮김, 책과함께, 426, 433, 438쪽,

5 Pryor(1988), p.115.

제노바 선박을 이용했다. 이슬람과 기독교의 갈등이 첨예하게 고조되었던 십자군 시절에 이슬람 순례자가 기독교 선박을 이용했다는 것은 그만큼 이슬람 선박이 없었음을 반증한다. 13세기 중엽부터 시리아와 이집트 지역을 통치한 맘루크제국은 기본적으로 육상 세력이었기에 바다를 크게 중시하지 않았고, 그 결과 동지중해 바다를 장악할 해군력을 유지하지 않았다.

비잔티움제국은 이미 11세기부터 아드리아해 장악을 포기했고, 때때로 베네치아 선박의 지원을 받았다. 11세기 후반 남부 이탈리아로부터 제국을 침입한 노르만 세력을 막기 위해 비잔티움제국은 베네치아의 선박 원조를 받았고, 이러한 원조는 이후에도 계속되었다. 1261년 미카엘 8세 팔레올로구스가 제국의 수도를 되찾고 잠시 해군을 증강했지만 이후 해군력 증가는 없었고, 1453년 최종적으로 무너질 때까지 비잔티움제국의 해군력은 지중해 바다에서 별로 중요하지 않았다.[6]

14-15세기 비잔티움제국과 이슬람의 선박은 서유럽 선박보다 작고 성능이 떨어졌다. 그 결과 14-15세기 지중해를 가로지르는 원거리 항해와 수송은 주로 서유럽 기독교 선박에 의해 이루어졌고, 비잔티움 선박은 동지중해 연안 항해와 수송을 맡았다. 비잔티움제국은 원거리 해양 수송을 주로 이탈리아 선박에 의존했다. 비잔티움 선박과 이슬람 선박은 서유럽 기독교 세계로 운항하지 않았고, 서지중해와 동지중해를 연결한 것은 서유럽 기독교 선박이었다. 중세 말 흑해에서 이집트 알렉산드리아로의 노예 수송은 제노바와 베네치아 선박이 담당했다. 소아시아반도에서 생산된 명반 등의 상품을 대서양으로 수송한 것은 제노바 선박이었다. 향신료를 이집트와 시리아에서 서지중해와 대서양으로 수송한 선박은 베네치아의 대형 갤리선이었다.

---

6 Pryor(1988), pp.68-69.

그러나 14세기 중엽 이후 지중해의 패권에 또 다른 구조적 변화가 시작되었다. 그 변화는 새로운 강자들의 출현이었다. 서지중해에서는 아라곤왕국이 부상했고, 동지중해에서는 오스만제국이 급속하게 팽창하고 있었다. 아라곤왕국은 시칠리아와 남부 이탈리아를 장악하고, 서지중해 교역에서 주도권을 확보해나갔다. 오스만은 1354년 발칸반도로 진출하면서 본격적인 팽창을 시작했지만 1402년 티무르에 대패하면서 동지중해에서의 팽창은 일시적으로 중단되었다. 이 패배 덕분에 비잔티움제국은 반세기 동안 수명을 연장할 수 있었지만 결국에는 1453년 오스만에 무너졌다. 중세 말 아라곤과 오스만의 성장은 베네치아와 제노바 같은 기존의 해상 세력들의 활동에 큰 타격을 주었다.

두 번째 주목해야 할 사실은 베네치아의 성공 신화를 가능하게 만들었던 것이 외부 세계와의 적극적인 교류와 접촉이었다는 것이다. 특히 비잔티움제국, 시리아와 이집트의 이슬람 세계, 그리고 북부 이탈리아와 남부 독일과의 교역이 없었다면 중세 후반 베네치아의 부는 불가능했을 것이다. 비잔티움 세계와의 교류가 없었다면 중세 베네치아의 도약은 불가능했을 것이다. 베네치아가 지중해 해상 부국으로 성장한 것은 비잔티움 세계와의 교역 덕분이었다. 베네치아 상인들은 8세기에 이미 비잔티움제국 시장에서 활발한 상업 활동을 하기 시작했다. 11세기 베네치아는 비잔티움제국에 함대 지원을 해준 대가로 상업 특혜를 받은 것을 발판으로 제국 시장에서 왕성한 상업 활동을 전개했다. 11세기 말 이후 베네치아를 필두로 한 이탈리아 상인들은 비잔티움제국의 경제를 침탈했다.[7] 비잔티움의 그리스인들은 베네치아 상인들의 상관이 너무 부유하고 번창한 나머지 비잔티움제국의 공권력을 비웃는다

7 이에 관해서는 다음 두 책을 참조하라. Freddy Thiriet(1959), *La Romanie vénitienne au Moyen Age*, Paris: E. de Boccard; Michel Balard(1973), *La Romanie génoise (XIIe - début du XVe siècle)*, Roma: École française de Rome.

고 항의의 목소리를 높일 정도였다. 1204년 4차 십자군에 참여한 베네치아는 비잔티움제국의 8분의 3을 획득함으로써 해상제국으로 성장할 수 있는 발판을 마련했다. 이같이 베네치아가 비잔티움제국 시장을 쉽게 공략할 수 있었던 것은 비잔티움제국의 쇠퇴 덕분이었다. "비잔티움제국 없는 베네치아는 상상도 못 할 일"이라는 브로델의 지적은 베네치아의 성공에 비잔티움제국의 희생이 있었음을 잘 보여준다.[8]

비잔티움 세계와의 교역 못지않게 이슬람 세계와의 교역도 베네치아의 경제 발전에 중요했다. 교회는 수없이 이슬람과의 교역을 금지했고 베네치아 상인들을 돈과 탐욕에 눈이 멀어 이교도인 이슬람과 교역한다고 비난하기 일쑤였다. 교회는 이슬람과의 무역 금지를 십자군 전쟁에서 중요한 전략적 무기로 사용하곤 했다. 1322년 교황청은 금지령을 어기고 맘루크제국과 교역한 베네치아 상인들을 색출하기 위해 특사를 파견했다. 1323년 베네치아 정부는 교황청의 무역 금지령을 어긴 죄로 고발당한 상인들에게 항소권을 허용했다. 이슬람과의 무역 금지령을 둘러싼 교황청과 베네치아 사이의 갈등은 결국 소송으로 이어졌다. 소송 중에도 베네치아는 외교적인 노력을 게을리하지 않았다. 1327년 베네치아 도제doge 조반니 소란초Giovanni Soranzo는 교황 요하네스 22세에게 "우리 도시는 교역으로만 먹고 살고 있습니다."라고 호소하며 무역 금지령을 완화해달라고 공손하고 간절하게humiliter et cum instantia 요청했다.[9]

---

8 브로델(1997), 120쪽.

9 Stefan K. Stantchev(2009), *Embargo: the origins of an idea and the implications of a policy in Europe and the Mediterranean, ca. 1100 - ca. 1500*, Doctoral dissertation, The University of Michigan; Georg Christ(2012), *Trading conflicts: Venetian merchants and Mamluk officials in Late Medieval Alexandria*, Leiden and Boston: Brill, p.113; 남종국(2015), 『이탈리아 상인의 위대한 도전: 근대 자본주의와 혁신의 기원』, 앨피, 251-259쪽.

반복된 금지령에도 불구하고 베네치아는 이슬람 세계와의 교역을 완전히 중단하지 않았다. 중세 말 베네치아의 최대 무역국은 이집트와 시리아 지역을 통치하는 맘루크제국(1250-1517)이었다. 베네치아가 맘루크제국과 활발한 교역을 할 수 있었던 것은 서로가 필요로 하는 것을 제공할 수 있었기 때문이다. 맘루크제국은 맘루크라 불리는 노예 출신 병사가 세운 정권이었다. 맘루크제국 성립 이전부터 이슬람 세계에서는 이교도 출신의 소년 노예를 구입해 이슬람 교리를 가르치고 군사 훈련을 시켜서 군인으로 만들었는데, 이런 맘루크들이 성공해서 정권까지 잡은 것이었다. 맘루크제국을 건설한 사람은 맘루크로 팔려와 총사령관까지 출세한 아이박이었다. 그는 아이유브 왕조의 술탄 살리흐의 미망인 샤자르 알두르와 결혼하면서 새로운 왕조를 열었다. 맘루크의 술탄과 지배 세력들은 계속해서 외부로부터 노예 병사를 수입해 군사력을 유지했다. 맘루크제국에 노예 병사를 공급해주는 상인이 바로 베네치아와 제노바 상인들이었다. 베네치아와 제노바 상인들이 맘루크제국에 공급한 노예는 주로 킵차크 초원 출신의 터키인과 코카서스 지방 출신의 시르카시아인들Circassian이었다. 베네치아가 맘루크제국에게 가장 원했던 것은 인도양으로부터 들어오는 향신료였다. 게다가 향신료에서 나오는 관세 수입은 맘루크제국의 핵심적인 재정 수입원 중 하나였다.[10] 이러한 상황이었기에 맘루크제국은 베네치아 공화국에 최고의 상업 특혜를 제공했고, 베네치아 정부는 맘루크제국으로부터 향신료를 수송하기 위해 알렉산드리아행 갈리선단과 베이루트행 갈리선단

---

10 Christ(2012), pp.32-33; Doris Behrens-Abousief(2016), *Practising diplomacy in the Mamluk sultanate: gifts and material culture in the medieval Islamic world*, London and New York: I.B. Tauris, pp.4-5; John L. Meloy(2003), "Imperial strategy and political exigency: the Red Sea spice trade and the Mamluk sultanate in the Fifteenth century," *Journal of the American Oriental Study*, vol.123, pp.1-19.

을 운영했다.

16세기에도 여전히 향신료 교역에서 베네치아와 맘루크제국의 이해관계가 일치했다. 16세기 포르투갈이 인도 항로를 개척하면서 기존의 지중해를 통한 향신료 교역에 큰 타격을 입히는 상황이 발생하자 베네치아는 맘루크제국과 연합해서 인도양에서 포르투갈 세력에 공동 대응했다. 1509년 인도 북부의 디우 앞바다에서 벌어진 해전은 맘루크제국, 구자라트 술탄, 그리고 캘리컷의 군주 자모린의 연합 세력과 포르투갈 사이의 전투였는데, 베네치아는 기독교 국가인 포르투갈이 아니라 이슬람 국가인 맘루크제국을 지원했다. 베네치아가 맘루크제국을 지원한 것은 공통의 이해관계를 가지고 있었기 때문이다. 베네치아는 맘루크제국을 통과해서 들어오는 인도양 향신료를 구입해서 이를 유럽 시장에 판매하고 막대한 이익을 얻고 있었다.

향신료 이외에도 맘루크제국은 베네치아의 구미에 맞을 요소를 가지고 있었다. 그것은 바로 기독교의 최고 성지이자 순례지인 예루살렘이었다. 맘루크와의 우호적인 관계 덕분에 중세 말 베네치아는 예루살렘 순례자 수송에서 독보적인 위치를 점할 수 있었다. 베네치아 정부는 예루살렘 순례자 수송을 전담하는 갤리선단을 운영해서 큰 수익을 챙겼고, 기독교인들의 예루살렘 순례는 맘루크 정부에게도 꽤 괜찮은 수익 사업이었다.

베네치아는 동지중해의 비잔티움제국 및 이슬람 세계와 활발한 교역을 전개했을 뿐 아니라, 다양한 분야에서 교류를 주도하면서 동서 문명 교류의 교차로 역할을 했다. 특히 주목할 점은 지중해 동쪽의 이슬람 세계 그리고 비잔티움제국과의 교류가 유럽이 근대 세계를 여는 데 크게 기여했다는 것이다.[11] 한마디로 유럽의 근대는 동방에서 온 빛 덕

---

11 William H. McNeil(1974), *Venice: the hinge of Europe, 1081-1797*, Chicago and

분에 가능했고 동방의 빛을 유럽에 잘 전달한 곳이 바로 베네치아였다.

다양한 상품을 공급해주는 동지중해의 비잔티움제국 및 이슬람 세계와의 교역 못지않게 베네치아가 중세 후반 중개 무역으로 큰 성공을 거둘 수 있었던 또 다른 요인은 유럽 상품보다 상대적으로 비싼 이 동방 상품을 구입할 재력이 있는 구매처를 확보하고 있었다는 것이다. 베네치아 상품을 구입한 최고의 고객은 북부 이탈리아와 남부 독일이었다. 북부 이탈리아는 11세기 이후 서유럽에서 경제적으로 가장 부유한 지역이었기 때문에 당연히 충분한 구매력을 가지고 있었다. 반면 남부 독일이 중세 말 베네치아의 제일 고객이 될 수 있었던 기반은 중부 유럽에서의 은광 개발이었다. 이슬람 세계와의 무역에서 항상 적자를 보고 있던 베네치아는 이러한 무역 차액을 귀금속, 즉 현금으로 결제해야만 했다. 왜냐하면 이탈리아 상인들이 동지중해에서 구입하는 상품들은 향신료, 비단과 같은 값비싼 제품이었던 반면 이탈리아 상인들이 이슬람 세계와 비잔티움 세계에 공급하는 물품은 상대적으로 저렴한 농산물과 모직물이었기 때문이다. 이러한 적자 무역을 계속해야 했던 이탈리아 상인들은 항상 차액을 메울 수 있는 귀금속, 즉 금과 은이 절실히 필요했다. 서유럽은 금이 풍부하게 나는 대륙이 아니었기에, 베네치아와 제노바 등의 이탈리아 상인들은 수단Sudan의 금을 확보해 이를 결제 수단으로 사용했었다. 중세 후반 중부 유럽에서 은광이 본격적으로 개발되면서 서유럽 상인들은 금보다는 못하지만 또 다른 중요한 결제 수단을 확보할 수 있게 되었던 것이다.

은광 개발 덕분에 13세기 후반부터 베네치아와 남부 독일 사이의 교역량이 눈에 띄게 증가했다. 베네치아는 동지중해로부터 들여온 상

London: The University of Chicago Press; J. M. 홉슨(2005), 『서구 문명은 동양에서 시작되었다』, 정경옥 옮김, 에코리브르.

품을 독일 상인들에게 판매하고 그 결제 대금을 은으로 받아서 이를 동방 상품 구입에 활용할 수 있어 좋았고, 독일 상인들은 이 은을 이용해 베네치아 시장에서 더 많은 동방 상품을 구입할 수 있었다. 독일 상인들이 구입을 획기적으로 늘린 대표적인 상품이 바로 원면이었다. 독일 상인들은 베네치아에서 완제품인 면직물을 구입하지 않고 원료 상태인 원면을 구입해 남부 독일에서 가공하여 푸스티안fustian이라 불리는 혼방 면직물을 대량으로 생산했다.[12]

독일 상인들을 유인하기 위해 베네치아 정부는 여러 가지 배려를 아끼지 않았다. 이는 그만큼 독일 상인들이 베네치아 경제에 중요해졌음을 의미한다. 중세 말 베네치아에서 가장 규모가 크고 좋은 곳에 위치한 외국 상관이 바로 독일 상관이었다는 사실 또한 독일 상인의 중요성을 증명한다. 당시 베네치아 경제 활동의 중심지였던 리알토 다리 바로 옆에 독일 상관이 자리 잡고 있었다. 독일 상관이 베네치아의 허파라는 필립 브론스타인의 지적은 베네치아 경제에서 독일 상인들이 차지하고 비중이 컸음을 잘 보여준다.[13]

지금까지 중세 베네치아가 믿기지 않는 성공 스토리를 써나가는 데 유리했던 외부의 구조적 요인들을 간략하게 설명했다. 외부의 상황과 여건이 아무리 베네치아에게 유리했다 해도 베네치아인들의 땀과 노력

---

12 마짜우이Mazzaoui에 따르면 독일에 면직물 산업이 시작된 것은 14세기 중엽이었다. Maureen Fennell Mazzaoui(1987), "La diffusione delle tecniche tessili del cotone nell'Italia dei secoli XII-XVI," *Tecnica e società nell'Italia dei secoli XII-XVI*, Pistoia: Editografica, p.162; H. Kellenbenz(1983), "The fustian industry of the Ulm regions in the fifteenth century and early sixteenth centruy," N. B. Harte and K. G. Ponting(ed.), *Cloth and clothing in medieval Europe. Essays in memory of professor E. M. Carus-Wilson*, London: Heinemann Educational Books, pp.259-276.

13 Philippe Braunstein(1964), "Relations d'affaires entre Nurembergeois et vénitiens à la fin du XIVe siècle," *Mélanges d'Archéologie et d'histoire*, 76, pp.227-228.

이 없었다면 '중세 해상제국 베네치아'라는 신화는 만들어지지 않았을 것이다. 이 책에서는 '3개의 신화', '향신료', '선박과 수송'이라는 세 가지 주제를 통해 중세 베네치아가 만들어낸 신화의 실체를 밝히고자 한다. 다수의 역사가들이 작고 보잘것없던 섬이 중세 말 지중해 강자로 부상했던 역사를 두고 신화라고 이야기하는 데 주저하지 않는다. 하지만 이러한 평가가 과장된 수사학에 지나지 않았는지 아니면 신화에 걸맞은 업적이 있었는지에 대해서 구체적인 연구를 통한 증명이 필요하다.

1부에서는 베네치아 신화라는 구조물을 떠받치고 있는 대표적인 이야기 3개를 다룰 것이다. 첫 번째 이야기는 산마르코와 날개 달린 사자에 관한 것이다. 베네치아인들에게 산마르코와 날개 달린 사자는 베네치아의 위대함을 상징하는 일종의 아이콘이었다. 이 첫 번째 신화는 828년 산마르코의 유해가 베네치아로 이송되면서 시작되었다. 당시 베네치아인들은 이 성스러운 유해 이송 덕분에 위대한 업적을 창조할 수 있다고 믿었다. 두 번째 이야기는 베네치아가 4차 십자군을 계기로 지중해에서 강력한 해상 세력으로 부상하는 과정이다. 베네치아는 1204년 4차 십자군의 승리를 통해 비잔티움제국의 8분의 3을 차지하고 이를 기반으로 해양 영토를 건설했고, 중세 말에는 북부 이탈리아를 침략해 육상 영토를 건설했다. 후대 역사가들은 해양 영토stato da mar와 육상 영토stato da terra로 대변되는 중세 후반 영토 확장을 근거로 베네치아를 '중세 해상제국'이라 부르길 주저하지 않는다. 두 번째 이야기에서 실제로 베네치아가 해상제국에 어울릴 만한 힘과 위상을 확보했는지를 살펴볼 것이다. 세 번째 이야기는 베네치아의 최고 전성기로 간주되던 15세기의 역사이다. 15세기 베네치아를 방문한 외국인들은 이구동성으로 베네치아가 이룩한 위대함을 노래했다. 이 세 가지 이야기는 베네치아를 둘러싼 신화가 역사적 근거가 있는지 아니면 한낱 부풀려진 신화에 지나지 않는지에 대한 나름의 답을 제공해줄 수 있을 것이다.

2부는 향신료 교역에 관한 이야기이다. 향신료는 해상제국 베네치아 신화를 구성하는 핵심 요소 중의 하나이다. 일반적으로 베네치아가 중세 유럽 제일의 경제 부국으로 성장할 수 있었던 것은 향신료 교역 덕분이라고 이야기한다. 실제로 베네치아는 향신료 교역에서 막대한 부를 얻었다. 그렇다면 베네치아는 어떻게 지리적으로 멀리 떨어진 인도 남부와 동남아시아에서 생산되는 후추, 생강, 계피 등의 향신료 교역에서 큰 부를 얻었을까? 이 물음에 대한 답이 4장이다. 이 장에서는 중세 유럽인들이 아시아 향신료를 열광적으로 좋아했던 이유를 알아보고자 한다. 향신료에 대한 열광과 높은 소비 욕구가 없었다면 베네치아 같은 교역 도시들이 향신료 거래에서 큰 수익을 거둘 수 없었을 것이다. 베네치아 향신료 교역에 관한 두 번째 물음은 중세 말 베네치아 상인들이 향신료 무역을 독점했는지 여부이다. 5장에서는 베네치아가 향신료 무역을 독점할 수 있었던 이유를 이슬람 세계에서의 향신료 구입에서부터 서유럽 세계에서의 판매에 이르는 전 과정을 입체적으로 분석하면서 밝힐 것이다. 6장에서는 향신료 교역이 베네치아 전체 무역에서 얼마만큼의 비중을 차지하고 있었는지를 알아볼 것이다. 이 질문에 답하려면 향신료 교역의 위기 순간을 다루는 것이 더 적합하다. 15세기 말 바스쿠 다 가마의 인도 항로 개척은 베네치아 향신료 무역에 큰 타격을 주었다. 이 사건이 베네치아 경제에 미친 영향과 베네치아의 대응을 분석하면 향신료가 베네치아 경제에 어떤 의미와 비중을 가진 상품이었는지를 판단할 수 있을 것이다.

3부는 해상제국이라는 신화를 뒷받침한 또 다른 요소 중의 하나였던 선박과 수송에 관한 이야기이다. 분명 선박은 베네치아가 중세 해상제국으로 성장할 수 있었던 가장 중요한 물적 기반임에 틀림없다. 7장에서는 해상제국이라는 신화의 실체를 중세 말 베네치아가 도입한 정기선단 제도에서 찾고자 한다. 지중해와 흑해, 대서양을 정기적으로 운항하는 베네치아 정기선단이 만들어낸 해상 네트워크는 당시 최고의 수송 인프라였고, 베네치아는 이 인프라를 활용해 상품뿐만 아니라 소식과 정보 전달에서도 독점적인 지위를 확보할 수 있었다. 구체적으로 베네치아의 해상 네트워크의 수준과 규모dimension을 측정할 것이다. 8장에서는 면화선단을 살펴볼 것이다. 베네치아 정부는 면화, 포도주 등의 특정 상품을 수송하는 전문 수송 선단도 운영했다. 갤리선을 이용한 정기선단 제도와는 달리 면화선단은 민간 소유의 범선들을 활용했다. 9장에서는 베네치아 수송 인프라의 명성을 널리 선전하는 데 큰 역할을 했던 예루살렘 순례선단을 살펴볼 것이다. 예루살렘 순례는 베네치아를 경유하라는 말이 나올 정도로 베네치아 순례선단은 순례자들에게 인기가 높았다. 세 가지 사례를 통해 중세 말 베네치아가 지중해 세계에서 가장 효율적이고 지리적으로 광범위한 수송 체계를 운영했는지를 살펴보고, 이러한 수송 인프라가 해상제국 베네치아 신화 만들기에 얼마나 기여했는지 알아볼 것이다.

이 책은 그동안 여러 학술지에 발표했던 베네치아 관련 논문들을 근간으로 하여 주제에 맞게 수정 · 보완하고, 새롭게 집필한 장들을 추가하여 완성했다. 저자로서 좀더 방대하게 주제를 다루고 싶은 욕심과 아쉬움이 남지만 그나마 책이 나올 수 있었던 것은 여러 사람들의 도움과 애정 덕분이다. 이 책이 나오기까지 여러 가지로 지원을 아끼지 않은 이화여자대학교출판문화원 이승아 원장님과 책의 교정과 편집에 많은 신경을 써주신 이혜지 주간님께 감사드린다. 이 책은 처음부터 사랑하는 아내이자 학문의 동반자인 윤은주와 함께 한 공동 작업이었다. 책에 수록된 논문들이 초고 상태였을 당시 꼼꼼하게 읽고 신랄한 비판을 아끼지 않았던 아내 덕분에 나름 틀을 갖추고 완성된 논문으로 출간될 수 있었다. 숨 막힐 정도로 힘들었을 고등학교 3년 과정을 더할 나위

없이 슬기롭게 마무리한 내 사랑 채원에게 사랑과 고마움을 전한다. 지금까지 역사 공부를 계속할 수 있도록 물심양면으로 지원해주셨던 울산 어머니, 장인어른과 장모님께 이 자리를 빌려 감사의 말씀을 전한다. 마지막으로 저자를 중세 지중해 세계로 이끌어주셨고 여전히 제자들보다 더 많은 연구 성과를 내시면서 학자로서의 모범을 보여주시는 주경철 선생님께 감사드린다.

2020년 12월

남종국

차례

1부

해상제국
베네치아
신화의 탄생

베네치아의 시작은 초라했으며 동시대의 피렌체처럼 자랑할 만한 위대한 기원 설화조차 없었다. 베네치아의 시작은 두려움과 공포로부터 도망한 일종의 피난이었다. 게르만족의 일파인 고트족이 402년 무렵 이탈리아 북부로 침입해 들어왔고 이후 남진하여 410년에는 백 년 전까지만 해도 위대한 제국의 수도였던 로마를 철저히 약탈했다. 고트족의 침입을 피해 북동부에 살고 있던 베네토 지방의 원주민들은 베네치아 석호 지역으로 피신했다. 보잘것없는 살림살이를 챙겨서 작은 배를 이용해 석호 곳곳에 흩어져 작은 섬들로 이주했다. 이 섬들은 사람이 거주하기에 적합하지 않은 곳이었다. 아마 이곳에서 잠시 피해 있다가 다시 본토로 돌아갈 희망을 가지고 있었을 것이다. 고트족이 떠나자 고향에 재산이라도 있는 사람들은 본토로 다시 돌아갔지만 별로 가진 것이 없는 사람들은 석호에 그대로 남았다. 고트족이 영원히 떠난 것은 아니었기에 그나마 석호는 이민족으로부터 안전을 보장해주었다. 그러나 452년 아틸라가 이끄는 훈족이 다시 이탈리아 북부로 진군해 들어왔다. 이 침략으로 본토의 원주민들은 그라도Grado섬 또는 베네치아 석호로 피난해 왔다. 고트족의 침입 시기와 마찬가지로 훈족이 떠나고 일부 피난민들은 다시 고향으로 돌아갔지만 잦은 이민족의 침입 때문에 석호로 피난 온 인구는 늘어났다. 후대의 기록에 따르면 466년 석호 사람들은 세 명의 행정관을 선출해 그들로 하여금 행정과 군사를 담당하게 할 정도로 항구적인 정착을 모색했다.

베네토 지방 사람들을 다시 바다로 내몰았던 다음 주자는 롬바르드

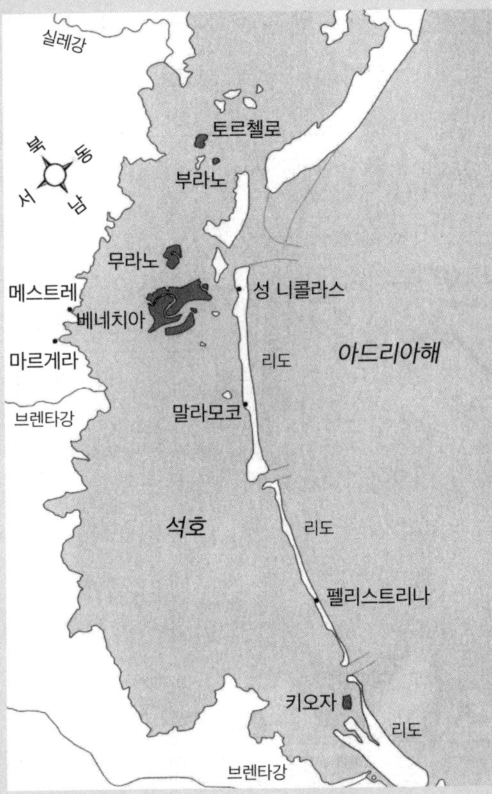

• 베네치아 석호

족이었다. 북부 이탈리아로 들어온 롬바르드족은 568년부터 베네토 지방의 도시들을 점령하기 시작했다. 이들은 다른 게르만족들과는 달리 떠나지 않고 파비아를 수도로 삼고 이탈리아에 항구적으로 정착했다. 파도바에서 쫓겨온 사람들은 주로 말라모코Malamocco에, 트레비소에서 온 사람들은 키오자Chioggia에 정착했다.[1]

810년 프랑크족의 왕 페피누스는 석호 끝자락에 있는 말라모코까지

1 Thomas F. Madden(2012), *Venice: a new history*, New York: Penguin, pp.21-22.

침략해 들어왔는데, 당시까지 이곳은 사실상 초기 베네치아인들의 핵심 근거지였다. 이전의 침략자들은 석호 안으로 진격하지 못했지만, 이들 프랑크인들은 배를 이용해 석호 안까지 들어왔다. 하지만 말라모코에는 할머니 한 사람밖에 없었고, 나머지 베네치아 사람들은 현재 베네치아 본섬인 리알토라 불리는 섬으로 도망갔다. 그들은 리알토로 이동하면서 배의 통행을 알려주는 말뚝을 모두 뽑아버렸고 그 결과 페피누스의 군대는 물길을 제대로 찾지 못하고 개펄에 박히면서 베네치아 정복에 실패했다.[2] 이 사건은 말라모코가 항구적인 피난처가 될 수 없음을 보여주었다. 아드리아해에서 배를 이용해서 공격하거나 석호 남쪽의 육지를 이용해 공격할 경우 말라모코에서는 효과적인 저항이 어려웠기 때문이다. 반면 리알토는 석호 한가운데 위치해서 육지와 멀리 떨어져 있고, 외해인 아드리아해와 직접 면하지 않은 상대적 이점이 있었다. 프랑크족의 침입을 막아낸 후 본격적인 의미의 베네치아 역사가 시작되었다.

위의 사례들에서 짐작할 수 있듯이 사실상 베네치아는 무에서 탄생한 것이나 마찬가지였다. 15세기 베네치아에서 활동했던 안토니오 사벨리코Antonio Sabellico는 자신의 연대기 『베네치아의 역사』에서 베네치아의 건설 과정을 다음과 같이 묘사했다. "언젠가 우리가 위업을 행할 날이 오면 그때 번영을 주소서! 지금은 초라한 제단 앞에 무릎 꿇고 있으나, 신이여, 우리의 기원이 헛되지 않다면 언젠가는 이곳에서 대리석과 황금으로 만든 수백 개의 신전이 당신을 향해 솟아오를 것입니다."[3] 16세기 초 피렌체의 마키아벨리도 "베네치아인들은 비록 그 출발은 미미했지만, 충분히 현재와 같은 강성함을 누릴 수 있게 되었

---

2 Madden(2012), pp.28-29.

3 야코프 부르크하르트(2003), 『이탈리아 르네상스의 문화』, 이기식 옮김, 한길사, 128쪽.

다."고 칭찬했다.[4] 베네치아의 초라한 초기 역사는 동시대인의 기록에도 언급된다. 523년 카시오도루스의 이야기를 빌리면 초기 베네치아 거주민들에게 그나마 유일하게 풍족한 것은 생선이었다. 그 풍족함이라는 것도 생선으로 배를 채울 수 있을 정도밖에는 되지 않았다. 그들에게 부는 빈곤의 다른 표현에 지나지 않았다. 그들은 생선으로 연명하며 똑같이 초라한 집에서 살았기 때문에 이웃 사람의 집과 생활을 부러워하지 않았다. 카시오도루스는 이러한 빈곤 덕분에 베네치아 사람들은 시기와 질투라는 악덕을 피할 수 있다고 말할 정도로 초기 베네치아인들은 가난했다.[5]

베네치아는 처음부터 바다로 나갈 수밖에 없는 운명을 타고났다. 바다로의 진출은 자연이 만든 숙명이었다. 이 점에서 중세 베네치아 최대의 경쟁자였던 제노바 역시 동일한 운명을 가졌었다. 농사지을 땅은 거의 없었지만 배후지에서 배 건조에 필요한 목재를 충분히 확보할 수 있었기에 선박을 만들어 바다로 진출하는 것이 자연스러운 결과였다. 베네치아의 독특한 자연환경은 바로 이탈리아어로 '라구나Laguna'라 불리는 석호다. 베네치아의 석호는 해안선이 육지로 움푹 들어간 형태로 되어 있고, 일종의 내해인 석호와 외해인 아드리아해를 경계 짓는 지점에는 리본처럼 기다란 모래섬들이 병풍처럼 석호를 감싸고 있다. 이런 자연환경으로 베네치아 사람들은 해일과 높은 파도에 시달려야 했고 하천에서 석호로 유입되는 토사와 같은 퇴적물과도 싸워야 했다. 초기 베네치아가 나름 안정적인 정착지를 건설하기 위해 했던 사업은 운하와 인공 지반을 만드는 작업이었다. 운하는 배의 통로뿐만 아니라 물의 통로이기도 했다. 수많은 작은 섬들 사이를 통과하는 운하는 침

---

4 니콜로 마키아벨리(2019), 『로마사 논고』, 강정인·김경희 옮김, 한길사, 79쪽.

5 Madden(2012), pp.17-18.

• <말뚝 박기 작업>, 그레벰브로크G. Grevembroch, 18세기 중반

수를 방지하고 바닷물이 원활하게 움직일 수 있게 해주었다. 운하를 조성하는 동시에 인공 지반을 만들어 좁은 영토를 확장했다. 우선 연약한 지반에 참나무 말뚝을 수천 개씩 박았고, 그 위에 돌이나 벽돌을 쌓아 올려서 지반을 튼튼하게 다졌고, 최종적으로 이 튼튼한 지반 위에 건물을 지었다. 목재는 본토의 프리울리 지방에서 들여왔고, 석재는 이스트라반도에서 바다를 통해 수송해왔다.[6] 이런 노력 덕분에 오늘날 운하와 물의 도시 베네치아가 만들어질 수 있었다. 이렇게 초라하고 보잘것없게 시작한 베네치아는 믿기 어려울 정도로 위대한 서사시를 써내려갔다.[7]

베네치아의 영광스러웠던 역사를 잘 보여주는 유적은 바로 베네치아를 이끈 수장이 거주했던 도제 궁Palazzo Ducale과 산마르코 성당이다. 산마르코 성당은 베네치아가 신에 의해 선택된 도시임을 공개적으로 선전하는 공간이었다. 즉 828년 알렉산드리아에 묻혀 있던 복음서의 저자 중 한 명인 산마르코의 유해가 베네치아로 오게 된 것은 신의 뜻

6 손세관(2007), 『베네치아: 동서가 공존하는 바다의 도시』, 열화당, 47-60쪽.

7 브로델(1997), 165-166쪽.

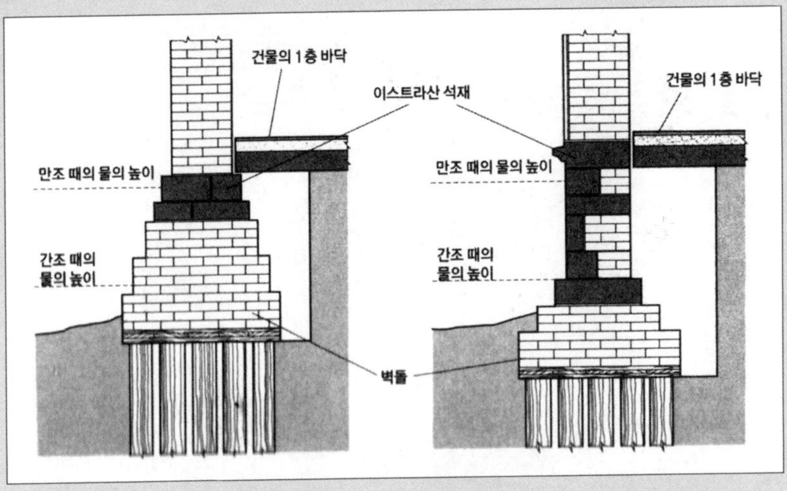

• 건물의 하부를 구축하는 두 가지 방법[8]

이고, 이제 기독교 세계 최고 수준의 성인이 베네치아를 보호하고 있기 때문에, 베네치아는 명실공히 유럽 최강의 도시였다. 베네치아는 산마르코가 베네치아로 올 수밖에 없었던 역사를 대외적으로 인정받기 위해 근거가 없는 가상의 신화를 창조하고 이를 널리 퍼뜨렸고, 화려하게 금으로 장식된 산마르코 성당은 이를 위한 선전의 공간이었다.

산마르코 성당이 산마르코의 신화를 알리는 성스러운 장소였다면 도제 궁은 이 선택받은 도시가 실제 이룩한 위대한 세속의 역사를 선전하는 공간이었다. 도제 궁에는 도제의 집무실뿐만 아니라 대위원회, 40인 위원회, 10인 위원회, 원로원 등 행정과 사법의 기능을 수행했던 다양한 조직의 집무실도 있었다. 이곳은 베네치아를 이끄는 권력의 중심지이자 대외적으로 베네치아를 대변하는 상징적인 공간이었다. 이곳은 교황과 황제 그리고 외국의 군주들과 사신들을 접견하는 장소였기

8 손세관(2007), 59쪽.

• 도제 엔리코 단돌로가 4차 십자군 참여를 호소하는 그림,
도제 궁 대위원회 회의실

• 콘스탄티노플 정복에 관한 그림, 도제 궁 대위원회 회의실

에 베네치아 정부는 이곳의 벽과 천장을 베네치아의 영광스러웠던 역사를 선전하는 장소로 화려하게 치장했다. 베네치아는 자신들의 도시가 만든 역사를 이미지로 승화시켰고, 도제 궁을 관람시킴으로써 베네치아 역사의 위대함에 동참하게 만들었다. 그런 목적에서 베네치아 정부는 9세기 산마르코의 유해가 베네치아로 옮겨온 역사, 12세기 교황 알렉산드로스 3세와 황제 프리드리히 1세의 싸움을 중재한 역사, 4차 십자군, 제노바와의 오랜 해전을 종결지은 키오자 전투에서의 승리, 북부 이탈리아 전쟁, 키프로스섬의 양도, 레판토 해전 등 위대한 업적들로 도제 궁과 산마르코 성당을 가득 메웠다.

베네치아 신화를 구성하는 이야기 중의 하나는 바다에 대한 지배였고, 이를 상징적으로 보여주는 대표적인 사례가 바로 바다와의 결혼이었다. 베네치아가 센사Sensa라 불리는 아드리아해와의 결혼식 행사를 본격적으로 진행하게 된 역사적 계기는 1177년 베네치아에서 열린 교황과 황제의 휴전협정 체결이었다. 1177년 서유럽 기독교 세계의 시선은 베네치아로 쏠렸다. 1177년 7월 24일 베네치아 도제 세바스티아노 치아니Sebastiano Ziani(재위 1172-1178)는 베네치아에 머물고 있던 교황 알렉산드로스 3세와 함께 신성로마제국 황제 프리드리히 1세(재위 1155-1190)를 맞았다. 당시 유럽의 최고 수장이었던 두 사람이 베네치아의 중재로 평화협정을 체결하기 위해 모인 것이었다. 이 사건은 황제가 북중부 이탈리아의 합법적인 통치자라고 주장하면서 북부 이탈리아 도시들을 상대로 전쟁을 벌이면서 시작되었다. 전통적으로 북중부 이탈리아는 황제의 영토였는데 12세기에 접어들면서 경제적으로 성장한 이탈리아 도시들이 롬바르디아 동맹을 맺고 황제로부터의 독립을 얻고자 했다. 베네치아는 동맹 소속은 아니었지만, 감정적으로는 황제가 아니라 동맹과 교황 편에 서 있었다. 1176년 황제는 레냐노 전투에서 크게 패하고 평화를 모색할 수밖에 없게 되었고 이러한 평화 협상을 중재한 것이 바로 베네치아였다. 교황은 고마움의 표시로 다음과 같이 이야기하면서 베네치아 도제에게 황금 반지를 수여했고 도제가 예수 승천 기념일 행사에서 이 반지를 사용할 수 있도록 허락했다.

"오 도제 치아니여 이 반지를 받으시오. 당신과 당신의 후임자들이 이 반지를 이용해 매년 바다와의 결혼식을 하시오. 그럼으로써 이제 바다의 주인은 당신들이고, 당신들은 오래된 소유권과 정복으로 바다를 보유해왔고, 그리고 아내가 남편의 지배하에 있듯이, 바다가 당신의 지배하에 있었음을 후손들이 알게 될 것이오."[9]

베네치아인들에게 이 영예로운 사건은 1000년 달마티아 해안의 해적들을 소탕하고 해안 도시들의 충성 서약을 받은 도제 피에트로 2세 오르세올로Pietro II Orseolo(재위 991-1008)의 성과, 즉 아드리아해에 대한 지배권을 공식적으로 인정받는 순간이었다. 이 행사는 베네치아의 높아진 위상을 서유럽 기독교 세계에 각인시켰고 그 때문에 베네치아는 이 사건을 영예의 전당에 두었던 것이다.

하지만 중세 베네치아가 만들어낸 신화는 대외적인 선전에만 근거하지 않았다. 작은 섬에 지나지 않았던 베네치아는 정복을 통해 꽤 넓은 영토를 보유한 '제국'으로 부상했다. 물론 역사에서 방대한 영토를 통치했던 로마제국, 몽골제국, 대영제국과 비교할 수는 없지만 말이다. 제국으로의 첫 번째 발걸음은 4차 십자군을 계기로 비잔티움제국의 8분의 3을 획득해 동지중해에 해양 영토Stato da Mar를 건설한 것이었다. 두 번째는 15세기 북부 이탈리아의 도시들을 정복해 육상 영토Stato da Terra를 만든 것이다. 15세기 말 베네치아는 지중해에서는 강력한 해상 세력이었고 이탈리아반도에서는 가장 강력한 영토 국가로 부상했다.

그러나 16세기 베네치아는 과거의 영광스러움을 점차 상실해갔다.

---

9 Madden(2012), p.104.

지중해 해상 강자의 지위와 유럽 제일의 경제 중심지의 지위를 잃어버렸다. 하지만 17-18세기 베네치아는 화려한 예술과 문화의 도시로 다시 태어났고 새로운 신화를 창조했다. 18세기 베네치아는 '그랜드 투어'라 불리는 견문 넓히기 여행의 주요 종착지로서 인기를 얻었다. 당시 베네치아는 오페라와 연극이 넘쳐나는 문화와 예술의 도시였다. 독일의 대문호 괴테를 포함해 유럽의 문인들은 베네치아를 보기 위해 몰려들었다.[10]

마지막 신화는 천 년의 독립을 유지했다는 사실이다. 476년 서로마제국이 멸망한 후에 이탈리아에서 천 년의 독립을 유지한 곳은 베네치아뿐이었다. 서로마제국의 패망 후 19세기 후반 통일 국가를 이루기 전까지 이탈리아는 분열되어 있었다. 게다가 고트족, 훈족, 롬바르드족, 반달족, 이슬람 세력, 노르만족, 발칸의 세력들, 잃어버린 옛 영토를 수복하길 원했던 비잔티움제국, 프랑스, 에스파냐, 신성로마제국 등 다양한 세력들이 이탈리아반도를 차지하기 위해 경쟁하고 전쟁을 불사했다. 이러한 치열했던 역사를 고려할 때 작은 섬에서 출발한 베네치아가 천 년의 독립을 유지할 수 있었던 것은 경이로운 일이었다. 그렇지만 천 년의 도시공화국 베네치아는 나폴레옹의 침략을 막아내지 못하고 1797년 최종적으로 무너졌다.

---

10 요한 볼프강 폰 괴테(2016), 『이탈리아 여행』, 안인희 옮김, 지식향연.

1장 베네치아 공화국과 날개 달린 사자

베네치아 하면 우선적으로 떠오르는 이미지는 물의 도시라는 것이다. 아드리아해 북쪽 끝에 위치하고 있으며 바다로 이어지는 석호 위에 건설된 물의 도시 베네치아는 120여 개의 작은 섬과 그 섬들을 연결하는 600여 개의 다리가 하나의 도시를 형성하고 있다. 물의 도시답게 곤돌라, 수상버스와 택시, 개인용 보트가 베네치아 이곳저곳을 연결해주고 있다. 베네치아를 대표하는 또 다른 이미지는 관광 도시라는 것이다. 일반인들에게는 잘 알려져 있지 않지만 중세부터 베네치아는 성지순례의 출발지로서 인기를 누렸고 수많은 기독교 순례자들은 예루살렘으로 가는 순례선을 타기 위해 베네치아로 몰려들었다. 17-18세기 베네치아는 로마와 함께 그랜드 투어의 최종 종착점으로서 유럽인들에게

---

* 이 장은 「베네치아 공화국과 날개 달린 사자」라는 제목으로 2016년 『도시연구: 역사, 사회, 문화』 16호에 게재된 논문을 수정·보완한 것이다.

큰 인기를 누렸다.[1] 오늘날에도 매년 천 만 명 이상의 관광객들이 베네치아의 아름다움을 보기 위해 이 바다의 도시를 찾고 있다.

때론 역사에 관심이 있는 사람이라면 베네치아가 이룩했던 신화와 같은 역사를 떠올릴 수도 있을 것이다.[2] 오랜 역사 동안 베네치아인들을 하나로 묶어주고 대외적으로 베네치아를 대표하며 작은 물의 공화국이 기적과도 같은 역사를 만드는 데 기여한 상징물이 있었다. 그것은 바로 날개 달린 사자이다. 날개 달린 사자는 천 년 동안 베네치아의 공화국을 대표하는 제일의 상징이었다. 16세기 후반 팔마 일 조바네Palma il Giovane가 그린 <캉브레 동맹의 알레고리>는 베네치아를 날개 달린 사자로 은유적으로 표현하고 있다. 이 그림은 16세기 초 프랑스, 신성로마제국, 교황청이 결성한 신성동맹과 베네치아 사이의 전투 장면을 비유적으로 그린 것이다. 그림 중앙에 베네치아 도제 레오나르도 로레단Leonardo Loredan은 날개 달린 사자를 이끌면서, 소를 데리고 있는 신성동맹, 즉 유럽과 싸우고 있다. 이 그림에서 소가 유럽이라면 날개 달린 사자는 바로 베네치아 자체이다.

날개 달린 사자는 그림, 조각 등의 시각 매체를 통해 베네치아의 이미지와 정체성을 대외적으로 드러내는 수단으로 활용되었다. 오랜 역사 속에서 날개 달린 사자는 베네치아와 동일시되었다. 날개 달린 사자

---

1 Bruce Redford(1996), *Venice and the grand tour, New Haven: Yale University Press; John Eglin(2001), Venice transfigured: the myth of Venice in British culture, 1660-1797*, New York: Palgrave, pp.69-104.

2 다음은 베네치아를 다룬 대표적인 개설서들이다. Roberto Cessi(1944), *Storia della repubblica di Venezia*, Milano and Messina: G. principato; Frederic C. Lane(1973), *Venice: a maritime republic*, Baltimore and London: The Johns Hopkins University Press; Elisabeth Crouzet-Pavan(2004), *Venise triomphante: les horizons d'un mythe*, Paris: Albin Michel; Monique O'Connell(2009), *Men of empire: power and negotiation in Venice's maritime state*, Baltimore: The Johns Hopkins University Press; Madden(2012).

• <캉브레 동맹의 알레고리>, 팔마 일 조바네, 1590년

가 오랜 세월 동안 베네치아와 운명을 같이했다는 사실을 오늘날에도 여전히 베네치아 곳곳에서 확인할 수 있다. 주의 깊은 관찰자라면 몇 분 걷지 않아도 베네치아 여기저기서 날개 달린 사자를 발견할 수 있을 것이다. 베네치아의 정치와 행정의 중심지 역할을 했던 산마르코 광장 곳곳에 날개 달린 사자가 있다. 광장에 설치된 두 개의 큰 기둥 위의 날개 달린 사자상은 아드리아해를 내려다보고 있다.[3] 도제 궁 입구에는 15세기 이탈리아로의 팽창을 주도했던 베네치아 도제 프란체스코 포스카리(재위 1423-1457)가 날개 달린 사자 앞에서 무릎을 꿇고 있는 조각상이 있다. 대성당 곳곳에는 날개 달린 사자 그림들이 있다. 한때는

3 이 사자상은 1293년에 설치되었다. Patricia Fortini Brown(1999), *Venice and antiquity: the Venetian sense of the past*, New Haven and London: Yale University Press, pp.18-19.

• 산마르코 광장 왼쪽 기둥 위에 있는 날개 달린 사자상

국영 조선소Arsenale로 사용되었다가 현재는 이탈리아 해군 기지로 사용되는 건물 입구에 위풍당당하게 서 있는 사자는 영광스러웠던 과거를 회상하게 만든다. 과거에 동업조합의 건물로 사용되었던 스쿠올라 그란데Scuola grande 입구에도 여전히 문을 지키고 서 있는 날개 달린 사자를 발견할 수 있다.

어떤 연유로 날개 달린 사자가 베네치아를 대표하는 상징물이 되었을까? 이 장에서는 이 질문에 대한 답을 제공하고자 한다.[4] 이를 위해

---

4 날개 달린 사자가 베네치아 역사에서 어떤 역할을 했는지에 관해서는 이미 다수의 선행 연구들이 있다. 19세기 후반 베네치아 출신의 역사가들은 사자의 이미지에 관한 본격적인 연구를 시작했다. 이들은 베네치아가 신생 이탈리아 통일 국가의 일원이 되면서 영광스러웠던 베네치아의 과거를 복원시키고자 했고 사자는 이러한 목적에 잘 부합하는 주제였다. 이후 연구는 사자가 종교적 상징에서 시민 공화국의 상징으로 변화하는 과정에 초점을 맞추었다. 1960년대 이후 미국과 독일의 학자들이 사자에 관한 본격적인 연구를 진행했다. Giacomo Boni(1892), "Il leone di San Marco: bronzo veneziano del Milleduecento," *Archivio Storico dell'Arte*, vol. 5, pp.301-320;

서 우선적으로 산마르코가 베네치아의 수호성인이 되는 과정을 이해해야만 한다. 이러한 이해가 선행되어야지만 날개 달린 사자가 베네치아의 상징으로 부상하는 과정을 설명할 수 있기 때문이다. 우리의 이야기는 9세기 초 산마르코의 유해가 베네치아로 옮겨오면서 시작되었다. 그 긴 역사 속으로 들어가보자.

1. 산마르코의 유해 이송

날개 달린 사자가 베네치아의 상징이 될 수 있었던 것은 베네치아 공화국의 수호성인 산마르코의 수호신물이었기 때문이다. 날개 달린 사자가 산마르코의 수호신물이 되어 운명을 같이하게 된 데에는 오랜 역사가 있다. 기원을 따지자면 산마르코보다 날개 달린 사자가 더 오래된 연원을 가지고 있다. 형태적인 측면에서 보면 날개 달린 사자의 기원은 기원전 3000년경 페르시아와 이집트 문명에서 믿었던 상상의 동물 그리핀이다. 그리핀은 날짐승의 왕인 독수리의 머리와 날개를, 들짐승의 왕인 사자의 몸을 가지고 있는 동물의 왕이었다. 그리핀과 베네치

Antonio Santalena(1906), *I leoni di San Marco con documenti e illustrazioni*, Venezia: Maria Luisa; Dal Gian(1958), *Il leone di San Marco sulle monete e sulle oselle della Serenissima*, Venezia: Edizioni della Fortuna; S. Tramontin(1970), "Realtà leggende nei raconti Marciani Veneti," *Studi Veneziani*, vol.12, pp.35-58; Patricia Fortini Brown(1991), "The Self definition of the venetian republic," *City-states in classical antiquity and medieval Italy*, eds by A. Molho, K. Raaflaub and J. Emlen, Stuttgart: Steiner Verlag, pp.511-548; Marina P. Del Negro Karem(2000), *The lion of St. Mark in Venetian art*, Ph. thesis of University of Louisville; David Rosand(2001), *Myths of Venice: the figuration of a state*, London: The University of North Carolina Press; Alberto Rizzi(2001), *I leoni di San Marco. Il simbolo della repubblica veneta nella scultura e nella pittura*, Venezia: Arsenale.

아의 날개 달린 사자의 차이점은 머리 부분이었다. 그리핀과 달리 베네치아를 상징하는 사자는 사자의 머리를 하고 있다. 이러한 차이는 있지만 날개 달린 사자는 그리핀에서 유래한 것으로 추정된다.

날개 달린 사자와 산마르코가 직접적인 관련성을 가지게 된 것은 성경의 이야기에서이다.[5] 사자는 에제키엘 예언서에 나오는 네 생물(사자, 소, 사람, 독수리) 중 하나이다. 사자를 포함한 이들 동물은 요한계시록에도 나온다. "보좌 주위에 네 생물이 있는데 앞뒤에 눈들이 가득하더라. 그 첫째 생물은 사자 같고 그 둘째 생물은 송아지 같고 그 셋째 생물은 얼굴이 사람 같고 그 넷째 생물은 날아가는 독수리 같다." 이후 이 네 생물은 각각 4복음서의 저자와 쌍을 이루게 되었다. 마태와 인간이 한 쌍을 이루게 된 계기는 마태복음이 그리스도의 계보를 언급하는 것으로 시작되기 때문이다. 루가가 소와 쌍을 이루게 된 이유는 루가의 복음서가 신전에서 희생된 자카리아스의 이야기로 시작되기 때문이다. 요한이 독수리와 쌍을 이루게 된 이유는 요한복음의 신학적인 날카로움이 독수리의 민첩함과 유사하기 때문이다. 산마르코가 날개 달린 사자와 짝을 이루게 된 이유는 마가복음이 사막에서 유혹을 받는 예수의 이야기로 시작되고, 복음서에 "마르코여 너의 목소리가 사막에서 사자의 목소리처럼 울려 퍼지는구나."라는 구절이 있기 때문이다. 그런 연유로 날개 달린 사자는 마르코를 상징하고 보호하는 신물이 되었던 것이다.[6]

날개 달린 사자가 베네치아와 운명 공동체가 된 결정적인 계기는 산마르코의 유해가 베네치아로 옮겨온 일이다. 물론 이 이야기가 실제로

---

5 3세기 초 이레니우스Irenaeus는 사자를 요한의 상징으로 해석했다. 하지만 4세기 초 히에로니무스는 독수리를 요한의 상징으로, 사자를 마르코의 상징으로 간주했다. 7세기 초 교황 그레고리우스 7세는 에제키엘의 환상 속에 나오는 네 마리 동물은 4복음서의 저자의 상징물이라고 주장했다. Karem(2000).

6 Garry Wills(2001), *Venice: lion city: the religion of empire*, New York: Washington Square Press, p.28.

일어난 역사적 사건인지에 대한 논란은 아직도 남아 있다.[7] 그렇지만 전승을 믿는다면 사건의 개요는 다음과 같다.[8] 알렉산드리아에 안치되어 있던 산마르코의 유해가 베네치아로 옮겨옴에 따라 마르코의 상징인 날개 달린 사자도 함께 베네치아로 오게 된 것이다. 이 이송translatio은[9] 베네치아 역사에서 가장 중요한 순간이었다. 여러 면에서 이송 이전과 이송 이후의 베네치아 역사는 달라졌고 베네치아인들도 그렇게 믿었다. 실제로 이송 이후 베네치아는 번영을 누렸고 중세 말 지중해 전역을 누비는 강력한 해상 세력으로 부상했다. 당시 베네치아인들은 이 모든 것이 산마르코와 사자의 보호 덕분이라고 생각했다. 그들은 예수 그리스도의 사제이자 복음서의 저자인 산마르코와 그의 사자가 지켜주는 한 베네치아는 천하무적이라고 생각했다.

산마르코의 유해가 베네치아로 옮겨오게 된 것은 도둑질 덕분이었다.[10] 828년 알렉산드리아에서 불법적인 거래를 하고 있던[11] 두 명의 베네치아 상인 부오노Buono와 루스티코 디 토르첼로Rustico di Torcello는 알

7 이 도둑질에 대한 연구는 이미 많이 진행되었다. Crouzet-Pavan(2004), p.93; Tramontin(1970), pp.35-58; Otto Demus(1960), *The church of San Marco in Venice*, Washington: Dumbarton Oaks Research Library and Collection.

8 11세기경에 작성된 『산마르코의 유골 이전기』는 이 과정을 자세하게 들려준다. Nelson McCleary(1931-1933), "Note storiche ed archeologiche sul testo della 'Translatio sancti Marci'," *Memorie Storiche Forogiuliesi*, vol. 27-29, pp.223-264; 패트릭 J. 기어리(2010), 『거룩한 도둑질: 중세 성유골 도둑 이야기』, 유희수 옮김, 길, 158-159쪽.

9 크루제 파방은 이송에 대해서는 이미 많은 연구가 진행되었다고 말한다. Crouzet-Pavan(2004), p.92.

10 이에 관해서는 다음 책을 참조하라. 기어리(2010), 153-161쪽.

11 비잔티움 황제 레오 5세가 자신의 신민들과 이슬람 간의 교역을 금지하고 있었기 때문이다. 그런 연유로 베네치아 상인들은 자신들이 알렉산드리아로 갈 수밖에 없었던 것은 바람 때문이었다고 핑계를 댔다. 즉 바람 때문에 의도하지 않게 10척의 베네치아 선박이 알렉산드리아항으로 밀려갔고, 그렇기 때문에 이것은 신의 뜻이지 자신들의 의지는 아니라고 변명을 했다. Madden(2012), p.42; Coruzet-Pavan(2004), p.94.

• 산마르코 성당에 있는 그림들. 왼쪽 그림은 알렉산드리아에서 마르코의 유해를 훔쳐 관에 담는 장면을 그린 것이고, 오른쪽 그림은 마르코의 유해를 바다를 통해 이송하는 장면을 담고 있다.

렉산드리아에 있는 산마르코 성당에 들려 기도하다가 그리스 출신의 기독교 사제 테오도로스Theodorus와 수도사 스타우라키오스Stauracius를 만났다. 그들은 최근 이슬람 당국이 기독교인들을 박해하고 교회의 대리석을 훔친다고 베네치아 상인들에게 불평을 늘어놓았다. 이 이야기를 들은 베네치아 상인들은 과격한 제안을 했다. 그것은 산마르코의 유해를 훔쳐서 베네치아로 가져가는 것이었다. 하지만 사제들이 성인의 유해를 함부로 옮기는 것이 불경한 짓이라고 두려워하며 선뜻 제안을 수락하지 않자 베네치아 상인들은 산마르코가 알렉산드리아로 오기 전에 베네치아를 들렀기 때문에 베네치아로 유해를 옮겨갈 정당한 이유가 있다고 사제들을 설득했다. 결국 네 사람은 유해를 돼지고기로 싸서 기다리고 있던 베네치아 선박에 옮겨 실었다. 화물을 검사한 이슬람 관리는 상자에 들어 있는 생 돼지고기를 보고 기겁을 하며 뚜껑을 닫아 버렸다. 그 덕분에 산마르코의 유해는 들키지 않고 베네치아로 수송될 수 있었다. 전설에 따르면 알렉산드리아에서 베네치아로 오는 항해 도중 산마르코는 기적을 행했다. 선원들이 자는 도중에 악마들이 배를 공격하자 마르코는 악마를 물리치고 배가 좌초하는 것을 막았다. 이 전설은 마르코의 유해가 베네치아로 이송되는 것이 정당한 일임을 보여주기 위해 창안된 이야기였다.[12]

당시 서유럽 기독교 사회에서는 이런 종류의 도둑질이 '거룩한 도둑질furta sacra'로 간주되었고 때론 권장되기도 했다.[13] 실제로 베네치아 상인들은 산마르코의 유해를 훔치는 것이 아니라 이슬람 손으로부터 구출한다고 생각했을 것이다. 중세 기독교인들이 이런 '거룩한 도둑질'을 자행했던 이유는 성인의 유해와 유물이 신비한 힘을 가지고 있다고 생각했고 성 유물에 특별한 가치를 부여했기 때문이다. 또한 성유물을 가진 도시와 개인은 그만큼 성스러운 권능과 힘을 가진다고 믿었기 때문이다.

실제로 9세기 초 마르코의 유해가 베네치아로 이송되었는지에 대한 논란은 여전히 남아 있다. 일부 역사가들은 이 이야기가 후대에 만들어진 신화일 뿐이라고 주장한다. 어쨌든 9세기 후반이면 베네치아가 마르코의 유해를 가지고 있다는 소문은 서유럽 기독교 세계에 널리 퍼져 있었다.[14]

2. 산마르코 신화 만들기

이스트리아에 도착한 두 상인은 베네치아를 이끄는 도제 주스티니

---

12 Madden(2012), pp.28-46.

13 기어리(2010), 153-161쪽.

14 Coruzet-Pavan(2004), p.93; 기어리(2010), 153-161쪽.

아노 파르테치파치오Giustiniano Partecipazio에게 알렉산드리아에서의 불법거래를 용서해주면[15] 마르코의 유해를 넘기겠다는 제안을 했고 도제는 이 제안을 흔쾌히 수락했다. 도제, 그라도의 대주교와 모든 주교들이 마르코의 유해를 환영했다. 환영이 끝나자마자 마르코의 유해를 차지하기 위한 경쟁이 본격화되었다. 마르코의 유해는 워낙 중요한 성유물이었기 때문에 이러한 분쟁은 당연히 예상된 것이었다. 베네치아, 아퀼레이아의 대주교, 그라도의 대주교, 카스텔로 주교 모두 권리를 주장했다. 사실 당시까지만 해도 베네치아보다는 아퀼레이아, 그라도와 카스텔로가 역사적으로 더 정당한 권리를 가지고 있었다.[16] 왜냐하면 이곳들은 역사적으로 산마르코와 관련되어 있었기 때문이다. 오래된 전승에 따르면 베드로의 명으로 아퀼레이아로 파견된 마르코는 그곳에서 기독교 공동체를 건설하고 주교가 되었다. 마르코는 자신의 제자였던 헤르마고라스Hermagoras에게 아퀼레이아의 주교직을 넘겨준 다음 이집트의 알렉산드리아로 향했다. 알렉산드리아에 도착한 후 마르코는 그곳에 교회를 세우고 최종적으로 순교했다.[17] 그래서 산마르코가 처음으로 복음을 전파한 곳이 바로 아퀼레이아였기 때문에 아퀼레이아 대주교는 그만한 권리 주장을 할 수 있었던 것이다. 그라도의 대주교가 권리 주장을 할 수 있었던 역사적 배경은 롬바르드족의 침입 당시 대주교 관구가 일시적으로 아퀼레이아에서 그라도로 옮겨갔기 때문이었다.[18]

사실 이들 세 도시 간의 갈등은 오래된 것이었다. 유해 이송 이전 베네치아는 비잔티움제국과 카롤루스제국으로부터의 간섭에서 벗어나고

15 교회는 원칙적으로 이슬람과의 무역을 금지했다. 물론 법과 실제 처벌은 시대별로 상황에 따라 달랐다.

16 이를 둘러싼 논쟁에 관해서는 기어리(2010), 153-161쪽 참조.

17 Tramontin(1970), p.36.

18 기어리(2010), 154-155쪽.

싫어했다. 카롤루스제국의 후원을 받은 아퀼레이아 대주교는 주변 지역에 대한 대주교 관할권을 결코 상실한 적이 없다고 주장했다. 베네치아는 이전에 아퀼레이아 대주교였던 파울루스가 그라도에서 다시 베네치아로 피난을 와서 베네치아에 대주교직을 수립했기 때문에 자신들이 아퀼레이아 대주교의 지배를 받을 필요가 없다고 반박했다. 이런 갈등을 해결하기 위해 827년 만토바에서 공의회가 개최되었다. 카롤루스제국이 주최한 공의회였기 때문에 당연히 친 카롤루스제국 세력이었던 아퀼레이아의 대주교의 주장이 받아들여졌다. 패트릭 기어리는 이러한 상황을 만회하기 위해 베네치아가 산마르코의 유해를 훔치기로 결정했다고 주장한다.

여러 논란 끝에 최종적인 결정이 내려질 때까지 성인의 유해를 도제 궁에서 임시적으로 보관하고, 이를 위해 도제 궁 옆에 작은 예배당을 건설하기로 합의했다.[19] 832년 완성된 이 작은 예배당이 훗날 산마르코 성당으로 발전했다. 당시 도제였던 조반니 파르테치파치오Giovanni Partecipazio가 마르코의 유해를 베네치아에 안치하기로 결정한 이유는 유해와 자신의 가문을 연결시켜 항구적으로 정권을 유지하기 위함이었다. 하지만 예배당이 건설되고 4년 후 조반니 파르테치파치오는 귀족들 간의 당파 싸움으로 권좌에서 쫓겨나고 피에트로 트라도니코Pietro Tradonico가 새 도제가 되면서 마르코의 유해와 산마르코 성당은 베네치아 시민과 공화국의 것임을 천명했다. 즉 산마르코 성당은 주교의 통제하에 있는 대성당이 아니라 베네치아 공화국을 이끄는 수장 도제의 개인 예배당이라는 것이다. 확대 해석하면 산마르코 성당은 베네치아 공화국과 시민의 교회라는 것이다. 그런 연유로 산마르코 성당은 로마 교회와 일정 정도 거리를 둘 수 있었다. 실제로 베네치아 대성당은 카스

19 Brown(1991), p.518.

텔로섬에 있는 베드로 성당이었고, 그래서 베네치아 주교는 정치권력의 중심으로부터 떨어져 있었다.[20]

이후 몇 세기 동안 산마르코 성당은 베네치아 공화국이 유해의 정당한 소유주임을 보여주는 전시장으로 활용되었다.[21] 11세기 성당 벽면에는 산마르코가 아퀼레이아에 복음을 전파하는 장면, 알렉산드리아에서 순교하는 장면, 그의 유해가 베네치아로 옮겨오는 장면 등이 그려졌다.[22] 피에트로 폴라니Pietro Polani(재위 1130-1148)의 도제 재임 시절에는 산마르코가 자신이 그려져 있는 깃발을 서 있는 도제에게 전달하는 장면이 그려졌다. 이 장면은 베네치아의 주권이 산마르코로부터 나온다는 것을 상징한다.[23] 베네치아 공화국은 자신들의 도시를 방문한 외국인들에게 마르코의 전설적인 일생이 그려진 성당을 참배하게 함으로써 산마르코가 베네치아를 지키는 수호성인임을 선전했다.

산마르코가 베네치아의 수호성인이 되는 과정은 기존의 성인을 버리는 과정이기도 했다. 당시까지 베네치아를 지키고 보호하는 성인은 그리스 출신의 테오도르Theodore였다.[24] 4세기 그리스 출신의 테오도르는 이집트에서 악마에 사로잡힌 악어를 창으로 찔러 죽인 일화로 잘 알려져 있다. 테오도르가 베네치아를 수호하는 성인이었다는 사실은 베네치아가 비잔티움제국의 속국임을 보여주는 증표이기도 했다. 그런

---

20 Madden(2012), p.44.

21 Edward Muir(1979), “Images of power: art and pageantry in Renaissance Venice,” *The American Historical Review* 84(1): 19.

22 Otto Demus(1984), *The Mosaics of San Marco in Venice*, Chicago and London: Chicago University Press, vol.1, pp.54-83.

23 Brown(1991), p.519.

24 Rudt de Collenberg(1989), “Il leone di San Marco. Aspetti storici e formali dell’emblema statale della Serenissima,” *Ateneo Veneto* 27: 58; Edward Muir(1979), p.21.

점에서 수호성인 교체는 비잔티움으로부터의 독립을 천명하는 것과 같았다.[25] 당시 비잔티움제국은 이슬람으로부터 수차례의 공격을 받았고 이로 인해 이탈리아반도 내의 영토를 실질적으로 지배할 여력이 없는 상황이었다. 이러한 상황 덕분에 베네치아는 사실상의 독립을 얻을 수 있었고 나아가 수호성인 교체를 통해 이를 대외적으로 천명했다.[26]

그러나 이런 것들만으로는 충분하지 않았다. 베네치아는 마르코의 유해를 영원히 차지할 수 있는 정당한 이유를 만들어야만 했다. 또한 베네치아를 보호하는 성인 마르코가 신비한 권능을 가지고 있음을 보여줄 필요도 있었다. 한마디로 새로운 전설과 신화를 만들 필요가 있었던 것이다. 이렇게 해서 13세기 무렵에 예정 이야기Praedestinatio와 출현Apparitio이라는 두 가지 전설이 만들어졌다.[27] 베네치아가 마르코 유해의 최종적 주인임을 정당화해준 예정 이야기는 바로 "너의 육신이 여기(베네치아)에 쉴 것이다Hic reauiescet corpus tuum."라는 전설이었다. 이 전설은 마르코의 유해가 베네치아로 옮겨오기 이전에는 없었다. 기독교 초기 마르코와 관련된 대표적인 전설은 "나의 복음서의 저자 마르코야, 너에게 평화가 있기를Pax tibi Marce evangelista meus."이라는 문구였다. 원래 이 말은 알렉산드리아에서 복음을 전하다가 수감된 마르코에게 예수 그리스도가 나타나 건넨 위로의 인사였다.[28]

---

25 Coruzet-Pavan(2004), p.92: Madden(2012), p.44; Brown(1991), p.519.

26 기어리(2010), 153-161쪽.

27 Brown(1991), p.519.

28 산마르코 성당에는 다음과 같은 문구가 새겨져 있다. "Cum transitum faceret per mare ubi nunc posita est ecclesia sancti Marci angelus ei nunciatuit quod post aliquantum tempus a morte ipsius corpus eius hic honorifice locaretur," Debra Pincus(1997), "Mark gets the message: Mantegna and the "Praedestinatio" in Fifteenth-century Venice," *Artibus et Historiae* 18(35): 140-141; Demus(1984), vol.2, p.186.

결국 이 문구가 변형되어 새로운 전설을 만들었다. 이야기는 이러하다. 마르코가 아퀼레이아 지방에 복음을 전하는 임무를 마치고 배를 타고 돌아오는 도중에 폭풍우를 만나 베네치아로 떠밀려오게 되었다. 그 와중에 마르코의 꿈에 나타난 천사는 마르코에게 "너의 육신이 여기서 안식을 취하게 될 것이다."라고 예언했다.[29] 이 새로운 전설은 알렉산드리아에서 순교했던 마르코의 유해가 최종적으로 베네치아로 옮겨오게 된 것을 사후에 승인하는 문구였다. 이 이송은 천사의 계시를 통해 미리 예정되어 있었다는Praedestinatio 것이다.[30]

출현Apparitio은 사라졌던 산마르코의 시신이 갑자기 다시 나타났다는 이야기이다. 11세기 후반 산마르코 성당을 재건하는 과정에서 산마르코의 유해가 사라지는 사건이 발생했다. 사실 사라진 것이 아니라 공사 중에 안전을 위해 숨겨둔 것인데 도제는 시민들에게 이 사실을 숨겼다. 재건 공사가 마무리되어갈 무렵까지도 성유물을 찾지 못하자 도제 비탈레 팔리에르Vitale Falier는 수행원을 대동하고 이를 찾기 위해 기도를 드렸다. 마치 간절한 기도에 응답이라도 한 것처럼 3일째 되는 날 기둥 위에서 돌이 하나 떨어졌고 그 안에서 마르코의 유해가 발견되었다. 이 이야기는 산마르코가 자신이 선택한 베네치아를 계속해서 지켜주겠다는 의미로 받아들여졌다.[31]

---

29 13세기 베네치아 출신의 시인 마르틴 다 카날은 프랑스어로 다음과 같은 시를 지었다. "Li angele Dieu vos dist en vision. Ici posera ton cors et sera ta maison(대천사가 너의 꿈에 나타나 다음과 같이 말한다. 너의 육신이 이곳에 쉴 것이며 이곳이 너의 안식처가 될 것이다)." Martin da Canal(1973), *Les estoires de Venise. Cronaca veneziana in lingua francese dalle origini al 1275*, ed. by A. Limentani, Firenze: L. S. Olschki, p.341; Edward Grasman(2012), "A salute to you: expansion under the wings of Saint Mark," *Artibus et Historiae* 33(66): 125.

30 Thomas E. A. Dale(1994), "Inventing a sacred past: pictorial narratives of St. Mark the Evangelist in Aquilea and Venice, ca. 100-1300," *Dumbarton Oaks Papers* 48: 1-60.

3. 날개 달린 사자, 공화국의 상징으로 부상하다

베네치아 공화국의 수호성인으로서 확고한 지위를 확보한 산마르코는 점차 자신의 분신인 날개 달린 사자에게 주도권을 내주게 되었다. 13세기 후반부터 산마르코보다는 날개 달린 사자가 더 자주 등장하기 시작했다. 이러한 변화의 계기는 베네치아의 본격적인 영토 팽창이었다.[32] 4차 십자군 이후 본격적인 영토 팽창의 길로 접어든 베네치아 공화국은 성스러운 이미지의 산마르코보다는 동물의 왕 사자를 활용해 베네치아의 힘을 대외적으로 과시하려고 했다. 사자는 여러모로 이런 용도에 적합했다. 왜냐하면 밀라노의 암브로시우스와 피렌체의 세례자 요한 등의 수호성인들은 사자와 같은 수호신물을 가지고 있지 않았기에 정복과 팽창이라는 군사적인 이미지에 적합하지 않았기 때문

---

31 이후에도 마르코에 관한 전설 만들기는 계속되었다. 16세기 중엽 화가 자코포 산소비노 Jacopo Sansovino는 도제 궁 안의 법정 벽면에 산마르코의 일생과 그와 관련된 기적을 조각했다. 그중 하나는 산마르코가 비를 내리는 기적을 행하는 부조다. 전설에 따르면 이탈리아 남부 풀리아 지방 사람들이 산마르코 경배를 거부하자 끔찍한 가뭄이 그 지역을 강타했다. 가뭄에 직면한 사람들은 산마르코에게 도움을 청했고 산마르코의 축일을 기념하겠다는 약속을 하자마자 산마르코는 가뭄을 몰아내고 비를 보냈다. 또 다른 부조는 부상당한 기사의 손을 치료한 내용을 담고 있다. 롬바르디아 출신의 기사가 전투 중에 거의 손이 잘려나갈 정도로 심한 부상을 입었다. 부상당한 기사는 손을 절단해야 한다는 의사와 친구들의 충고를 거절하고 산마르코에게 도움을 청했고 그 덕분에 금방 나았다. 부상당한 부위에 남은 것은 약간의 상처였고, 이 상처는 기적의 증거였다. 산마르코가 곤궁에 처한 노예를 구원한 이야기를 표현한 부조도 있다. 프로방스 지방에 있는 한 노예가 산마르코의 유해를 순례하고 싶다고 주인에게 이야기했지만 주인은 이를 거부했다. 노예는 주인의 처벌보다는 신에 대한 두려움 때문에 약속대로 산마르코의 유해를 참배하고 돌아왔다. 하지만 주인은 순례에서 돌아온 노예를 고발하고 온갖 고문을 받게 만들었다. 노예가 마르코에게 도움을 청하자 기적적으로 마르코가 나타나 고문 도구를 없애버렸다. 이를 지켜본 주인은 신의 용서를 구하고 노예와 함께 마르코의 무덤을 참배했다.

32 베네치아의 영토 팽창에 관해서는 다음 논문을 참조하라. Benjamin Arbel(2013), "Venice's maritime empire in the early modern period," *A companion to Venetian history, 1400-1797*, ed. by E. R. Dursteler, Leiden: Brill.

이다.[33] 또한 베네치아의 사자는 동물의 위계 서열상 로마를 지키는 늑대보다 높았다.[34]

베네치아의 영토 팽창이 진행되면서 날개 달린 사자의 모습도 변화했다.[35] 4차 십자군[36] 이후 본격화된 바다로의 영토 팽창 시기의 날개 달린 사자는 주로 물에서 나오는 모습을 하고 있었는데 몸 전체가 아니라 몸의 반만 보여주는 형태였다. 이런 모습을 대표하는 사례는 산마르코 성당의 천장에 그려진 사자로, 머리와 몸의 앞부분이 바다 거품을 헤치고 솟아오르는 모습이다. 당시 베네치아는 새로 획득한 에게해 주변의 해상 식민지에 대한 정당한 권리를 주장할 근거를 만들 필요가 있었다. 이러한 상황에서 바다에서 솟구쳐 오르는 사자의 위풍당당함은 대외적으로 베네치아가 해양 영토를 소유할 만큼의 힘을 가지고 있음을 보여주기에 적합했을 것이다. 이런 형태의 사자는 14세기까지도 지속되었다.[37]

하지만 베네치아 공화국이 14세기 후반 육지로의 팽창을 본격화하면서 몸의 일부만이 물에서 나오는 사자 대신에 위풍당당하게 걷는 사자Leone andante를 더 자주 활용하기 시작했다. 베네치아와 베네치아 식

33 Brown(1991), p.520.

34 David S. Chambers(1970), *The imperial age of Venice 1380-1580*, London: Thames and Hudson Ltd, P. 16; Karem(2000), p.72.

35 베네치아는 크게 두 가지 형태의 사자, 즉 몸의 반만이 물에서 나오는 형태의 사자 leone in moleca와 날개를 활짝 펴고 걷는 모습의 사자leone andante를 상징으로 사용했다. Karem(2000), pp.16-17, 114.

36 산마르코와 사자는 베네치아 병사들과 함께 전쟁터를 누비고 다녔다. 4차 십자군 시절 도제 엔리코 단돌로는 선루에 산마르코의 깃발을 단 갤리선을 타고 콘스탄티노플 공략을 진두지휘했다. 그는 병사들에게 자신의 갤리선을 해안가에 데라고 외쳤다. 상륙하자마자 병사들은 마르코의 깃발을 해안가에 꽂았다. 도제가 보여준 이 용감한 행동에 자극을 받은 나머지 베네치아 병사들은 마르코의 깃발을 향해 앞다투어 상륙했고 결국 전투에서 승리했다.

37 Chambers(1970), pp.16-17.

• <산마르코의 사자>, 비토레 카르파초, 1516년, 도제 궁 소장

민지에서 사용할 화폐에도 당당하게 걷는 모습의 사자가 그려졌다. 걷는 모습의 사자 중에서도 몸 한쪽은 바다에, 다른 한쪽은 육지에 두고 있는 모습이 유행했다.[38] 이런 모습의 사자를 가장 잘 표현한 것은 비토레 카르파초Vittore Carpaccio의 그림이다. 그림 속의 사자는 바다와 육지를 모두 차지하겠다는 베네치아 공화국의 강한 의지를 시각적으로 표현하고 있다. 15세기 이런 모습의 사자가 베네치아를 대표하는 상징으로 고착되기에 이르렀다. 이후 약간의 변형들이 있었지만 이와 비슷한 형태의 사자가 반복적으로 제작되었다.[39] 때론 칼을 들고 있는 사자를 활용하기도 했다.

사실 날개 달린 사자의 운명에서 15세기 초는 매우 중요한 순간이었다. 왜냐하면 당시 베네치아는 평화 노선이냐 아니면 팽창 노선이냐를 선택해야 하는 기로에 서 있었기 때문이다. 1423년 베네치아 도제

---

38 자코벨로 델 피오레(1415)와 도나토 베네치아노(1459)가 그린 사자가 이런 형태였다. Karem(2000), pp.4-6.

39 Grasman(2012), p. 122; Karem(2000), p. 116; Daniel Huguenin et Erich Lessing(2005), *La gloire de Venise: dix siècles de rêve et d'invention*, Paris: Terrail, pp.37-39.

였던 토마소 모체니고Tommaso Mocenigo(1343-1423)는 임종 직전에 베네치아가 팽창, 즉 전쟁의 길로 나아가서는 안 된다고 경고했다. 하지만 그의 염려에도 불구하고 새로이 베네치아를 이끌 수장으로 선택된 사람은 팽창 정책을 열렬히 지지하는 프란체스코 포스카리Francesco Foscari 였다.[40] 이러한 팽창 노선에 발맞춰 베네치아 공화국은 강인하고 호전적인 백수의 왕 사자를 적극적으로 활용했다. 15세기 베네치아 출신의 한 수도승은 베네치아가 모든 적들을 물리치고 승리할 것이라는 의지를 천명하면서 산마르코의 사자를 결코 정복된 적이 없었던 유대 민족의 사자에 비유했다.[41] 베네치아 출신의 교황 파울루스 2세를 기리는 비문에는 "나는 베네치아를 다스리는 사자다Sum leo qui regnum Venetis"라는 문구가 적혀 있다. 피렌체의 마키아벨리는 베네치아가 대외 팽창 과정에서 사자의 공격적인 이미지를 선전용으로 이용하고 있다고 지적했다.[42] 15세기 중반 국영 조선소 입구에 설치된 사자는 팽창하는 베네치아의 해상력과 군사력을 대외적으로 과시할 의도로 제작되었다.

14-15세기를 거치면서 날개 달린 사자는 베네치아와 동일시되었다. 베네치아인들뿐만 아니라 외국인들도 사자를 베네치아로 생각했다. 베네치아는 점령한 해양과 육상 영토에 사자상을 가장 잘 보이는 도시의 메인 광장에 설치해 베네치아 지배를 가시적으로 드러냈다.[43] 또한

---

40 포스카리의 일대기에 대해서는 다음 사료와 연구서를 참조하라. Patricia H. Labalme (1969), *Bernardo Giustiniani. A venetian of the quattrocento*, Roma: Edizioni di Storia e letteratura; Dennis Romano(2007), *The likeness of Venice: a life of doge Francesco Foscari 1373-1457*, New Haven and London: Yale University Press; Grasman(2012), p.127.

41 Antonio Medin(1904), *La Storia della repubblica di Venezia nella poesia*, Milano: Ulrico Hoepli, p.12; Karem(2000), p.80.

42 Karem(2000), p.81.

43 Brown(1991), p.523; Monique O'Connell(2009), p.60.

• 나폴레옹 시대에 제작된 베네치아 깃발에 그려진 날개 달린 사자

이를 위해서 정복지에 사자가 그려진 베네치아 공화국 깃발을 세우기도 했다. 사자가 베네치아의 지배를 드러내는 상징으로 활용되었기 때문에 베네치아 영토를 점령한 적들은 우선적으로 날개 달린 사자를 파괴해 저항 의지를 꺾으려고 했다. 실례로 1420년 베네치아의 육상 영토였던 벨루노Belluno를 일시적으로 점령한 독일 군대는 시를 점령하자마자 즉각적으로 사자상을 파괴했다. 1509년 아냐델로 전투에서 베네치아에 승리한 신성동맹 또한 곧바로 사자상 파괴에 돌입했다. 1797년 베네치아 공화국을 무너뜨린 나폴레옹도 눈에 보이는 모든 사자를 파괴하라고 명했다.[44]

최종적으로 날개 달린 사자는 산마르코를 대신해 베네치아 주권을

44 1797년 프랑스 점령 당시 대부분의 사자가 파괴되었다. Rudt de Collenberg(1989), p.61.

상징하게 되었다. 이러한 변화는 도제가 통치권을 위임받는 의식의 변화에서 잘 드러난다. 초기에는 도제가 통치권을 상징하는 세 가지 물건, 즉 칼, 홀 그리고 도제관을 수여받았다. 이러한 초기 의식에서는 산마르코도 날개 달린 사자도 없었다. 그러다 11세기 말엽 홀만이 남게 되었는데 이것조차 12세기 초엽에 사라졌다. 이후 도제에게 정당한 통치권을 부여하는 주체는 산마르코로 바뀌었다. 이제 산마르코가 도제에게 곤팔로네Gonfalone라 불리는 깃발을 통치권의 증표로 수여했다. 물론 실제로 산마르코가 도제에게 깃발을 수여하지 못했겠지만 조각이나 그림을 통해서 통치권 위임 의식을 시각적으로 표현했다.

15세기 무렵에는 산마르코가 아니라 사자가 도제에게 깃발을 수여하는 형식으로 바뀌었다. 게다가 사자의 위상은 한층 높아졌다. 왜냐하면 산마르코로부터 깃발을 수여받을 때에는 도제가 선 상태였다면, 날개 달린 사자로부터 깃발을 받을 때에는 무릎을 꿇은 상태였기 때문이다. 이러한 변화는 파격적인 것이었다. 왜냐하면 베네치아 역사에서 도제는, 역사가 오토 데무스의 표현을 빌리면, "숭배받는 존재였고 그 자신이 하나의 신성한 유물"이었기 때문이다.[45] 아마 이러한 변화는 13세기에서 16세기 사이 도제의 권한이 상대적으로 약화되었기 때문에 가능했을 것이다.[46]

1477년 대위원회는 도제와 사자가 함께 있을 때에는 도제가 사자 앞에 무릎을 꿇어야 한다고 결정했다. 이런 결정은 이미 진행되고 있었던 관행을 사후에 승인하는 것이었다. 이런 모습의 사자가 처음으로 제작된 것은 1413년이었고 설치 장소는 대위원회 발코니였다. 당시 도제였던 미카엘레 스테노가 사자 앞에서 무릎을 꿇고 있었다. 20년 후에

45 Demus(1960), p.52.

46 Brown(1991), p.523.

• 도제 궁 출입구에 조각된 프란체스코 포스카리와 날개 달린 사자

동일한 형태의 상이 도제 궁 출입구에 조각되었다. 당시 베네치아 최고의 예술가들이었던 조반니 본과 바로톨로메오 본이 1438년 이 상을 완성했다. 사자 앞에서 무릎을 꿇은 도제는 다름 아닌 프란체스코 포스카리였다.[47]

그림과 조각뿐만 아니라 금화와 은화에서도 날개 달린 사자가 산마르코를 대신해 팽창하는 베네치아 공화국과 주권을 상징하게 되었음을 확인할 수 있다. 실제로 13세기와 14세기 화폐에는 주로 산마르코가 주권을 양도하는 의미로 도제에게 공화국의 깃발을 전달하는 모습이 새겨져 있다. 반면 15세기 화폐에는 사자가 주권을 도제에게 양도하는 이미지가 점점 자주 등장한다. 종종 사자가 주권을 상징하는 깃발을 혼자 들고 서 있는 모습이 화폐에 나오기도 한다.[48] 결국 15세기 날개 달

47 Grasman(2012), p.128; Collenberg(1989), p.63; Karem(2000), p.84.

린 사자가 산마르코를 제치고 베네치아 공화국을 대표하는 제일의 상징이자 주권을 부여하는 주체로 부상할 수 있었던 것은 4차 십자군 이후 본격화된 베네치아의 영토 팽창 덕분이었다.

* * *

15세기 사자는 명실공히 바다와 육지에 넓은 식민지를 가지고 있는 베네치아 공화국을 대외적으로 대표하는 상징이 되었다. 사자는 본토뿐만 아니라 이들 식민지에서도 베네치아 주권을 과시했다. 하지만 영광의 순간은 그렇게 길지 않았다. 1509년 아냐델로 전투에서의 패배는 베네치아 공화국 역사에서 하나의 분수령이었다. 1508년 교황청, 프랑스, 신성로마제국, 에스파냐는 북부 이탈리아로 팽창해오는 베네치아를 저지하기 위해 신성동맹이라 불리기도 하는 캉브레 동맹을 체결했다. 다음 해 베네치아는 아냐델로 전투에서 완패하고 북부 이탈리아에 있는 모든 영토를 상실했다. 얼마 지나지 않아 외교적 협상으로 베네치아는 전쟁 전의 영토를 다시 회복했다. 그러나 베네치아는 이탈리아 본토에서 더 이상 전성기의 명성과 세력을 유지할 수 없게 되었다. 이제 베네치아는 세력을 확장해가는 주변의 영토 국가들 틈 사이에서 국가 존립을 고민해야 했다. 다시 말해 이전의 팽창주의 정책을 고수할 수

48 15세기 화폐에는 공격적인 모습의 사자 이미지가 들어갔다. 팽창 정책을 적극적으로 펼쳤던 포스카리 지배 하에서 주조된 콰트리노Quattrino 은화에 나오는 사자는 뒷발로 일어선 모양을 하고 있으며lion rampant, 앞발로 칼을 들고 있다. 이런 형태의 사자는 산마르코에게 평화를 준다는 문구가 들어 있는 복음서를 지니고 있는 사자와 비교하면 지나칠 정도로 호전적인 모습이다. 이 사자는 한마디로 종교적 색채를 완전히 벗어버린 전쟁을 이끄는 백수의 왕일 뿐이다. 이러한 호전적인 모습의 사자 이미지는 베네치아의 적들에게 공포를 심어주기 위한 대외적인 선전용 전략이었을 것이다. Karem(2000), pp.100, 104-105.

없게 된 것이다. 실제로 아냐델로 전투에서 승리한 프랑스와 신성로마 제국은 순종하는 모습의 사자 그림을 그려 유포시킴으로써 베네치아의 저항 의지를 꺾으려 했다.

베네치아는 북부 이탈리아뿐만 아니라 동지중해에서도 급속도로 팽창하는 오스만제국에 해양 영토를 하나둘 상실해갔다. 부상하는 영토 국가의 틈바구니에서 베네치아가 선택할 수 있는 답안은 영토 팽창을 멈추고 주변 강대국들과 우호적인 때론 굴욕적인 외교를 통해 평화를 유지하는 것밖에는 없었다. "행복은 거대한 제국을 지배하는 데 있는 것이 아니라 정의롭게 통치하고 시민의 평화와 고요함을 유지하는 데 있다La felicità non nel dominare molti popoli è riposta, ma nel reggere con giustizia et conservare in pace et tranquilità i sudditi."라고 선언한 마테오 단돌로Matteo Dandolo(1498-1570)의 이야기는 베네치아가 처한 변화된 시대 상황을 잘 보여준다.[49]

이런 상황에서 베네치아를 대표하는 상징물인 사자의 이미지도 바뀔 수밖에 없었다. 동물의 왕이자 용맹함의 상징인 사자가 아이러니하게도 평화의 상징으로 변모해갔다. 때론 수동적이고 굴복하는 모습으로 바뀌었다. 변화된 국제 정세에 직면한 베네치아 공화국은 평화와 중립 때로는 굴복을 선언하는 것 이외의 다른 방법을 찾지 못했다. 도제궁을 장식할 사자 조각과 그림 또한 공격적인 이미지를 줄이고 평화적이고 수동적인 이미지를 부각시키는 방향으로 제작되었다. 그 결과 16세기 후반 도제 궁전에 걸린 그림 속의 사자는 날개도 복음서도 없는 초라한 모습이었고, 게다가 공격적인 사자보다는 차라리 강아지에 가까웠다.[50]

---

49 Gino Benzoni(1973), *Venezia nell'Età della Controriforma*, Milano: Mursia Editori, p.22; Karem(2000), p.129.

50 Karem(2000), p.117, 120.

공화국의 상징인 사자를 베네치아인들의 영토 팽창 욕구라고 비난하는 베네치아의 적들을 달래기 위해 베네치아는 사자를 대신해 새로운 이미지를 만들기도 했다. 베네치아는 정의의 여신, 로마의 여신dea Roma, 성모 마리아, 비너스 등 4명의 여인으로 의인화되었다.[51] 그 결과 날개 달린 사자는 여인으로 의인화된 베네치아에게 공화국 제일 상징의 자리를 일시적으로 내주게 되었다.

그러나 사자는 베네치아가 멸망하는 18세기 말까지도 여전히 공화국의 상징 역할을 했다. 공화국의 몰락 이후에도 날개 달린 사자는 계속해서 부름을 받고 때론 이탈리아 전체를, 때론 베네토 지방을 대표하는 상징으로 활용되고 있다.[52] 그런 점에서 날개 달린 사자는 베네치아와 이탈리아 역사의 산증인이다. 날개 달린 사자는 인격을 가진 배우로서 시대적 상황에 맞춰 다양한 역할을 수행했다. "신화는 고정되어 불변하는 신성한 텍스트라고 생각하는 것은 잘못이다. 신화의 힘은 그 변화무쌍함에 있다."라는 이야기는 베네치아의 상징 날개 달린 사자의 운명에 잘 들어맞는 문구이다.[53] "항상 부서지기는 하지만 결코 몰락하지는 않는다."는 베네치아 속담을 빌리면 베네치아 공화국은 사라졌지만 날개 달린 사자는 결코 완전히 부서져 사라지지 않았던 것이다.

---

51 David Rosand(1984), "Venetia figurata: the iconography of a myth," *Interpretazioni veneziane: studi di storia dell'arte in onore di Michelangelo Muraro*, ed. by David Rosand, Venezia: Arsenale Editrice, pp.177-196; Karem(2000), p.2, 19, 21.

52 파시스트 정권도 날개 달린 사자를 활용했다. Kate Ferris(2012), *Everyday life in Fascist Venice, 1929-40*, Chippenham and Eastbourne: Palgrave.

53 Brown(1991), p.527.

2장 영토 정복과 제국 건설

베네치아의 역사는 그 자체가 신화이다. 베네치아를 지칭하는 별칭인 '지배하는 자La Dominante'는 영광스러웠던 그 시절을 상기시켜준다. 1363년 베네치아에 머물고 있던 시인 프란체스코 페트라르카Francesco Petrarca(1304-1374)는 "이것은 배가 아니라 바다의 표면에서 헤엄치는 산이라고 말했을 걸세."라면서 지중해와 흑해로 출항하는 선박들의 위용에 감탄했다. 1494년 베네치아를 방문한 프랑스 대사는 엄청나게 많은 교회와 종탑과 수도원에 감탄하며 이 모든 것들이 물 위에 건설된 것에 대해 놀라움을 금치 못했다.[1]

오늘날에도 베네치아는 "지중해 교역을 주도했던 영광스러웠던 시

---

* 이 장은 「중세 해상제국 베네치아: 신화인가, 실체인가?」라는 제목으로 2015년 『인문논총』 72호에 게재된 논문을 수정·보완한 것이다.

1 로저 크롤리(2011), 『500년 무역 대국 부의 도시 베네치아』, 우태영 옮김, 다른세상, pp.15-17.

• <바다와의 결혼식>, 카날레토, 1730년

절을 기리며" 매년 예수승천일에 스폰살리오sponsalio라 불리는 바다와의 결혼식을 거행한다. 15세기부터 시작된 이 '바다와의 결혼식' 행사는 베네치아가 아드리아해 그리고 그 너머의 지중해를 장악하겠다는 결연한 의지와 자부심의 표현이었다. 이 상징적인 행사에서 도제는 의전 선박 부친토로Bucintoro에 승선해 바다로 나가 아드리아해에 반지를 던지며 "우리는 진정어린 영원한 지배의 증표로 너 바다와 결혼할 것이다."라고 외친다. 이렇듯 바다에 대한 지배는 베네치아 신화를 구성하는 핵심 요소이다.[2]

후대 다수의 역사가들은 중세 후반 베네치아 공화국이 달성한 '영

---

2 Edward Muir(1981), *Civic ritual in Renaissance Venice*, Princeton: Princeton University Press, p.122; Monique O'connell(2009), p.17; James Grubb(1986), "When myths lose power: four decades of Venetian historiography," *Journal of Modern History* 58: 72-73.

광스런 업적'을 근거로 베네치아를 '중세 해상제국'이라 부르는 데 주저하지 않는다.[3] 프레데릭 레인Frederic C. Lane은 자신의 저서 『베네치아: 해상 공화국』에서 베네치아가 지중해에서 획득한 해양 영토를 해상 기지 제국empire of naval bases으로 규정했다.[4] 토머스 매든Thomas F. Madden은 4차 십자군을 계기로 베네치아는 상업 공화국에서 사실상의 제국으로 부상했으며, 이후 4세기 동안 제국으로서의 명성을 유지했다고 주장한다.[5] 오코넬은 십만도 채 안 되는 인구를 가진 베네치아가 여기저기 흩어져 있어 '해체되기 쉬운 해상제국fragmented and fragile empire'을 어떻게 그렇게 오랫동안 유지할 수 있었는지를 분석했다.[6]

하지만 베네치아를 제국으로 간주하는 것은 여전히 논란이 남아 있는 문제이다.[7] 다수의 역사가들이 베네치아를 중세 해상제국이라 칭하지만 베네치아의 실제 정치체제는 공화국이었다. 베네치아는 비잔티움으로부터 사실상의 독립을 얻은 이후부터 나폴레옹에 의해 정복당할 때까지 줄곧 공화국이었다. 비록 베네치아를 이끄는 수장의 공식 직함은 이탈리아어로 도제였지만(도제라는 직함은 비잔티움제국의 지배하에 있을 당시 황제가 수여한 달마티아 공작dux Dalmatiae에서 유래했다.), 도제가 왕이나 공작처럼 모든 국가 운영을 독점할 수 없었다. 왜냐하면 도제는

---

3 Chamber(1970); Lane(1973), Jan Morris(1980), *The Venetian empire: a sea voyage*, Harmomdsworth; Alvise Zorzi(1980), *Una città, una repubblica, un impero, Venezia: 697-1797*, Milano: Mondadori; Garry Wills(2001), *Venice, lion city, the religion of empire*, London; New York: Simon & Schuster; Madden(2012), Arbel(2013), pp.125-254; Monique O'connell(2009).

4 Lane(1973), p.42.

5 Madden(2012), pp.114-150.

6 O'connell(2009).

7 Maria Fusaro(2015), *Political economies of empire in the early modern Mediterranean. The decline of Venice and the rise of England 1450-1700*, Cambridge: Cambridge University Press, p.3.

세습이 아니라 선거를 통해 선출되었고 원로원, 대위원회, 40인 위원회, 10인 위원회, 그리고 법원이 입법, 행정, 사법 권력을 나누어 가지고 있었기 때문이다.

그렇다면 중세 후반 인구 십만의 작은 섬나라 베네치아 공화국이 많은 역사가들의 주장처럼 제국이라는 이름에 어울릴 만한 실질적인 힘과 위상을 가지고 있었을까? 중세 이탈리아 상인이 이룬 성과는 신화와 과장에 지나지 않는다는 어느 역사가의 신랄한 비판처럼[8] '해상제국 베네치아'라는 개념도 신화와 과장일 뿐일까? 이 장에서는 '해상제국 베네치아'가 단순히 신화일 뿐인지 아니면 이에 걸맞은 역사적 경험을 했었는지를 살펴보려고 한다. 이를 위해서 일차적으로 정복과 영토 팽창, 식민지의 존재와 식민 통치 등과 같은 제국을 규정하는 외형적인 요소들이 베네치아의 역사에 있었는지를 확인할 것이다.[9] 그다음 기존의 연구들이 소홀하게 다루었던 베네치아인들의 제국 의식을 살펴보려고 한다. 즉 베네치아인들이 제국을 건설하고 운영하겠다는 생각과 의지가 있었는지를 알아볼 것이다. 외형적인 조건뿐만 아니라 이러한 내적인 의식 또한 제국 여부를 판단하는 중요한 기준이기 때문이다.

1. 4차 십자군과 해양 영토 건설

4차 십자군을 계기로 베네치아가 해상제국으로 부상했다는 토머스 매든의 해석은 정복한 영토의 규모를 고려했을 때 타당해 보인다.[10] 실

8 J. M. 홉슨(2005), 『서구 문명은 동양에서 시작되었다』, 정경옥 옮김, 에코리브르, 159-179쪽.

9 일반적으로 제국을 규정하는 특징으로 광활한 영토, 다양한 언어 및 종교, 문화적 헤게모니 등이 거론된다.

제로 베네치아는 4차 십자군과 함께 비잔티움제국을 점령하고 제국의 8분의 3이라는 방대한 영토를 획득했기 때문이다.[11] 베네치아가 획득한 영토는 발칸반도의 서쪽 부분, 에게해의 주요 섬들, 아드리아노플에서 갈리폴리 사이의 좁은 영토였다. 이들 지역은 주로 베네치아 상선이 지나가는 곳에 위치해 있었다. 이는 베네치아가 4차 십자군과 영토 협상에서 주로 경제적 측면을 우선적으로 고려했음을 보여준다.

사실 베네치아는 논공행상 과정에서 제국을 만들 수 있었다. 당시 베네치아 선단을 이끌고 십자군에 직접 참여했던 도제 엔리코 단돌로Enrico Dandolo가 영토분할 협정을 주도했기 때문이다. 신생 라틴제국의 황제는 12명의 선거인단에 의해 선출되었는데 이 선거인단에는 여섯 명의 베네치아인들이 참여하고 있었다. 베네치아 도제 단돌로는 4차 십자군 병력을 이끌었던 몬페라토 후작 보니파초Bonifacio와 프랑스 출신 제후들의 지지를 받았던 플랑드르 백작 보두엥Baudouin과 함께 유력한 황제 후보 중의 한 명이었다. 만약 단돌로가 황제로 선출되었다면 베네치아 공화국은 라틴제국의 영토가 되는 것이었다. 베네치아 출신이 아닌 여섯 명의 선거인단이 보니파초와 보두엥을 두고 의견이 갈라졌기 때문에 여섯 명의 베네치아 선거인단은 단돌로를 황제로 추대할 수 있는 상황이었다.[12] 하지만 단돌로와 베네치아인들은 명분보다는 경제적 실리를 선택했다.

다수의 역사가들은 4차 십자군을 계기로 베네치아 해상제국이 탄생했다고 이야기하지만 당시까지만 해도 베네치아인들은 식민지를 건설

---

10 오코넬은 베네치아제국이라는 이데올로기가 시작된 것은 도제 피에트로 2세 오르세올로가 아드리아해로 진출한 시기부터였다고 말한다. Monique O'connell(2009), p.18.

11 Thomas F. Madden(2003), *Enrico Dandolo and the rise of Venice*, Baltimore: The Johns Hopkins University Press, p.196.

12 Madden(2012), p.147.

하고 제국을 세우겠다는 의지와 구체적인 계획을 가지고 있지는 않았다.[13] 베네치아가 비잔티움제국의 8분의 3이라는 엄청난 영토를 얻은 것은 예상 밖의 일이었기 때문이다. 그러나 비잔티움제국의 8분의 3을 획득한 후 베네치아의 태도는 달라졌다. 실제로 13세기 이후 베네치아는 다양한 방법으로 해외 식민지를 건설하려고 노력했다. 베네치아가 크레타섬을 확보하고 지켜나가는 과정은 제국의 속성인 해외 팽창과 식민지 건설에 다름 아니었다. 무엇보다도 우연하게 얻은 영토를 지속적으로 유지할 수 있느냐 하는 것이 베네치아가 제국으로 성장하기 위해 통과해야 할 첫 번째 관문이었다. 새로 획득한 영토를 유지하는 데 전략적 요충지였던 크레타섬을 확보하는 것이 무엇보다 시급했다. 베네치아 정부는 기민하게 움직여 크레타섬을 몬페라토 후작 보니파초로부터 돈을 주고 구입했다.[14] 하지만 베네치아가 크레타섬을 실질적으로 지배하기까지는 더 많은 노력과 시간이 필요했다. 우선 제노바 출신의 엔리코 페스카토레와 싸워야 했고 이후에는 독립을 원하는 그리스 사람들의 반란을 진압해야 했다. 식민 초기 베네치아는 그리스 출신의 토착 귀족들을 베네치아 이민자들로 대체했을 뿐만 아니라 그리스 정교의 위계질서를 무너뜨렸고 베네치아 법을 강요했다. 크레타섬으로 이주한 베네치아인들은 군사적 봉사에 대한 대가로 몰수한 토지를 봉토로 받았다. 이를 통해서 베네치아 정부는 토착 귀족들을 완전히 배제하

---

13 일반적으로 4차 십자군 이후 베네치아 해상제국이 건설되었다고 보지만 이러한 일반론에 대해 반론을 제기하는 역사가들도 있다. 루시 게르트웨건에 따르면 베네치아는 13세기 해상제국을 건설할 경제적·군사적 자원을 보유하고 있지 못했고, 14세기 후반에 가서야 해상제국을 건설할 수 있는 체계적인 정책을 펼칠 수 있었다. Ruthy Gertwagen(2014), “Venice’s policy towards the Ionian and Aegean islands, c. 1204-1423,” *The International Journal of Maritime History* 26: 529-548.

14 이전에 비잔티움 황제 알렉시우스 4세는 크레타섬을 몬페라토의 보니파초에게 하사했다. Madden(2003), p.198.

고 직할 지배 체제를 확립하려고 했다.[15] 하지만 그리스 출신의 토착 귀족들은 끈질기게 저항했고 베네치아는 이들의 토지와 특권을 인정해주고 체제 안으로 끌어들였다. 최종적으로 베네치아는 크레타섬을 확실하게 장악했고, 오스만에게 빼앗기는 17세기 후반까지 약 5백 년 동안 크레타섬을 지배했다.

두 번째 시험 무대는 또 다른 해상 세력이었던 제노바와의 경쟁이었다. 베네치아는 4차 십자군을 통해 확보한 해외 영토를 유지하고 새로운 지역을 정복하기 위해서 제노바와 여러 차례 해전을 치러야 했다. 양측은 125년 동안 4차례의 해전에서 승리와 패배를 주고받았지만 어느 쪽도 4차 해전이 끝난 1381년 경쟁자를 바다에서 완전히 몰아내지 못했다.[16] 그렇지만 1381년 키오자 전투에서 승리한 베네치아는 다시 한번 팽창의 기회를 얻었다. 실제로 베네치아는 이 시기 에게해와 아드리아해의 여러 섬들과 항구 도시를 장악하면서 해외 영토를 두 배나 확장했다. 1386년 코르푸의 군주 카를로가 사망하자 베네치아 정부는 재빠르게 두 척의 갤리선을 코르푸로 파견해 코르푸 의회에 베네치아에 복속될 것을 요구했다.[17]

베네치아가 지중해 해상 강국으로서의 지위를 계속해서 유지하기 위해서는 14세기 후반 새로운 강자로 부상하고 있던 오스만제국을 상대해야 했다. 여러 조건에서 오스만제국은 베네치아가 감당하기에는 힘에 부치는 상대였다. 하지만 베네치아에게 한 가지 유리한 상황도 있었는데, 그것은 바로 발칸반도가 대부분 기독교 지역이었다는 사실이

---

15 1206년 몰타 백작 엔리코 페스카토레는 크레타섬을 공격해 이를 장악했다. O'connell (2009), p.19; Madden(2003), p.198.

16 남종국(2007), 「13-14세기 지중해 해전: 베네치아와 제노바를 중심으로」, 『서양사연구』 36집, 27-28쪽.

17 Donald MacGillivray Nicol(1988), *Byzantium and Venice: a study in diplomatic and cultural relations*, Cambridge: Cambridge University Press, pp.322-325.

다. 실제로 14세기 후반 발칸반도의 기독교 지역들은 이슬람을 신봉하는 오스만제국보다는 같은 기독교를 믿는 베네치아의 지배를 수용하는 편이 나을 수 있었다. 베네치아 정부는 이러한 정황을 잘 이용했다. 오스만 군대는 1389년 코소보 전투에서 세르비아 군대를 격파했고 1391년 두라초를 공격했다. 두라초의 군주 카를로 토피아는 병자였고 도시를 방어할 능력이 없었다. 베네치아 정부는 이와 같은 사태에 대비해 사전에 준비를 했었다. 베네치아는 두라초 군주 카를로에게 오스만의 공격이 있을 경우 함대를 파견하고 도시에 식량을 공급하기로 사전에 협약을 맺었다. 또한 베네치아 정부는 두라초의 기독교 신앙을 보호하고 지배층 각자에게 5백 두카토의 연금을 주겠다고 설득했다. 카를로가 사망하자 베네치아는 두라초 시민에 대한 지배권을 선포했다. 실제로 카를로 사망 이전에 두라초는 이미 베네치아의 수중에 있었다.[18]

오스만과의 여러 차례의 전쟁으로 베네치아는 다수의 식민지를 잃었다. 베네치아는 1463년에서 1479년까지 계속된 오스만과의 전쟁(1463-1479)에서 에우보이아(이탈리아어로는 네그로폰테Negroponte), 아르고스Argos, 스쿠타리Scutari를 빼앗겼고 1479년 강화조약에서 오스만제국에서 교역을 할 수 있게 해달라는 조건으로 매년 만 두카토의 공물을 오스만제국에게 바치기로 약속했다. 오스만제국과의 3차 전쟁(1499-1503)에서는 코로니Koroni, 메토니Methoni, 레판토와 두라초를 잃었고, 오스만과의 4차 전쟁(1537-1540)에서는 말바지아Malvasia, 미코노스Mikonos, 나플리오Nafplio를 빼앗겼다.[19]

다수의 역사가들은 오스만의 팽창으로 15세기 중반 이후 베네치아의 해양 영토는 몰락했다고 말한다. 오코넬은 1423년 베네치아가 테살

---

18 O'connell(2009), p.26.

19 O'connell(2009), pp.35-37.

로니키를 점령한 사건이 베네치아 해외 팽창의 영광스런 시절의 마지막 순간이었다고 지적한다. 왜냐하면 1423년 테살로니키는 오스만 군대에 포위되자 베네치아에게 자발적인 복속을 요청했고 논의 끝에 베네치아 정부는 이를 수락했지만 7년 후 최종적으로 테살로니키는 오스만의 수중에 들어갔기 때문이다.[20] 프랑스 역사가 베르나르 두메르크Bernard Doumerc는 15세기 말 이후면 해상제국 베네치아는 더 이상 존재하지 않았다고 말한다.[21] 반면 벤자민 아르벨Benjamin Arbel은 15세기는 결코 해상제국 베네치아가 몰락한 시기가 아니었다고 말한다. 그에 따르면 식민지의 면적과 인구라는 기준에서 보면 베네치아는 16세기 초 가장 방대한 해양 영토를 보유하고 있었으며 인구는 16세기 후반에 가장 많았다.[22]

하지만 중요한 것은 영토와 인구의 크기가 아니다. '해상제국 베네치아'라는 표현은 동지중해에서 베네치아가 가장 강력한 해상 세력임을 의미한다. 하지만 15세기 말 이후 동지중해 제일의 해상 강국은 더 이상 베네치아가 아니라 오스만이었기 때문이다. 결국 15세기 이후 동지중해에서 베네치아는 오스만으로부터 식민지를 방어하고 유지하는 데 만족할 수밖에 없었다. 1499년 8월 베네치아 함대와 오스만제국 함대의 해전은 베네치아의 추락한 위상을 잘 보여준다. 전쟁 중에 오스만제국의 파샤는 베네치아 대사 알비제 마넨티Alvise Manenti에 보낸 편지에서 "지금까지는 당신들이 바다와 결혼을 했었습니다. 앞으로 바다는 당신들보다 바다에서 더 막강한 힘을 가지고 있는 우리들의 것이 될 것

---

20 O'connell(2009), p.33.

21 Bernard Doumerc(2002), "Les Vénitiens confrontés au retour des rapatriés de l'empire colonial d'outre-mer(fin XVe - début XVIe siècles)," *Migrations et diasporas méditerranéennes(Xe - XVIe siècles)*, éd. par Michel Balard, Paris: Publication de la Sorbonne, pp.375-398.

22 Arbel(2013), pp.142-143.

입니다L'ha sposato el mar fin adesso; per l'avenir tocherà a noi, che habbiamo in mar più di voi."라고 훈계조의 충고를 했다. 같은 해 베네치아 연대기 작가 지롤라모 프리울리Girolamo Priuli는 "베네치아인들은 노예들보다 더 처참한 상황에 처해 있다."면서 풍전등화와 같은 당시의 상황을 들려준다.[23]

최종적으로 베네치아가 14세기 말 이후 동지중해 제해권을 확립하는 데 중요한 역할을 했던 정기 갤리선단의 운행마저도 1530년대 들어 중단되었다. 이전까지만 해도 베네치아 상인과 상품을 실어 날랐던 정기 갤리선단은 점점 더 해외 식민지를 방어하는 데 차출되었고 결국에는 운항을 중단할 수밖에 없었다.[24] 안전한 수송뿐만 아니라 동지중해에 대한 제해권을 제공했던 갤리선단마저 사라진 상황에서, 베네치아가 17세기 중엽까지 오스만제국을 상대로 동지중해에 흩어져 있는 해외 식민지를 지켜냈다는 사실 자체가 기적에 가까운 일이었다.

어쨌든 베네치아는 4차 십자군 이후 동지중해에 건설한 해양 영토stato da mar를 꽤 오랫동안 유지했다. 그렇다면 왜 베네치아는 해상 식민지를 건설하고 이를 그토록 지키려고 노력했을까? 일부 역사가들은 베네치아가 동지중해와 아드리아해에서 스타토 다 마르stato da mar라 불리는 해양 영토를 건설하게 된 것은 사전에 잘 준비된 계획적인 정복 전쟁이 아니라 상황의 산물이었다고 말한다. 로베르토 체시Roberto Cessi는 베네치아가 의도적으로 달마티아 정복을 추진한 것이 아니라 어쩔 수 없는 상황으로 인해 달마티아로 진출한 것이며, 그 과정에서도

---

23 Domenico Malipiero(1843-1844), "Annali Veneti dall'anno 1457 al 1500," *Archivio Storico Italiano* 7, pp.191-195; Alberto Tenenti(1973), "The sense of space and time in the Venetian world of the fifteenth and sixteenth centuries," *Renaissance Venice*, ed. by J. R. Hale, London: Faber and Faber, pp.25-26.

24 Bernard Doumerc(1996), "Il dominio del mar," *Storia di Venezia. Il Rinascimento. Politica e cultura*, ed. by A. Tenenti and U. Tucci, Roma: Enciclopedia Italiana, pp.164-178.

중립과 평화라는 고상한 이상과 원칙을 지켰다고 주장한다.[25] 프랑스 역사가 프레디 티리에Freddy Thiriet는 베네치아가 원래 크레타를 식민지로 만들 생각이 없었으나 그리스 출신의 토착민들의 반란과 크레타를 노리는 제노바와의 경쟁이라는 상황에 떠밀려 크레타에 대한 직접 지배 체제를 수립했다고 말한다.[26] 매든은 베네치아 내부에서 4차 십자군 이후 해상제국으로의 길을 가는 것에 대한 강한 반감이 있었다고 지적한다. 그에 따르면 당시 도제였던 피에트로 치아니Pietro Ziani(재위 1205-1229)는 '로마제국의 8분의 3을 다스리는 지배자'라는 제국의 칭호를 거부했다. 매든은 당시 베네치아인들이 제국을 유지하려면 많은 인력과 함대가 필요하고 그로 인해 평화로운 무역이 방해를 받을지도 모른다는 우려 때문에 해상제국으로의 길에 반대했다고 분석한다.[27] 그러나 오코넬은 베네치아제국이 우연의 산물도 아니고 인정 많은 제국도 아니었다고 반박한다. 그는 베네치아가 자신의 이익을 위해 적극적으로 영토를 정복하고 식민지로 만들었다고 이야기한다.[28]

여러 논란에도 불구하고 한 가지 분명한 것은 베네치아가 해외 식민지를 건설하는 데 있어 교역을 가장 중요하게 고려했다는 점이다. 역사 속의 많은 제국들처럼 제국으로서의 명성과 위상을 드높이기 위함이 아니었다. 베네치아 정부는 자국 상선이 자유롭고 안전하게 운행할 수 있는 해상 교통로상에 위치한 섬과 항구들을 우선적으로 장악하려고 노력했다. 군사적으로 식민지를 방어할 수 있는지 여부 또한 중요

---

25 Roberto Cessi(1944), *Storia della repubblica di Venezia*, Milano and Messina: Principato, pp.355-356.

26 Freddy Thiriet(1959), *La Romanie vénitienne au Moyen Age*, Paris: Bibliothèque de l'école française d'Athènes et de Rome, pp.105-106.

27 Madden(2003), p.198.

28 O'connell(2009), p.19.

고려 대상이었다. 오스만의 팽창으로 발칸반도의 소규모 국가들이 베네치아에게 자발적으로 복속하겠다고 청했지만 베네치아는 모든 청을 받아들이지는 않았다. 15세기 초 아드리아해 동부의 도시 카타로Cattaro가 여러 차례 복속을 청했지만 베네치아는 이를 거절했다. 거절한 이유는 좁고 깊은 만 안쪽에 위치한 이 도시를 방어하기가 너무 어려웠기 때문이었다.[29] 그 지역에서 생산되는 농산물과 산업 원료 또한 식민지 건설의 중요한 동기였다. 19세기 제국주의 열강들이 산업 생활에 필요한 원료와 완제품 판매 시장을 확보하기 위해 식민지를 건설한 것처럼 중세 후반 베네치아도 소금,[30] 곡물, 면화 등의 농산물과 산업 원료를 얻기 위해 해외 영토를 침략했다. 1423년 테살로니키의 자발적 복속을 흔쾌히 수락한 것은 테살로니키 배후지에서 생산되는 곡물을 확보할 수 있기 때문이었다.[31]

식민지는 다양한 종류의 농산물과 산업 원료를 베네치아에 제공했다. 아드리아해 동쪽에 위치한 식민지에서는 포도주, 소금, 가죽, 목재, 건설용 석재를, 크레타섬에서는 곡물, 면화, 포도주,[32] 밀랍, 올리브유, 꿀과 치즈를, 에우보이아섬에서는 밀과 포도주를, 펠로폰네소스반도의 식민지들에서는 과일, 건포도, 올리브유, 소금, 면화를, 키프로스섬에서는 면화와 설탕을 베네치아로 들여왔다. 베네치아는 식민지의 농산물과 산업 원료 생산을 철저하게 통제·관리했다. 실례로 정부는 크레타섬이 매년 베네치아로 보낼 곡물의 양과 가격을 정했다.[33] 또한 베네치

---

29 Arbel(2013), pp.137-138.

30 베네치아가 소금을 확보하기 위해서 식민지를 건설한 과정에 대해서는 다음 책을 참조하라. Jean-Claude Hocquet(1978-1979), *Le sel et la fortune de Venise*, Lille: Université de Lille III.

31 Arbel(2013), p.139.

32 Ugo Tucci(1994), "Le commerce vénitien du vin de Crète," *Maritime food transport*, ed. by K. Friedland, Köln:Böhlau Verlag, pp.199-211.

아 정부는 15세기 말 키프로스섬을 장악한 후에, 19세기 제국주의 열강들처럼 키프로스섬을 철저하게 수탈했다. 특히 면화 재배를 특화시켜 생산량을 3배로 증가시켰다.[34] 식민지에서 생산된 농산물과 산업 원료는 베네치아의 내부에서 소비되는 데 그치지 않고 유럽 전역으로 유통되었다. 크레타섬의 포도주는 베네치아 대형 범선에 실려 대서양으로 팔려나가서 유럽 제일의 포도주라는 명성을 얻었다.

전체적으로 보면 베네치아의 해양 영토Stato da mar는 자국 상선이 운항하는 아드리아해와 에게해에 면한 항구들과 섬들을 연결해놓은 일종의 해외 거점 상업 네트워크였다. 그런 점에서 베네치아의 해양 영토는 16세기 인도양에서 포르투갈이 세운 에스타도 다 인디아Estado da India와 여러 면에서 유사했다. 베네치아의 해양 영토는 지나치게 넓은 지역에 흩어져 있었기 때문에 안정성이 떨어져 보였다. 하지만 작은 섬나라 베네치아 입장에서는 거대한 영토를 정복하고 운영하는 것이 물리적으로 불가능했기 때문에 적은 규모의 선단으로 지중해 여기저기 산재해 있는 항구와 섬들을 효율적으로 통제하는 것이 현실적인 식민지 건설의 방안이었을 것이다. 하지만 해외 영토를 정복하는 것으로 모든 것이 완성되는 것은 아니었다. 이를 방어하고 유지하며 통치하는 것은 간단한 일이 아니었다. 특히 본국 베네치아와 식민지 간의 갈등과 차이를 조정하는 문제는 녹록치 않았다. 그리스어를 사용하고 정교를 신봉하는 그리스 식민지는 이탈리아어를 사용하고 로마 가톨릭을 따르는

---

33 Elisabeth Crouzet-Pavan(2004), *Venise triomphante: les horizons d'un mythe*, Paris: Albin Michel, pp.139-140.

34 베네치아 점령 이전 7천 칸타르였던 면화 생산이 20만 칸타르로 증가했다. 칸타르는 중세 지중해 세계에서 널리 사용되었던 도량형이었다. 특히 면화의 무게를 계량하는 기본 척도이기도 했다. 칸타르는 시장과 시대별로 무게가 달랐는데 중세 말 키프로스섬에서 사용된 칸타르는 대략 200킬로 정도였다. Jong Kuk NAM(2007), *Le commerce du coton en Méditerranée à la fin du Moyen Age*, Leiden; Boston: Brill, pp.25, 175-176.

정복자 베네치아인들의 지배에 순응하지 않았다. 오스만의 지배보다는 같은 기독교 형제인 베네치아의 지배를 수용했던 그리스 지역들조차도 기득권과 상당한 자치를 요구했다. 게다가 크레타처럼 베네치아의 식민 지배를 원하지 않았던 지역들은 계속해서 반란을 일으키고 베네치아 지배에 저항했다.[35] 이러한 여러 난제에도 불구하고 베네치아가 몇 세기 동안 해양 영토를 유지할 수 있었던 것은 기적과 신화에 가까운 일이었다.[36]

2. 테라 페르마로의 진출과 육상 영토 건설

해상제국이라는 신화에 베네치아가 점령한 이탈리아반도 내의 식민 영토는 들어갈 자리가 없다. 베네치아 신화의 핵심은 해양 영토stato da mar였고, 다수의 역사가들은 지중해를 누비는 베네치아 함대와 상인들 속에서 베네치아의 위대함을 찾았다.[37] 그런 연유로 최근까지도 베네치아에게 테라 페르마terra ferma라 불리는 이탈리아 본토는 지중해와 비교해 덜 중요한 지역으로 간주되었다. 게다가 다수의 역사가들은 스타토 다 테라stato da terra라 불리는 육상 영토와 해양 영토를 분리해서 분석하는 경향이 있다. 이러한 경향에 따르면 베네치아가 북부 이탈리아로 진출하기 시작한 것은 동지중해에서 오스만에게 많은 식민지를 빼앗기면서부터였다.[38]

35 Arbel(2013), pp.127-128.

36 베네치아는 1669년까지 크레타섬을 지배했고, 1797년 나폴레옹에 의해 정복당할 때까지 아드리아해에 식민지를 유지했다. Monique O'connell(2009), p.38.

37 Grubb(1986), pp.72-73.

38 Serban Marin(2003), "The Venetian community between civitas and imperium.

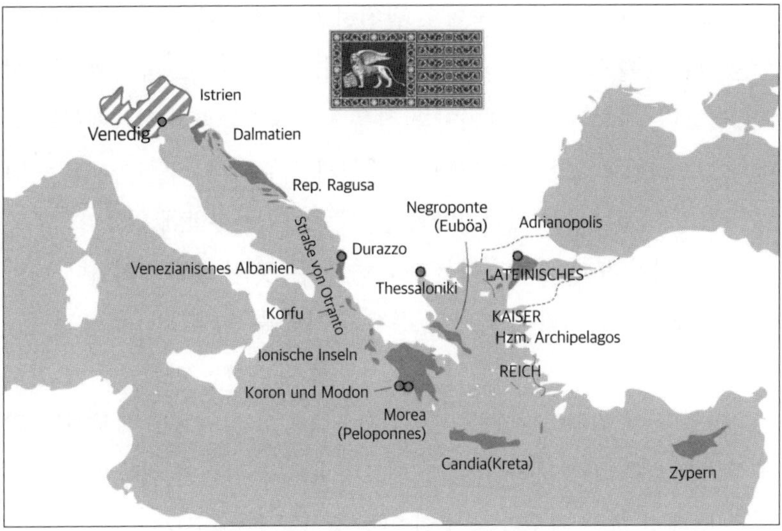

• 해상제국 베네치아 영토: 육상 영토(▨) + 해양 영토(■)

하지만 베네치아가 제국으로서의 명성과 위상을 확보하고 있었는지를 판단하기 위해서는 해양 영토와 육상 영토를 함께 살펴보아야 한다. 또한 해양 영토는 육상 영토와 경제적으로 밀접하게 연결되어 있었다. 테라 페르마는 베네치아 상선들이 지중해로부터 들여온 상품이 북서유럽으로 수출되고 북서유럽의 모직물이 베네치아로 유입되는 상업로였기 때문이었다. 그런 점에서 베네치아가 북부 이탈리아 본토로 정복 전쟁을 감행한 이유는 해양 영토를 건설한 것과 마찬가지로 상업적 이해관계 때문이었다. 베네치아 상품의 자유로운 수송만 보장된다면 막대한 전비가 소요되는 정복 전쟁을 할 이유가 없었다. 그러나 1300년 이후 북중부 이탈리아에서 일부 도시국가나 공국들이 주변 지역을 정복

A project of the capital's transfer from Venice to Constantinople, according to the chronicle of Daniele Barbaro," *European Review of History* 10: 83; A. Tenenti(1973).

해 좀 더 규모 있는 영토 국가로 발전하면서 베네치아는 안전하고 확실한 상품 수송을 장담할 수 없게 되었다. 특히 밀라노 공국의 팽창이 두드러졌다. 이전까지 베네치아는 작은 도시국가들과의 협상에서는 상대적으로 우월한 협상력을 가질 수 있었지만, 여러 지역을 아우르는 영토 국가가 생겨나면서 베네치아의 입지는 줄어들 수밖에 없었다.[39]

베네치아가 북부 이탈리아를 정복하게 된 것은 외부의 침략에 대한 방어적 대응이 아니라 공화국의 경제적 이익을 지키고자 한 공격적인 대응이었다. 그런 점에서 이탈리아 본토로의 진출은 제국주의적 침략 전쟁이었다. 베네치아는 1338년 라구나 북쪽의 상업로를 확보하기 위해 트레비소를 합병하면서 테라 페르마로의 본격적인 진출을 시작했다.[40] 15세기 초반 파도바 군주인 프란체스코 카라라Francesco Carrara가 트레비소를 장악해 베네치아와 독일을 연결하는 교역로를 차단하려 하자 베네치아 정부는 신속하게 대응했다. 베네치아는 일차적으로 외교적 협상을 시도했지만 실패하자 밀라노 공작 잔 갈레아초 비스콘티Gian Galeazzo Visconti와 동맹을 맺고 베네치아 국익에 방해가 되는 카라라를 제거하기 위한 전쟁에 돌입했다. 전쟁에서 승리한 베네치아는 트레비소에 대한 지배권을 다시 확립했다. 몇 년 후 동맹 세력인 비스콘티가 사망하자 베네치아는 파도바, 비첸차, 베로나를 점령했다(1404-1406).[41]

여전히 베네치아가 북부 이탈리아로 진출하게 된 것은 사전에 계획된 것이 아니라 우연한 상황에 따른 결과였다고 주장하는 역사가들이 있다.[42] 그러나 1400년경을 전후해 북동부 이탈리아와 아드리아해 북쪽 지방을 차지하기 위해 신성로마제국 황제와 길고 끈질긴 전쟁을 마

---

39 Madden(2012), p.232.

40 Michael Knapton(2013), "The Terraferma state," *A Companion to Venetian History, 1400-1797*, ed. by Eric R. Dursteler, Leiden: Brill, p.85.

41 Madden(2012), p.231.

다하지 않았다는 사실을 고려할 때 본토로의 진출이 우연의 결과였다는 주장은 설득력이 떨어진다. 또한 베네치아는 국익에 해가 될 만한 사람을 암살하는 데 주저하지 않았다는 사실이 베네치아의 제국주의적 폭력성을 잘 드러낸다. 실제로 베네치아는 신성로마제국 황제를 암살하려는 구체적인 계획을 세웠다.

북부 이탈리아와 아드리아해 북쪽으로 팽창을 시도하는 베네치아는 지기스문트와 충돌할 수밖에 없었다. 헝가리 왕(재위 1387-1437)이자 신성로마제국 황제(재위 1433-1437)였던 지기스문트는 당시 베네치아가 상대해야 했던 가장 강력한 적이었다. 적의 적은 동지라는 말이 있듯이 지기스문트는 베네치아의 경쟁자이자 적이었던 제노바와 우호적인 관계를 유지했다. 달마티아 해안에서 베네치아 세력이 성장하는 것을 원치 않았던 지기스문트는 베네치아와 제노바 사이에 벌어진 키오자 전투에서 제노바 편을 들었다.[43] 1410년대 베네치아가 프리울리와 이스트리아 지방으로 팽창을 시도하자 지기스문트는 이미 베네치아 영토였던 북부 이탈리아 도시들을 선동하면서 베네치아의 동진을 저지하려고 했다. 결국 양자는 1412년 전쟁에 들어갔고 이 전쟁은 1420년에 가서야 종결되었다.[44] 황제는 독일에서 베네치아로 가는 교역로를 폐쇄함으로써 베네치아의 전력을 약화시키려 했다. 당시 베네치아 귀족 상인 돌핀은 자신의 연대기에서 황제의 교역로 폐쇄 전략이 베네치아 경제에 큰 손실을 입혔다고 적고 있다.[45] 전쟁이 시작된 다음 해 베네치아는 승

---

42 Knapton(2013), p.86.

43 Alain Ducellier(1971), "Deux projets vénitiens d'assassinat du roi Zsigmond (1415~1419)," *Etudes finno-ongriennes* 4: 61.

44 Ducellier(1971), p.62.

45 Wolfgand von Strömer(1986), "Die Kontinentals-perre Kaiser Sigismunds gegen Venedig 1412-1413, 1418-1433 und die Verlagerung der transkontinentalen Transportwege," *Transporti e sviluppo economico, secoli XIII~XVII*, ed. by Anna

리했고, 1413년 4월 17일 5년간의 휴전협정을 체결했다.

하지만 지기스문트는 여전히 잠재적 위협 요인이었다. 그런 이유로 베네치아 내에서 지기스문트를 제거해야 한다는 여론이 형성되었다. 급기야 1415년 베네치아 정부는 지기스문트를 암살하려는 계획을 구체적으로 세웠다. 그러나 당시는 휴전 상태였고 만약 암살에 실패할 경우 발생할 수 있는 문제 등으로 인해 암살 계획은 실행되지 못했다.[46] 휴전협정이 끝나던 1418년 양자 사이의 적대감은 다시 표출되었다. 베네치아는 프리울리 지방을 점령했고 이에 맞서 지기스문트는 경제적으로 베네치아를 공격했다. 지기스문트는 자신의 영토 내의 모든 도시들에게 베네치아와의 상업 관계를 끊을 것을 명했고 베네치아를 대신해 동방 상품을 구입할 수 있는 육로를 활성화하려고 노력했다.[47] 그것은 흑해를 출발해 도나우강을 따라오는 육로였다.[48] 지기스문트는 이를 위해서 베네치아의 최대의 숙적이자 당시 흑해에서 활발한 상업 활동을 하던 제노바와 손을 잡았다. 다시 베네치아 내에서는 지기스문트를 제거해야 한다는 여론이 힘을 얻었다. 베네치아 정부는 이 계획에 천 두카토의 예산을 책정했다. 크레타에서 태어난 베네치아인 미켈레토 무다초Micheletto Mudazzo는 자신이 지기스문트를 제거하겠다고 베네치아로 왔다. 하지만 2차 암살 계획도 실행에 옮겨지지는 않았다. 1419년 오스만의 공격을 받은 베네치아는 다른 곳에 신경을 쓸 여력이 없었기

Vannini Marx, Firenze: Le Monnier, p.61.

46 Ducellier(1971), pp.61-66.

47 Serban Papacostea(1971), "Kilia et la politique orientale de Sigismond de Luxembourg," *Revue Roumaine d'histoire* 15: 422; Ducellier(1971), p.64.

48 S. P. Pach(1973), "La route du poivre vers la Hongrie médiévale," *Mélanges en l'honneur de Fernand Braudel. Histoire économique du monde méditerranéen 1450~1650*, Toulouse: Privat, pp.449-458.

때문이었다.[49]

베네치아가 이탈리아 본토로의 팽창을 시도한 것은 방어적 대응이 아니라 공화국의 상업적 이해를 지키기 위한 식민지 정복 전쟁이었다는 사실은 분명하다. 하지만 북부 이탈리아로의 팽창을 모든 정치 세력이 지지한 것은 아니었다. 해양 영토에 만족하느냐 아니면 육상 영토를 건설해 거대한 영토 제국을 세우느냐를 두고 치열한 다툼이 전개되었다. 평화를 기반으로 한 상업 활동이 베네치아의 살길이라고 주장하는 세력은 북부 이탈리아로의 영토 정복에 반대했다. 이러한 갈등은 1420년대 정권 교체로 인해 표면화되었다. 공화정의 전통을 유지하고자 했던 도제 토마소 모체니고는 사망하기 1년 전인 1423년 자신의 후계자로 프란체스코 포스카리만은 피해달라고 원로원 의원들에게 당부했다. 모체니고는 프란체스코를 도제로 선출하면 베네치아는 앞으로 오랫동안 전쟁이라는 불행에 빠지게 될 것이라고 경고했다. 물론 모체니고도 재임 시절 평화적인 대외 정책만을 추구한 것은 아니었다. 1414년 도제로 선출된 모체니고는 북아드리아해 연안을 두고 신성로마제국의 황제와 전쟁을 했었고 1419-1420년에는 우디네, 치비달레, 펠트레 등지를 정복했다. 모체니고의 염려에도 불구하고 원로원은 포스카리를 후임 도제로 선출했다. 베네치아를 이끄는 지배 세력들이 포스카리를 선택한 것은 그의 팽창주의 노선을 지지했기 때문이다. 결국 당시 베네치아의 지배 귀족들은 북부 이탈리아로의 팽창은 베네치아 상업을 위해 절대적으로 필요하다고 생각했던 것이다. 포스카리 지배 하의 베네치아는 더욱 적극적으로 북부 이탈리아로의 영토 확장을 시도했다. 1426년 브레시아를, 1428년 베르가모를, 1440년에는 트렌티노 지방을, 1441년에는 라벤나를, 1449년에는 크레마Crema를 정복했다.

---

49 Ducellier(1971), pp.65-66.

포스카리 이후에도 베네치아는 북부 이탈리아로의 팽창 정책을 이어갔다. 1482년에는 이탈리아 내의 경쟁 세력들의 반대에도 불구하고 로비고Rovigo를 합병했다. 베네치아의 침략 전쟁은 결국에는 1494년에서 1530년까지 지속된 이탈리아 전쟁을 야기했다. 특히 베네치아 입장에서 1509년 아냐델로 전투는 여러 면에서 시사하는 바가 크다. 우선 베네치아를 상대하기 위해 프랑스, 신성로마제국, 교황, 에스파냐와 같은 유럽 최강대국들이 캉브레 동맹(1508)을 결성했다는 것 자체가 당시 베네치아가 가지고 있었던 위상을 짐작케 해준다. 아냐델로 전투에서 캉브레 동맹군에게 패하고 다섯 달 후인 1509년 9월 베네치아 도제 레오나르도 로레단은 원로원에서 항전을 촉구하는 연설을 했다. 도제는 동맹군을 물리치고 베네치아제국의 영광을 회복하자고 촉구했다. 하지만 최종적으로 베네치아는 프랑스군에 크게 패했다. 프랑스 왕 루이 12세는 롬바르디아를 차지했고, 신성로마제국 황제 막시밀리안 1세는 베네토 지방을 장악했으며, 교황 율리우스 2세는 로마냐Romagna 지방의 교황 도시들을 수복했고, 아라곤의 페르디난트는 풀리아 지방의 항구 도시들을 다시 찾았다. 반면 베네치아는 15세기 초부터 확보하고 있었던 거의 모든 테라 페르마 영토를 잃어버렸다.[50]

16세기 전반 북부 이탈리아를 차지하기 위해 여러 세력들은 수시로 동맹 관계를 바꿨다. 1516년 베네치아는 프랑스와 연합해 아냐델로 전투의 패배로 잃어버렸던 테라 페르마 영토를 되찾았고 이 육상 영토를 1797년까지 유지했다. 이 육상 영토stato da terra는 이탈리아반도의 5분의 1에 해당했고(3만 평방킬로미터), 인구는 1548년 140만에서 1766년

50 Robert Finlay(1999), "The myth of Venice in Guicciardini's History of Italy: Senate orations on princes and the republic," *Medieval and Renaissance Venice*, ed. by E. E. Kittel and T. F. Madden, Urbana; Chicago; University of Illinois Press, pp.294-297.

200만으로 증가했다. 아냐델로 전투의 패배로 잃어버렸던 영토를 되찾긴 했지만 베네치아는 더 이상 15세기 전성기의 힘과 명성을 유지할 수 없었다. 이제 이탈리아 본토에서 제일의 강자는 프랑스의 발루아 왕실과 신성로마제국의 합스부르크 가문이었기 때문이다.[51] 그런 점에서 아냐델로 전투는 이탈리아반도에서 베네치아제국의 몰락을 알리는 사건이었다.

해양 영토가 전적으로 베네치아 상선과 상인을 위한 상업 거점 네트워크였다면 육상 영토는 상업적인 목적만을 위해 건설된 것은 아니었다. 15세기 베네치아 지배 세력들은 육상 영토를 정복함으로써 영토 국가로서의 베네치아의 자존심과 명성을 드높이고자 했다. 15세기 말 연대기 작가 지롤라모 프리울리의 지적은 이를 잘 보여준다. "우리의 선조들은 테라 페르마를 차지하기 전까지는 베네치아의 이익과 이윤을 위해 사업 여행과 항해에 헌신하면서 매년 많은 돈을 벌었지만 세계 전역에서 명성을 얻지 못하고 어부로 간주되었었다. 하지만 육상 영토를 정복하고 난 이후에 우리 조상들은 그 덕분에 위대한 명성과 이름을 얻었고 모든 군주들로부터 명예를 얻었고 존중을 받게 되었다." 15세기 이탈리아 본토 사람들은 베네치아 사람들을 신흥 부자로 경멸했고 베네치아 귀족들은 이러한 멸시를 극복하기 위해 북부 이탈리아 땅을 식민지로 만들었다.[52]

제국의 명성을 얻는다는 것은 단순히 부를 축적하는 것만으로는 부족했던 것이다. 유럽에서 가장 부유해진 베네치아 지배 계급들은 15세

51 O'connell(2009), p.158.

52 롬바르디아 지방 사람들, 루도비코 스포르차와 파도바 사람들은 베네치아 사람들을 어부라고 비아냥거렸다. Girolamo Priuli(1912-1936), *I diarii*, Bologna: Forni Editore, vol.3, p.116; Tenenti(1973), pp.21-22.

기에 이르면 서유럽 대륙의 봉건 귀족적 삶을 희망했다.[53] 이러한 전통적인 서유럽 봉건 귀족들의 삶을 누리기 위해서 절대적으로 필요했던 것은 본토의 단단한 땅과 장원 역할을 해줄 수 있는 농촌 지역이었다.[54] 하지만 베네치아가 육상 영토를 건설한 일차적인 이유는 제국으로서의 명예를 얻기 위한 것이 아니라 상업적 이익 때문이었다는 기본적인 사실을 간과해서는 안 될 것이다.

3. 제국 건설에 대한 베네치아인들의 인식

베네치아를 사실상의 제국으로 간주할 수 있으려면 단순히 많은 영토를 정복했다는 점뿐만 아니라 제국을 건설하고 운영하겠다는 인식이 실제로 존재했느냐를 확인해야 할 것이다. 많은 역사가들이 4차 십자군을 계기로 해상제국 베네치아가 탄생했다고 말하지만 제국 건설 의지라는 기준에서 보자면 4차 십자군은 의식적인 제국이 건설된 시점은 아니었다. 우선 4차 십자군이 비잔티움제국을 침략하고 그 과정에서 십자군 수송을 맡은 베네치아가 정복한 제국의 8분의 3을 확보할 수 있었던 것은 치밀한 계산에 의해서라기보다는 약간은 우연적인 결과였기 때문이다.[55]

하지만 베네치아가 4차 십자군과 함께 비잔티움제국을 무너뜨리고

53 Tenenti(1973), p.22.

54 Knapton(2013), p.92.

55 체시Cessi는 베네치아가 의도적으로 달마티아 정복을 추진한 것이 아니라 어쩔 수 없는 상황으로 인해 달마치아로 진출한 것이며 특히 고요함, 중립과 평화라는 고상한 이상에 따른 것이라고 주장했다. 티리에는 베네치아가 원래 크레타를 식민지로 만들 생각이 없었으나 당시의 시대적 상황과 제노바와의 경쟁으로 어쩔 수 없이 벌인 일이라고 주장했다. O'connell(2009), p.17.

제국의 8분의 3을 획득한 사건은 베네치아인들로 하여금 제국을 건설하는 것이 가능할 수도 있다는 생각을 품게 했다. 다수의 베네치아 연대기들은 4차 십자군 당시 베네치아 수장이었던 엔리코 단돌로가 황제가 될 마음이 있었다고 전한다. 12명의 황제 추대위원 중에 6명이 베네치아인이었기 때문에 단돌로가 황제가 될 수 있는 상황이었다. 하지만 여섯 명 중 판탈레오네 바르보Pantaleone Barbo는 다른 베네치아 추대위원들에게 단돌로를 황제로 선출하는 것이 최고의 선택이 아니기 때문에 플랑드르 백작 보두엥을 황제로 추대할 것을 제안했다. 하지만 다른 연대기는 도제 단돌로가 베네치아 공화국 수장이 라틴제국의 황제가 되는 것은 부적절하다면서 황제 후보를 포기했다고 전한다.[56]

어쨌든 4차 십자군 이후 베네치아 수장인 도제는 로마제국의 8분의 3의 지배자Dominator quartae partis et dimidiae totius imperii Romaniae라는 제국 칭호를 획득했다. 17세기 초 포르투나토 올모Fortunato Olmo는 자신의 연대기에서 "그래서 베네치아 도제는 황제이며, 이를 부정할 수는 없다. 왜냐하면 그리스어로 로마니아Romania는 라틴어로 '새로운 로마Roma Nuova'를 뜻하기 때문에 베네치아의 도제가 로마 황제인 것이다. 왜냐하면 콘스탄티누스가 고대 로마에서 콘스탄티노플로 제국 수도를 옮긴 이후 이 도시를 새로운 로마라 불렀기 때문이다. …… 제국의 4분의 1이 라틴제국의 황제에게 돌아갔다면 베네치아 도제에게는 4분의 1과 4분의 1의 반이 돌아갔기 때문에 베네치아의 도제는 라틴제국의 황제 보두엥보다 더욱 황제인 것이다."라면서 베네치아 수장을 황제로 치켜세웠다.[57]

다수의 연대기들은 4차 십자군 이후 베네치아가 제국의 명예를 얻

---

56 Marin(2003), pp.84-85.

57 Marin(2003), p.86.

었다고 증언하지만 이러한 연대기들이 주로 중세 말과 근대 초에 작성된 기록임을 감안해야 할 것이다. 하지만 분명한 사실은 4차 십자군 이후 베네치아인들도 제국으로의 길을 모색하고 있었다는 것이다. 단돌로를 계승해 도제로 선출된 피에트로 치아니는 원로원과 다른 정부 조직들을 콘스탄티노플로 이전할 것을 제안했다. 즉 수도를 베네치아에서 콘스탄티노플로 옮기자는 제안이었다. 16세기 초 베네치아 공식 기록관이었던 다니엘레 바르바로Daniele Barbaro는 이 사건을 매우 상세하게 기술하고 있다. 바르바로의 진술에 따르면 도제 지아니는 그리스 지역에서 획득한 영토가 베네치아에 엄청난 부를 가져다주며, 콘스탄티노플에서도 베네치아인들이 상당한 위상과 사법권을 가지고 있다고 자랑했다. 특히 콘스탄티노플 주재 베네치아 포데스타Podestà는 라틴 황제와 맞먹는 권력을 가지고 있음을 강조했다. 지아니는 콘스탄티노플로의 이전이 명예와 이익뿐만 아니라 베네치아의 끝없는 성장을 보장할 것이라는 의견을 피력했다. 도제의 연설이 끝난 후 잠시 동안 침묵이 흘렀고 안젤로 팔리에르Angelo Falier라는 한 원로가 일어나 수도 이전의 단점을 지적했다. 그는 수도 이전이 명예로운 일이기는 하지만 이익보다는 다른 세력들의 시기와 질투를 유발해 결국에는 베네치아에게 이득이 되지 않는다고 반박했다. 결국 1214년 8월 19일 사안은 대위원회에서 표결에 부쳐졌으나 아쉽게도 찬성과 반대가 동수가 나와 지아니의 제안은 받아들여지지 않았다. 1218년 수도 이전에 관한 투표가 다시 진행되었지만 이번에도 찬성 321표, 반대 323표로 수도 이전 안건은 부결되었다.[58] 결국 당시 베네치아 집권 세력들은 제국이라는 명예보다는 현실적인 고려를 우선시했던 것이다.

---

58 어떤 연대기는 이 제안을 한 사람이 지아니가 아니라 이전 도제 단돌로였다고 증언한다. Marin(2003), p.89.

수도를 이전하지 않았지만 로마제국의 새로운 수도였던 콘스탄티노플은 베네치아인들에게 제국의 명예와 정체성을 담보해줄 수 있는 수단이었다. 로마제국의 수도가 4세기 초 콘스탄티노플로 이전하고, 5세기 말 서로마제국이 멸망한 이후 서유럽에서 등장한 두 제국, 즉 카롤루스제국과 신성로마제국은 로마를 계승한다는 명분을 내세웠고 때론 비잔티움 황제로부터 동등한 제국으로서 인정을 얻고자 했다. 그렇기 때문에 로마를 계승하겠다는 의지와 표현은 제국이 되겠다는 선언과도 같은 것이었다. 비잔티움제국, 즉 동로마제국의 위상이 약해질수록 로마제국을 계승한 새로운 제국을 건설하고자 하는 욕구는 커질 수밖에 없었다.

14세기 베네치아인들은 스스로가 로마를 계승한다는 생각을 품게 되었다. 베네치아가 새로운 로마라는 사고는 베네치아인들의 자화자찬이나 허세만은 아니었다.[59] 14세기 중엽 베네치아를 방문한 페트라르카는 자신의 친구이자 베네치아를 이끄는 도제 안드레아 단돌로Andrea Dandolo에게 도제라는 직책은 로마 황제의 모든 자질을 갖춘 위엄 있는 자리라고 말했으며, 더 나아가 단돌로를 로마 황제 트라야누스에 비교했다.[60] 물론 베네치아의 제국주의적 면모를 강력하게 비난하는 사람들도 있었다.[61]

테라 페르마로 영토를 크게 확장시켰고 동지중해의 해양 영토를 지켜낸 도제 프란체스코 포스카리는 베네치아를 새로운 로마로 선전했다.[62] 1453년 비잔티움제국의 수도 콘스탄티노플이 오스만의 수중에

---

59 John E. Law(1992), "The Venetian mainland state in the fifteenth century," *Transactions of the Royal Historical Society* 2: 155.

60 Chambers(1970), pp.22-23; Law(1992), p.155.

61 Law(1992), p.155.

62 Dennis Romano(2007), *The likeness of Venice. A life of doge Francesco Foscari*

들어간 이후 베네치아가 새로운 로마라는 주장은 더 설득력을 얻었다. 그리스 출신의 망명객이었던 추기경 베사리온Bessarion은 1469년 베네치아 도제에게 보낸 편지에서 베네치아를 또 다른 콘스탄티노플로 묘사했고, 이제 베네치아가 지중해의 기독교 세계를 이끄는 중심지가 되었다고 말한다. 당시 베네치아의 외교 정책을 못마땅하게 생각하던 교황 피우스 2세Pius II(재위 1458-1464)조차도 "오늘날 베네치아인들은 바다와 육지 모두에서 가장 강력하며, 그들이 희망하는 것 이상의 제국을 감당할 능력이 있어 보인다."라고 언급했다. 추기경과 교황의 지적은 베네치아가 제국으로 불릴 만한 위상을 가지고 있었음을 보여준다. 15세기 후반 베네치아 공식 역사가였던 사벨리코Sabellico(1453-1506)는 베네치아가 고대 로마보다 더 위대했다고 자랑했으며, 베네치아 도제 아고스티노 바르바리고Agostino Barbarigo(재위 1486-1501)를 새로운 황제new augustus로 묘사했다.[63]

분명 15세기경 베네치아의 지배 세력들은 베네치아를 사실상의 제국으로 인식하고 있었다.[64] 이러한 사실은 베네치아를 지칭하는 공식 명칭의 변화에서도 확인된다. 1423년 이후 베네치아는 이전의 코무네, 즉 자치공화국 대신 도미니움dominium으로 불리게 된다. 지배를 의미하는 라틴어 도미니움은 당시 제국을 의미하는 라틴어 임페리움imperium과 이탈리아어 임페리오imperio와 거의 유사한 의미로 사용되고 있었기 때문이다.[65] 고대부터 중세 말까지 서유럽에서 제국이라는 명칭과 개념은 모두 고대 로마에서 유래했다. 제국을 뜻하는 임페리움imperium은 원래 '명령하다imperare'에서 파생된 단어로 공화정 초기부터 사용되었

1373-1457, New Haven and London; Yale University Press, p.330.

63 Chambers(1970), pp.24-26.

64 Labalme(1969), p.119.

65 Knapton(2013), p.92.

으며 집정관이 행사하는 군 통제권을 의미했다. 이후 임페리움은 의미가 확대되어 해당 지역에 대한 명령권을, 이후에는 지배하는 지역 자체를 표현하는 단어가 되었다. 그러한 의미 변화 과정에서 임페리움은 팽창주의적인 요소를 포함하게 되었다. 또한 임페리움은 왕국을 뜻하는 레그눔regnum보다 우월한 지위를 갖게 되었다. 최종적으로 임페리움 로마눔imperium romanum은 로마가 지배하는 영토, 즉 로마제국이 된 것이다. 이러한 의미 변화의 결과 중세 서유럽에서 임페리움이라는 단어는 왕이 아니라 황제에게 종속되어 있는 영토를 의미했다. 무엇보다도 중세 서유럽에서 제국의 일차적인 조건은 로마제국을 계승한다는 것이었고, 그런 점에서 서로마제국의 몰락 이후 이를 계승한 카롤루스의 제국과 오토 1세의 제국이 공식적인 제국이었다. 그런 맥락에서 로마제국을 계승한다는 생각과 의지는 제국임을 판명하는 중요한 기준이었다.[66]

특히 15세기 베네치아를 대표하는 인문주의자 베르나르도 주스티니아니Bernardo Giustiniani가 베네치아 영토를 크게 확장시켰던 도제 프란체스코 포스카리의 장례에서 한 추모사는 제국이 무엇인지, 베네치아가 제국에 걸맞은 위상을 가졌는지를 잘 보여준다. 그는 추모사에서 파리 대학에서 했던 강의를 인용하면서 베네치아와 프랑스의 힘 그리고 제국의 의미에 관해 자신의 의견을 피력했다. 그는 고대 아테네를 제국으로 간주했고, 아테네제국은 자유를 상실하면서 학문도 상실했고 그 결과 아테네제국의 학문과 제국의 힘이 동시에 이탈리아로 옮겨갔다고 말한다. 이후 로마 황제가 황제의 영광을 잃어버리자 이번에는 카롤루스가 황제의 영광을 프랑스로 가져왔고 그와 동시에 인문학도 따라왔다는 것이다. 그는 제국의 자질 중에 가장 중요한 것은 학

66 일반적으로 임페리움 로마눔imperium romanum은 800년 동로마제국에서 프랑크 왕국으로, 962년에는 프랑크 왕국에서 독일로 옮겨갔다고 이야기된다. 외르크 피쉬 외(2010), 『코젤렉의 개념사 사전 3: 제국주의』, 황승환 옮김, 푸른역사, pp.14-19.

문, 즉 인문학이라고 말한다. 그의 표현을 빌리면 "진정으로 이것은 인문학의 법칙이고, 위대한 제국에는 항상 인문학Ea profecto fuit liberalium artium lex, ea consuetudo ut magna semper sequerentur imperia이 있는 것과 같은 관습이다."[67]

이렇게 베르나르도는 프랑스 왕국의 역사를 추켜세웠지만 결국 그가 이야기하고자 한 것은 제국과 학문이 베네치아로 오게 되었다는 것이다. 그리고 베네치아에 이러한 제국의 영광을 안겨준 사람이 바로 프란체스코 포스카리였다. 베르나르도는 포스카리가 위대한 제국을 건설하는 과정을 상세하게 설명하는 것으로 추모사를 이어나갔다. 포스카리는 도제가 되기 이전부터 공격적인 대외 정책을 펼쳤는데 1404년 40인 위원회의 회장으로 선출됐을 당시 파도바와의 전쟁을 선포했다. 베네치아는 전쟁에서 승리했고 파도바뿐만 아니라 베로나와 비첸차까지 베네치아제국에 편입시켰다.[68] 베르나르도는 베르가모, 크레마와 라벤나 정복을 설명하면서 라벤나는 가장 오래되고 축복받은 도시이자 왕과 황제의 수도이며, 포스카리가 이들 도시를 정복한 것은 위대한 불멸의 업적이라고 찬양했다.[69]

계속된 추모사에서 베르나르도는 죽은 도제를 알렉산더 대왕과 카이사르와 같은 위대한 황제에 비유했으며, 포스카리 통치 하에서 베네치아는 해상제국을 건설한 아테네의 업적, 육상제국을 건설한 스

---

67 Labalme(1969), pp.168-170.

68 베르나르도와 그의 가문은 북부 이탈리아와 동지중해로의 적극적인 팽창 정책을 펼쳤던 도제 프란체스코 포스카리를 지지했다. <Verona primum, dehinc Patavium urbes quondam regiae non solum inter primas Italiae, verum etiam totius Europae civitates nobilissimae imperio vestro adjectae sunt>. Bernardo Giustiniani(1789), "Oratio funebris habita in obitu Francisci Fuscari Ducis," *Orazione, elogi et vite scritte da letterati Veneti patrizi in lode di dogi, ed altri illustri soggetti*, ed. by G. A. Molin, Venezia, vol.1, p.25; Labalme(1969), p.114

69 Giustiniani(1789), pp.53-54.

파르타의 업적, 그리고 사회적 질서를 통합한 로마의 업적 모두를 달성해 위대한 제국을 건설했다고 말했다. 그리고 여러분의 제국vestrum imperium으로 들어오는 거센 물길을 막아낸 사람이라면서 죽은 도제를 칭송했다.[70] 베르나르도는 포스카리를 명실상부한 베네치아제국의 건설자로 찬양했다. 또한 그는 베네치아 도제가 교황과 황제와 함께 세상에서 가장 강력한 군주라고 자랑했다.[71]

베르나르도가 포스카리를 베네치아제국 건설자로 찬양하며 그의 팽창 정책을 지지한 것은 이에 반대하는 여론을 인식하고 있었기 때문이다. 당시 외부에 있는 베네치아의 적들뿐만 아니라 포스카리의 팽창 정책에 반대했던 내부 세력들도 베네치아가 테라 페르마를 정복한 것은 탐욕과 지배욕 때문이라고 비난하고 있었다. 이러한 비난을 대해 베르나르도는 베네치아가 본토 문제에 개입한 것은 어쩔 수 없는 상황의 산물이었고, 포스카리는 이탈리아의 자유libertas Italiae를 수호하라는 운명을 받아들인 것뿐이라고 반박했다.[72] 또한 그는 "우리 제국은 무력보다는 정치력을 통해 성장했다Ordine politiae plus quam armis auctum imperium nostrum est."라고 하면서 베네치아제국의 부드러운 지배를 은근히 강조했으며,[73] 더 나아가 베네치아가 지중해와 이탈리아 본토에서 식민지를 정복하고 일종의 제국을 건설한 이유는 침략이 아니라 스스로를 방어하기 위한 것이며, 더 이상 자기방어를 하지 못하는 지역들을 정복하고 소유하는 것은 정당한 권리라고까지 주장했다.[74]

---

70 Labalme(1969), p.177; Seth Parry(2008), *Fifty years of failed plans: Venice, humanism, and the Turks*, Dissertation of the city university of New York, pp.339-342.

71 Labalme(1969), p.119; Parry(2008), p.354.

72 Romano(2007), p.314.

73 Labalme(1969), pp.168-170.

74 Labalme(1969), pp.118-119, 281-282.

또 다른 베네치아 출신의 인문주의자 프란체스코 바르바로Francesco Barbaro는 베네치아를 밀라노의 비스콘티 가문과 같은 압제자들의 침략으로부터 이탈리아반도의 자유를 수호하는 보호자라고 선전했다.[75] 1483년 육상 영토를 둘러보고 여행기를 남긴 베네치아 연대기 작가 마리노 사누도Marino Sanudo(1466-1536)도 애국심이 가득한 논조로 베네치아가 테라 페르마에서 이룩한 군사적 업적을 찬양하면서 베네치아제국의 관대함과 관용을 자랑했다. 사누도의 찬사에 따르면 날개 달린 사자의 제국 베네치아가 본토의 식민 도시 로베레토Rovereto를 안전하게 보호해준 덕분에 이곳의 모든 주민들은 안전하게 잠을 잔다Securi dormite omnes; cutodiet urbem.[76]

이러한 정복 전쟁을 이탈리아의 자유를 수호하기 위한 선의의 행동이었다고 미화했던 당시 베네치아의 지배 세력들처럼 오늘날에도 다수의 역사가들이 베네치아의 식민 지배가 호의적이고 자비로웠다고 주장한다.[77] 이러한 인식은 19세기 제국주의 국가들이 다른 나라를 무력으로 점령하고 약탈하면서 이를 백인의 책무나 문명 전파의 위대한 사명으로 미화한 것에 다름 아니다. 당시 베네치아의 적들은 베네치아 공화국이 이탈리아제국을 건설하려는 야욕을 가지고 있다고 강력하게 비난하고 있었다.[78] 실제로 베네치아가 해외 영토를 정복하고 식민지를

75 Grubb(1986), pp.72-73.

76 <Sum Leo quo nullus possedit latius orbe Imperium: paret terra fretumque mihi. Et justiciam facio: caveat sibi quisque malorum; Uliscor scelera qui secat ense meo.> Rawdon Brown(1847), *Itinerario di Marino Sanudo per la Terraferma Veneziana nell'anno 1483*, Padova: Tipografia del Seminario, p.94; Law(1992), p.154.

77 O'connell(2009), p.17; Grubb(1986), pp.72-73.

78 Nicolai Rubinstein(1974), "Italian reactions to Terraferma expansion in the Fifteenth century," *Renaissance Venice*, ed. by J. R. Hale, London; Faber and Faber, pp.197-217.

건설한 것은 전적으로 자국의 이해를 위한 것이었다. 그런 점에서 중세 베네치아는 역사 속의 많은 제국들처럼 호의적이지도 자비롭지도 않았다. 자국의 상업적 이해를 위해 식민지를 건설하고 정복을 미화하는 등 여러 점에서 중세 베네치아제국은 19세기 근대 제국주의를 빼닮았다.

* * *

이제 서론에서 제기했던 질문에 답할 차례이다. 영토의 규모라는 외형적 기준에서만 판단할 때 베네치아는 제국의 위상에 걸맞은 식민지를 확보하지 못했다. 실제로 베네치아의 해외 영토와 이탈리아반도 내의 영토를 모두 합치더라도 근대 초 지중해와 유럽을 대표하는 에스파냐나 포르투갈, 오스만제국의 영토에 비하면 초라해 보인다. 전성기의 로마제국에 비하면 한없이 보잘것없어 보인다.

그러나 중세 베네치아는 이들 거대 제국들이 제국을 운영하면서 겪었던 많은 문제들과 동일한 상황에 직면했고 이를 나름의 방식으로 해결했다. 4차 십자군 이후 베네치아는 지중해와 이탈리아반도에 다수의 식민지를 건설하고 이를 오랫동안 유지했다. 다른 제국들과 마찬가지로 베네치아도 지중해와 이탈리아반도에 산재해 있는 식민지들을 물리적으로 제압하고, 종교·인종·언어·문화에서 다양한 해외 영토와 본국의 이해관계를 효율적으로 조정해야만 했다. 더 나아가 중세 후반 인구 십만 정도의 작은 섬나라 베네치아가 비잔티움제국, 신성로마제국, 오스만제국 등 당시 제일 규모의 제국을 상대로 경쟁할 수 있었다는 사실 자체가 베네치아가 제국의 위상을 지녔음을 보여준다.

하지만 베네치아를 진정한 제국으로 간주할 수 있는 시기는 해양 영토stato da mar에 이어 이 육상 영토stato da terra를 확고하게 건설한 15세기 정도에 한해서였다.[79] 왜냐하면 15세기 말 이후 베네치아는 더 이상 제국으로의 위상을 유지하지 못했기 때문이다. 물론 영토 면에서 보자면 16세기 초에 더 많은 식민지를 보유하고 있었다. 하지만 15세기 말 이후 베네치아는 동지중해에서 오스만의 우위를, 서유럽에서는 성장하는 영토 국가의 우위를 인정해야 하는 처지로 전락했기 때문이다. 다시 말해 16세기 베네치아는 해양 영토와 육상 영토를 방어하는 데 급급했다.

15세기 베네치아제국은 기존의 유럽 제국들, 즉 로마제국, 서로마제국, 신성로마제국과 여러 면에서 달랐다. 이들 전통적인 유럽 제국들은 황제가 다스리고 광대한 영토를 보유한 정치군사 제국이었던 반면 15세기 베네치아제국은 1인 지배 체제가 아니라 다수의 집권 세력들에 의해 운영된 공화국이었고, 해외 식민지를 건설한 이유도 영토 정복을 통한 제국의 명예를 위한 것이 아니라 상업 거점을 확보하기 위함이었다는 점에서 상업 제국이었다. 결국 15세기 베네치아제국은 해외로 팽창해 식민지를 건설하고 제해권을 장악했다는 측면에서 근대 프랑스나 영국과 같은 근대 제국과 유사했고, 그런 점에서 근대 제국의 중세적 기원이라 할 수 있을 것이다.[80]

---

79 베네치아를 제국으로 간주할 수 있는 시기에 관한 의견 차이가 있다. 체임버스는 제국 시기를 1380년에서 1580년 사이로 잡는다. 맥닐은 1282년에서 1481년 사이를 베네치아가 강대국으로의 위상을 유지한 시기로 간주한다. 오코넬은 13세기부터 16세기까지 베네치아제국의 형성과 소멸 과정을 분석했다. Chambers(1970); William H. McNeill(1974), *Venice. The hinge of Europe 1081-1797*, Chicago and London; The University of Chicago Press, pp.46-89; O'connell(2009), pp.17-38.

80 최갑수(2005), 「제국에서 근대국가로: 유럽사에 대한 하나의 역사적 조망」, 『세계정치』 26집, 136-137쪽.

3장 영광의 15세기

뉴욕 타임스는 인류 역사상 최고의 시대의 하나로 15세기 베네치아를 선정했다. 베네치아 역사가 토머스 매든Thomas F. Madden은 16세기에 베네치아가 최고 전성기에 도달했다고 말하지만 16세기는 위대했던 옛 영광을 가까스로 지켜나가는 시대였다.[1] 물론 여러 경제적 수치 자료들을 근거로 했을 때 15세기 베네치아보다는 16세기 베네치아가 더 위대해 보일 수도 있다. 그러나 전체적인 국면에서 보았을 때 16세기 베네치아는 위기와 시련에 직면해 하강 국면 속에 있었던 반면, 15세기 베네치아는 자신감에 넘친 상승 국면 속에 있었다. 그래서 베네치아 역사가 레인Frederic C. Lane은 15세기 후반보다 베네치아 공화국의 부와 자부심이 대단했던 적은 결코 없었다고 말한 것이다.[2]

1 손세관(2007), 35쪽; Madden(2012), p.323.

2 Lane(1973), p.241.

15세기의 화려한 영광은 나라가 망할지도 모를 위기의 순간에서 시작되었다. 제노바와의 오랜 해상 전투가 막바지에 이르렀던 1378년 8월 베네치아는 아드리아해로 나가는 출구인 키오자라는 작은 항구까지 쳐들어온 제노바 해군에 맞서 힘겨운 전투를 벌이고 있었다. 운명의 여신은 베네치아 편이었다. 베토르 피사니Vettor Pisani는 1380년 제노바 함대가 점령하고 있던 키오자를 탈환하고 100년 가까이 지속되었던 제노바와의 긴 해상 쟁탈전에서 최종적으로 승리했다. 1381년 토리노에서 체결된 평화협정으로 베네치아는 아드리아해와 동지중해에서 우월한 위치를 확보했다.

15세기 베네치아는 경제, 정치, 예술, 학문 등 다양한 분야에서 위대한 역사를 만들어갔다. 올리버 콕스Oliver Cox가 베네치아에서 자본주의가 탄생했다고 말할 정도로 15세기 베네치아는 유럽 경제를 선도했다. 페르낭 브로델은 15세기 베네치아가 자본주의 세계 경제의 첫 번째 중심이었고, 이 자본주의 중심은 1500년 이후부터 대서양의 앤트워프로 옮겨갔다고 이야기한다.[3] 베네치아가 자본주의 탄생지라는 이들의 주장이 과장일 수는 있겠지만 15세기 베네치아는 유럽 제일의 경제 대국이었음은 분명하다.

1. 베네치아, 유럽 최고의 도시로 찬양받다

르네상스 문화를 선도했던 이탈리아 도시들은 자신들이 이룩한 위대한 업적을 찬양했다. 레오나르도 브루니Leonardo Bruni는 『피렌체 찬가』에서 "불멸의 신이시여, 이제부터 제가 이야기하려는 이 도시, 피렌

3 브로델(1997), 173쪽.

체의 영광에 필적할 만한 웅변력을 제게 주소서. 그것이 허락되지 않는다면 적어도 이 도시를 찬양하는 데 필요한 열정과 희망만이라도 제게 주소서. 어느 누구도 이 도시보다 더욱 빛나고 영광스러운 곳을 이 세상 어디에서도 발견할 수 없을 것입니다. 피렌체는 이처럼 위대하고 장엄한 도시입니다."라면서 피렌체의 영광을 노래했다.

베네치아 귀족 마리노 사누도는 자신감 넘치는 어조로 위대한 베네치아를 위한 송가를 불렀다. "이 도시 베네치아는 모든 사람의 고향이며 자유로운 도시이고, 다른 도시들과는 달리 어느 누구에게도 정복된 적이 없었다. 이 도시는 기독교인들에 의해 건설되었다. 게다가 이 도시는 로마처럼 양치기들이 아니라 그리스도를 믿는 강력하고 부유한 사람들에 의해 건설되었다. 그리스도에 대한 믿음은 이민족과 침략자를 막아내는 방패였다." 그는 자신의 도시가 인간의 의지가 아닌 신의 힘으로 건설되었다고 자랑한다.[4]

16세기 초반 가스파로 콘타리니Gasparo Contarini는 "비록 과거에는 다수의 도시가 힘, 영토, 군대, 전쟁에서의 승리라는 측면에서 베네치아를 훨씬 능가했겠지만, 현재는 행복하고 풍요로운 삶을 살기에 적합한 제도와 법률이라는 측면에서 우리 도시와 비교할 수 있는 도시는 없다."라면서 16세기 베네치아가 유럽 제일의 제도와 법률을 가진 부유한 도시라고 자랑했다. 더 나아가 가스파로는 베네치아를 방문한 외국인들은 베네치아의 위대함에 경탄하고, 베네치아가 어떤 도시보다 위대하다고 생각하게 된다고 이야기한다. 그의 이야기에 따르면 방문객들은 세계의 여러 곳으로부터 엄청난 양의 상품이 베네치아로 수입되고, 이 상품은 다시 해로와 육로를 통해 먼 지역으로 수출되는 것을 보고 감탄한다.[5]

---

4 패트리샤 포르티니 브라운(2001), 『베네치아의 르네상스』, 김미정 옮김, 예경, 16쪽.

사누도와 콘타리니의 이야기는 베네치아 사람이 스스로 한 자화자찬이나 허풍은 결코 아니었다. 베네치아에 대한 찬양은 베네치아인들의 전유물이 아니었기 때문이다. 15세기 이탈리아 도시 중 내부 사람뿐만 아니라 외부 사람들로부터도 극찬을 받은 도시는 단연코 베네치아일 것이다. 특히 15세기 베네치아는 예루살렘으로 가는 순례자들이 꼭 경유하는 필수 경유지였다. 베네치아 정부는 매년 두 차례의 정기 순례선단을 운영했기 때문에 유럽 전역에서 온 순례자들은 베네치아 순례선단을 이용하는 경우가 일반적이었다. 순례자들뿐만 아니라 지중해 전역에서 베네치아로 장사하러 온 상인들도 베네치아의 부와 명성에 감탄했고 때론 시기와 질투를 하기도 했다.

동시대인들의 생생한 목소리를 들어보자. 1480년 베네치아 순례선을 이용해 성지 순례를 다녀왔던 밀라노 출신 성직자 산토 브라스카 Santo Brasca는 6월 5일 베네치아에 도착해 2주 동안 머물면서 도시의 이곳저곳을 둘러봤다. 그가 특히 감명을 받았던 것은 여러 교회와 교회 안에 보관된 성유물이었다. 성직자였기 때문에 교회와 성유물에 관심이 많았던 것은 당연하다. 베네치아 공화국을 상징하는 건물 도제 궁을 보고 그는 다음과 같이 이야기했다.

> 나는 도제 궁을 꼭대기에서 아래층까지 구경했는데, 그 궁은 매우 화려하고 경이로웠습니다. 꼭대기 층에는 매우 크고 화려하게 장식된 방이 하나 있었는데, 방에는 바다를 바라보고 있는 도제의 의자가 있었습니다. 방에는 1177년 베네치아 도제가 교황 알렉산드로스 3세를

---

5 Gasparo Contarini(2020), *The republic of Venice: De magistratibus et republica Ventorum*, edited and introduced by Filippo Sabetti and translated by Giuseppe Pezzini with Amanda Murphy, Buffalo and London: University of Toronto Press: Toronto, p.1, 10.

지지하면서 황제와의 싸움에서 승리한 역사를 그린 그림이 그려져 있고, 돋을새김은 금으로 되어 있었습니다. …… 그리고 나는 바다와의 결혼식 행사를 보러 갔습니다. 도제 궁 성채 너머에는 도제가 의전용 선박 부친토로에 승선해 있었고, 시민들과 잘 차려입은 귀부인들이 탄 선박도 함께 있었습니다. 그것은 매우 성대하고 웅장한 광경이었습니다. 그다음으로 나는 베네치아 국영 조선소로 갔습니다. 그곳에는 공화국의 갖가지 군수품과 대포가 보관되어 있었고, 수를 헤아릴 수도 없는 온갖 종류의 선박이 있었고, 무기로 가득한 다섯 개의 큰 창고와 돛을 보관하는 큰 창고 두 개가 있었습니다. 돛 창고에서는 엄청난 수의 여성들이 돛을 제작하고 있었습니다. 이 국영 조선소에서는 매년 20만 두카토 이상의 금액이 노동 인건비와 재료 구매에 들어갑니다.[6]

여러 사람들이 베네치아가 기독교인들만의 도시가 아니라 국제적인 도시로서의 명성을 가지고 있다고 말했다. 베네치아의 명성이 지중해와 유럽 전역에 퍼질 수 있었던 것은 그만큼 다양한 지역에서 많은 사람들이 베네치아로 몰려들었기 때문이다. 한마디로 15세기 베네치아는 유럽에서 가장 국제적인 도시였다. 이탈리아반도에서 온 사람들, 알프스 이북에서 온 사람들, 달마티아 해안에서 온 사람들, 그리스인들, 이슬람교도들, 유대인들, 북아프리카의 흑인들, 아시아에서 온 몽골 사람들 등 다양한 인종들로 북적거렸다. 15세기 말 베네치아를 방문한 프랑스 대사 필리프 드 코민Philippe de Commynes은 베네치아에 있는 대부분의 사람들은 외국인이라고 감탄했다. 베네치아 귀족 지롤라

6 Anna Laura Momigliano Lepschy, ed.(1966), *Viaggio in Terrasanta di Santo Brasca 1480 con l'itinerario di Gabriele Capodilista 1458*, Milano: Longanesi & C., pp, 48-50; David Chambers and Brian Pullan(1992), *Venice: a documentary history 1450-1630*, Cambridge: Blackwell Publishers, pp.21-22.

• 베네치아 무어인 거류지Fondaco dei Mori에 있는 이슬람 상인 조각들

모 프리울리도 “귀족과 일부 부유한 시민을 제외하면 나머지 사람들은 외국인이고, 아주 소수만이 베네치아 사람이다.”라고 비슷한 이야기를 했다.[7]

특히 그리스 사람들에게 베네치아는 제2의 고향과도 같은 도시였다. 베네치아와 비잔티움 사이의 오랜 갈등과 증오의 역사를 고려하면 15세기의 상황은 일견 놀랍고 예외적으로 보인다. 1204년 베네치아와 4차 십자군이 비잔티움제국의 수도 콘스탄티노플을 정복하고 무자비하게 약탈한 사건은 그리스 사람들에게 씻을 수 없는 상처와 원한을 남겨놓았기 때문이다. 이러한 반전은 아마 250년 사이에 상황이 많이 변화했기 때문일 것이다. 무엇보다도 비잔티움제국의 멸망이 이러한 상황 변화의 중요한 이유였다. 1453년 오스만제국에 의해 비잔티움제국이 무너지자 동방 정교를 믿는 그리스 사람들 중 일부는 이슬람 땅에서 사는 것보다는 기독교 세계로 도망가는 것이 낫다고 생각했을 것이다. 서유럽 가톨릭과의 오랜 종교적 갈등과 때론 전쟁도 있었지만 그래도 같은 기독교 땅에서 사는 것이 나름의 차선책이었을 수도 있다.

또 다른 이유 중의 하나는 서유럽 도시 중에서 가장 그리스적인 도시가 바로 베네치아였기 때문이다. 비잔티움과의 오랜 교류의 영향으로 베네치아의 건물과 외관은 콘스탄티노플을 닮아 있었다. 특히 베네치아의 핵심 건물인 산마르코 대성당은 콘스탄티노플에 있던 성사도 대성당을 모델로 해서 만들었다.

그리스 출신의 인문주의자로 비잔티움제국 몰락 후 이탈리아로 망명해온 베사리온 추기경은 자신이 소장하고 있던 모든 책을 베네치아에 기증할 정도로 베네치아에 대해 남다른 애정을 가지고 있었다. “내

---

7 Elisabeth Horodowich(2008), *Language and statecraft in Early Modern Venice*, Cambridge: Cambridge University Press, p.77.

고향 그리스 사람들에게 귀 도시는 더없이 편하고 좋은 곳입니다. 온 지상의 거의 모든 민족이 수없이 귀 도시로 모여들고 있지만, 그중에서도 그리스인이 수적으로 가장 많습니다. 그리스인들이 항해할 때 제일 먼저 상륙하는 곳이 베네치아인데 귀 도시에 발을 들여놓을 때면 마치 또 하나의 콘스탄티노플로 들어서는 느낌입니다. …… 그래서 나는 모든 책을 귀 도시에서 가장 축복받은 산마르코 성당에 기증하려 합니다. 이렇게 해야만 나를 받아준 귀 도시의 후의에 대한 의무를 다하는 것 같습니다."[8] 그리스인들에게 베네치아는 천 년 동안 로마제국의 수도였고 중세 기독교 세계 최고의 도시였던 콘스탄티노플에 비견할 만한 도시였다.

15세기 베네치아를 방문한 순례자들과 여행자들은 베네치아를 기적의 도시라 부르기를 주저하지 않았다. 그들에게 베네치아는 석호라는 척박한 자연환경을 극복하고 위대한 문명을 건설했을 뿐만 아니라 산마르코의 보호를 받는 성스러운 도시였다. 15세기 베네치아를 방문한 외부 사람들이 베네치아의 아름다움에 감탄했던 것은 잘 꾸며진 전경 덕분이었다. 중세 말 베네치아 정부는 도시를 아름답게 만들기 위해 노력했다. "시의 미화에 적합한 일을 위해서는 돈을 아끼지 않았다non sparangando spexa alguna come e conveniente a la beleza sua."[9]

2. 유럽 경제의 중심지

15세기 베네치아는 유럽 최고의 시장이었다. 세계 각지에서 수많은

8 리사 자딘(2003), 『상품의 역사』, 이선근 옮김, 영림카디널.

9 브로델(1997), 164-165쪽.

상품이 수입되고 있었고, 구할 수 없는 상품이 없었다. 1494년 예루살렘 성지로 가는 도중 베네치아를 방문한 밀라노 출신 성직자 피에트로 카솔라Pietro Casola(1427-1507)는 넘쳐나는 상품을 보고 놀라워하면서 다음과 같이 이야기했다.

> 모든 것이 진실은 아니겠지만 그 도시에서 판매되는 엄청난 양의 상품에 관해서는 이야기를 좀 해야 할 것 같습니다. 상품이 헤아릴 수 없을 정도로 많기 때문입니다. 진정으로 세상의 모든 것들이 그곳으로 유입되고, 사람들은 그곳에서 장사하기 위해 전력을 다하는 것 같습니다. 나는 독일 상관을 시작으로 다수의 상품 창고들을 안내받고 둘러볼 수 있었습니다. 내가 보기에 독일 상관만으로도 이탈리아 전역에 물건을 공급할 수 있을 것 같았습니다. 다른 상품 창고들도 무수히 많아서 그 수를 헤아릴 수 없을 정도였습니다. 내가 보기에 특정 도시들에서만 잘 알려진 특별한 상품들도 베네치아에서는 모두 구할 수 있었고, 다른 지역에서는 파운드나 온스 단위로 판매되는 상품이 베네치아에서 좀 더 큰 단위인 칸타르나 자루 단위로 판매되고 있었습니다. 창고처럼 보이는 다수의 가게는 온갖 종류의 직물들, 예를 들어 태피스트리, 문양이 있는 비단, 다양한 디자인의 커튼, 갖가지 종류의 카펫, 갖가지 색깔의 낙타털로 만든 직물, 갖가지 종류의 비단 등을 갖추고 있습니다. 향신료, 잡화, 약재로 가득한 상점들도 많고, 아름다운 백색 왁스도 넘쳐납니다. 이런 상품들은 보는 사람들의 눈을 휘둥그레지게 만들고, 이런 것을 전에 보지 못했던 사람들에게는 전부를 설명할 수도 없습니다. 나는 모든 것을 보고 싶었지만 일부밖에는 보지 못했고, 그 일부분조차도 내가 할 수 있는 최선을 다해서 본 것이었습니다.[10]

10 Chambers and Pullan(1992), p.167.

이렇게 번성했던 교역 덕분에 베네치아는 명백히 15세기 유럽 최고의 경제 중심지로 성장했다. 이러한 사실은 당시 베네치아 예산 자료Bilanci에 잘 나타나 있는데 이 기록은 베네치아의 예산뿐만 아니라 다른 유럽 국가들의 예산 정보까지도 보여준다. 15세기 초 베네치아 예산은 75만 두카토였던 반면 베네치아보다 훨씬 큰 프랑스 왕국의 예산은 100만 두카토 정도였다. 영국의 예산이 베네치아와 비슷하다. 예산이 베네치아 전체 소득의 5-10% 정도에 해당한다고 계산하면 총국민소득은 750만-1,500만 두카토에 달한다. 베네치아시와 주변 도가도Dogado 지역의 인구를 대략 15만 정도로 추산하면 베네치아인들의 1인당 소득은 50-100두카토 사이가 될 것이다. 이러한 수치는 베네치아의 1인당 소득이 유럽 제일임을 증명한다.[11]

그러나 이것이 전부가 아니었다. 베네치아가 정복한 북부 이탈리아 땅, 즉 테라 페르마Terra ferma라 불리는 육상 영토의 예산 46만 4천 두카토와 동지중해에 있는 베네치아 해양 영토의 예산 37만 6천 두카토를 더하면 베네치아제국의 예산은 161만 5천 두카토에 해당한다. 이 수치는 유럽 최고의 예산이다. 당시 베네치아 전체(베네치아 + 육상 영토 + 해양 영토) 인구가 대략 150만 명 정도로, 프랑스 인구를 1,500만 명 정도로 잡는다면 베네치아는 프랑스보다 열 배 정도 부유한 나라였음을 알 수 있다.[12]

1423년 베네치아 수장 토마소 모체니고의 임종 연설은 15세기 베네치아의 국력이 어느 정도였는지를 짐작케 해준다. 그가 측근들을 모아놓고 이 연설을 한 이유는 북부 이탈리아로의 팽창 정책을 주장하는 전쟁론자인 프란체스코 포스카리가 자신의 뒤를 이어 베네치아 수장이

11 브로델(1997), 160-162쪽.

12 브로델(1997), 162쪽.

• 토마소 모체니고

• 프란체스코 포스카리

되는 것을 막기 위해서였다. 그가 보기에 베네치아의 살길은 전쟁이 아니라 평화를 기반으로 한 자유 무역이었기 때문이다. 그런 연유로 그는 만약 포스카리를 선출하면 "조만간 전쟁에 돌입하게 될 것입니다. 그렇게 되면 1만 두카토를 가지고 있던 사람은 천 두카토밖에 가지지 못하게 되고, 열 채의 집을 가지고 있던 사람은 한 채만을 가지게 될 것이며, 열 벌의 옷을 가지고 있었던 사람은 한 벌만을, 열 벌의 내의를 가지고 있었던 사람은 한 벌밖에 가지지 못할 것입니다. …… 나의 충고를 듣는다면 당신들은 기독교권의 황금의 주인이 될 것입니다."라면서 평화로운 무역이 베네치아가 살아갈 길임을 역설했다.[13]

그는 비유적인 말에 그치지 않고 평화로운 무역을 통해서 베네치아가 얼마나 많은 부를 거두고 있는지를 상세한 수치 자료를 통해 설명

13 브로델(1997), 163쪽.

했다.

> 1만 6천 명의 직공들이 있으며, 이들은 비단과 모직물과 면직물을 생산하고 있습니다. 7백만 호의 집이 있고, 그 가치는 50만 두카토입니다. 연 수입이 7백-4천 두카토에 달하는 사람이 1천 명이나 있습니다. 베네치아의 재정 수입은 77만 4천 두카토이고, 테라 페르마의 재정 수입은 46만 4천 두카토, 해양 영토의 수입은 37만 6천 두카토입니다.
>
> 또한, 여러분이 알다시피 우리 도시는 매년 120만 두카토의 금화를 주조합니다. 은화는 매년 80만 두카토를 주조하는데 이 중 5천 마르크는 매년 이집트와 시리아로 보내집니다. 테라 페르마 지역으로는 매년 10만 두카토가 보내집니다. 우리의 해양 영토로는 매년 5만 두카토가 나갑니다. 잉글랜드로 매년 10만 두카토가 나가고, 나머지는 베네치아에 남습니다. 여러분이 알다시피 피렌체 상인들은 매년 1만 6천 필의 모직물을 베네치아로 가져옵니다. 우리는 이 모직물을 다시 남부 이탈리아의 풀리아, 시칠리아 왕국, 카탈루냐, 에스파냐, 북서아프리카, 이집트, 시리아, 키프로스, 로도스, 비잔티움제국, 크레타섬, 펠로폰네소스반도 남단, 리스본으로 내다 팝니다. 매주 피렌체 상인들은 7천 두카토어치에 해당하는 각종 상품을 베네치아로 가져오고, 이는 연간 15만 두카토에 이릅니다. 피렌체 상인들은 프랑스와 카탈루냐 양모, 비단, 밀랍, 금과 은사, 설탕, 은괴, 각종 향신료, 명반, 인디고, 가죽, 보석 등을 구매하고, 이것은 우리 도시에 엄청난 이익을 가져다줍니다.[14]

15세기 베네치아의 경제력을 대외적으로 잘 보여주는 것은 금화 두

14 Philippe Braunstein and Robert Delort(1971), *Venise: portrait historique d'une cité*, Paris: Éditions de Seuil, pp.123-125.

• 베네치아의 금화 두카토

카토였다. 어떤 종류의 귀금속 화폐를 사용하는지는 그 시대와 국가의 경제적 규모를 알 수 있게 해준다. 서로마제국이 망한 후 중세 초기 서유럽 세계에서는 금화를 자체 주조하지 않았다. 이는 금화를 주조할 만한 경제력과 활발한 교역이 없었음을 반증한다. 중세 서유럽 세계가 다시 금화를 주조하게 된 것은 13세기 중엽이었고, 피렌체, 제노바, 베네치아 등의 이탈리아 상업 도시들이 이를 선도했다. 이는 그만큼 당시 이 도시들이 서유럽 경제에서 주도적인 역할을 했다는 뜻이다. 피렌체와 제노바는 1252년 각각 금화 플로린과 제노베제를 주조하기 시작했고, 베네치아는 조금 뒤인 1284년 금화를 자체적으로 발행하기 시작했다. 이 금화들의 중량은 약 3.559그램이었다. 베네치아는 공화국이 무너지는 18세기 말까지 두카토화를 주조했고, 무게와 순도 또한 변하지 않고 유지했다. 금화의 한쪽 면에는 산마르코가 무릎을 꿇고 있는 도제에게 깃발을 전달하고 있으며, 다른 한쪽 면에는 별과 함께 그리스도가 서 있다. 기본적인 문양은 변하지 않고 도제가 바뀌면서 도제들의 이름만 변경되었다.

이탈리아 도시들이 금화를 주조하기 전까지 지중해에서는 비잔티움제국의 금화 히페르피론과 이슬람 세계의 금화가 큰 거래에서 사용되고 있었다. 15세기 베네치아 금화는 피렌체의 금화를 누르고 서유럽 세계와 지중해 세계의 기축통화로 부상했고, 점차 사용 지역이 확대되어 이슬람에서도 유통되었다. 베네치아 상인들은 이집트와 시리아에서 물품을 구매하고, 자신들의 금화로 상품값을 지불했다. 니콜라스 데 콘티 라무시오Nicolas de Conti Ramusio는 1430년 베네치아 금화가 인도양에서 통용된다고 언급했다.[15]

3. 정치적 안정과 근대적인 국정 운영

르네상스 시기 베네치아는 정치 영역에서도 하나의 신화를 만들었다.[16] 이러한 신화를 뒷받침한 요소 중의 하나는 베네치아가 오랫동안 독립을 유지했다는 사실이다. 16세기 들어서 이러한 신화는 더욱 설득력을 얻었다. 15세기 말 이후 이탈리아반도의 운명이 점차 알프스 이북의 영토 국가들의 손에 들어가는 위기의 상황에서 베네치아는 힘들었지만 침략자들에 맞서 독립을 굳건히 지켜냈기 때문이다. 1494년 프랑스 왕 샤를 8세(재위 1483-1498)가 이탈리아반도를 침략하면서 시작된 이탈리아 전쟁은 작은 규모의 영토 국가로는 더 큰 세력인 스페인, 프랑스, 신성로마제국을 막아낼 수 없음을 여실히 보여주었다. 밀라노와 나폴리는 팽창하는 에스파냐제국에 복속되었다. 반면 베네치아는 1509년 아냐델로Agnadello 전투에서 크게 패하기도 했지만, 프랑스, 에

15 Lionel Casson ed.(1989), *The periplus of the Erythraen sea*, Princeton: Princeton University Press.

16 Chambers and Pullan(1992), p.39; Contarini(2020), introduction 참조.

스파냐, 신성로마제국에 맞서 독립과 북부 이탈리아 영토를 지켜내는 데 성공했다. 이를 통해서 베네치아는 하나의 국가로서 국제적으로 위상을 획득했다. 이후에도 베네치아는 나폴레옹 군대에 무너지는 1797년까지 공화국이라는 정치체제와 독립을 유지했다. 서로마제국 멸망 이후 수많은 외부 세력의 침략을 받았던 이탈리아반도에서 천 년 동안 독립을 유지한 것은 하나의 신화였다.[17]

베네치아 정치에 대한 신화를 만든 또 다른 요소는 정쟁으로 점철된 피렌체와 달리 여타 이탈리아 도시들이 부러워할 정도로 베네치아가 정치적 안정을 이룩했다는 사실이다. 정치권력의 교체가 자주 정적의 추방이나 암살을 통해 이루어졌던 피렌체와는 달리 베네치아에서는 일반적으로 선거를 통해 권력이 교체되었다. 그렇다고 베네치아에서 정쟁이 전혀 없었던 것은 아니다. 15세기 초반 대외 정책을 둘러싼 갈등이 있었다. 북부 이탈리아로의 팽창 문제를 둘러싸고 토마소 모체니고와 프란체스코 포스카리 세력은 서로 치열하게 대립했다. 포스카리의 전임 도제였던 토마소 모체니고는 전쟁이 아니라 평화가 베네치아의 번영을 가져다준다고 강조하면서 북부 이탈리아로의 적극적인 팽창을 주장하는 포스카리가 자신을 잇는 후임 도제가 되어서는 안 된다고 자신의 측근들에게 당부했다. 도제로 취임한 프란체스코는 밀라노와의 긴 전쟁에 돌입했다. 그는 말년에 정적들로부터 해군 제독 피에트로 로레단Pietro Loredan을 살해했다고 고발당해 권좌에서 쫓겨나기까지 했다. 로레단은 포스카리와 도제 직을 두고 경쟁했던 정적이었다. 아들은 반역죄의 혐의를 받고 추방당했다. 이 모든 공격이 정당한 이유와 근거가 있었던 것 같지는 않고, 이해관계와 정치 세력 간의 경쟁과 갈등의 산

17 Brian Pullan(1964), "Service to the Venetian state: Aspects of myths and reality in the Early Seventeenth Century," *Studi Secenteschi*, 5: 95; Contarini(2020), p.10.

물이었던 것으로 추정된다.[18]

가스파로 콘타리니는 베네치아 공화정이 성공할 수 있었던 것은 세 요소의 결합 덕분이라고 말한다. 군주정의 요소를 대변하는 도제, 귀족정의 요소를 대변하는 원로원, 그리고 민주정의 요소를 대변하는 대위원회가 상호 견제와 균형을 맞췄던 덕분에 베네치아 공화정이 정치적 안정과 지속성을 유지할 수 있었다는 것이다. 16세기 이후 유럽 내의 대다수 국가들은 일인 지배의 군주정을 채택했던 반면, 베네치아는 계속해서 공화국 체제를 유지했고 그런 연유로 베네치아 공화국은 자유를 대변하는 이상적인 모델로 칭찬받았다.[19]

공화국의 최고 통치권자인 도제doge를 정점으로 여러 조직과 기관들이 안정적이고 일관되게 공화국을 운영했다는 점 또한 베네치아 정치를 높게 평가하는 이유다. 르네상스 시대 문화적인 측면에서 베네치아는 피렌체와 로마보다 앞서 있지 않았지만, 정치와 국가 운영에서는 훨씬 근대적이었다.[20] 야코프 부르크하르트는 베네치아를 체계적인 재정 운영과 기록, 실용적인 응용을 통해 근대 국가의 중요한 일면을 가장 완벽하게 보여주는 사례로 언급한다.[21]

어떻게 베네치아는 정치적 안정을 이루고 국가 운영을 효율적으로 할 수 있었을까? 이에 대한 답을 얻으려면 베네치아의 정치체제를 상세히 살펴볼 필요가 있다. 베네치아의 정치체제는 공화국이었으며, 베네치아는 이 공화국 체제를 천 년 넘게 유지했다. 하지만 15세기 베네치아 공화국은 동시대의 피렌체 공화국과는 상당히 달랐다.

---

18 Finlay(1999), pp.294-295; Contarini(2020), p.xxii.

19 Dennis Romano(2007), *The likeness of Venice: a life of doge Francesco Foscari 1373-1457*, New Haven and London: Yale University Press, p.xix.

20 야코프 부르크하르트(2003), 『이탈리아 르네상스의 문화』, 이기식 옮김, 한길사, 132쪽.

21 부르크하르트(2003), 138-139쪽.

베네치아 공화국은 소수의 귀족이 권력을 독점하고 있는 일종의 과두정Patrician oligarchy이었다.[22] 그런 연유로 마키아벨리는 베네치아의 정치 제도를 옹호하는 자들은 그 제도가 자유의 수호를 귀족들에게 맡겨서 귀족들의 야망을 더욱 잘 충족시키고 인민들의 변덕스러운 심성에 권위를 내맡기지 않기 때문에 좋아한다고 주장했다. 또한 마키아벨리는 "베네치아 공화국은 실로 근래의 공화국 중에서 두각을 나타내고 있는 국가다. 그 공화국은 비상시에는 소수의 시민에게 다른 심의를 거치지 않고 전원일치로 결정을 내릴 수 있는 권한을 위임했다. 이는 현명한 관행이다."라고 하면서 베네치아 공화국의 비상 대처 능력을 칭찬한다.[23]

마키아벨리가 이야기한 비상시 신속한 대처를 할 수 있는 권력을 가진 기관은 베네치아의 10인 위원회였다. 하지만 중세 이탈리아의 여러 도시 공화국과 자치 도시들은 정치적 자유와 독립을 이상으로 생각했기에 한 개인에게 지나치게 큰 권력을 맡기는 것을 두려워했었다. 그런 이유로 짧은 임기, 재선 제한, 개인보다는 집단에 권력과 책임을 부과하는 방식을 제도화했었다. 그러나 전쟁과 같은 비상시국에는 좀 더 신속하고 효율적인 정치 운영이 필요했고, 알프스 너머의 영토 국가들이 힘을 키워나가기 시작한 15세기 말 이후 이러한 필요성은 더욱 증대했다.[24] 이러한 시대의 변화를 감지한 마키아벨리가 비상시 신속한 대처를 할 수 있는 권력을 가진 기관이 필요하다고 생각했고 이러한 제도를 가진 베네치아를 높이 평가한 것이다.

---

22 당시 베네치아에는 세 가지 신분이 있었다. 사회적 신분은 크게 3신분으로, 즉 정치권력을 독점한 혈통 귀족, 그들 밑에는 정치에 참여할 수 있는 권리가 없는 보통 시민cittadini originari, 하층 시민popolani으로 구성되어 있었다. Contarini(2020), p.xxiv.

23 마키아벨리(2019), 206-207쪽.

24 Lane(1973), p.251.

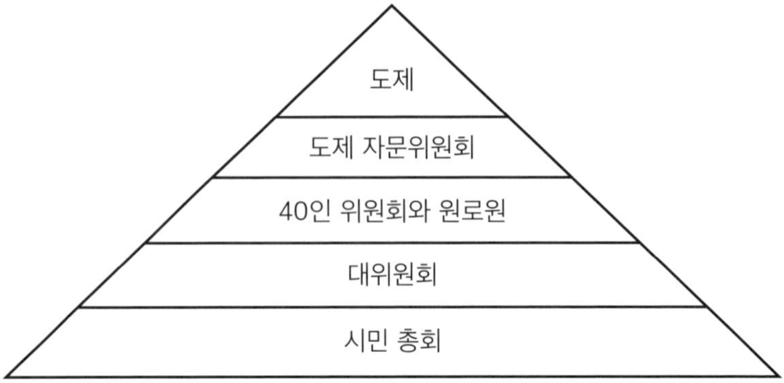

• 베네치아 정치 조직도

마키아벨리의 지적처럼 베네치아 정치에 참여할 수 있었던 사람은 귀족들이었고 그들은 전체 인구의 6에서 7퍼센트 정도였다. 핵심적인 기관은 원로원과 대위원회였다. 대위원회는 25살 이상의 모든 귀족 성인 남성들로 구성되었으며, 1500년에는 위원이 약 2천 5백 명 정도였고 회의에 참석하는 수는 평균 천 명 정도였다. 대위원회의 주요 업무는 관리를 선발하고 하부 위원회의 결정들을 승인하는 것이었다. 그리고 고발당한 관리의 유무죄, 사면 등에 대해 논의하고 투표했다.

원로원 의원은 대위원회에서 선출되었으며, 처음 60명에서 나중에는 40인 위원회 위원들과 추가 지명된 60명의 원로원 의원이 합류하면서 160명으로 늘어났다. 후에는 300명으로 증가했다. 임기는 1년이었지만 매년 같은 사람이 다시 선출되곤 했다. 모든 원로원 의원들은 자유롭게 발언할 수 있었다. 도제와 6명의 도제 자문위원들이 원로원의 운영위원회 역할을 맡았다. 이들 7명과 40인 위원회의 3명의 대표가 시뇨리아Signoria, 즉 베네치아 공화국 핵심 행정부를 구성했다. 이 조직은 행정과 사법권을 지니고 있었으며, 원로원, 대위원회와 모든 정부 조직의 회의를 주관했다. 1400년경 원로원은 사비 델 콘실리오Savii del

• 대위원회 회의

Consiglio라 불리는 6명의 장관을 선출했고, 이들은 토의 안건을 준비하고 법안을 만들고 법 시행을 감독했다. 1430년경에는 육상 영토를 관리하는 5명의 장관Savii di Terra Ferma이 추가되었고, 후에 해양 영토를 관리하는 5명의 장관Savii ai Ordinii이 추가되었다. 시뇨리아와 이들 장관들이 일종의 행정부를 구성했다. 이들이 모두 모이는 모임을 피에노 콜레지오Pieno Collegio라고 불렀다.[25] 시뇨리아는 해외 정책이나 재정과 같이 중요한 문제들은 원로원을 거치지 않고 10인 위원회로 바로 가져갔다. 16세기 들어서는 이러한 관행이 더욱 늘어났다. 그만큼 신속하게 결정하고 처리해야 할 문제들이 늘어났기 때문일 것이다.

1509년 베네치아 도제 레오나르도 로레단은 원로원에서 베네치아 정치의 우수성을 선전하는 연설을 했다. 그는 베네치아가 상업을 통해

25 Lane(1973), p.256.

거둔 막대한 부와 작은 도시가 거대한 군주국보다 더 많은 재정 수입을 확보했음을 자랑했고, 로마제국 이후 이탈리아에서 가장 위대한 제국을 건설했다고 자랑했다. 그는 베네치아 공화국이 사법적 정의, 정치적 자유와 기독교의 자비에서 큰 명성을 얻고 있으며, 공화국 내에서 시정의 불안이나 유혈 분쟁이 없다고 말했다. 토론을 통해 의사결정을 했던 원로원은 위엄과 합리적인 정책으로 명성을 누리고 있었다.[26] 그는 베네치아의 정치를 자랑할 만했다. 베네치아 공화국은 동시대의 어떤 정치제도보다 안정적이고 효율적이었기 때문이다.

4. 베네치아 르네상스 문화의 국제성

르네상스 하면 우선적으로 떠오르는 도시는 피렌체이다. 이는 피렌체가 르네상스 예술을 선도했기 때문이다. 분명 예술 분야에서 베네치아는 피렌체와 비교해 그렇게 두드러지지 못했던 것은 사실이다. 피렌체에서는 14세기 초부터 르네상스 예술이 화려하게 꽃피기 시작했다. 피렌체와 비교해 시기적으로 지체되긴 했지만 베네치아도 르네상스 시대 화려한 문화를 뒤늦게 꽃피웠다. 르네상스 시대 베네치아가 이룬 문화는 다른 이탈리아 도시들과 비교해 독특하고 달랐다. 그런 연유로 최초의 근대인이라 불리는 프란체스코 페트라르카는 베네치아를 '다른 세상mundus alter'이라 불렀다. 그렇다면 페트라르카가 느낀 다름이란 무엇이었을까? 베네치아는 여러 면에서 이탈리아와 서유럽적이지 않았다. 서유럽 기독교인들에게 베네치아는 동방의 비잔티움제국과 이슬람 세계와 더 닮아 있었다.

26 Finlay(1999), pp.294-295.

이러한 베네치아의 독특함은 동방과의 오랜 교류와 접촉 덕분이었다. 윌리엄 맥닐은 베네치아가 동서 교류에서 핵심적인 역할을 했고, 그 덕분에 동서 문화가 융합된 혼합 문화를 만들어낼 수 있었다고 말한다.[27] 베네치아 르네상스 문화의 독특함은 글로벌한 성격이다. 다양한 문화가 만나 새로운 혼합 문화가 탄생한 것이다. 이는 베네치아 상인들이 펼쳤던 국제적인 규모의 교역 덕분이었다. 마르코 폴로로 대변되듯 베네치아 상인들은 북유럽과 대서양, 북아프리카, 이집트와 시리아, 흑해, 그리고 몽골 평화 시대에는 인도와 중국까지 진출하여 상품을 거래했다. 그 과정에서 상품과 함께 기술, 정보, 문화, 예술 등이 베네치아로 유입되었다.[28]

수 세기 동안 비잔티움 세계, 이슬람 세계, 그리고 때론 이슬람 너머의 아시아 세계와 교류했던 흔적들이 베네치아 곳곳에 남아 있다. 그중에서도 문화와 예술의 측면에서 베네치아에 가장 큰 영향을 미친 세력은 비잔티움제국이었다. 베네치아는 성립 초기부터 비잔티움제국이 멸망하는 15세기 중엽까지 밀접한 교류와 접촉을 지속했다. 사실 비잔티움제국 없는 베네치아는 상상할 수 없다. 1204년 4차 십자군 당시 콘스탄티노플에서 엄청난 양의 보물들을 약탈해서 가져왔다. 산마르코 대성당 입구에 있는 네 마리의 청동 마상이 이때 훔쳐 온 보물 중의 보물이었다. 자발적인 유입도 있었다. 1453년 비잔티움제국이 오스만에게 무너지면서 다수의 그리스 사람들이 베네치아로 망명해 옴으로써 베네치아는 그리스 학문의 새로운 중심지로 부상하기도 했다. 비잔티

27 William H. McNeil(1974), *Venice. The hinge of Europe* 1081-1797, Chicago and London: The University of Chicago Press.

28 Donald Howard(2000), *Venice and the East: the impact of the Islamic world on Venetian architecture, 1100-1500*, New Haven, CT and London: Yale University Press, p.36.

움제국의 멸망 후 베네치아는 제2의 콘스탄티노플이 되었다. 그런 연유로 1453년 오스만제국에 의해 비잔티움제국이 몰락한 후에 다수의 그리스인들이 서유럽 기독교 세계로 망명 왔을 때 베네치아를 자신들의 모국과 가장 가까운 도시로 생각했다.

비잔티움 문화의 영향을 가장 잘 보여주는 건축물은 단연코 산마르코 성당이다. 성당 내부와 외부의 외형 모두 동시대의 이탈리아와 북유럽 성당과는 달랐다. 북유럽의 고딕 성당의 전형적인 특징이었던 프레스코화와 스테인드글라스가 산마르코 성당에는 없다. 이러한 차이는 산마르코 성당이 콘스탄티노플에 있었던 성 사도 성당을 모방했기 때문이다. 그리스 십자가, 다섯 개의 돔 등이 비잔티움 영향이었다. 4차 십자군 이후 콘스탄티노플에서 데려온 화가들이 돔, 아치, 천장에 장식을 했다. 산마르코 성당 내부 벽과 천장의 금으로 만든 화려한 모자이크는 비잔티움 예술의 정수를 보여준다.[29]

산마르코 성당은 비잔티움 세계와의 교류의 영향을 반영할 뿐만 아니라 비잔티움제국으로부터 약탈하거나 훔친 유물들로도 넘쳐난다. 사실 산마르코 성당은 829년 두 명의 베네치아 상인이 이슬람 지배하의 이집트 알렉산드리아에서 훔친 마르코의 유해를 보관하기 위해 건설된 것이다. 성당 내부에는 산마르코의 유해가 베네치아로 오게 된 '성스러운 역사'를 그린 황금 모자이크가 있다. 대성당의 모퉁이에 설치되어 있는 로마제국 시절 만들어졌던 '사두정의 황제들tetrarchy'도 4차 십자군 당시 약탈해온 장물이었다.

비잔티움제국만큼은 아니지만, 이슬람 세계 또한 베네치아의 예술과 문화에 뚜렷한 영향을 미쳤다. 르네상스 시대까지 서유럽 기독교 세

29 Paul Wood(2017), "Aspects of art in Venice: encounters with the East," *European art and the wider world 1350-1550*, Manchester: Manchester University Press, pp.137-138.

• 사두정의 황제들

력 중에 이슬람과의 교류와 접촉이 가장 활발했던 곳이 바로 베네치아였다. 십자군 이전부터 베네치아 상인들은 이슬람 영토에서 상업 활동을 하고 있었다. 특히 시리아와 이집트 지역의 이슬람 세계와 일찍부터 교류해왔었다. 왜냐하면 이 지역은 향신료를 포함해 인도양으로부터 오는 아시아 상품이 유럽으로 들어오는 통로였기 때문이다. 13세기 중엽부터 16세기 초까지 이집트와 시리아 일대를 통치했던 맘루크제국은 베네치아의 최대 무역 상대국이었다.

르네상스 시대 건설된 대상인들의 저택은 유럽의 고딕 양식과 이슬람 양식이 혼합되어 있음을 잘 보여준다. 특히 15세기 세워진 카도로Ca' d'Oro는 이러한 문화 융합을 잘 보여준다. 첨두 아치와 트레이서리tracery는 고딕 양식의 특징이고, S자 모형의 반곡선 아치pointed ogee arch,

지붕 위의 용마루 장식, 좌우 비대칭의 외관은 이슬람 양식이다.[30] 베네치아를 대표하는 건물인 도제 궁에도 이슬람 건축 양식의 영향을 확인할 수 있다. 도제 궁 벽면의 마름모꼴 형태의 타일은 전형적인 이슬람 양식이다.

15세기 후반에는 오스만제국과의 교류도 늘어났다. 물론 14세기 동지중해에서 새로운 강자로 부상한 오스만제국은 베네치아에게 가장 큰 위협이 되는 적이었다. 실제로 베네치아는 1463년부터 1718년까지 오스만과 긴 전쟁을 했었고, 이 과정에서 4차 십자군 당시 획득했던 해양 영토를 하나씩 오스만제국에게 빼앗겼다. 그러나 오랫동안 간헐적으로 지속된 전쟁에도 불구하고 베네치아는 오스만제국과의 교류를 완전히 단절하지는 않았다. 1463년 시작된 양국의 전쟁은 1479년 1월 25일 평화조약이 체결되면서 종결되었다. 물론 휴전조약은 베네치아에 가혹했다. 베네치아는 전쟁 복구 비용뿐만 아니라 오스만제국 내에서의 장사를 위해서 매년 일정 금액을 오스만제국에 지불해야 했다. 이러한 불리한 조건에서도 베네치아는 오스만제국과의 교역을 절실히 원했기 때문에 이를 수용할 수밖에 없었다. 물론 오스만제국 또한 베네치아를 필요로 했다.

전쟁이 끝나자 오스만제국 술탄 메흐메드 2세는 베네치아 정부에 자신의 초상화를 그려줄 화가, 그리고 조각가와 청동상 제작자를 보내줄 것을 요청했다. 이 임무를 맡은 베네치아 화가가 바로 젠틸레 벨리니Gentile Bellini였다. 벨리니 가문은 15세기 후반 베네치아를 대표하는 화가 가문이었고, 그의 아버지 야코포와 동생 조반니는 이미 국제적인 명성을 누리고 있었다. 벨리니 가문은 이후 베네치아 미술을 이끌 유명 화가들을 길러냈다. 젠틸레가 그린 술탄의 초상화는 현재는 영국국립

30 Howard(2000), p.142; Wood(2017), p.135.

• <산마르코 행렬도>, 젠틸레 벨리니, 1496년

미술관에 소장되어 있다. 이 초상화는 서유럽 기독교 세계의 화가가 이슬람 최고의 지도자의 초상화를 이탈리아 방식으로 그려낸, 한마디로 글로벌한 교류의 결과물인 것이다.

벨리니 가문이 남긴 작품들은 베네치아 르네상스 문화의 글로벌한 측면을 두드러지게 보여준다. 여러 작품 중에서도 특히 <술탄 메흐메드 2세의 초상화>, <알렉산드리아에서 설교하는 산마르코>, <산마르코 행렬도>가 국제적인 문화 교류의 증거물이다. 이 중 산마르코 행렬도를 주문한 단체는 스쿠올라 그란데 디 산 조반니 에반젤리스타Scuola Grande di San Giovanni Evangelista였다. 일종의 친목 조합인 이 단체는 예수 그리스도의 십자가를 보유하고 있었고, 이를 대외적으로 과시하는 행사를 개최하기도 했다. 그 행사 중의 하나가 산마르코 행렬이었다. 이 그림은 피렌체 양식에서 벗어나 베네치아 양식의 출현을 가능케 했다. 그것은 바로 사람들, 사건들, 건축물들이 그림 안에 혼합되어 하나의 이야기를 만들어내는 것이다. 중앙 천개의 오른쪽에는 일군의 독일 상인들이, 광장 중앙 오른쪽에 있는 4명의 그리스 상인들(챙이 있는 검은색

• <1500년경 베네치아 전도>, 야코포 데 바르바리, 1500년경

모자를 쓰고 있는), 성당 오른쪽에 터번을 쓰고 있는 터키인들, 대성당 위층에 이슬람 스타일의 베일을 쓴 두 명의 여인들, 발코니를 장식하고 있는 30개 이상의 동방 카펫 등이 화면을 가득 채우고 있다.[31]

15세기 후반 베네치아에서 예술이 화려하게 만개할 수 있었던 배경에는 정부의 적극적인 후원과 예술 정책이 자리하고 있다. 베네치아 정부는 베네치아의 힘과 위대함을 대내외적으로 알리는 선전도구로 그림과 지도를 적극 활용했다. 1500년경 베네치아 전경을 묘사한 야코포 데 바르바리Jacopo de' Barbari(1450-1511)의 목판화는 해상제국 베네치아의 위용을 잘 보여준다. 지도 중앙 상단에 있는 상업과 무역의 신 머큐리는 구름을 타고 베네치아를 내려다보며 "나 머큐리는 다른 어떤 시장들보다 축복받은 이곳에 빛을 비추노라Mercurius preceteris huic fauste emporiis illustro."라면서 베네치아의 무역을 더욱 번성하게 만들겠다고

31 Wood(2017), p.152.

• <베네치아에 바다의 부를 주는 넵튠>, 티에폴로, 1745년

말한다. 지도의 앞부분에 있는 바다의 신 넵튠은 돌고래를 타고서 "나 넵튠은 바다를 지키면서 이 항구에 머물리라Aequora tuens portu resideo hic Neptunus."라면서 베네치아의 해양 영토를 보호하겠다고 약속한다.[32]

나폴레옹의 군대에 멸망하는 18세기 후반까지도 베네치아는 이러한 옛 영광을 화폭에 담았다. 1745년 베네치아 화가 티에폴로Tiepolo가 그린 그림 <베네치아에 바다의 부를 주는 넵튠>에는 왕관을 쓰고 산마르코의 사자를 어루만지고 있는 여인으로 표현된 베네치아에 바다의 신 넵튠이 항아리에 가득한 보물과 금화를 주고 있는 모습이 나온다.[33]

---

32 브라운(2001), 19쪽.

33 Madden(2012), pp.208-209.

5. 정보와 인쇄 산업의 중심지

바스쿠 다 가마가 이끄는 선단은 1498년 5월 20일 인도의 캘리컷 항구에 도착했다. 유럽에서 이 소식을 가장 먼저 접한 곳이 베네치아였다. 베네치아 귀족 지롤라모 프리울리는 1499년 8월 초 일기에서 포르투갈 왕실의 선단이 인도에 도착했다는 소식을 기록했다.[34] 이 사례는 15세기 말 베네치아가 국제적으로 중요한 정보를 가장 빨리 수집할 정도로 정보 수집 능력을 가지고 있었음을 보여준다. 다수의 역사가들도 르네상스 시대 베네치아를 정보의 중심지라고 말한다. 1567년 한 독일인은 베네치아를 뉴스의 중심지라 불렀고, 베네치아에서는 아비소avviso라 불리는 소식지가 매주 발행되어 유통되고 있었다. 당시 상업에 관한 정보에서 베네치아의 경쟁 상대는 제노바와 앤트워프였고, 정치적인 뉴스에서 경쟁자는 로마 정도였다.[35]

르네상스 시대 베네치아가 유럽 제일의 정보 중심지로 부상할 수 있었던 기반은 여러 지역에 흩어져 활동했던 상인들, 대사들, 스파이들의 인적 네트워크였다. 베네치아 정부는 이미 14세기에 서신과 정보를 전달하는 우편 제도를 만들 정도로 정보의 중요성을 일찍부터 인지하고 있었다. 해외에서 장사하는 상인들이 본국에 보낸 편지는 중요한 정보의 원천이었다. 16세기 베네치아 상인들은 서유럽뿐만 아니라 오스만제국, 인도, 실론, 버마까지 진출해 있었다. 베네치아는 유럽에서 처음으로 해외에 상주하는 대사를 파견하는 제도를 만들었는데, 각지에 파

34 Priuli(1938), vol.1, p.153.

35 Peter Burke(2000), "Early Modern Venice as a center of information and communication," *Venice reconsidered: the history and civilization of an Italian city-state, 1297-1797*, ed. by John Martin and Dennis Romano, Baltimore: The Johns Hopkins University Press, pp.389-390, 397.

견된 대사들은 외교 업무뿐만 아니라 정보를 수집해 본국에 보내는 첩보원의 역할도 담당했다. 여러 지역에 파견된 대사들은 정기적으로 서신을 보내 동향을 보고해야 했다. 그리고 업무를 마치고 귀국한 대사들은 렐라치오네relazione라 불리는 공식적인 보고서를 작성해 원로원에 제출해야 했다. 이 보고서에는 파견 국가의 정치, 군사, 경제의 장단점이 기술되어야 했다. 그런 점에서 이들은 일종의 첩자였다. 오스만제국에 파견된 베네치아 대사들은 정보를 수집하다가 종종 첩자 혐의로 추방되곤 했다. 베네치아 정부는 이러한 첩보를 수집하기 위해 다른 국가들이 사용하는 암호를 해독하는 전문가를 고용하기도 했다. 베네치아 정부 또한 보안을 위해 비밀 암호를 이용해 서신을 보냈다. 오스만을 '약재'로, 오스만 군대를 '카라반', 대포를 '거울'로 칭했다.[36]

베네치아로 들어온 정보 중 경제적 효용 가치가 큰 것은 지리 정보였다. 그 덕분에 15세기 베네치아는 지도 제작 중심지라는 명성을 얻기도 했다. 15세기 인도로 가는 해로를 개척하려고 노력 중이던 포르투갈 왕실은 베네치아에 지도 제작을 의뢰하곤 했다. 1436년 안드레아 비안코Andrea Bianco는 포르투갈 왕실을 위해 해도를, 1450년경 수도사 마우로Fra Mauro는 포르투갈 왕실의 의뢰를 받고 15세기 유럽 최고의 세계 지도를 제작했다. 16세기 베네치아 출신의 조반니 안드레아 바바소레Giovanni Andrea Vavassore가 출판한 지도책은 에스파냐, 프랑스, 그리스, 영국 등지로 팔려나갈 정도로 인기를 누렸다.

15세기 후반 베네치아가 정보의 중심지가 될 수 있었던 이유 중의 하나는 인쇄술이었다. 베네치아는 15세기 후반과 16세기 초반 유럽에서 가장 많은 책을 생산하는 책과 출판의 메카였다. 15세기 중엽 구텐베르크의 인쇄술이 나온 이후 책의 대량 생산과 유통의 시대가 시작되

36 Burke(2000), pp.393-394.

었다. 사실 구텐베르크는 독일의 마인츠에서 활동하던 인쇄업자였는데 새로운 기술을 십분 활용해 인쇄술의 중심지로 부상한 곳은 바로 베네치아였다. 베네치아가 이렇게 인쇄업의 메카로 성장할 수 있었던 것은 독일 인쇄업자들이 사업 환경이 좋은 베네치아로 몰려들었기 때문이기도 하다. 베네치아에서 인쇄소를 처음 연 사람은 1469년 독일에서 베네치아로 이주해 온 요한 폰 슈파이어Johann von Speyer였다. 1500년 무렵에는 25개의 독일 출판업자들의 인쇄소가 베네치아에 있었다.

어떻게 마인츠가 아니라 베네치아가 인쇄업의 메카로 부상할 수 있었을까? 다른 어떤 유럽 도시보다 베네치아는 책 생산에 적합한 조건을 잘 갖추고 있었다. 책을 저술할 수 있는 지식인들이 베네치아에 몰려 있었고, 베네치아 상인들은 책을 생산할 수 있는 충분한 자본과 책을 유통할 수 있는 상업망을 가지고 있었으며, 가까운 지역에서 원료인 종이를 대량으로 확보할 수 있었다. 르네상스 시기 베네치아는 다양한 지역에서 온 학자들로 넘쳐났다. 특히 멸망한 비잔티움제국으로부터 베네치아로 망명 온 그리스 지식인들이 많았고, 이들 덕분에 초기 그리스 고전들이 다수 출판될 수 있었다. 16세기 초부터는 에스파냐에서 추방된 유대인들이 베네치아로 들어왔고 이들이 히브리어 책 출간을 활성화하는 데 일정 정도 역할을 했다. 오스만 지배를 피해 온 아르메니아인들은 아르메니아어 책을 출판했다. 이슬람 세계와의 오랜 교류와 접촉 덕분에 베네치아는 아랍어 책의 번역 중심지이기도 했다.

이같이 출판업의 발전에 필요한 여건들이 잘 갖춰진 베네치아에서는 그리스어와 라틴어로 된 책 이외에도 히브리어, 아랍어, 슬라브어, 에스파냐어 등 다양한 외국어로 된 책들까지 출판되었고, 이렇게 출판된 책들은 유럽 기독교 세계를 넘어 페르시아와 아메리카까지 유통되었다. 아랍어로 된 쿠란을 출판해 오스만제국에 판매하기도 했다. 1547년에는 이탈리아어로 된 쿠란을 간행하기도 했다.

발행된 책의 종류와 총 권수에서 15세기 후반 베네치아는 유럽 제일의 책 공장이었다. 1469년부터 15세기 말까지 베네치아에는 153명의 인쇄업자가 있었고, 이들은 4천5백 종의 책을 인쇄했고, 종당 3백부씩 찍었다고 가정하면 135만 권의 책이 생산된 것으로 추정된다. 이 수치는 유럽에서 출판된 책의 15%, 이탈리아반도에서 출판된 책의 45%에 해당한다. 16세기에는 690곳의 인쇄소가 있었고, 만 5천 종의 책을 출판했다. 간행된 총 권수는 대략 백만 8천 권에 이르는 것으로 추정된다. 3천5백만 권의 책이 출판되었다고 추정하는 역사가들도 있다. 16세기 종당 평균 인쇄 부수는 천 부 정도였다. 1491년에 작성된 서점 주인 마테오 코데카Matteo Codeca의 유언장에 따르면 그의 창고에는 11,086권의 책이 있었다. 1523년 귀족 신분의 도메니코 그라마니Domenico Gramani 추기경은 만 5천 권을, 마리노 사누도는 6천 권의 책을 보유하고 있었다. 이와 같은 수치들은 책의 생산과 유통 규모가 엄청났음을 짐작하게 한다.[37]

1500년경 베네치아를 대표하는 인쇄업자는 알도 마누치오Aldo Manuzio(1450-1515)였다. 당시 그는 유럽 제일의 유명 인쇄업자였다. 1494년 베네치아에 인쇄소를 개업하기 이전 그는 로마에서 활동했던 학자이자 인문주의자였다. 그는 그리스에서 망명 온 작가들의 도움으로 플라톤, 아리스토텔레스, 투키디데스, 플루타르크, 호메로스, 에우리피데스, 소포클레스, 아리스토파네스 등의 그리스 고전 작품들을 저렴한 가격으로 출판해 유통했다. 당시 베네치아는 그리스어 작품들을 출판하기에는 가장 이상적인 도시였다. 1453년 비잔티움제국이 오스만제국에 의해 무너지면서 다수의 그리스 출신의 학자들이 베네치아로

---

37 Burke(2000), p.398; 알레산드로 마르초 마뇨(2015), 『책 공장 베네치아: 16세기 책의 혁명과 지식의 탄생』, 김정하 옮김, 책세상, 34-35쪽.

피난 왔기 때문이다. 이들은 그리스어책의 번역과 출간에 직접 참여하기도 했다.[38]

초기 인쇄의 역사에서 마누치오가 항상 거론되는 것은 그가 많은 책을 출판해서가 아니라 그가 도입한 여러 혁신들 때문이었다. 그중 하나가 문고판 책의 출판이었다. 라틴어로 'libelli portatiles in formam enchiridii'라 불렸던 책이 바로 그것이다. 간단히 '엔리키디아enrichidia'라 불렸던 이것은 말 그대로 휴대할 수 있는 소형 책자였다. 인쇄술 이전에 필사했던 책에 비해서는 상대적으로 저렴해졌지만, 초기 인쇄본 책들은 여전히 비쌌고 그런 이유로 도난 방지를 위해 책상에 쇠줄로 묶어놓고 읽곤 했다. 이런 상황에서 소형 문고판 책은 확실히 책값을 낮추었다. 이 소형 책자의 값은 30솔도soldo로 상대적으로 저렴했다. 당시 인쇄 조판공의 월급이 3-4두카토(1두카토는 120솔도)였음을 고려하면 소형 책자의 값은 대략 인쇄 조판공의 3일 임금에 해당한다. 여전히 일반 시민들에게는 비쌌지만 그렇다고 엄청난 고가의 사치품은 이제 아니었다. 마누치오는 1501년 베르길리우스 등의 로마 시인들의 시집과 페트라르카의 작품을 문고판으로 출판해 베스트셀러로 만들었다. 페트라르카의 작품은 10만 부나 팔릴 정도로 대중적 인기를 누렸다.[39]

한 세기 동안 번성했던 베네치아 인쇄 산업은 빠르게는 16세기 후반 늦게는 17세기 초부터 위기를 겪기 시작했다. 16세기 가톨릭 종교개혁 이후 사상 검증이 늘어나면서 출판업은 위축되었다. 출판업자들이 종교 재판에 회부되었고, 금서 목록이 작성되었다. 1559년 3월 18일 산마르코 광장에서 10,000~12,000권의 책이 금서로 찍혀 소각되었

---

38 Burke(2000), p.400.

39 마누치오는 20년 동안 132권의 책을 출판했다. 그중 73권은 그리스와 라틴어 고전이고, 8권은 이탈리아어 책, 20권은 당대인들이 라틴어로 쓴 저작, 18권은 학교 교재였다. 마뇨(2015), 71-72, 78쪽.

다. 또 다른 요인 중의 하나는 유럽 세계의 무게 중심이 지중해에서 대서양으로 서서히 옮겨가면서 새로운 중심지가 부상했다는 점이다. 새로운 중심지는 바로 앤트워프였다. 피터 버크Peter Burke는 "한때 외국인들은 세상을 배우기 위해 베네치아로 갔지만 17세기에는 베네치아의 영광스러웠던 지난 과거를 감상하려고 베네치아로 갔다."라면서 변화된 베네치아의 위상을 아쉬워했다.[40]

40 Burke(2000), p.405; 마뇨(2015), 39쪽.

2부

향신료, 베네치아 부의 원천

1384년 2월 6일 베네치아에서 작성된 발루타valuta라 불리는 상품시세표의 첫머리에 나오는 상품은 후추, 생강, 계피 등의 향신료였다. 이 상품시세표는 프라토 상인 프란체스코 다티니가 남긴 문서이다.[1] 그가 남긴 수많은 상업 문서 중에 베네치아에서 작성된 상품시세표는 대략 24개 정도다. 통상적으로 상품시세표에는 시장에서 판매되는 주요 상품, 상품 가격과 판매 단위가 적혀 있다. 그래서 이 상품시세표를 통해 시장에서 어떤 상품들이 거래되었는지, 가격은 얼마였는지, 경기 변동이 있었는지, 그리고 시장의 규모와 위상은 어느 정도였는지를 파악할 수 있다. 14세기 말과 15세기 초 유럽의 주요 상업 도시들에서 작성된 상품시세표를 상호 비교 분석하면 다음의 사실을 확인할 수 있다. 베네치아 시장에서 판매되었던 주요 상품들은 대략 2백 가지였고, 그중에 가장 중요한 상품은 후추와 생강이었으며, 후추와 생강의 판매 단위가 유럽 시장 중에서 가장 컸다는 사실을 고려할 때 베네치아는 유럽 제일의 향신료 도매시장이었음을 짐작할 수 있다.

상품시세표 분석에서 알 수 있듯이 중세 말 후추와 생강 등의 향신료는 베네치아의 핵심 교역 품목이었다. 베네치아는 향신료 교역에서 막대한 이익을 거뒀다. 좀 더 거시적인 차원에서 보면 향신료는 중세 지중해 교역의 핵심 품목이었고, 중세 말 유럽인들이 향신료의 원산지를 찾아서 인도로 가는 해상 탐험을 했다는 사실을 고려하면 근대를

1 Archivio di Stato di Prato, Datini Busta 1171.

연 상품이기도 했다. 이처럼 역사적으로 중요했던 상품이다 보니 향신료에 관한 이야기는 자주 과장되거나 왜곡되는 경우가 많았다. 또한 향신료를 둘러싼 환상적인 이야기들도 적지 않았다. 마찬가지로 현대의 역사가들도 향신료 교역의 비중을 지나치게 과대평가하는 경향이 있었다. 특히 중세 지중해 교역에 관한 초기 연구들은 향신료 무역의

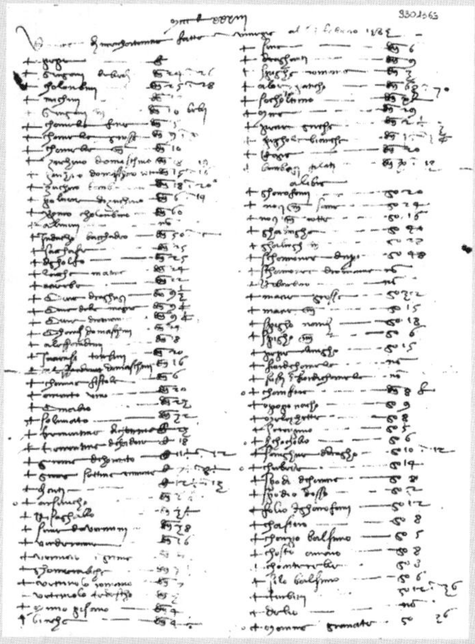

• 1384년 2월 6일 베네치아에서 작성된 상품시세표

중요성을 지나치게 과장했었다. 하지만 1970년대 이후 새로운 사료들이 발굴·활용되면서 향신료 교역의 상대적 비중에 대한 재평가의 필요성이 제기되었다. 여러 연구를 통해 곡물, 직물, 면화 등 향신료보다 상대적으로 싼 다양한 상품들이 지중해에서 대규모로 교역되었다는 사실이 하나둘씩 드러나기 시작했다.[2]

비슷한 맥락에서 베네치아의 향신료 교역에 대한 역사적 재평가가 이루어지고 있다. 향신료가 베네치아의 부를 만든 핵심 상품이었던 것은 분명하지만, 베네치아 전체 교역량에서 차지하는 비중이 절대적이진 않았다. 15세기 초 향신료는 베네치아 전체 교역량에서 20%를 넘

2 Eliyahu Ashtor(1983a), *Levant trade in the Later Middle Ages*, Princeton: Prinston University Press.

지 않았고. 면화 교역액이 후추 교역액과 비슷했다.[3]

<표 1> 15세기 초 베네치아에서 롬바르디아로의 수출품과 수출액[4]

베네치아에서 롬바르디아로의 수출품	수출액(두카토)
면화	250,000
면사	30,000
카탈루냐 원모	120,000
프랑스 원모	120,000
금사로 직조한 견직물	250,000
후추	300,000
계피	64,000
생강	80,000
설탕	95,000
푸른 생강	?
재봉한 옷감	?
수를 놓은 옷감	30,000
브라질우드(염료)	120,000
인디고	50,000
총액	2,200,000

그리고 베네치아 상인들이 취급했던 상품들을 조금 더 긴 시간의 차원에서 조망하면 또 다른 그림이 나온다. 생선이 이민족의 침입을 피해 베네치아에 처음 정착한 원주민들을 연명하게 했다면 소금은 베네치아에 최초의 부를 가져다준 상품이었다. 베네치아의 경제적 부상은 소금

3 NAM(2007).

4 Braunstein et Delort(1971), pp.126-127.

으로부터 시작되었다. 6세기 카시오도루스는 소금이 베네치아 경제의 성장 기반이었음을 이야기한다.

> "당신들의 모든 관심은 소금 작업에 집중되어 있습니다. 쟁기로 밭을 갈거나 낫으로 작물을 베는 대신에 소금통을 굴립니다. 당신들의 모든 수확은 거기에서 나옵니다. 당신들은 스스로 제작하지 않았던 물건을 그 소금통 안에서 얻습니다. 거기에서 당신들의 돈이 만들어집니다. 모든 물살은 당신들이 소금을 만드는 데 부리는 종입니다. 금을 찾다가는 지칠 수도 있습니다. 그러나 소금은 모든 사람이 원하는 것입니다. 모든 종류의 고기가 맛을 내는 데 소금이 필요하기 때문에 그렇습니다."[5]

생선을 제외하고 식량 자원이 거의 없었던 베네치아는 곡물을 외부로부터 수입하는 상황이었는데 곡물 수입을 가능하게 해주었던 것이 바로 소금이었다. 소금 판매에서 얻은 현금을 가지고 외부로부터 곡물을 수입해 생존했다. 흔히 수송과 국제 교역이 베네치아의 중요 경제 활동이 되면서 소금 생산과 판매는 하찮게 여겨졌다고 이야기하지만 중세 말까지 소금은 베네치아의 핵심 거래 품목이었다. 베네치아 정부는 소금 관리청을 설립했고, 이 기관은 르네상스 시기 가장 힘 있는 정부 조직 중의 하나였다.[6]

그렇다고 향신료, 면화, 소금이 베네치아 상업 역사의 유일한 주인공은 결코 아니었다. 도입부에서 언급했듯이 중세 말 베네치아에서 작성된 상품시세표에는 베네치아 상인들이 취급한 국제 교역 상품들이 나

---

5 Madden(2012), p.18.

6 Jean-Claude Hocquet(1982), *Le sel et la fortune de Venise: production et monopole*, Lille: Université de Lille III.

오는데 그 종류가 2-3백 개였다. 역사적으로 잘 알려진 향신료와 같은 상품들 이외에도 세계 여러 지역, 즉 유럽과 지중해뿐만 아니라 아시아, 아프리카, 인도양 등지에서 수입된 다양한 용도의 상품들이 베네치아로 들어오고 있었다. 그중 하나는 주로 북부 인도와 아프가니스탄에서 생산된 라피스 라줄리lapis lazuli라 불리는 염료였다. 이 염료의 원석은 북부 인도의 바다크샨에 자리한 광산에서 채굴되었고, 이 광산은 마르코 폴로의 『동방견문록』에도 언급되어 있다. 청금석이라 불리는 보석에서 얻은 이 염료는 르네상스 시기 화가들에게 가장 인기 있는 비싼 재료였다. 울트라마린 색을 내는 이 염료는 당시 가장 비싼 재료였기에 주로 그림의 주인공들에게만 사용했다. 그런 연유로 르네상스 시대의 그림에서 이 색을 사용한 주인공은 주로 예수 그리스도, 성모 마리아, 성인들이었다. 이 비싼 염료를 유럽 화가들에게 공급한 상인들이 바로 베네치아 상인들이었다.[7] 그 때문에 당시 화가나 구매자들은 이 아시아 염료를 베네치아 울트라마린이라 부르곤 했다.

근대 베네치아 교역의 역사에서 주인공은 베네치아가 자체적으로 제작한 산업 제품들이었다. 기존에 베네치아는 상품을 생산하는 제조업자가 아니라 다양한 지역에서 생산된 상품을 구매해 판매하는 중개상인이었다. 그러나 중세 말 이후 베네치아는 외부의 경쟁과 위기에 대응해 산업 구조를 변경할 수밖에 없었고 이를 위해서 베네치아가 선택한 것은 경제 구조의 다변화였다. 베네치아는 그동안 크게 신경 쓰지 않았었던 여러 직물 산업을 적극적으로 육성했다. 여타 이탈리아 도시에 있는 숙련된 직물 장인들을 베네치아로 유치했고, 이러한 노력 덕분에 16세기 초 연간 2,000필 정도에 지나지 않았던 모직물 산업이 16세기 후반에는 3만 필을 생산할 정도로 괄목할 만한 성장을 이루었다. 모

7 양정무(2011), 『상인과 미술』, 사회평론, 158쪽.

직 산업 다음으로 견직 산업과 면직 산업도 크게 번성했다. 비누와 유리 산업의 성장도 직물 산업 못지않았다. 16세기 베네치아 유리 산업은 전성기를 맞았고 베네치아 유리 세공품들은 유럽뿐만 아니라 이슬람 세계에서도 큰 명성을 얻었다. 3장에서도 살펴보았듯이 16세기 베네치아를 대표할 또 다른 산업은 출판 산업이었다. 구텐베르크가 인쇄술을 개발한 독일의 마인츠가 아니라 베네치아가 16세기 유럽 인쇄업의 메카로 부상했다. 적극적인 숙련 장인 유치, 종교적 박해와 검열로부터의 상대적 자유, 베네치아 상인이 보유하고 있는 광범위한 유통망, 책을 쓸 수 있는 다수의 지식인이 베네치아에 있다는 점 등이 베네치아가 인쇄업의 중심지로 발전할 수 있는 기반이었다.

국제 무역에서 주도권을 상실하고 산업에서의 침체를 겪으면서, 베네치아는 이를 만회할 새로운 경제 기반을 찾아야 했다. 그 답은 문화와 예술의 도시로서의 명성을 활용한 관광 산업이었다. 18세기 관광 사업은 베네치아의 중요한 수입원으로 부상했다. 18세기 베네치아는 "그랜드 투어grand tour"라 불리는 견문 넓히기 여행의 주요 종착지 중의 하나였다. 그랜드 투어는 17세기 영국에서부터 시작돼 유럽 전역으로 퍼져나간 일종의 현장학습 여행으로, 어린 귀족들은 본격적인 사회 진출에 앞서 해외여행을 통해 견문을 넓혔다. 애덤 스미스는 『국부론』에서 "영국에서는 젊은 사람들이 학교를 졸업하면 대학교에 바로 보내지 않고 먼저 그들을 외국에 여행 보내는 것이 하나의 관습이 되어가고 있다. 우리의 젊은이들은 이 여행을 통해 일반적으로 발전해서 귀국한다."라면서 그랜드 투어가 매우 유행했음을 보여준다.

18세기 오페라와 연극이 넘쳐나는 문화와 예술의 도시 베네치아는 유럽 전역으로부터 예술가와 문인들을 유인했다. 1786년 9월 28일부터 10월 14일까지 약 17일간 베네치아에 머물렀던 괴테는 모든 것을 보고 느끼고 즐기려 했다. 팔라디오가 만든 건축물들, 오페라, 연극, 정열적으로 자신들의 신념과 감정을 표현하는 시민들의 연설, 중세 베네치아 해상제국을 가능케 했던 해군 병기창, 수많은 교회, 회화와 조각 작품들, 당시 가장 평판이 좋았던 음악대학 등을 열정적으로 만끽했다. 무엇보다도 괴테를 사로잡은 것은 연극과 오페라였다. 대중을 상대로 한 오페라의 성공으로 17세기 말 베네치아에는 17개의 오페라하우스가 생겨났다. 18세기 베네치아 오페라를 대변한 인물은 비발디였다. 그는 44개의 대중용 오페라 작품을 작곡했고 그 덕분에 베네치아 시민들과 외부의 문화 순례자들은 연중 다양한 오페라 작품을 감상할 수 있었다. 베네치아 공화국은 최후의 시기인 18세기를 문화와 예술의 메카로서 마무리했다.[8]

이같이 베네치아의 부와 영광을 만들었던 상품은 향신료만이 아니었다. 소금은 베네치아 상업의 출발점이었고, 향신료는 베네치아에 영광을 가져다주었고, 면화는 중세 말 베네치아의 교역 협상력을 높여주었고, 직물은 베네치아의 산업 구조 조정을 가능케 했고, 근대에 화려하게 꽃핀 문화와 예술은 베네치아 공화국의 최후를 화려하게 장식했다. 이들 상품의 역사는 베네치아 상업의 흥망성쇠를 보여주는 거울이기도 하다.

---

8 남종국(2018), 「베네치아: 유럽을 매혹시킨 그랜드 투어의 종착지」, 『18세기 도시』, 문학동네, 152-167쪽.

4장 중세 말 유럽에서의 향신료

홉하우스Henry Hobhouse는 자신의 저서 『변화의 씨앗들: 인류를 바꾼 다섯 가지 작물』에서 키니네, 감자, 면화, 설탕, 차를 인류의 역사를 바꾼 다섯 가지 작물로 선정했다.[1] 하지만 이 다섯 작물이 인류 역사를 바꾼 시기는 근대였다. 그런 점에서 대상 시기를 인류 역사 전체로 확대하면 그의 선택은 일정 정도 수정되어야 한다. 이들 작물들 못지않게 인류의 역사 전체에 지대한 영향을 끼친 상품은 아마 향신료일 것이다.

이미 고대부터 유럽에 수입되기 시작했던 향신료는 중세에 수요가 더욱 늘어났다. 향신료에 대한 유럽인들의 열광과 욕구는 향신료의 원산지를 찾아가는 모험 여행을 감행하게 만들었다. 1498년 7월 바스쿠

---

* 이 장은 「중세 말 유럽에서의 향신료」라는 제목으로 2009년 『서양중세사연구』 24호에 게재된 논문을 수정·보충한 것이다.

1 Henry Hobhouse(1985), *Seeds change: five plants that transformed mankind*, London: Sidgwick & Jackson.

다 가마가 이끄는 포르투갈 선단은 인도의 캘리컷에 도착했고, 해안에 상륙한 다 가마 일행은 튀니스로부터 온 이슬람 상인들로부터 다음과 같은 질문을 받았다. "빌어먹을, 도대체 무엇이 당신들로 하여금 이곳으로 오게 만들었소?" 일행의 대답은 간단하게 "우리들은 기독교인들과 향신료를 찾아 이곳에 왔소."였다.[2] 동방의 기독교 왕국과 향신료가 유럽인들이 새로운 땅을 찾아 위험한 항해를 시도했던 유일한 이유는 아니겠지만 향신료에 대한 욕구가 이러한 모험을 감행하는 데 결정적인 역할을 했음에 틀림없다. 그런 점에서 과장해서 이야기하면 향신료는 근세 세계를 만들어낸 역사적 상품인 것이다.

20세기 중엽 서던R. W. Southern은 향신료가 중세 유럽의 역사 발전에 미친 지대한 영향을 다음과 같이 과장해서 이야기했다. "이 모든 복잡한 상업 활동을 가능케 했던 것은 바로 향신료와 사치품에 대한 욕구였다. 이러한 욕구를 충족시키기 위해 상인들은 장사를 떠났고, 선원들은 고된 항해를 했고, 은행가들은 신용을 창출했고, 농민들은 많은 양의 농작물을 재배했다."[3] 유럽의 상업 활동 전체를 향신료와 사치품에 대한 욕구와 열망으로 설명하는 것은 분명한 과장이지만 향신료 무역이 중세 후반 유럽의 경제활동을 활성화시킨 주요 동력 중의 하나였음은 분명한 사실이다.[4]

상업 기록, 요리책, 의학 서적을 포함한 많은 기록들도 중세 말 유럽 사람들이 향신료에 특별한 사회적 의미와 가치를 부여하면서 향신료를

---

2 Paul Freedman(2005), "Spices and late-medieval european ideas of scarcity and value," *Speculum*, 80: 1213.

3 R. W. Southern(1953), *The making of the Middle Ages*, London: Hutchinson's University Library, p.42.

4 Wilhelm Heyd(1885-1886), *Histoire du commerce du Levant au Moyen Age*, Leipzig: Otto Harrasswitz, Libraire-Editeur; Ashtor(1983a).

갈구했음을 보여준다.[5] 그렇다면 왜 이렇게 유럽 사람들이 향신료에 열광했을까? 무엇이 유럽 사람들로 하여금 향신료의 원산지를 찾기 위해 목숨을 건 탐험을 감행하게 만들었을까? 이런 질문들에 충분하고 설득력 있는 답을 짧은 장章 하나에 담아내는 것은 사실상 불가능하다. 그래서 이 장에서는 이 질문에 답하기 위한 기초 작업을 수행하는 데 주안점을 둘 것이다. 기초 작업은 유럽인들이 어떤 종류의 향신료를 얼마만큼 어떤 용도로 소비했는지, 그리고 향신료에 어떤 사회적 의미와 가치를 부여했는지를 상세하게 밝히는 것이다. 그런 점에서 이 장의 일차적인 목적은 향신료에 관한 상세하고 정확한 정보를 제공하는 것이다. 이러한 문제의식과 방향 설정은 향신료에 관한 기존의 연구가 방대하지만 국내에는 본격적으로 소개되지 않았다는 사실을 고려한 것이다.[6]

1. 중세 향신료의 개념[7]

광의의 개념: 스페키에스species의 의미

오늘날 향신료를 뜻하는 단어는 영어 '스파이스spices', 이탈리아어

---

5 향신료에 관한 사료는 대체적으로 네 가지 유형으로 나눌 수 있다. 첫 번째는 자연사나 자연과학에 관한 서적들이다. 식물학 서적과 의학 서적들이 이에 속한다. 두 번째는 요리책들이다. 세 번째는 상업 문서들이다. 네 번째는 향신료 문제를 직접적으로 다루기보다는 지나가면서 언급하는 수준의 자료들이다. 특허장, 외교문서, 소송문서, 여행기와 시 등이 여기에 속한다고 할 수 있다.

6 가장 최근에 발표된 종합적인 연구서는 Paul Freedman(2008), *Out of the East: spices and the medieval imagination*, New Haven and London: Yale University Press이다. 이 책의 참고문헌에는 기존의 대표적인 연구 성과들이 나와 있다.

7 중세 유럽에서 향신료를 뜻하는 라틴어 스페키에스가 현재 향신료의 의미와 달랐다는 점을 고려해 필자는 이 책에서 스페키에스를 '중세 향신료'로 부를 것이다.

'스페치에spezie', 불어 '에피스épices', 에스파냐어 '에스페시아especia', 독일어 '슈페체라이spezerei' 등이다. 언어별로 약간의 차이는 있지만 공통되는 향신료의 핵심 의미는 식물성 원료에서 얻어지며 강한 맛과 향을 지니고 있어 음식의 맛을 내는 데 사용되는 물질이다. 대표적인 향신료는 후추, 생강, 육계, 계피, 고추 등이다.

그러나 향신료의 의미는 시대별로 달랐다. 위에서 언급한 유럽 어휘들은 모두 라틴어 스페키에스species에서 유래했다. 스페키에스의 원래 의미는 땅에서 나는 모든 생산물, 구체적으로는 '물건' 또는 '화폐'였다.[8] 6세기 투르의 주교 그레고리우스는 상거래의 대상이 되는 과일, 곡물, 기름, 포도주를 모두 스페키에스로 분류했다.[9] 이후 스페키에스는 특별히 귀한 상품들만을 한정하는 경우도 있었지만[10] 중세 말까지도 여전히 폭넓은 의미의 용어로 사용되었다. 실제로 중세 이탈리아 상인들은 다양한 종류의 상이한 상품들을 중세 향신료로 간주했다.

중세 향신료에 관해 가장 상세한 정보를 제공하는 사료는 『상업 실무*pratica della mercatura*』라 불리는 일종의 상업 안내서였다.[11] 그중에서도

8 Michel Balard(1995), "Les épices au Moyen Age," *Temas Medievales*, 5: 92.

9 마귈론 투생-사마(2002), 『먹거리의 역사』 하권, 이덕환 옮김, 까치, pp.155-156.

10 중세 불어인 espice가 처음 등장하는 문서는 대략 1150년경의 "Voyage de Charlemagne"이며, 이 글에서 강장 식품이나 진귀한 약재를 의미했다. 의사인 엠피리쿠스Empiricus나 농업학자인 팔라디우스Palladius 같은 비잔티움제국의 작가들은 스페키에스를 방향재나 동방에서 들어온 약재를 뜻하는 용어로 사용하기도 했다. Balard(1995), p.92; Jan F. Niermeyer(1984), *Mediae latinitatis lexicon mis: abbreviationes et index fontium*, Leiden: Brill, p.983.

11 Franco Borlandi(1936), *El libro di mercatantie et usanze de paesi*, Torino; M. Gual Gamarena(1981), *El primer manual hispanico de mercaderia(siglo XIV)*, Barcelona; R. Lopez and G. Airaldi(1983), "Il più antico manuale italiano di pratica della mercatura," *Miscellanea di studi storici*, t. II, Genova, pp.99-134; Balducci Pegolotti(1936), *La pratica della mercatura*, ed. by A. Evans, Cambridge: Medieval Academy of America.

14세기 초엽 피렌체의 중요 상인 가문 중의 하나였던 바르디 상사의 주재원으로 활동했던 프란체스코 페골로티가 남긴 『상업 실무』라는 책에 가장 많은 종류의 중세 향신료가 언급되어 있다.[12] 총 288가지의 향신료가 언급되어 있지만 같은 종류의 향신료가 생산지, 가공 상태, 품질 등에 따라 중복되기 때문에 이러한 중복을 제외하면 대략 193종의 향신료가 지중해를 통해 유통되고 있었다.[13]

<표 1> 페골로티의 상업 안내서에 나오는 중세 향신료의 종류별 분석표

중세 향신료의 종류	개수	백분율
중세 의약 재료	104	53%
양념류와 식품	38	20%
산업 원료	42	22%
정체 확인 불가	9	5%

페골로티의 목록에서 눈에 띄는 점은 현재에는 향신료로 간주되지 않는 많은 상품들이 향신료로 간주되었다는 것이다. 즉 오늘날 엄격한 의미의 향신료로 간주되지 않는 꿀, 설탕, 쌀, 오렌지, 다트, 건포도 등의 식품들, 명반, 백연, 진사, 웅황 등의 염색 재료들, 그리고 원면, 밀랍, 종이, 유향수지와 같은 산업 원료들까지도 중세 향신료로 분류되었다. 193개의 중세 향신료 중에서 오늘날에도 여전히 향신료로 간주되는

12 발라르의 조사에 따르면 당시 유럽에서 일상적으로 유통되고 있는 전체 향신료 중에서 90%가 페골로티의 향신료 목록에 나와 있다. Michel Balard(1988), "Du navire à l'échoppe: la vente des épices à Gênes au XIVe siècle," *Asian and African Studies*, 22: 206.

13 다음 책에는 이탈리아어 원문과 영어 번역본이 실려 있다. Robert S. Lopez and Irving W. Raymond(1955), *Medieval trade in the Mediterranean world*, New York: Columbia University Press, pp.108-114.

것들은 극소수이다. 중세 향신료 중에서 인도와 중국을 포함한 동방으로부터 온 '동방 향신료'는 31개밖에는 되지 않았으며, 31개 중에서도 진정한 의미의 향신료는 후추, 생강, 계피, 육계, 정향, 소두구cardamom, 갈링가galinga, 육두구 씨nutmeg, 육두구 껍질mace 정도였다.

협의의 개념: 동방 향신료

동방 향신료가 유럽에 수입된 것은 고대부터였다. 유일하게 남아 있는 고대 로마의 요리책에 따르면 후추는 80% 정도의 요리에 사용되었고, 그 양도 적지 않았다. 기원전 1세기 후추가 로마 사회에서 큰 성공을 거두었다고 자랑한 호라티우스의 이야기와[14] 1세기경 별 맛도 없고 맵고 자극적이기만 한 후추가 로마 사람들에게 왜 그렇게 인기가 있는지를 모르겠다고 불평한 노老플리니우스의 이야기는 모두 고대 로마 사회에서 후추의 소비가 적지 않았음을 반증한다.[15] 하지만 고대 로마인들이 소비한 향신료는 그렇게 다양하지 않았던 것 같다.[16]

중세 말로 갈수록 동방으로부터 유럽에 수입되는 향신료의 종류는 다양해졌다.[17] 페골로티의 『상업 안내서』에 나오는 대표적인 동방 향신료는 크게 후추목과piperaceae, 생강과zingiberaceae, 녹나무과cinnamomum, 육두구과, 정향 등 다섯 그룹으로 나눠진다. 후추과 향신료에는 둥근

---

14 Pierre Delaveau(1987), *Les épices: histoire, description et usage des différents épices, aromates et condiments*, Paris: Albin Michel, pp.28-31.

15 Freedman(2008), p.26.

16 Andrew Dalby(2000), *Dangerous tastes: the story of spices*, Los Angeles: University of California Press, p.54, 78.

17 중세 후반에 유럽에 소개된 향신료에는 쿠베바, 육두구 씨, 지상낙원의 열매 등이 있었다. Bruno Laurioux(1983), "Du l'usage des épices dans l'alimentation médiévale," *Medievales*, 5: 25-26.

후추, 긴 후추, 흰 후추, 야생 쿠베바와 양식 쿠베바 등 다섯 가지 종류가 있었다.[18] 쿠베바는 자바 후추나무 열매를 건조해서 만든 향신료였다.[19] 당시 후추는 색깔과 공정 과정에 따라 구분되었다. 껍질을 벗기지 않고 말리면 검은 후추가 되었고, 껍질을 벗기고 말리면 흰 후추가 되었다.[20] 긴 후추는 둥근 후추보다 비쌌다. 페골로티의 책에는 검은 후추에 대한 언급이 없지만 둥근 후추가 일반적으로 검은 후추를 의미했고, 중세 말 유럽에서 가장 흔한 후추과 향신료는 바로 검은 후추였다.[21]

생강과에 속하는 향신료에는 생강, 갈링가, 소두구, 제도아리zettoara=zedoary, 심황turmeric 등이 있었다. 생강과 향신료 중에서 수입량이 가장 많았던 생강은 생산지와 형태별로 구분되었다. 페골로티의 책에는 생산지에 따라 3종류(2종류의 인도 생강과 메카 생강), 그리고 형태에 따라 2종류의 생강(껍질 벗긴 생강과 주름진 생강)이 나와 있다.[22] 생강에 비해 기타 생강과 향신료의 수입량은 소량이었다. 중세 말 상업 기록에 일상적으로 등장하는 생강과는 달리 나머지 생강과 향신료들은 드물게 언급된다.

녹나무과 향신료에는 육계, 육계피, 육계꽃, 장뇌camphor 등이 있었다. 육계꽃fiore di cannella이라 불리는 향신료는 익지 않은 육계 열매를 건조해서 만들었다. 당시 사람들은 계피와 육계를 엄격하게 구분하지 않고 자주 혼동했다. 육계와 계피 모두 같은 과에 속하는 나무껍질에서 얻은 향신료였다. 육계cannella는 실론에서 자라는 육계나무cinnamomum

18 Lopez and Raymond(1955), pp.108-114.

19 Dalby(2000), p.55.

20 Heyd(1885-1886), vol. 2: 656-657.

21 Archivio di stato di Prato, Datini, busta 1171. 중세 말 이탈리아 프라토 상인 다티니가 남긴 상품시세표는 특별한 구분 없이 후추만을 언급한다.

22 Federigo Melis(1972), *Documenti per la storia economica dei secoli XIII-XVI*, Firenze: L. S. Olschki, pp.298, 304, 306, 312, 314, 316.

zeylanicum의 부드러운 속껍질을 건조해서 만든 향신료로 계피보다는 순한 맛을 가지고 있었다. 반면 계피cassia fistula는 미얀마와 중국 동남부 지방에서 자라는 계피나무cinnamomum cassia의 거친 껍질을 건조해서 만들었다.[23] 육계와 계피를 자주 혼동했지만 육계가 계피보다는 훨씬 더 많이 유럽으로 수입되었다. 장뇌는 상업 기록에 드물게 나타나며 소량만이 수입되었다.[24]

중세 말 유럽에서 가장 비싼 동방 향신료는 육두구 씨, 육두구 껍질과 정향이었다. 이 고가 향신료들은 후추보다 20배나 비싼 경우도 있었다.[25] 정향은 10미터 정도 자라는 정향나무의 꽃봉오리를 따서 햇볕에 말린 향신료다. 육두구 씨와 껍질 그리고 정향은 후추, 생강, 육계와 비교가 되지 않을 정도로 적은 양이 수입되었지만 중세 말 이탈리아 상인들의 기록에는 이들 세 가지 주요 향신료와 함께 항상 언급되는 향신료였다.

후추, 생강, 육계와 계피, 육두구와 정향과 같은 주요 향신료 이외에 몰약myrrh, 미로발란myrobalan, 아위asafetida, 창포sweet flag, 감송spikenard, 백단白檀 sandalwood, 침향沈香 aloe wood, 브라질우드brazilwood, 인디고indigo 등과 같은 좀 더 비중이 낮은 향신료들도 있었다. 이들 대다수는 상업 기록에 드물게 언급될 뿐만 아니라 실제 수입량도 극히 적었다.[26] 게다

23 Mary O'Regan(1980), "Medieval spices and spice accounts," *The Ricardian: journal of the Richard III society*, 68: 165-166.

24 *Livre des simples medecines. Codex Bruxellensis IV. 1204: A 15th-century french herbal*, english trans. by Enid Roberts and William T. Steran(1984), De Schutter and Antwerp, n.81(canphora).

25 Melis(1972), pp.298-320; E. Ashtor(1969), *Histoire des prix et des salaires dans l'Orient médiéval*, Paris: S.E.V.P.E.N, pp.138-41, 323-339, 409-427.

26 이 중 예외적으로 브라질우드는 상업 기록에 자주 등장하며 수입량 또한 적지 않았다. 중세 말 꽤 많은 양이 유럽으로 수입되었다. <표 2>를 참조하라.

가 브라질우드, 백단, 침향과 인디고는 식물성 원료에서 얻어지며 향과 맛이 있어 음식이나 약에 사용되었다는 점에서 향신료로 간주될 수 있지만 좀 더 일반적으로는 색깔을 내는 염료로 사용되었다.[27]

아시아로부터 수입된 향신료들이 중세 유럽 사회에서 어떤 의미를 가지고 있었는지를 정확하게 측정하기 위해서는 무엇보다도 이들 향신료들이 유럽 시장에서 차지하는 비중과 위상이 상당히 달랐다는 사실을 고려해야 한다. 중세 말 향신료 수입의 반 이상을 담당했던 베네치아의 기록에 따르면 후추와 생강의 수입량이 압도적으로 많았고, 육계와 계피, 정향의 수입량이 상당한 차이로 그 뒤를 잇는다. 중세 말 베네치아는 알렉산드리아와 베이루트를 연결하는 갤리선단 제도를 도입해 향신료 수송을 전담하게 했다. 14세기 말과 15세기 초 기록에 따르면 후추 수입량이 전체 향신료 수입량의 반 이상을 차지하고 생강 수입량이 적게는 10%에서 많을 경우 20%를 넘기도 했다. 이에 비해 나머지 향신료들의 수입량은 비교가 안 될 정도로 소량이었다.[28] 15세기 말 베네치아 귀족 지롤라모 프리울리가 쓴 일기는 1496년과 1497년 알렉산드리아와 베이루트 갤리선단의 화물 목록을 항목별로 상세하

27 *Livre des simples medecines*, n.2(알로에우드), 76(브라질우드), 224(인디고), 419(백단).

28 Ashtor(1983a), p.166.

베네치아 갤리선단의 후추와 생강 수송 비중

연도	알렉산드리아행 갤리선단	베이루트행 갤리선단
1382년	후추(80%), 생강(11,7%)	
1386년		후추(65,7%), 생강(15,1%)
1393년		후추(61,7%), 생강(11,2%)
1394년	후추(68%), 생강(15%)	후추(47,3%), 생강(25,8%)
1395년	후추(70%), 생강(11,6%)	후추(30%), 생강(29%)
1396년	후추(64,8%), 생강(20,5%)	후추(37,4%), 생강20,6%)
1399년	후추(84%), 생강(5,2%)	후추(5%), 생강(34%)
1400년		후추(54%), 생강(9,6%)
1401년	후추(49,5%), 생강(22,6%)	

게 알려준다.[29] 한 세기 후에도 후추와 생강의 비중은 여전히 절대적이었다.

<표 2> 1496년과 1497년 베네치아 갈리선단의 향신료 수입

연도 / 품목	1496년		1497년	
	베이루트 갈리선단	알렉산드리아 갈리선단	베이루트 갈리선단	알렉산드리아 갈리선단
후추	2,600자루	950자루	1,170자루	1,250자루
생강	550자루	600자루	640자루	776자루
육계	180파르도	350파르도	46파르도	136파르도
정향	300자루	62자루	162자루	70자루
육두구 씨	17자루	40자루		39자루
육두구 껍질	35자루			17자루
브라질우드	330자루	180자루	139자루	136자루
인디고	140자루			
총 수입량	4,300자루	2,401자루	2,639자루	2,400자루

베네치아 다음으로 수입량이 많았던 제노바의 기록에도 동일한 경향이 나타난다. 14세기 후반 관세 기록에 따르면 제노바 상선들이 동방에서 들여온 상품의 총액에서 후추가 차지하는 비중은 거의 절반에 해당한다.[30]

29 Priuli, vol. 1, pp.59-60, 73.

30 Balard(1988), pp.206-211.

<표 3> 14세기 후반 제노바 상선들이 동방에서 들여온 향신료의 상대적 비중

	1368년-1369년 (6척) 출발지: 시리아, 키프로스	1367년-1371년 (18척) 출발지: 이집트	1376년-1377년 (14척) 출발지: 이집트, 시리아	1380년-1401년 (38척) 출발지: 동지중해 전체
후추	31,476L(28,9%)	395,290L(41,1%)	148,319L(50,1%)	5,580P[31]
생강	33,737L(31,1%)	173,868L(18,1%)	72,310L(24,4%)	3209P
브라질우드	12,819L(11,8%)	32,039L(3,33%)	없음	215F
육계	1,400L(1,29%)	27,858L(2,9%)	5,911L(2%)	887F
계피		8,459L(0,87%)	3,007L(1%)	215F +40P
정향	3,597L(3,31%)	2,757L(0,28%)		91P +86F
제도아리		2,404L(0,25%)	594L(0,20%)	33P
갈링가	550L(0,51%)	1,173L(0,12%)		
쿠베바		615L(0,06%)		
육두구 껍질		368L(0,04%)		
육두구 씨				59P
소두구		283L(0,03%)		
인디고		8,208L(0,85%)		430P
침향		1271L(0,13%)		24P
백단		353L(0.04%)		15P
미로발란			859L(0,29%)	

비록 이 자료들이 전체 거래량을 보여주지 못한다는 한계를 가지고

31 L(libbra). P(pondo). F(Fardo). 폰도는 향신료를 포장하는 기본 도량형으로 지역과 시기별로 약간의 차이가 있었다. 15세기 초 이집트 알렉산드리아에서 사용되던 폰도는 약 180kg 정도였다. 파르도도 향신료를 포장하는 기본 도량형 중의 하나로 주로 육계와 생강을 포장하는 단위로 사용되었으며 약 140kg 정도였다. Eliyahu Ashtor(1982), "Levantine weights and standard parcels," *Bulletin of the School of Oriental and African Studies*, 45: 482.

있지만[32] 우리는 이 자료를 통해 개별 향신료의 상대적 비중을 알아낼 수는 있다. 금액 기준으로 후추는 동방에서 오는 상품 총액의 40-50%에 육박한다. 수입량을 기준으로 하면 후추의 수입량은 전체 향신료 수입량의 절반을 훨씬 상회하게 된다. 왜냐하면 후추는 향신료 중에서 가장 저렴한 향신료였기 때문이다.

수입량과 마찬가지로 가격에도 상당한 차이가 존재했다. 수입량이 가장 많았던 후추가 상대적으로 가장 싼 향신료였다. 15세기 중엽 베네치아 시장에서 후추 120kg의 가격은 50두카토 정도였고 포르투갈이 새로운 인도 항로를 개척하기 전까지 후추 가격은 이 정도 수준을 유지했다.[33] 생강은 후추와 비슷하거나 최대 3배까지 비쌌다. 정향과 육두구 씨는 후추보다 5배에서 20배까지 비쌌다.[34] 시기와 지역별로 개별 향신료 간의 가격 차이가 있었지만[35] 전체적으로 후추, 생강, 육계가 저렴한 향신료에 속했고, 정향, 육두구 씨, 육두구 껍질은 고가 향신료에 속했다. 개별 향신료 간의 가격 차이가 때론 10배 이상임을 고려할 때 모든 향신료를 하나의 범주로 취급해서는 안 된다. 즉 향신료를 비슷한 위상과 가치를 지닌 동일 상품으로 간주해서는 안 된다는 것이다.[36]

---

32 Jacques Heers(1955), "Il commercio nel Mediterraneo alla fine del secolo XIV e nei primi anni del XV," *Archivio Storico Italiano*, 113, pp.171-173; Melis(1972), p.324.

33 Frederic C. Lane(1968), "Pepper prices before Da Gama," *The Journal of Economic History*, 28: 590.

34 Melis(1972), pp.298-320.

35 Bruno Laurioux(1985), "Spices in the medieval diet: a new approach," *Food and Foodways*, 1: 52-61.

36 Laurioux(1985), pp.52-61.

2. 향신료의 용도

음식 재료

중세 요리에서 향신료는 없어서는 안 되는 필수 품목이었다. 중세 요리에서 향신료의 중요성을 설명하기 전에 향신료의 용도에 관한 잘못된 역사 해석을 우선적으로 지적할 필요가 있다. 그중 하나는 고기가 부패하는 것을 막거나 이미 상하기 시작한 고기의 냄새를 감추기 위해 향신료를 사용했다는 설명이다. 이러한 설명 방식에 따르면 겨울에 먹을 양식이 부족하기 때문에 대다수의 가축은 가을에 도축했고, 도축한 가축을 보존하기 위해 고기를 염장하거나 훈제를 했지만 고기는 쉽게 상했고, 반쯤 상한 고기의 냄새를 감추기 위해 주로 후추를 사용했다는 것이다.[37] 향신료에 관한 최근의 연구들은 이 설명이 틀렸음을 지적했지만 여전히 일반적인 수준에서는 이러한 설명 방식이 통용되고 있기 때문에 이를 수정할 필요가 있다.[38] 당시 기록에 따르면 고기를 저장하는 데는 주로 소금을 사용했으며, 때론 유럽에서 자라는 타임과 같은 허브를 이용하기도 했다. 또한 고기는 주로 신선한 상태로 요리해서 먹었다.[39] 그리고 향신료에 비해 고기는 상대적으로 저렴했기 때문에 고기를 저장할 목적으로 비싼 향신료를 사용했다는 설명은 설득력이 떨어진다.[40]

---

37 Joel Mokyr, ed.(2003), *The Oxford encyclopedia of economic history*, vol. 5, Oxford: Oxford University Press, p.1.

38 Balard(1995), p.92.

39 Toby Peterson(1980), "The arab influence on western european cooking," *Journal of Medieval History*, 6: 319-320.

40 프리드먼은 "상한 고기의 맛을 숨기기 위해 정향이나 육두구 씨를 사용했다는 이야기는 치즈버거의 맛을 내기 이탈리아산 흰색 송로버섯을 넣었다는 이야기와 같다."라고 말하

또 다른 오해는 중세 유럽 요리에서 향신료를 많이 사용하게 된 것은 아랍 요리의 영향이었다는 것이다.[41] 십자군 전쟁으로 이슬람과의 교역이 증가하면서 향신료의 수입이 늘어난 것은 사실이지만 향신료가 유럽 요리에서 인기를 끌기 시작한 것은 고대부터였다. 유일하게 남아 있는 고대 로마의 요리책에 따르면 80퍼센트의 요리에 후추가 들어갔고, 그 양도 적지 않았다. 앞에서 언급했던 노老플리니우스의 지적처럼 고대 로마 사람들은 후추가 들어간 요리를 좋아했었다.[42] 향신료에 대한 유럽인들의 열정은 고대부터 시작되어 향신료가 대량 유통되어 더 이상 사치품으로서의 기능을 상실하게 되는 18세기까지 지속되었다.[43]

향신료가 중세 유럽 요리에 얼마만큼 중요한 재료였는지를 알려주는 대표적인 사료는 요리책이다. 중세 요리책이 소수의 상층 계급만을 위한 것이었고 대부분의 요리책이 중세 말에 저술되었다는 문제가 있지만, 요리책은 중세 요리에 관해서 가장 풍성한 정보를 제공하는 사료임에 틀림없다.[44] 요리책은 중세 유럽인들이 요리에 향신료를 지나칠

면서 기존의 주장이 터무니없음을 지적한다. Freedman(2008), p.3.

41 피터슨은 유럽인들이 향신료를 대량으로 소비하게 된 것은 14세기부터이며, 이것은 아랍 문화와 요리의 영향 때문이라고 설명했다. 그에 따르면 13-14세기 무렵 중세 유럽 요리에서 혁명적인 변화가 있었다. Peterson(1980), pp.317-340.

42 Freedman(2008), p.26.

43 볼프강 쉬벨부쉬(2002), 『기호품의 역사: 파라다이스, 맛과 이성』, 이병련 · 한운석 옮김, 한마당.

44 이 책에서 인용한 중세 요리책들과 요리법이 언급된 참고문헌들은 다음과 같다. Anthimus(1996), *De observatione ciborum*, trans. & ed. by Mark Grant, Devon: Prospect Books; Rudolf Grewe and Constance B. Hieatt trans. & ed.(2001), *Libellus de arte coquinaria: an early northern cookery book*, Tempe: Arizona Center for Medieval and Renaissance Studies; Bruno Laurioux(1997), *Le Règne de Taillevent. Livres et pratiques culinaires à la fin du Moyen Age*, Paris: Publications de la Sorbonne; Maggie Black(1992), *The medieval cookbook*, London: British Museum Press; Terence Scully(1995), *The art of cookery in the middle ages*, Woodbridge; Bruno Laurioux(2007), *Manger au Moyen Age*, Paris:

정도로 애용했었음을 알려준다. 요리책에는 음식에 향신료가 들어가야만 한다는 충고가 자주 등장한다. 향신료에 대한 광적인 욕망이 사라진 18세기 이후의 유럽인들은 중세 유럽 요리를 여러 가지 재료를 섞어서 향신료를 잔뜩 뿌린 맛없는 요리라고 폄하할 정도로 중세 요리는 향신료가 많이 들어간 요리였다.[45] 향신료는 거의 대부분의 요리에 사용되는 필수 재료였다. 13-15세기의 요리책에 언급된 요리 중에 향신료가 들어가는 요리는 75%에 해당하고, 영국 요리의 90퍼센트에 향신료가 들어갔다.[46] 1500년 나폴리 왕의 주문으로 만들어진 카탈루냐어로 된 요리책에는 200가지 요리가 나오는데 그중 125가지의 요리에 육계가, 76가지 요리에 생강이 들어갔다.[47] 프랑스 왕 샤를 7세의 요리사였던 타유방Taillevent이 저술한 요리책에는 동방으로부터 들어오는 거의 모든 종류의 향신료가 언급되어 있다.[48]

중세 요리에서 향신료는 고기나 생선에 곁들이는 소스를 만드는 데 주로 사용되었다.[49] 소스는 중세 요리에서 매우 중요한 역할을 했다. 생선과 고기는 삶거나 불에 굽는 것이 전부였기 때문에 맛을 살리기 위

Hachette; Constance B. Hieatt, Brenda Hosington and Sharon Butler(1996), *Pleyn delit: medieval cookery for modern cooks*, Toronto: University of Toronto Press.

45 14세기 이탈리아 요리책에는 음식에 향신료를 넉넉하게 넣어야 한다는 언급이 자주 나온다. Peterson(1980), pp.317-318, 328.

46 Laurioux(1983), pp.16-17.

47 Mestre Robert(1982), *Libre del coch: tractat de cuina medieval*, ed. by Veronika Leimgruber, Barcelona; Freedman(2008), p.24.

48 긴 후추, 둥근 후추, 생강, 육계, 육계 꽃, 정향, 육두구 씨, 육두구 껍질, 소두구, 쿠베바, 지상낙원의 열매, 갈링가. 책에 언급된 유럽산 향신료로는 라벤더, 월계수 잎, 커민, 설탕, 아몬드, 마늘, 양파, 파, 에샬로트가 있었다. Laurioux(2007), p.19. 타유방(2016), 『타유방의 요리서』, 황종욱 옮김, 유어마인드.

49 Hieatt, Hosington and Butler(1996), 48번 항목-60번 항목까지. Georgine E. Brereton and Janet M. Ferrier, éd(1994), *Le mesnagier de Paris*, Paris: Librairie générale française, p.545.

해서 소스가 절대적으로 필요했다.[50] 가장 오래되고 일반적인 소스는 낙타색 소스였고, 낙타색 소스에 들어가는 핵심 향신료는 생강과 육계였다.[51]

또한 향신료는 식후에 먹는 과자, 설탕, 잼, 푸딩 등을 만드는 데 일반적으로 사용되었다. 향신료로 만든 달콤한 후식은 부자들의 식탁에 없어서는 안 될 필수 코스였다. 1371년 1월 아비뇽에서 교황을 선출하는 추기경 회의가 시작되기 전에 추기경들은 12파운드의 향신료 캔디를 먹었다.[52] 배, 사과, 딸기, 무화과 등의 과일에 향신료를 첨가해서 만든 푸딩은 자주 먹는 후식 중의 하나였다. 15세기 영국 요리책에 언급된 딸기 푸딩에는 후추, 생강, 육계, 갈링가와 정향이 들어갔다. 생강, 긴 후추와 정향을 넣어 만든 생강 빵도 후식 중의 하나였다.[53]

<표 4> 소스와 향신료[54]

소스 이름	들어가는 향신료	시기와 지역
낙타색 소스Cameline[55]	생강가루, 육계 꽃, 정향	14세기 영국
낙타색 소스	생강, 많은 양의 육계, 긴 후추	14세기 프랑스
낙타색 소스	생강, 육계, 정향, 후추 약간, 육두구 껍질, 육두구 씨, 지상낙원의 열매	15세기 프랑스
낙타색 소스	많은 양의 육계, 생강, 후추, 육두구 씨와 같은 기타 향신료들	15세기 이탈리아
녹색 소스	후추, 생강, 육계	14세기 영국
매운 후추 소스	생강, 후추	15세기 영국과 프랑스
후추 소스	후추	15세기 영국

50 Hieatt, Hosington and Butler(1996).

51 Freedman(2008), pp.19-22.

52 Hervé Aliquot(1984), "Les épices à la table des papes d'Avignon au XIVe siècle," *Manger et boire au Moyen Age*, Nice: Les Belles Lettres, p.131.

53 Hieatt, Hosington and Butler(1996), 114번 요리, 128번 요리.

마늘 후추 소스	후추	15세기 영국
황색 마늘 소스	생강, 마늘	14세기 후반 영국
검은색 소스	생강, 육계	15세기 영국
산딸기 소스	육계	14세기 영국
향신료 가미 포도주 소스	생강, 육계	14세기 후반 영국
달콤하고 매운 야채-과일 소스	생강, 육계, 육두구	14세기 후반 영국
지베 소스	후추, 생강, 육계, 정향, 육두구 껍질	15세기 영국

향신료를 가미한 포도주도 후식으로 나왔다. 향신료 포도주는 후식뿐만 아니라 수없이 많은 요리와 소스에 사용되었다. 브루노 로리우Bruno Laurioux의 조사에 따르면 향신료 포도주는 중세 프랑스 요리의 67%에 사용되었다.[56] 당시 가장 대표적인 향신료 포도주로는 히포크라스hippocras, 피멘트piment, 클라레claret 등이 있었다.[57] 14세기 영국 요리책에 나오는 히포크라스에는 육계, 생강, 지상낙원의 열매, 긴 후추, 정향, 육두구 씨, 갈링가 등의 향신료가 들어갔다. 14세기 카탈루냐 요리책에 나오는 피멘트에는 비슷한 종류의 향신료(육계, 생강, 정향, 육두구 씨, 쿠베바, 긴 후추, 검은 후추, 갈링가, 지상낙원의 열매)가 들어갔다.[58] 불어로 된 영국 최초의 요리책에 나오는 클라레에는 육계, 생강, 정향, 육두구 씨, 육두구 껍질, 소두구가 들어갔다.[59] 개별 요리책마다 향신료 포

54 이 표에 언급된 소스는 주로 다음 책에서 인용한 것이다. Hieatt, Hosington and Butler(1996).

55 Laurioux(2007), pp.260-270.

56 Laurioux(1983), pp.15-31.

57 Scully(1995), pp.147-151.

58 Freedman(2008), p.23.

59 Constance B. Hieatt and Robin F. Jones(1986), "Two anglo-norman culinary collections edited from british Library Manuscripts," *Speculum* 61(4): 866.

도주에 들어가는 향신료의 종류가 항상 동일하지는 않았다. 오늘날 포도주의 맛을 내기 위해 다양한 종류의 허브를 배합하는 것처럼 당시에는 좋은 향의 포도주를 만들어내기 위해 다양한 종류의 향신료를 배합했다. 신분과 재산에 따라 포도주에 들어가는 향신료도 달랐다. 15세기 영국 요리책에 따르면 평민들을 위한 포도주에는 생강, 육계와 긴 후추만을 넣었다.[60]

중세 요리책이 증명하듯이 향신료는 부유한 계층의 식사에 빠지지 않는 일상적인 소비품이었다. 이들은 자신들의 행사를 빛내기 위해 향신료를 아끼지 않았다. 아비뇽 교황청 시절 연회에서 식사 후에 향신료를 제공하는 것이 관행이 되었고, 특히 부활절과 크리스마스 만찬에는 꼭 빠지지 않았다. 당시 기록에 따르면 교황은 부활절 저녁 식사 후에 측근들에게 후추, 생강과 정향을 규칙적으로 제공했다.[61] 1483년 리처드 3세가 영국 왕으로 즉위하던 날의 만찬에 제공된 향신료는 후추, 생강, 정향, 지상낙원의 열매와 육두구 껍질이었다. 15세기 사부아 공작의 요리사는 큰 연회에서 몇 백 파운드의 향신료(후추, 생강, 육계, 정향, 갈링가, 육두구 씨와 육두구 껍질)를 사용했다.[62]

도시의 부르주아들도 향신료가 들어간 음식을 먹을 수 있었을까? 14세기 말 파리의 부르주아가 젊은 신부를 가르치기 위해 저술한 책에는 400가지 이상의 요리법이 나온다. 저녁 만찬이 있을 경우 그는 향신료 소스를 곁들인 생선과 고기 요리를 제공했고, 향신료가 들어간 설탕과자와 히포크라스를 후식으로 대접했다. 이 기록에 따르면 파리의 부르주아는 향신료가 가미된 음식을 일상적으로 소비했음을 알 수 있다.[63]

---

60 Scully(1995), p.149.

61 Aliquot(1984), pp.131-139.

62 Freedman(2008), p.35.

63 *Le mesnagier de Paris*(1846), pp.538-539.

하지만 위의 사례만을 가지고 향신료 요리가 보편화되었다고 말하기는 어렵다. 왜냐하면 파리의 부르주아는 중산층이라기보다는 부유한 상류층에 속하는 사람들이었기 때문이다. 그러나 다른 향신료의 경우는 몰라도 후추의 소비가 매우 광범위한 사회 계층으로까지 확산되었음을 보여주는 기록들이 꽤 남아 있다. 14세기 몽토방 상인 보니스 형제의 장부에는 장인과 농부들이 이들로부터 후추를 구입했다는 기록이 나와 있다.[64] 15세기 한 의학자는 자신의 책에서 후추는 시골뜨기들에게나 어울리는 양념이라고 기록했다. 15세기 초 프랑스 시인 으스타슈 데샹Eustache Deschamps의 시에 따르면 후추는 야채와 마찬가지로 빈궁함을 보여주는 증표였다. 그는 「가난한 방랑자로서 살아가는 방법」이라는 시에서 후추, 감자, 상한 배추로 만든 죽이나 먹어야 한다고 방랑자의 신세를 한탄했다.[65] 거지와 다름없었던 학생들도 축일과 같은 특별한 날에는 후추 요리를 맛볼 수 있었다. 부르고뉴 공작의 감옥에 감금된 죄수들도 일 년에 1파운드 정도의 후추를 먹을 수 있었다.[66]

위의 사례들이 증명하듯이 다른 향신료의 경우는 몰라도 후추의 소비는 꽤 일반화되었음이 분명하다. 하지만 소비가 확산되면서 후추는 상층 귀족들에게는 조금씩 매력을 잃어가기 시작했던 것 같다. 특히 프랑스 요리책에서 후추의 위상은 낮았고 일부 요리책에서는 거의 언급되지 않는 경우도 있었다.[67] 이 현상에 관하여 로리우는 14세기 프랑스 요리에서 후추는 고대부터 누려왔던 인기를 잃어버렸다고 말한다. 그

---

64 Barthélemy Bonis(1890-1894), *Les livres de comptes des frères Bonis: marchands montalbanais du XIVe siècle*, vol. 3, Paris: Honoré Champion; Laurioux(1985), p.57.

65 Eugénie Deschamps(1891), *Oeuvres complètes*, vol. 7, pp.88-90.

66 Françoise Piponnier(1974), "Recherches sur la consommation alimentaire en Bourgogne au XIVe siècle," *Annales de Bourgogne* 46: 75-76.

67 Peterson(1980), pp.334-335.

는 이러한 현상은 후추의 소비가 점차 확대되어 더 이상 상층 귀족들에게는 사치품으로서의 매력을 잃어버렸기 때문이라고 설명한다.[68] 단편적이지만 여러 자료들은 중세 말 향신료의 소비가 사회 계층별로 차별화되기 시작했음을 암시한다. 즉 부유한 계층은 좀 더 다양한 종류의 향신료와 좀 더 비싼 향신료를 소비했고, 하층민들은 후추에 만족해야만 했던 것이다.[69]

약재

향신료는 약재로도 자주 사용되었다. 향신료가 약재로 광범위하게 사용될 수 있었던 것은 중세 의학 체계 덕분이었다. 그런 점에서 향신료가 어떤 약효를 가졌는지를 논하기 전에 중세 유럽의 의학 체계를 우선적으로 이해해야만 한다.

중세 유럽의 의학 체계는 고대 그리스의 의학 전통과 그리스의 의학 체계를 심화시킨 아랍의 의학 지식을 기반으로 하고 있었다. 특히 히포크라테스와 갈레노스Galenus가 체계화시킨 체액 이론이 중세 의학의 기본 골격을 형성하고 있었다. 이에 따르면 성격과 건강은 몸을 구성하고 있는 4가지 체액, 즉 피, 황색 담즙, 검은색 담즙, 점액에 의해 좌우된다. 4가지 체액은 물질을 구성하는 4가지 원소, 즉 흙, 물, 불, 공기와 조화를 이루고 있으며, 각 요소들은 온기와 습도에 따라 다른 성격을 지닌다. 공기의 성질을 가진 피는 뜨겁고 습하고, 불의 성질을 가진 황색 담즙은 뜨겁고 건조하고, 흙의 성질을 가진 검은색 담즙은 차고 건

68 Bruno Laurioux(1989), "Modes culinaires et mutations du goût à la fin du Moyen Age," *Artes mechanicae en Europe médiévale*, Brexells: Archives et bibliothèques de Belgique, pp.199-222.

69 Piponnier(1974), pp.75-76.

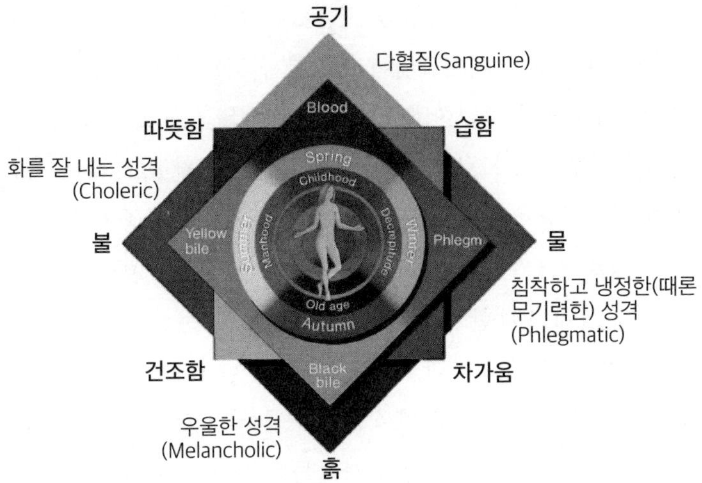

• 4가지 체액설 모형도

조하며, 물의 성질을 가진 점액은 차고 습하다. 요컨대 몸에서 체액의 상호 균형이 깨지면 병이 발생하게 되는 것이었다.

중세 의학 체계에 따르면 몸과 마찬가지로 식물과 음식도 고유한 성질을 가지고 있었다. 대부분의 향신료는 뜨겁고 건조한 성질을 가지고 있었고,[70] 그런 연유로 많은 종류의 고기나 생선이 가지고 있는 습하거나 찬 성질을 중화시킬 수 있었다. 그런 점에서 고기나 생선 요리에 들어간 향신료 소스는 음식이기도 하지만 약이기도 했다. 이러한 사고는 중세 의사들이 남긴 기록에도 잘 드러난다. 6세기 그리스 출신의 의사였던 안티무스Anthimus는 최초의 프랑스 요리책으로 인정받는 『음식 섭

70 의학 서적들에는 개별 향신료의 건조한 정도와 따뜻한 정도가 등급으로 매겨졌다. 후추의 건조도는 4등급 중간이었고, 따뜻한 정도도 4등급 중간이었다. 생강의 따뜻한 정도는 3등급이었고, 습한 정도는 1등급이었다. 육계의 건조도는 2등급이었고 따뜻한 정도는 3등급이었다. *Livre des simples medecines*, n.95(cinamome), n 329(poivre), n. 468(zunziber).

취에 지켜야 할 것들에 관해』를 저술했다. 의사인 안티무스가 요리책을 저술한 것은 좋은 식이요법이 건강한 신체를 유지시켜주며 병을 치료한다는 사고에서 출발한 것이었다. 그는 음식을 잘못 먹게 되면 위에 문제가 발생하고 그로 인해 병이 생긴다고 생각했고, 특히 소화불량에 대해서는 생강을 넣은 요리를 처방했다.[71] 14세기 중엽 음식과 건강에 관한 책을 저술한 밀라노 출신의 의사 마이노 데 마이네리Maino de Maineri도 음식에 지대한 관심을 보였다. 특히 그는 소스에 관해서 독립된 장을 할애하면서 건강한 사람은 가능한 한 소스를 적게 먹고 가급적이면 소화에 문제가 있을 때에만 소스를 사용할 것을 권고했다.[72] 의사들의 기록이 증명하듯이 당시 사람들은 음식으로 인해 신체의 균형이 깨지면 병이 생긴다고 생각했기 때문에 음식에서의 균형을 맞추는 것이 병을 예방하는 수단이었다.

체액설이 향신료가 약재로 활용되는 데 중요한 역할을 했다는 사실은 계절에 따라 향신료의 소비가 달라진 점에서도 확인된다. 즉 따뜻한 성질을 가진 향신료는 더운 여름보다는 추운 겨울에 적합한 음식이었다. 카탈루냐 출신의 유명한 의사 아르노는 추운 겨울에는 향신료를 더 많이 첨가한 소스를 추천했고, 여름에는 향신료를 되도록 적게 넣은 소스를 처방했다. 그 이유는 더운 기운을 가진 향신료가 더운 여름보다는 추운 겨울에 더 적합했기 때문이었다.[73] 이러한 믿음은 꽤 일반화되어 있었던 것으로 추정된다. 14세기 파리 출신의 부르주아 상인도 여름 소스에는 향신료를 되도록 적게 넣고 겨울에는 향신료를 더 많이 넣으

---

71 안티무스는 동로마 황제의 명으로 서고트족의 왕 테오도리쿠스의 궁전에서 망명 생활을 하고 있었다. 그는 라벤나 체류 시절 프랑크족의 왕궁에 외교 사절로서 파견되어 프랑크 왕의 요청으로 이 책을 저술했다. 이 책은 어떤 음식이 몸에 이롭고 해로운지, 어떻게 요리를 해서 먹어야 하는지를 주로 기술하고 있다. Anthimus(1996), p.47.

72 Lynn Thorndike(1934), “A medieval sauce-book,” *Speculum*, 9: 184.

73 Laurioux(1983), p.30.

라고 충고하면서 무더운 6월이 지나고 7월부터가 향신료를 넣은 요리를 준비할 때라고 조언했다.[74]

이러한 의학 체계 때문에 음식과 약은 상호 밀접한 연관성을 가지고 있었고 양자 사이의 명확한 구분이 없었다. 즉 향신료는 음식인 동시에 약이었다. 그런 연유로 향신료의 가장 중요한 기능 중의 하나는 소화 촉진이었다. 즉 서로 다른 성질의 음식을 중화시켜 소화를 원활하게 해주는 것이었다. 이런 식의 의학 사고는 향신료가 위에 부담을 준다는 오늘날의 의학 상식과는 상치되지만 당시 사람들에게 향신료는 소화를 촉진시키는 소화제 역할을 했던 것이 사실이다. 아르노는 겨울에는 식사 후에 향신료 포도주를 마시면 소화가 촉진된다고 말했다.[75]

따뜻한 성질을 가진 향신료는 몸을 덥혀주면서 성기능을 향상시키는 약재로도 사용되었다. 특히 향신료 중에서 생강은 최고의 강장제로 평가받았다. 갈레노스가 정립한 체액 이론에 따르면 정자는 따뜻하고 습한 성질을 가지고 있었기 때문에, 차고 건조한 음식은 성기능 장애를 야기할 수 있었다.[76] 이러한 정자의 성질 때문에 향신료 중에서 예외적으로 따뜻하지만 습한 성질을 가진 생강이 성기능을 향상시키는 약으로 인기를 누릴 수 있었다.[77] 11세기 베네딕투스 수도회 소속 수도사였던 콘스탄티누스는 갈레노스와 히포크라테스의 의학서를 포함한 다양

---

74 *Le mesnagier de Paris*. 이에 관해서는 다음 논문을 참조하라. Terence Scully(1992), "Les saisons alimentaires du menagier de Paris," *Du manuscrit à la table*, Paris and Montréal: Champion-Slatkine, pp.206-208.

75 Freedman(2008), p.57.

76 "Item: semen est spiritus calidus currens. ----- semen est spiritus et humor spumous." *Constantini liber de coitu: el tratado de andrologia de Constantino el Africano*, trans. and ed. by E. Montero-Cartelle(1983), Santiago de Compostela: Universitat de Santiago, pp.86.

77 Freedman(2008), pp.72-73.

한 자료를 활용해 성기능 장애를 해결하고 성적 능력을 증가시키는 처방책을 다룬 『성교에 관하여』라는 책을 저술했다.[78] 그의 책에 따르면 성적 흥분과 가장 관련 있는 음식은 무엇보다도 향신료였고, 향신료는 거의 모든 처방전에 들어가는 필수 약재였다. 책의 처방에 따르면 생강이 들어간 약재는 말라버린 정액을 풍성하게 하고 성교에 도움이 되며, 부자와 가난한 사람 모두가 이용할 수 있는 약재였다.[79] 콘스탄티누스의 처방은 제프리 초서Geoffrey Chaucer의 『캔터베리 이야기』에 나올 정도로 대중적으로 알려졌다.[80] 이탈리아 남부의 살레르노 병원의 의사들도 자신들의 저서 『살레르노 위생법』에서 생강의 효능을 다음과 같이 예찬했다.

> 위와 허리와 허파에서 뜨거운 생강에 대한 찬가가 울려 퍼진다.
> 갈증을 풀어주고, 뇌를 되살려서 흥분시킨다.
> 늙은이는 다시 젊어져서 사랑을 나누게 된다.[81]

소화 기능과 성 기능을 향상시키는 것 이외에도 향신료는 다양한 효능을 가진 약재로 인식되었다. 472가지의 약용 물질이 언급되어 있는 마테우스의 약학 서적에 따르면 거의 모든 향신료가 약재로 사용되었다. 검은 후추는 가슴에 있는 담을 제거하는 데 효과적이었고, 천식 약으로도 사용되었다. 육계는 허약해진 위와 간을 보하고 잃어버린 식욕

---

78 Constantini liber de coitu. 그의 저서는 중세 말까지 많은 의학자들에게 중요한 영향을 미쳤다. Bruno Roy(1992), "Trois regards sur les aphrodisiaques," *Du manuscrit à la table*, Paris and Montréal: Champion-Slatkine, p.287.

79 *Constantini liber de coitu*, pp.154-179. 15. De desiccantibus semen. 16. De medicamentis proficientibus coitui.

80 Freedman(2008), pp.73-74.

81 투생-사마(2002), p.174.

을 회복시켰다. 또한 육계는 호흡을 상쾌하게 만들었고, 포도주와 함께 요리하면 충치를 예방하는 효과도 있었다. 정향은 자궁에 문제가 있을 때나 강한 약을 먹어 설사가 날 경우 사용되었다. 육두구 씨의 향은 원기를 회복하는 데 효능이 있었다. 육두구 껍질은 담이 과다해서 생기는 병들에 효능이 있었다. 머리가 아플 때는 소두구 가루를 코에 바르면 효과적이었다.[82]

위에서 살펴보았듯이 향신료는 구체적인 질병을 치료한다기보다는 몸의 균형을 맞추어 병을 예방하고 원기를 회복하는 정도의 기능을 가지고 있었다. 그런 연유로 향신료는 간단한 병을 치료하는 데 일상적으로 사용될 수 있었다. 물론 이것은 향신료를 구입할 여유가 있는 사람들에게나 가능한 이야기였다. 향신료를 구입할 여력이 되지 않는 사람들은 주변에서 쉽게 구할 수 있는 허브와 같은 재료를 이용할 수밖에 없었다.

3. 향신료에 대한 환상

향신료가 중세 유럽인들을 사로잡았던 또 다른 중요한 이유는 향신료에 대한 유럽인들의 환상이었다. 향신료의 원산지를 직접 가보지 못했던 중세 유럽인들은 향신료에 관한 환상적인 이야기와 생각을 가지고 있었다. 향신료에 대해 과장되거나 부풀려지고 때론 신비하고 믿기 어려운 이야기들이 많았다. 그런 점에서 향신료 역사는 매혹과 환상의 역사였다. 향신료를 둘러싼 믿기 어려운 이야기들은 고대부터 있어왔

82 *Livre des simples medecines*, n. 85(cardomomim), n.95(cinamome), n. 185(giroffle), n. 288(macis), n 329(poivre), n. 468(zunziber).

고, 특히 헤로도토스와 플리니우스와 같은 고대 작가들의 이야기는 중세 유럽인들에게 향신료에 관한 환상을 심어주는 데 일조했다.[83] 플리니우스의 저서를 참조한 이시도루스Isidorus는 7세기 초엽 자신의 저서 『어원학』에서 후추를 지키는 뱀에 관한 이야기를 했다.

> 후추나무는 인도에서 자라는데 카우카스산의 돌 틈에서 흔히 볼 수 있다. 잎이 주피터나무의 잎과 유사하다. 뱀들이 후추나무가 있는 숲을 지키고 있다. 하지만 그 지역의 원주민들은 후추가 익으면 불을 질러서 뱀을 쫓아내고, 그렇게 하면 불에 탄 검은색 후추가 만들어진다.[84]

이후 이시도루스의 이야기는 큰 내용상의 변화 없이 중세 후반의 기록들에서도 계속해서 재생산된다. 12세기 후반 동방의 기독교 왕국을 다스린다고 알려진 사제 요한이 비잔티움제국 황제 콤네누스 마누엘 1세에게 보낸 편지에도 동일한 내용이 나온다.[85] 14세기 초엽 동방을 여행했던 프란체스코 수도회 소속 수도사였던 오도릭Odoric of Pordenone

83 헤로도토스는 향신료 수확의 어려움을 지적하면서 인간의 접근이 불가능한 곳에서 자라는 육계를 수확하기 위해서는 육계를 자신의 둥지에 물어가는 새에게 고기를 주어서 새의 둥지가 너무 무거워 육계가 떨어지면 줍기만 하면 된다고 말했다. 플리니우스는 후추의 검은색은 태양에 건조시켜 그을려서 만들어진 것이라고 주장했다. Freedman(2005), pp.1209-1210; Pliny(1968), *Natural history*, vol. 4, Cambridge: Massachusetts, p.18.

84 "Piperis arbor nascitur in India, in latere montis Caucasi quod soli obuersum est, folia iuniperi similitudine. Cuius silvas serpentes custodiunt, sed incolae regionis illius, cum maturae fuerint, incedunt et serpentes igni fugantur, et inde ex flamma nigrum piper efficitur." Freedman(2005), p.1209.

85 Friedrich Zarncke(1996), "Prester John's letter to the byzantine emperor Emanuel, with a note by B. Hamilton on additional latin manuscript of the letter," *Prester John, the mongols and the ten lost tribes*, ed. by C. F. Beckingham and B. Hamilton, Aldershot: Variorum, p.80.

의 여행기에도 비슷한 종류의 뱀 이야기는 계속된다.[86] 당시 유럽인들은 이런 믿기 어려운 이야기를 일정 정도 사실로 받아들였던 것 같다. 맨더빌은 사제 요한의 편지와 오도릭의 여행기에 나오는 후추에 불을 놓아 뱀을 쫓는다는 이야기에 대해 약간의 의구심을 품기는 했지만 완전히 부정하지는 않았다. 14세기 인도를 여행하면서 후추 수확 과정을 실제로 목격했던 요르단 카탈라는 자신의 여행기에서 사람들에게 이런 이야기가 완전히 거짓말이니 믿지 말라고 역설했지만 일반인들의 환상적인 생각과 믿음을 바꾸지는 못했다.[87]

향신료를 둘러싼 가장 환상적인 이야기는 향신료가 지상낙원으로부터 흘러나온다는 것이었다. 중세 유럽인들은 지상낙원을 동아시아 어딘가에 실재하는 공간으로 인식했고,[88] 지상낙원에서 자라는 향신료가 낙원으로부터 발원하는 4개의 강(피손강, 기혼강, 티그리스강, 유프라테스강)을 통해서 인간 세상으로 흘러나온다고 믿었다. 지상낙원으로부터 발원하는 4개의 강에 대한 믿음은 구약에 근거한 것이었고, 중세 유럽인들은 대체적으로 기혼강을 나일강으로, 피손강을 갠지스강으로 간주했

86 여행기에서 그는 미니바르Minibar 왕국에 갔는데 그곳에서 후추가 자라고 있었고 후추 숲에는 뱀이 있는데 불을 질러 뱀을 쫓아내고 후추를 수확한다고 이야기한다. Odorico da Pordenone(2002), *The travels of friar Odoric*, trans. by H. Yule, Cambridge: William B. Eerdmans, pp.96-98.

87 "Nec credatis quod ponatur ignis ubi est piper, vel quod coquatur, sicut aliqui volunt dicere memdose." Christine Gadrat(2005), *Une image de l'Orient au XIVe siècle. Les Mirabilia descripta de Jordan Catala de Sévérac*, Paris: Ecole des Chartes, pp.229-230; Robert Silverberg(1972), *The realm of Prester John*, Ohio: Ohio University Press, pp.153-154. 마리뇰리도 후추에 관해서는 정확한 이야기를 했다. John of Marignolli(1929), "Relatio", ed. by Anastasius van den Wyngaert, *Sinica Franciscana*, vol. 1, p.539.

88 Jean Delumeau(2000), *History of Paradise. The Garden of Eden in myth and tradition*, translated from the french by M. O'Connell, New York: Continuum, pp.39-70.

• <헤리퍼드 세계 지도>, 1300년경, 헤리퍼드 대성당

다.[89] 중세 유럽인들에게 세상으로 흘러나오는 4개의 강의 원천인 지상낙원은 자신들이 모르는 진귀한 보물과 기이하고 신비로운 식물들이 자라는 곳이었다.[90] 지상낙원에서 가장 신비롭고 귀한 것은 생명의 나

89 4세기 시리아 교회의 유명한 교부였던 에프라엠Ephraem처럼 피손강을 도나우강으로 간주하는 사람들도 있었지만 이러한 견해는 소수의 견해였다. Delumeau(2000), p.40.

90 12세기 기록에 따르면 지상낙원에는 6백 종류의 경이로운 나무들이 자라고 있었다. Delumeau(2000), p.27.

무였다. 지상낙원과 가까운 곳에 사는 사람들은 이 생명수의 기운 덕분에 오래 살 수 있었고 중세 유럽 사람들은 동방의 사제 요한은 5백 살도 넘었다고 생각했다.[91] 4세기의 한 기록에 따르면 지상낙원으로 가는 입구에 사는 사람들은 지상낙원으로부터 흘러나오는 무한한 즐거움들을 향유할 수 있으며, 우리가 일상적으로 먹는 음식을 먹지 않고 매일 하늘에서 떨어지는 빵과 야생벌꿀과 후추로 만든 음료를 마셨다.[92]

향신료가 지상낙원으로부터 흘러나오거나 아니면 지상낙원과 가까운 곳에서 자란다는 이야기는 중세 유럽인들에게 허무맹랑한 거짓말로 간주되지는 않았다. 5세기 초엽 그리스 출신의 교부 필로스토르기우스Philostorgius는 지상낙원으로부터 흘러나온 정향나무가 피손강 주변에서 자란다고 이야기했다.[93] 12세기 주엥빌Joinville은 나일강의 수원은 지상낙원의 샘이고, 지상낙원에서 자라는 식물들은 바람에 의해 나일강을 따라 세상에 흘러나오며 이집트 사람들은 그물을 쳐서 지상낙원으로부터 흘러나오는 생강, 대황근Rhubarb, 알로에우드, 육계와 같은 향신료를 얻는다고 말했다.[94] 비슷한 시기의 브루네토 라티니Brunetto Latini도 후추, 생강, 육계와 같은 향신료가 피손강, 즉 갠지스강을 따라 세상으로 흘러나온다고 기록했다.[95] 몽골 평화Pax mongolica(1250-1350) 시대 유럽인들은 중국과 인도를 직접 다녀왔지만 아시아에 대한 환상적인 이

91 Bruno Laurioux(1993), "Vins musqués et flaveurs de paradis," *Le monde végétal*, Saint-Denis: Presses Universitaires de Vincennes, p.161.

92 Laurioux(1993) p.159.

93 Freedman(2008), p.92.

94 Jean de Joinville(1963), *History of Saint Louis, Chronicles of the Crusades*, translated by M. R. B. Shaw, Baltimore: Penguin, p.212.

95 Laurioux(1993), p.160.

• 지상낙원으로부터 흘러나오는 알로에우드를 줍는 모습(좌)
• 지상낙원과 4개의 강(우)

야기는 크게 사라지지 않았다.[96] 맨더빌의 여행기에 따르면 지상낙원으로부터 나오는 피손강(갠지스강)에는 보석, 알로에우드와 금이 엄청나게 많으며 나일강은 귀한 보석과 알로에우드를 지상낙원으로부터 가져온다.[97] 14세기 중엽(1339-1353) 인도와 중국을 직접 여행했던 프란체스코 수도회 소속 수도사 마리뇰리Marignolli조차도 자신의 여행기에 보석과 알로에우드가 지상낙원으로부터 흘러나온다고 기록했다.[98]

향신료에 관한 또 다른 환상은 지상낙원에 아주 가까이 있는 사제

---

96 Odorico da Pordenone(2002), *The travels of friar Odoric*, trans. H. Yule, Grands Rapids, Michigan & Cambridge: William B. Eerdmans; Gadrat(2005).

97 Jean de Mandeville(2000), *Le livre des merveilles du monde*, Paris: C.N.R.S., p.468; R. Tzanaki(2003), *Mandeville's medieval audiences. A study on the reception of the book of sir John Mandeville*, Aldershot: Ashgate, p.96.

98 John of Marignolli(1929), p.539.

요한 왕국과 관련된다. 중세 유럽인들은 동방 어딘가에 기독교 사제인 요한이 다스리는 왕국이 실재하며 이 기독교 왕국은 지상낙원과 아주 가깝기 때문에 산물이 풍성하고 진귀한 것이 많다고 생각했다.[99] 사제 요한의 편지에 따르면 요한 왕국에서는 후추가 생산되는 데 후추나무는 지상낙원에서 그리 멀지 않은 곳에서 자란다. 요한의 편지에도 후추와 뱀에 관한 이야기가 언급된다. 12세기 말 비잔티움제국 황제에게 전달된 사제 요한의 편지는 이후 많은 필경사들이나 번역자들에 의해 더욱더 과장되었고 그 결과 경이롭고 환상적인 이야기들이 더 늘어났다.

향신료가 지상낙원으로부터 흘러나오거나 지상낙원과 아주 가까운 곳에서 자라는 귀한 물건이었기 때문에 중세 유럽인들은 향신료에 신성한 가치를 부여했다.[100] 지상낙원으로부터 흘러나온 향신료는 불가사

---

99 사제 요한 왕국에 관한 이야기는 중세 유럽인들이 만들어낸 상상의 이야기였다. 그를 만나거나 왕국을 실제로 본 사람은 없었지만 많은 사람들이 요한 왕국을 자세하게 묘사했다. 사제 요한 왕국에 관한 전설이 구체화된 시기는 12세기 무렵이었다. 12세기 중엽 이슬람의 공격으로 위기에 처한 안티오크 공국의 레이몽은 가발라 주교 위그를 교황 에우게니우스 3세에게 파견해 도움을 요청한다. 주교는 1145년 비테르보 회합에서 동방박사의 후손인 사제 요한이 이슬람 세계를 협공하는 데 도움을 줄 수 있다는 이야기를 교황에게 전달했다. 프라이징의 주교 오토가 자신의 책(*Historia de duabus civitatibus*)에 이 이야기를 기록하면서 사제 요한 왕국에 대한 이야기는 널리 확산된다. 1160년대에는 사제 요한이 비잔티움 황제 콤네누스 마누엘 1세에게 보낸 편지가 유럽에 나타난다. 교황 알렉산드로스 3세는 첫 교황 사절을 임명해 그에게 파견하지만 사절은 예루살렘을 넘어가지 못했다. 이후 선교사들과 상인들도 동방에 있는 요한 왕국을 찾아 나섰다. 15세기 말 포르투갈 왕 주앙 2세는 사제 요한을 찾는 사절을 중동으로 파견하기도 했다. István Bejczy(2001), *La lettre du prêtre Jean. Une utopie médiévale*, Paris: Imago; Robert Silverberg(1972), *The realm of Prester John*, Ohio; C. F. Beckingham and B. Hamilton, ed.(1996), *Prester John, the mongols and the ten lost tribes*, Aldershot: Variorum.

100 Stefan H. Smith(2001), "The mystification of spices in the western tradition," *European Review of History*, 8: 119-136: Idem(2007), "Demystifying a change in taste: spices, space, and social hierarchy in Europe," *The International History Review*, 29: 237-257.

의하고 신비한 효능을 가질 수 있었다. 사제 요한 왕국의 후추숲은 올림포스 산자락에 위치해 있으며 그곳에는 모든 향기를 발산하는 젊음의 샘이 있는데 이 샘의 물은 지상낙원으로부터 흘러나온 것이었다. 새벽 공복에 이 샘물을 세 번 마시면 이후 어떤 병도 걸리지 않으며 영원히 32살의 젊은 나이로 살아갈 수 있었다.[101] 그런 샘물을 먹고 자라는 후추가 얼마나 신비로운 효능을 가졌겠는가? 불사조 신화도 향신료의 신비한 효능을 잘 보여준다. 영원한 생명의 상징이었던 불사조의 둥지에 있었던 것이 바로 육계였고 육계 덕분에 불사조는 부활할 수 있었다.[102] 향신료가 이 정도로 기적적인 효능을 가지고 있다고 굳게 믿지는 않았겠지만 중세 유럽인들은 향신료의 남다른 효능을 일정 정도는 인정하고 있었다. 실제로 유럽 사회에서 만병통치약으로 인기가 높았던 테리아카theriaca의 주성분도 향신료였다.[103] 사람들은 이 약이 탁월한 효능이 있다고 생각했고 테리아카는 변비, 고열, 흑사병 등 다양한 병에 대한 치료제로 사용되었다.[104]

중세 유럽인들이 향신료가 지상낙원으로부터 흘러나왔거나 지상낙원 가까운 곳에서 자란다고 생각했음을 잘 보여주는 향신료가 있었는데, 그 이름도 '지상낙원의 열매graine de paradis'였다. 생강과에 속하며 소두구와 비슷한 이 향신료의 원산지는 아프리카였지만 유럽인들은

---

101 이 내용은 사제 요한의 편지에 나온 것이다. Bejczy(2001), pp.182-183.

102 Laurioux(1993), pp.161-162.

103 유명한 의사였던 아르노 데 빌라노바의 테리아카에는 건포도, 감초, 설탕, 레몬, 육계, 정향, 육두구 씨, 갈링가, 아니스의 열매와 코코넛이 들어갔다. 당시 가장 유명했던 테리아카는 몽펠리에 테리아카로 83가지의 재료가 들어갔다. Smith(2001), pp.128-129; François Granel(1976), "La thériaque de Montpellier," *Revue d'histoire de la pharmacie* 64: 75-83.

104 Iris Origo(1963), *The merchant of Prato, Francesco di Marco Datini*, London: Penguin, p.304, 307, 404.

이것을 동방 향신료로 생각하고 있었다. 유럽인들은 향신료의 자생지는 동방 특히 인도 어딘가에 위치한 지상낙원이고, 이 지상낙원에서 흘러나오는 강을 통해 보석과 향신료 등이 인간세계에 전달된다고 믿었기 때문에 이 향신료를 그렇게 불렀던 것 같다. 초서의 『캔터베리 이야기』에 나오는 한 일화에 따르면 성모 마리아가 식도가 잘린 어린 소년을 구하기 위해 입에 넣어준 기적의 약이 바로 이 향신료였다.[105] 13세기 후반 유럽에 소개되어 14-15세기 엄청난 인기를 누리다가 16세기에 유럽 요리에서 거의 사라져버린 지상낙원의 열매가 겪은 운명은 유럽인들이 동방 향신료에 관해 가지고 있었던 환상을 보여준다. 이 현상에 관해 로리우는 포르투갈이 이 열매의 원산지가 아프리카라는 사실을 알고 난 후 이 열매에 대한 욕구와 열정이 사라져버렸다고 해석한다.[106]

위에서 언급한 향신료에 관련된 환상적인 이야기들은 중세 유럽인들에게 허무맹랑한 거짓이거나 단순한 과장이 아니라 일정 정도 현실성을 내포하고 있었다. 1497년 향신료의 원산지인 인도를 찾아 떠난 바스쿠 다 가마는 포르투갈 국왕이 사제 요한에게 보내는 친서를 가지고 갔다. 중세 유럽인들에게 동방에는 사제 요한이 다스리는 기독교 왕국이 존재하며, 그곳에는 향신료가 풍부하다는 믿음이 현실성이 없는 허구였다면 편지를 보내고 험난한 모험 여행을 떠날 이유가 없었을 것이다.[107]

* * *

위에서 살펴보았듯이 향신료의 주 용도는 양념과 약재였다. 그 외에

---

105 Paul E. Beichner(1961), "The grain of paradise," *Speculum* 36: 302-303.

106 Laurioux(2005), pp.286-293.

107 Bejczy(2001).

향신료는 향이나 화장품으로도 사용되었다.[108] 물론 향이나 화장품으로 사용된 향신료의 양은 양념과 약재로 사용된 양과 비교가 되지 않을 정도로 적었다. 요컨대 향신료는 밋밋하고 단조로운 중세 유럽 음식에 맛과 향을 부여하고, 향으로 중요한 사회적·종교적 의식을 신성하게 만들고, 병을 예방하고 치료하며 지루하고 고통스러운 삶을 이겨낼 수 있게 해주었다.

하지만 이러한 생물학적이고 실질적인 용도만으로 향신료에 대한 중세 유럽인들의 열망과 욕구를 충분히 설명하기는 어렵다는 사실을 향신료를 둘러싼 환상적인 이야기를 통해 알 수 있었다. 유럽인들은 아시아에서 생산된 향신료에 대해서 좀 더 특별한 사회적 의미와 가치를 부여했다. 후추나무를 지키는 뱀 이야기는 후추 수확의 어려움과 희소성을 잘 보여준다. 그렇지만 동방산 향신료가 특별한 의미를 가졌던 것은 향신료가 지상낙원으로부터 발원하는 강을 따라서 지상으로 흘러나오거나 지상낙원의 신비한 기운이 미치는 곳에서 자라기 때문이었다. 그런 점에서 동방 향신료는 유럽에서 생산된 향신료보다 더욱 신비한 효능과 가치를 지닐 수 있었다. 특히 지상낙원과 아주 가까운 곳에 위치해 있고, 지상낙원의 기운을 받고 자라는 향신료가 풍부하며, 기독교 사제 요한이 다스리는 왕국은 유럽인들에게 동경과 선망의 대상이었으며 궁극적으로는 유럽인들로 하여금 이 신비스러운 땅을 찾아 모험여행을 떠나게 만들었다. "기독교인들과 향신료를 찾아서 이곳에 왔소." 라는 바스쿠 다 가마 일행의 이야기는 동방과 향신료에 대한 유럽인들의 환상적인 믿음과 사고로부터 연유한다. 그런 점에서 때론 환상이 역사를 움직이는 동력이기도 한 것이다.

---

108 Michel Balard(1987), "Importations des épices et fonctions cosmétiques des drogues," *Les soins de beauté: Moyen Age*, Nice: Université de Nice, pp.125-133.

5장 중세 말 베네치아의 향신료 무역 독점과 물적 기반

많은 역사가들이 인정하듯이 베네치아는 중세 말 지중해 향신료 무역을 주도했다.[1] 제노바 상업사 전공자인 자크 에르스Jacques Heers는 베네치아가 중세 말 레반트 무역(동지중해 무역)을 독점했다고 말한다. 향신료가 레반트 무역에서 가장 중요한 거래 품목이었기 때문에 그의 해석은 베네치아가 향신료 무역을 독점하고 있었음을 의미한다.[2] 애쉬터Eliyahu Ashtor는 베네치아가 레반트 무역을 완전히 독점했다고 말하기는

---

* 이 장은 「1395년 베네치아 향신료 무역」이라는 제목으로 2013년 『동국사학』 54호에 게재된 논문을 수정·보충한 것이다.

1 웨이크는 1400년부터 1700년까지의 유럽과 베네치아의 향신료 수입량을 도표로 작성했다. 이 도표는 베네치아가 15세기 지중해 향신료 무역을 거의 독점하고 있었음을 잘 보여준다. C. H. H. Wake(1979), "The changing pattern of Europe's pepper and spice imports, ca. 1400-1700," *Journal of European Economic History* 8: 363.

2 Jacques Heers(1961), Gênes au XV' siècle: activité économique et problemes sociaux Paris, Paris: S.E.V.P.E.N., p.579.

어렵지만 향신료 무역에서 베네치아가 가장 많은 비중을 차지하고 있었다는 사실은 인정했다.[3]

많은 사료들도 베네치아가 중세 말 지중해 향신료 무역을 주도했다는 사실을 증명한다. 1400년경에 작성된 발루타valuta라 불리는 상품시세표는 베네치아가 유럽 제일의 향신료 시장이었음을 보여준다. 일반적으로 규모가 큰 시장일수록 향신료의 계량과 판매 단위가 크다. 대표적인 향신료였던 후추가[4] 베네치아 시장에서는 카리카(carica=400베네치아파운드=약 120kg) 단위로 판매되었고, 두 번째로 중요했던 제노바 시장에서는 100제노바파운드 단위로 거래되었다. 반면 베네치아로부터 향신료를 공급받았던 북대서양의 브뤼헤에서는 후추가 파운드 단위로 거래되었다.[5] 중세 말 통용되던 상업 안내서 또한 위의 계량 단위들이 일반적으로 통용되고 있었음을 보여준다.[6]

분명 베네치아는 중세 말 독점에 가까울 정도로 향신료 무역을 주도했다. 이 장에서는 어떻게 베네치아가 지중해 향신료 무역을 주도할 수 있었는지를 밝히려고 한다. 이를 위해서 이 장에서는 단편적인 사례와 수치를 나열하기보다는 베네치아 상인들이 동지중해의 이슬람 영토에서 향신료를 구입해서 이를 선박으로 수송해 최종적으로 유럽인들에게 공급하는 과정을 상세하게 살펴볼 것이다. 1년 동안 베네치아의 향신

---

3 베네치아 상인 다음이지만 제노바와 카탈루냐 상인들도 꽤 많은 향신료를 거래했다. Eliyahu Ashtor(1974), "The venetian supremacy in levantine trade: monopoly or pre-colonialism," *Journal of European Economic History* 3: 5-53; Wake,(1979), pp.361-403.

4 중세 말 후추는 동방으로부터 수입되던 전체 향신료 중에서 반 이상을 차지하고 있었다.

5 도시별로 사용하고 있던 파운드에 약간의 무게 차이가 있지만 이러한 해석에 영향을 줄 정도는 아니었다. Melis(1972), pp.298-306, 314.

6 Pegolotti(1936), *La pratica della mercatura*, ed. by A. Evans, Cambridge: Medieval Academy of America, p.137, 215, 238.

료 무역이 구체적으로 어떻게 이루어졌는지를 면밀히 분석하면 베네치아가 향신료 무역을 주도할 수 있었던 이유를 찾을 수 있을 것이다.

그렇지만 이와 같은 작업은 결코 용이하지 않다. 우선 이에 필요한 충분한 사료가 남아 있지 않기 때문이다. 수송에 누가 참여했는지, 얼마나 많은 양의 향신료를 구입했는지, 동지중해로부터 수송해온 향신료를 누구에게 팔았는지 등등에 관한 사료가 항상 남아 있는 것은 아니다. 이러한 사정을 감안할 때 1395년은 이러한 연구를 수행하기에 이상적인 해이다. 우선 향신료 수송을 전담했던 갤리선단의 경매 기록이 베네치아 원로원 문서에 남아 있다.[7] 원로원 문서에는 수송에 참여한 갤리 선박의 수와 크기, 경매에 참여해서 낙찰을 받았던 상인들, 항로와 일정에 대한 상세한 규정 등이 언급되어 있다. 그리고 중부 이탈리아 프라토 출신의 상인 프란체스코 다티니가 남긴 문서는 베네치아 갤리선단이 얼마나 많은 양의 향신료를 베네치아로 들여왔는지를 상세하게 보여준다. 이뿐만 아니라 다티니 문서는 당시 베네치아가 유럽 제일의 향신료 시장이었음을 생생하게 증명한다.[8] 그렇다고 1395년 향신료 무역의 모든 과정을 재구성할 수 있을 정도로 많은 사료가 남아 있는 것은 아니다. 예컨대 1395년 갤리선단이 베네치아로 수송해온 향신료가 어떻게 팔려나갔는지, 상인들은 향신료 거래에서 얼마만큼의 수익을 얻었는지 등을 알려주는 사료는 발견되지 않았다. 사료가 없어 재구성이 불가능한 측면들은 다른 시기의 자료를 활용해 이를 보충하려고 한다. 왜냐하면 중세 말 베네치아 향신료 무역은 매우 규칙적이고 정기적으로 이루어졌기에 연도별로 무역 형태와 양상이 크게 달라지지 않았기 때문이다. 특히 15세기 초엽 베네치아 상인들이 작성한 회계장

7 Archivio di Stato di Venezia(이하 ASV로 축약), Senato Misti.

8 Archivio di Stato di Prato(이하 ASP로 축약), Datini.

부와 편지는 이렇게 베네치아로 수송되어 온 향신료가 어떤 상인들에게 팔려나갔고, 얼마나 많은 이윤을 얻었는지 등을 우리에게 구체적으로 알려준다.[9]

1. 향신료 수송 선단의 운영권 경매와 출항

중세 말 베네치아가 향신료 무역에서 주도적인 역할을 할 수 있었던 가장 중요한 요인 중의 하나는 향신료 수송을 전담하는 갤리선단을 창설한 것이었다.[10] 당시 지중해에서 특정 상품의 수송을 전담하는 정기선단 제도를 운영한 것은 베네치아가 거의 유일했다.[11] 베네치아는 매년 정해진 기간에 향신료를 안정적으로 수송해서 공급함으로써 유럽 제일의 향신료 분배시장으로 성장할 수 있었다.

14세기 초 베네치아 정부는 이집트에서 베네치아로 향신료를 수송하기 위해 갤리선단 제도를 창설했다. 하지만 이 시기는 십자군 왕국이 맘루크제국의 수중에 들어가면서 서유럽에서 맘루크제국과의 모든 관계를 단절하고 십자군 공격을 해야 한다는 주장들이 넘쳐났던 시기이다.[12] 교황청도 이집트와의 교역을 중단한다는 일련의 칙령들을 반포

9 그중에서도 소란초 상사Fraterna Soranzo가 남긴 회계장부와 서신이 특히 중요하다. ASV, Miscellanea Gregolin, busta 14, conti Soranzo.

10 Lane(1973), p.287.

11 15세기 피렌체가 피사 항구를 획득하면서 베네치아 제도를 모방해 정기선단 제도를 운영했지만 베네치아와의 경쟁에서 패해 결국에는 운행을 포기해야만 했다. Michael E. Mallett(1967), *The florentine galleys in the fifteenth century*, Oxford: Clarendon Press 참조.

12 가장 대표적인 사람으로는 베네치아 출신의 마리노 사누도Marino Sanudo가 있다. 그는 십자군을 어떻게 해야 성공할 수 있는지를 책으로 저술해 교황을 포함한 유럽의 군주들을 찾아다니면서 십자군을 호소했다. Marino Sanudo(2011), *Marino Sanudo Torsello,*

했고 시간이 지날수록 더욱 강경한 입장을 취했다. 그 결과 알렉산드리아행 갤리선단은 1313년부터 1344년까지 운항을 중단할 수밖에 없었다.[13] 운항이 재개된 것은 1345년부터였다. 베네치아 정부의 끈질긴 요구 끝에 교황은 1344년 베네치아 정부에게 향후 5년 동안 총 6척의 갤리선과 4척의 원형 범선을 맘루크제국 영토에 파견하는 것을 허용했다. 1345년 베네치아 정부는 4척의 원형 범선 대신에 7척의 갤리선을 파견하게 해달라고 요청했고 교황청은 이러한 요청을 수용했다. 그 결과 5년 동안 총 13척의 갤리선이 베네치아와 맘루크 영토를 오갈 수 있게 되었다.[14]

1374년부터 베네치아 정부는 베이루트행 갤리선단을 운영하기 시작했다. 베이루트행 갤리선단은 키프로스행 갤리선단을 대체하기 위해 도입되었다. 제노바가 키프로스 제일의 항구였던 파마구스타를 장악하면서 양자 사이의 관계가 악화되었고 그로 인해 베네치아는 키프로스를 가급적이면 피하려고 했다. 1374년과 1375년 시범적인 운행이 성공하자 베네치아 정부는 베이루트행 갤리선단을 정기적으로 파견했고 이는 15세기 말까지 계속되었다.[15] 향신료의 수요가 증가하자 베이루트행 갤리선단의 필요성이 더욱 증가했다.

The Book of the Secrets of the Faithful of the Cross, trans. by Peter Lock, Surrey: Ashgate; Stefan K. Stantchev(2009), *Embargo: the origins of an idea and the implications of a policy in Europe and the Mediterranean, ca. 1100-ca. 1500*, Ann Arbor: University of Michigan, pp.175-263.

13 Doris Stöckly(1995), *Le système de l'incanto des galées du marché à Venise(fin XIIIe-milieu XVe siècle)*, Leiden, New York and Köln: Brill, pp.132-133.

14 교황청이 배의 크기를 언급하지 않았기 때문에 베네치아 정부는 최대한 큰 선박을 건조하려고 노력했다. 실제로 당시로선 가장 큰 갤리선과 원형 범선이 건조되었다. Frederic C. Lane(1987), "Venetian galleys to Alexandria, 1344," *Studies in venetian social and economic history*, ed. by B. G. Kohl and R. C., vol. XIII, London: Variorum Reprints, p.435; Ashtor(1983a), pp.66-67.

15 Stöckly(1995), pp.143-152.

결국 베네치아는 14세기 후반 향신료를 수송하기 위해 두 개의 정기선단을 운영하게 되었다. 1395년 5월 27일 베네치아 원로원은 베이루트로 5척의 갤리선을, 알렉산드리아로 3척의 갤리선을 파견하기로 결정했다. 당시 평균적으로 베이루트 노선에는 3-5척을, 알렉산드리아 노선에는 3-4척 정도의 갤리선을 파견하는 것이 관행이었다.[16] 1394년에는 6월 4일에 원로원에서 갤리선단 운영권 경매에 관한 논의가 있었던 것을 감안하면 1395년에는 일정을 약간 앞당긴 것이었다.[17] 원로원 회의에서는 갤리선단의 운영에 관한 모든 것을 상세히 규정했다. 1395년 회의에서 결정된 사항들은 다음과 같다. 베이루트 노선에 투입할 갤리선은 비잔티움제국 노선에 투입할 갤리선과 같은 크기의 선박이어야 했다. 알렉산드리아로 보낼 갤리선은 대형 갤리선으로 당시 베네치아 정부 소유의 조선소에서 정박하고 있었다. 갤리선의 무장뿐만 아니라 운항에 필요한 삭구와 기타 물품 준비도 관행에 따른다고 결정되었다. 갤리선단을 이끌 선단장 선출은 대위원회Maggiore Consiglio에서 관행에 따라 이루어질 것이었다. 선단장의 급료와 그와 관련된 기타 조건들은 지난해의 기준에 따를 것이다. 이는 갤리선단의 운영이 이미 오래전부터 내려오는 관행에 따라 이루어지고 있음을 보여준다.

모든 갤리선에 대한 경매 입찰자(갤리 선박의 운영권 입찰자)가 있을 때에만 경매는 완결될 수 있었다. 한 척이라도 입찰자가 없을 경우 경매는 유찰되었다. 개별 선박에 대한 입찰은 개인적으로 이루어졌지만 모든 선박은 일정 부분 공동의 책임을 졌다. 즉 예외적인 문제와 사고에 대비해 선적한 상품의 가격에 비례해 일정 정도 공동기금을 마련했다 sint ad unum denarium eundo, stando et redeundo.[18]

16 ASV, Senato Misti, reg. 43, fo 63v, 64v.

17 ASV, Senato Misti, reg. 43, fo 9v.

18 Stöckly(1995), p.58.

베이루트행 갤리선단의 경매에서 선단 운영권을 따낸 사람은 피에트로 쿠이라노Pietro Cuirano(122리라,[19] 4솔디), 프란체스코 레오노Francesco Leono(127리라, 11솔디), 피에트로 데 카날리Pietro de Canali(126리라, 11솔디), 로렌초 브라가딘Lorenzo Bragadin(103리라, 14솔디), 조반니 미니오Giovanni Minio(113리라) 등 다섯 명이었다. 베이루트행 갤리선단의 총 경매 가격은 593리라, 즉 5930두카토였다.[20] 다섯 사람 모두 귀족 가문 출신의 상인들이었다. 피에트로 데 카날리는 한 해 전에 알렉산드리아행 갤리선단의 운영권을 따냈었다.[21]

알렉산드리아행 갤리선단 운영권을 따낸 사람은 세 명의 상인, 조반니 로레단Giovanni Loredan(252리라, 10솔디), 제로니모 콘타리니Geronimo Contarini(240리라, 1솔디)와 조반니 아보콜리스Giovanni Abocholis(233리라, 10솔디)였다.[22] 알렉산드리아행 갤리선단의 총 경매 가격은 726리라 1솔디였다. 두카토로 환산하면 약 7261두카토였다. 베이루트행 갤리선단의 운영권을 획득한 상인들이 모두 귀족 출신이었듯이 알렉산드리아행 갤리선단의 운영권을 획득한 사람들도 베네치아를 대표하는 귀족 출신들이었다.

1395년 이전과 이후 시기의 경매 기록을 조사해보면 알렉산드리아행과 베이루트행 갤리선단 사업에 투자한 사람은 모두 귀족 출신들이었고 평민은 한 명도 없었음을 알 수 있다. 베네치아 국정을 운영하는 귀족들이 갤리선단 사업에까지 적극적으로 참여했다. 이들은 자신들에게 유리한 경제 정책을 운영했을 것이다. 그렇지만 몇몇의 귀족 가문이 향신료 수송 사업을 독점한 것은 결코 아니었다. 벰보Bembo, 브라가딘

19 당시 1리라lira di grossi는 10두카토에 해당했다. Ashtor(1983a), p.119.

20 ASV, Senato Misti, reg. 43, fo 64r.

21 ASV, Senato Misti, reg. 43, fo 8v.

22 ASV, Senato Misti, reg. 43, fo 64v.

Bragadin, 카펠로Capello, 데 카날리De Canali, 콘타리니Contarini, 코너Corner, 돌핀Dolfin, 그라데니고Gradenigo, 주스티니아노Justiniano, 롱고Longo, 로레단Loredan, 소란초Soranzo, 티에폴로Tiepolo, 자네Zane 등 다수의 귀족 가문들이 동지중해행 갈리 사업에 참여하고 있었다. 안토니오 브라가딘Antonio Bragadin처럼 갈리 사업에 정기적으로 참여하는 상인들도 있었지만 대체적으로 베네치아 귀족 출신의 상인들은 한곳에 집중 투자하기보다는 여러 곳에 자본을 분산시켰던 것으로 추정된다.[23] 실제로 베네치아는 다른 여러 노선에 갈리선단을 운영하고 있었고 갈리선단 이외

23 ASV, Senato Misti, reg. 42, fo 113v, 114r; reg. 43, fo 8v, 9v, 134v; reg. 44, fo 6v, 48r.

경매 낙찰자와 입찰 가격

연도	알렉산드리아행 갈리선단	베이루트행 갈리선단
1393	Niccolo Paulo(138L. 1S.) Bernardo Justiniano(187L. 1S.) Lazaro Darpino(181L. 1S.)	Andrea Venerio(89L. 11S.) Pasquale Zane(92L. 8S.) Antonio Bragadin(99L. 1S.) Marco Bembo(99L. 1S.)
1394	Pasquale Zane(190L. 6S.) Pietro De Canali(197L. 1S.) Antonio Bragadin(194L. 1S.)	Rogerio Corner(36L. 9S.) Andrea Zane(41L. 12S.) Vito de Canali(49L. 4S.) Bernardo Dolfin(51L. 3S.)
1396	Andrea de Molino(200L.) Antonio Bellegno(193L. 15S.) Alexandrino Contarini(196L. 5S.)	Bernardo Dolfin(125L. 1S.) Niccolo Donato(133L. 11S.) Angelo Gradenigo(127L.) Niccolo Bragadin(123L.) Andrea Gisi(129L 5S.)
1397	Antonio Bragadino(218L.) Pietro Arimondo(215L. 6S.) Giovanni Minio(214L. 3S.)	Bernardo Longo(165L. 3S.) Antonio Soranzo(171L.) Vito de Canali(153L. 3S.) Marco Justiniano(160L. 5S.) Lorenzo Tiepolo(160L.)
1398	Antonio Bragadin(211L. 11S.) Giovanni Geno(213L. 1S.) Angelo Gradenigo(211L. 2S.)	Jacobo Romano(95L. 2S.) Heustachio Truono(100L.) Benedetto Dolfin(93L. 3S.) Niccolo Capello(97L. 2S.) Antonio Soranzo(100L.)

에 범선단도 운영하고 있었기 때문이다.

베이루트 갤리선단은 8월 8일까지 선적을 완료해서 8월 12일까지는 베네치아 항구로부터 출발해야만 했다.[24] 출항일까지 상인들은 상품 선적에 분주했고, 각 선박의 선장들은 필요한 선원을 모집하는 데 정신이 없었다. 왜냐하면 당시 대형 갤리선 한 척에 200명 정도의 선원이 필요했기에 이집트와 시리아에 투입되는 총 8척의 갤리선에 필요한 선원 1,600명을 모으는 일은 그렇게 쉬운 일이 아니었기 때문이다.[25] 게다가 다른 노선에 투입되는 선박에 필요한 선원까지 합치면 선원 모집 경쟁은 치열했음에 틀림없다. 베네치아 도제 토마소 모체니고의 이야기에 따르면 15세기 초 베네치아는 300척의 중대형 범선과 45척의 중대형 갤리 선박을 보유하고 있었고 범선 운영에는 8천 명의 선원이, 갤리 선박 운영에는 만 천 명의 선원이 필요했다. 즉 선박 운영에 총 만 7천 명의 선원이 필요했고 이는 베네치아 인구의 20%에 해당하는 수치였다. 한마디로 대부분의 성인 남자는 선원으로 고용되어 있었고, 그만큼 필요한 선원을 확보하기는 쉽지 않았다.[26]

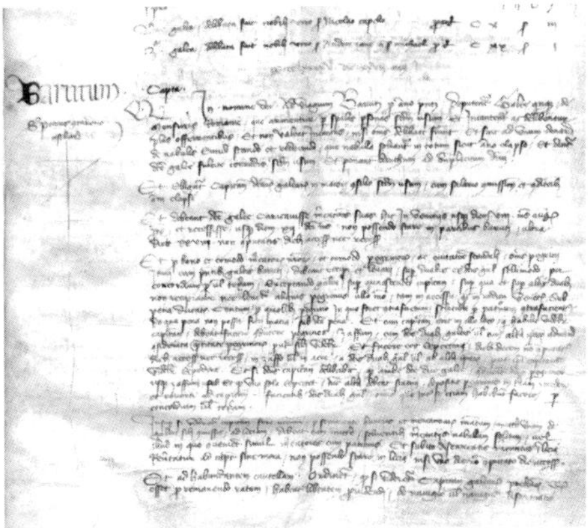

• 1395년 베이루트행 갤리선단 경매 기록

알렉산드리아행 갤리선단의 운항도 베이루트행 갤리선단의 운항과

24 ASV, Senato, Deliberazioni, Misti, reg. 43, fo 63v.

25 Stöckly(1995), p.59.

26 Braunstein et Delort(1971), pp.123-125.

비슷한 조건에서 결정되었다. 1395년 알렉산드리아행 갤리선단의 운영은 이전 해와 동일했다.[27] 물론 두 갤리선단의 세부 일정에 약간의 차이는 있었다. 알렉산드리아행 갤리선단은 8월 18일까지 베네치아에서 선적을 완료해야 했으며 같은 달 22일 전까지 베네치아 항구를 출발해야만 했다.

동지중해로 떠날 갤리선단이 출항 준비를 하는 7월과 8월은 베네치아에서 돈이 가장 마르는 시기였다. 왜냐하면 시리아와 이집트 시장에서 판매할 상품을 사기 위한 자금뿐만 아니라 현지에서 구입할 향신료 대금 또한 마련해야 했기 때문이다. 통상적으로 동지중해 지역과의 거래에서 베네치아 상인들은 무역 적자를 보고 있었다. 수출보다는 수입이 많았던 것이다. 그런 연유로 갤리 상선은 항상 귀금속 상자를 동방으로 싣고 갈 수밖에 없었다.[28]

알렉산드리아행 갤리선단은 구리, 수은, 벨벳, 유리 세공품, 모직물 등을 선적했다. 특히 구리의 비중이 압도적이었다. 교회는 구리를 비롯한 금속들을 이슬람 세계에 파는 행위를 금하고 있었지만 베네치아 상인들은 이를 크게 신경 쓰지 않았다.[29] 베네치아에서 생산한 비누는 중요한 수출 품목이었다. 비누는 갤리선뿐만 아니라 어떤 형태의 선박에도 선적할 수 있었으며 선적 시기도 상관없었다. 일반적으로 베네치아 상업 규정에 따르면 특정 상품은 특정 선박에 특정 시기에 한해서 선적할 수 있었다. 5척의 갤리선 중에서 2척은 화물뿐만 아니라 상인과 예루살렘 순례자들을 승선시킬 수 있었다.

---

27 ASV, Senato, Deliberazioni, Misti, reg. 43, fo 64v.

28 Frederic C. Lane(1966), "Rhythm and rapidity of turnover in venetian trade of the fifteenth century," in *Venice and history: the collected papers of Frederic C. Lane*, Baltimore: The Johns Hopkins University Press, pp.109-110.

29 Heers(1955), p.167.

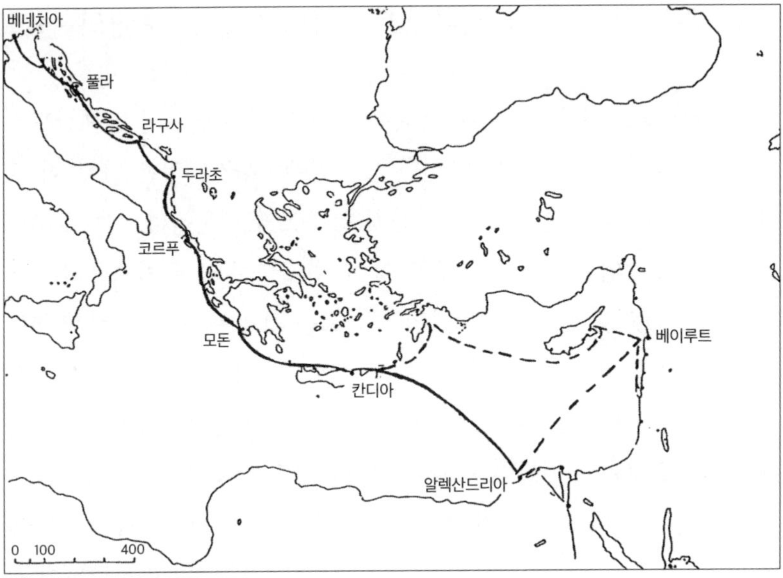

• 알렉산드리아행 갤리선단 항로

두 선단은 에게해의 크레타섬까지는 동일한 노선을 따라갔다. 알렉산드리아행 갤리선단은 풀라, 라구사, 두라초, 코르푸, 모돈(2일)을 경유해 크레타섬의 칸디아(4일)에 당도했다. 칸디아항을 떠난 알렉산드리아행 갤리선단은 다른 곳에 기항하지 않고 곧바로 알렉산드리아로 향했다(20일).[30] 베이루트행 갤리선단 또한 칸디아까지는 동일한 항로(풀라-라구사-두라초-코르푸-모돈-칸디아)를 따라갔다. 칸디아에서 로더스섬, 키프로스섬을 경유해 시리아의 항구 도시들(라오디키아, 트리폴리, 베이루트, 아크레, 야파)에 기항했다. 15세기 베이루트행 갤리선단이 베네치아를 출발해 시리아의 항구에 이르는 데는 평균 45일이 소요되었다.[31]

30 Stöckly(1995), pp.130-132.

31 Stöckly(1995), p.144, 150.

2. 알렉산드리아와 베이루트에서의 향신료 구매와 선적

왜 베네치아 정부가 향신료를 수송하기 위해 이집트의 알렉산드리아와 시리아의 베이루트에만 선단을 파견했을까? 그것은 바로 이 두 항구가 동지중해 제일의 향신료 선적 항구였기 때문이다. 인도로부터 동지중해로 수입된 향신료는 주로 이 두 항구를 통해 유럽으로 수출되었다. 전통적으로 인도에서 생산된 향신료는 크게 세 가지 노선을 통해 동지중해로 들어왔다. 위치상 가장 북쪽에 있어 통상적으로 북방 노선이라 불리는 길은 콘스탄티노플에서 흑해를 지나 중앙아시아의 거대한 대륙을 연결하는 노선이다. 중앙에 위치해 중앙 노선이라 불리는 두 번째 노선은 바그다드, 바스라, 페르시아만을 통해 동지중해와 인도양을 연결하는 길이다. 중앙 노선을 통해 동지중해로 수입된 향신료는 주로 베이루트 항구를 통해 유럽으로 수출되었다. 가장 남쪽에 위치한 남방 노선은 알렉산드리아에서 출발해 홍해를 경유해 인도양에 이르는 바닷길이었다. 남방 노선을 통해 지중해로 들어온 향신료는 거의 대부분 알렉산드리아 항구를 통해 유럽으로 수출되고 있었다.[32]

위에서 언급한 세 가지 노선을 통해 아시아 향신료가 지중해로 수입되었지만 세 노선의 비중과 역할은 상대적으로 달랐다. 일반적으로 아시아 향신료는 주로 중앙 노선과 남방 노선을 통해 동지중해 지역으로 들어왔다. 반면 북방 노선은 향신료가 운송되기에 여러 가지 여건상 적합하지 않았기 때문에 향신료 수송에서 보조적인 역할밖에 하지 못했다. 즉 북방 노선은 주로 중앙 노선과 남방 노선을 통한 향신료 수입에 문제가 발생했을 경우 대안으로서 기능했다. 북방 노선을 통해 꽤 다

32 재닛 아부-루고드(2006), 『유럽 패권 이전: 13세기 세계체제』, 박홍식 · 이은정 옮김, 까치, 163-175쪽.

량의 향신료가 유입되었던 시기는 몽골이 유라시아 세계를 정복하면서 세계 제국을 건설한 13세기 중엽에서 14세기 중엽까지였다. 게다가 1291년 동지중해 십자군 왕국의 마지막 거점까지 맘루크제국의 수중에 들어가자 교황청은 맘루크제국과의 전면적인 교역 중단을 선언했다.[33] 그로 인해 이집트의 알렉산드리아와 시리아의 베이루트에서 향신료를 구입하기가 어려워지자 북방 노선을 통한 향신료 수입이 증가할 수밖에 없었다. 그러나 14세기 중엽 몽골제국이 와해되면서 북방 노선을 통한 향신료 수입은 이전처럼 줄어들었다. 그런 연유로 14세기 중엽 교황청은 어쩔 수 없이 맘루크제국과의 교역을 부분적으로 허용했고 베네치아 갤리선단은 다시 이집트의 알렉산드리아를 찾게 되었던 것이다.[34] 다시 중앙 노선과 남방 노선을 통한 향신료 수입이 정상화되었다. 이러한 구조는 인도로 가는 새로운 항로가 개척되는 15세기 말까지 지속되었다.

1429년 마르틴 베하임Martin Behaim이 제작한 지구의에는 동남아시아에서 생산된 향신료가 이슬람 세계를 거쳐 유럽으로 수입되는 과정이 상세하게 묘사되어 있다.

> 향신료가 인도의 향신료 제도에서 우리나라에 도착할 때까지는 다음과 같은 많은 절차가 필요하다.
>
> 첫 번째, 대大자바Java Major라고 부르는 섬의 주민들이 다른 여러 섬에서 향신료를 사 모은다.
>
> 두 번째, 성 도마가 묻혀 있는 세이란Seilan섬에서 온 사람들이 자바에서 향신료를 구입해 자신들의 섬으로 가져간다.

33 Ashtor(1983a), pp.3-63.

34 Ashtor(1983a), p.64.

• 마르틴 베하임의 지구의

세 번째, 실론 혹은 세이란섬에서 하역하면서 관세를 지불하고, 아우레아 케르소네수스Aurea Chersonesus섬의 상인들에게 판매되어 다시 하역된다.

네 번째, 타프로바나Taprobana의 상인들이 그곳에서 향신료를 구입한 다음 관세를 지불하고 자신들의 섬으로 가져간다.

다섯 번째, 아라비아반도 남쪽 아덴 항구의 이슬람교 상인들이 그곳에서 향신료를 구입한 다음 관세를 지불하고 구입한 뒤 자신의 나라로 가져간다.

여섯 번째, 카이로 상인들이 구입하여 바다를 건넌 다음 육로로 계속해서 더 운송된다.

일곱 번째, 베네치아 등지의 상인들이 구입한다.

여덟 번째, 베네치아에서 독일인들에게 재판매되며, 이때 관세를

영국
프랑스
브뤼헤
프랑크푸르트
뉘른베르크
베네치아
알렉산드리아
아덴
실론
자바
Gulf of Biscay
Atlas Mountains
Sahara
AFRICA
Black Sea
Caspian Sea
Arabian Sea
Bay of Bengal
Himalaya
South China Sea
Philippines Sea
Japan Sea
OCEAN
INDIAN
AUSTRALIA

• 향신료 수입 루트

지불한다.

아홉 번째, 프랑크푸르트나 브뤼헤 등지에서 재판매된다.

열 번째, 영국과 프랑스에서 판매된다.

열한 번째, 위와 같은 과정을 거쳐 마지막으로 소매상의 손에 들어간다.[35]

그렇기 때문에 1453년 오스만제국이 비잔티움제국을 무너뜨리면서 동지중해 향신료 무역이 중단되었고, 이로 인해 유럽으로의 향신료 수입이 줄고 유럽 시장에서 향신료 가격이 올라 결국에는 새로운 향신료 루트를 개척하게 되었다는 역사 해석은 틀린 것이다. 20세기 초 이미 역사가 라이버Albert H. Lyber는 이러한 해석이 틀렸음을 지적했다.[36] 이후 다수의 역사가들이 구체적인 사료에 근거해 기존의 해석에 오류가 있음을 증명했다. 구체적으로 비잔티움제국이 멸망한 이후에도 유럽 시장에서 후추 가격은 오르지 않았으며 향신료 수입량 또한 줄어들지 않았다는 사실을 밝혔다.[37] 그리고 비잔티움제국이 망하기 이전에도 콘스탄티노플 시장은 베이루트와 알렉산드리아처럼 중요한 향신료 시장이 결코 아니었다. 실제로 1395년 베네치아 상인들이 비잔티움제국에서 구입한 후추는 알렉산드리아와 베이루트 시장에서 구입한 총 후추의 2% 정도밖에는 되지 않았다.[38] 하지만 이러한 연구 성과와 구체적인 사실에도 불과하고 여전히 잘못된 해석이 완전히 사라지지 않고

---

35 자딘(2003), 304-306쪽.

36 Albert H. Lyber(1915), “The Ottoman Turks and the routes of oriental trade,” *English Historical Review* 30: 577-588.

37 Lane(1968), pp.590-597; Lane(1973), p.289; Wake(1979), pp.361-403; Herman van der Wee(1963), *The growth of the Antwerp market and the european economy*, The Hague.

38 Wake(1979), p.396.

있다.[39]

분명히 14세기 말 유럽 상인들이 향신료를 구입하는 제일의 시장은 베이루트와 알렉산드리아였다. 그런 연유로 베네치아 선단들의 최종 목적지가 바로 알렉산드리아와 베이루트였던 것이다. 당연히 예상할 수 있듯이 유럽 상인들 중에서 알렉산드리아와 베이루트에서 가장 많은 향신료를 구입한 사람들은 베네치아 상인들이었다. 당시 알렉산드리아에서 활동하고 있던 베네치아 상인은 대략 40명 정도였다. 1403년 알렉산드리아에 있던 베네치아 상인은 약 37명 정도였다.[40] 현지에서 베네치아 상인들이 보유하고 있던 상관도 베네치아의 위상을 보여준다. 베네치아 상인들은 알렉산드리아에 두 개의 상관을 가지고 있었다. 반면 베네치아의 제일의 경쟁 상대였던 제노바는 하나의 상관만을 유지하고 있었다. 카탈루냐와 프랑스 상인들은 좀 더 작은 규모의 상관을 유지하고 있었다. 베네치아 상관은 벽으로 둘러싸여 있었고 여러 층으로 구성된 복합 건물이었다. 중앙 마당에서는 상품 포장과 선적이 이루어졌고, 1층에는 상품 창고와 가게들이 있었으며, 위층에는 상인들의 숙소가 있었다. 목욕탕을 비롯해 생활에 필요한 시설들이 갖춰져 있었고, 마당에는 가축들이 있었다. 베네치아 상인들은 이슬람의 축일인 금요일 예배 시간과 야간에는 상관 밖으로 외출할 수 없었지만 상

---

39 프랑스 중학교 역사·지리 교과서들에는 오스만 투르크가 1453년 콘스탄티노플을 점령함으로써 이전까지 유럽 상인들이 향신료, 비단, 금을 들여오는 육로를 막아버렸고 이로 인해 유럽인들은 바다를 통해 인도로 직접 가는 길을 찾아 나섰다고 기술되어 있다. 한국의 고등학교 세계사 교과서에도 오스만제국이 비잔티움제국을 무너뜨리면서 동서 무역에 타격을 주자 유럽인들이 신항로를 개척했다는 비슷한 내용이 언급되어 있다. Rachid Azzouz, ed.(2005). *Histoire. Géographie*, Paris: Magnard, p.172; Sébastien Cote, ed.(2007), *Histoire. Géographie*, Paris: Nathan, p.160; 최상준 외 공저(2012), 『고등학교 세계사』, 교학사, 178쪽; 김덕수 외 공저(2012), 『고등학교 세계사』, 천재교육, 161쪽.

40 Ashtor(1983a), p.253.

관 내에 교회를 두고 예배를 드리는 것은 허용되었다.[41] 베네치아 상인들은 알렉산드리아 못지않게 시리아의 여러 항구 도시와 상업 중심지에서도 활발한 상업 활동을 펼치고 있었다. 베네치아 정부는 현지에서 활동하는 베네치아 상인들을 보호 관리하기 위해 베이루트뿐만 아니라 아크레, 하마스 등지에 베네치아 부영사관viceconsul을 두고 있었다.[42]

향신료 무역은 베네치아 경제의 근간이었기 때문에 베네치아 정부는 시리아와 이집트를 통치하는 세력들과 우호적인 관계를 유지하기 위해 노력했다. 향신료 선적항이었던 알렉산드리아와 베이루트는 13세기 중엽 이후 맘루크제국의 영토였다. 정확한 교역 규모를 알기는 힘들지만 아마 맘루크제국은 중세 말 베네치아의 최대 무역 상대국이었을 것이다. 양자 사이의 우호적인 관계는 유럽의 다른 세력들의 의심을 샀고 그로 인해 베네치아가 맘루크제국과 손을 잡고 기독교 세계를 공격할지도 모른다는 소문까지 돌았다. 15세기 후반 피렌체 정부가 맘루크제국과 상업협정을 맺을 당시 이전에 베네치아가 맺은 협정을 모범으로 할 정도로 베네치아와 맘루크제국의 관계는 친밀했다. 제노바와 카탈루냐 상인들은 맘루크제국과 교역을 하기 위해서 베네치아 상인들에게 도움을 구하기도 했다.[43]

베네치아 정부가 맘루크 정권과 우호적인 관계를 유지하고 있었다고 해서 알렉산드리아와 베이루트 현지에서 향신료 구매가 그렇게 쉬운 일은 아니었다. 다른 유럽 상인들과 마찬가지로 베네치아 상인들도 많은 관리와 세관원들로부터 부당한 요구와 간섭을 받았다. 또한 향신료 거래에서 많은 이윤이 생기는 것을 알고 있었던 술탄은 향신료 무

41 Lane(1973a), p.287.

42 Ashtor(1983a), p.253.

43 John Wansbrough(1963), "A Mamluk ambassador to Venice in 913/1507," *Bulletin of the School of Oriental and African Studies* 26: 503-530; Ashtor(1983a), p.252.

역을 국가 독점 사업으로 만들려고 시도했다. 이를 위해 유럽 상인들에게 시장 가격 이상으로 일정 정도의 향신료를 강제 구매할 것을 요구하기도 했다.[44]

1395년 9월 2일 베네치아 갤리선단이 알렉산드리아 항구에 도착했다. 원로원 회의의 결정에 따르면 갤리선단은 알렉산드리아 항구에서 20일 동안 머물면서 상품을 선적할 수 있었다. 20일이라는 기간에는 입항일과 출항일은 제외되었다. 갤리선단이 도착해 화물을 선적하는 시기는 현지에서 활동하는 베네치아 상인들에게는 연중 가장 바쁜 시기였다. 왜냐하면 갤리선단뿐만 아니라 가을 면화선단도 비슷한 시기에 입항해 한 달 동안 머물면서 화물을 선적했기 때문이다. 9월은 베네치아 상선들이 시리아와 이집트 현지에서 상품을 선적할 수 있는 허가 기간이었다.[45] 갤리선단과 범선이 알렉산드리아나 베이루트 항구에 도착하면 현지의 베네치아 상인들은 분주하게 움직여야 했다. 가장 시급하게 처리해야 할 일은 베네치아로부터 받은 상품을 팔아서 현금을 마련하는 것이었다. 마련한 현금으로 향신료와 기타 상품들을 구입해 배에 선적하는 것이 다음 업무였다.[46]

당시 베네치아 상인들은 향신료를 구매하고 결제할 때 가급적이면 물물교환, 즉 베네치아에서 싣고 온 상품과 맞바꾸거나 상품의 판매 대금으로 결제하기를 원했다. 하지만 향신료 구입 대금이 훨씬 많았기 때

---

44 Eliyahu Ashtor(1974-1979), "Le monopole de Barsbay d'après des sources vénitiennes," *Anuario de Estudios Medievales* 9: 551-572.

45 베네치아 정부는 특정 지역에서 특정 상품을 선적할 수 기간(무다 muda)을 법으로 정해 놓았다. Lane(1966), "Fleets and fairs," p.130-131; NAM(2007), p.209.

46 Eric Vallet(1999), *Marchands vénitiens en Syrie à la fin du XVe siècle*, Paris: Association pour de développement de l'histoire économique, p.41; Eliyahu Ashtor(1975a), "The volume of levantine trade in the Later Middle Ages(1370-1498)," *Journal of European Economic History* 4: 441, 582.

문에 항상 차액을 귀금속으로 메워야만 했다. 베네치아 상인을 포함해 유럽 상인들이 중세 말까지도 이 문제를 해결하기 위해 노력했지만 적자 무역에서 발생하는 차액을 결국에는 금은으로 해결할 수밖에 없었다.[47] 그런 점에서 금이나 은을 확보하지 못하면 동지중해 향신료 무역을 계속해서 수행하기가 어려웠다. 이탈리아 상인들은 십자군 시절에는 주로 수단의 금으로, 중세 말에는 중동부 유럽의 은으로 이러한 무역 적자를 해결했다.

1395년 베네치아 갤리선단들은 어떤 종류의 향신료를 얼마만큼 선적했을까? 다행히도 다티니가 남긴 문서에서 우리는 그 해답을 찾을 수 있다.[48] 3척으로 구성된 알렉산드리아 갤리선단은 후추 2,100자루(단위 폰도[49] 또는 스포르타)와 생강 190자루(단위 폰도), 계피 130자루(단위 폰도)를 수송했다.[50] 후추의 총액은 236,000두카토, 생강의 총액은 73,400두카토, 계피는 24,100두카토였다. 기타 향신료의 총액은 21,000두카토밖에 되지 않았다. 이러한 구성은 다른 해에도 마찬가지였다.[51] 그런 점에서 알렉산드리아 갤리선단의 주 기능은 후추를 수송

47 Eliyahu Ashtor(1983b), "Pagamento in contanti e baratto nel commercio italiano d'Otremare," *Storia d'Italia, Annali 6: Economia naturale, economia monetaria*, Torino: St. Bonaventure University, p.372.

48 ASP, Datini busta 1171.

49 이 장에서 언급된 포장 단위와 실제 중량

포장 단위	실제 중량
스포르타sporta	약 225kg
카리카carica	약 120kg
폰도pondo	약 160kg - 약 450kg
콜로collo	약 90kg
파르도fardo	약 140kg

50 Heers(1955), p.166. 반면 애쉬터는 2,100폰도가 아니라 2,100스포르타sporta라고 말한다. Eliyahu Ashtor(1980), "The volume of medieval spice trade," *Journal of European Economic History* 9: 755-756; Ashtor(1982), pp.475-476.

하는 것이었다. 5척으로 구성된 베이루트 갤리선단이 수송한 향신료의 총액(23만 디나르)은 알렉산드리아 갤리선단이 수송한 향신료 총액(약 21만 디나르)과 비슷했다.[52] 차이가 있다면 그것은 알렉산드리아와 비교해 시리아 시장에서는 생강의 비중이 높았다는 점이다.[53]

1395년 두 갤리선단이 들여온 향신료는 베네치아 전체 수입량에서 어느 정도 비중을 차지하고 있었을까? 기본적으로 베네치아 정부가 향신료 수송을 갤리선단에 위임했기 때문에 다른 선박에 의해 수입되는 향신료는 무시해도 될 수준이었다.[54] 즉 동지중해를 운항하는 원형 범선은 특별한 경우가 아니라면 향신료를 수송할 수 없었다. 당시 베네치아 정부는 동지중해 노선에 3개의 갤리선단(알렉산드리아행 갤리선단, 베이루트행 갤리선단, 비잔티움행 갤리선단)을 파견하고 있었다. 위에서 살펴본 것처럼 알렉산드리아행 갤리선단과 베이루트행 갤리선단의 주 기능은 향신료 수송이었지만 비잔티움행 갤리선단은 주로 비단을 수송했다.[55] 그렇기 때문에 베이루트와 알렉산드리아행 갤리선단이 들여온 향신료가 베네치아의 전체 수입량을 어느 정도 대변한다고 말할 수 있다.

---

51 알렉산드리아행 갤리선단의 후추와 생강 수송량

연도	수입량
1394	후추 2,190자루, 생강 138자루
1395	후추 2,100자루, 생강 190자루
1396	후추 1,573자루, 생강 221자루
1399	후추 2,100자루, 생강 130자루

Heers(1955), p.166.

52 Ashtor(1975a), p.580.

53 애쉬터에 따르면 1395년 베이루트 갤리선단이 비슷한 금액의 후추(30%)와 생강(29%)을 수송했다. 반면 웨이크가 약간 다른 수치(91,000두카토어치의 후추와 101,000두카토어치의 생강)를 제시한다. Ashtor(1983a), p.166; Wake(1979), p.397.

54 Lane(1966), pp.130-131.

55 Heers(1955), p.169.

그렇다면 1395년 수입량은 다른 해와 비교해 많은 양이었을까?[56] 다티니가 남긴 기록에 따르면 1400년경 매년 비슷한 규모의 향신료가 베이루트와 알렉산드리아에서 베네치아로 수입되고 있었다.[57]

그리고 1400년경 베네치아가 알렉산드리아와 베이루트로부터 수입한 향신료의 양은 유럽 전체 수입량의 절반을 훨씬 넘었다. 웨이크가 제시한 도표에 따르면 15세기 베네치아의 향신료 수입량은 유럽 전체 수입량의 70-80%에 이른다.[58] 한마디로 베네치아가 15세기 지중해 향신료 무역을 거의 독점하고 있었던 것이다.

3. 베네치아 시장에서의 향신료 판매

1395년 원로원 회의의 결정대로라면 알렉산드리아 갤리선단은 9월 말경에 알렉산드리아를 떠나야 했지만 실제로는 10월 28일에 가서야 귀환의 닻을 올렸다. 베네치아에 돌아온 것은 11월 30일이었다.[59] 귀환에 소요된 시간은 32일이었다. 통상적으로 귀환에 한 달 정도가 소요된 점을 감안하면 돌아오는 길에 특별한 어려움은 없었던 것으로 추정된다. 베이루트 갤리선단은 며칠 빠른 10월 24일 베이루트 항구를 떠나 11월 28일 베네치아 항구로 귀환했다. 귀환에 35일 정도 소요되었다.[60]

---

56 Wake(1979), p.397.

57 Ashtor(1975a), p.580.

58 Wake(1979), p.363.

59 Heers(1955), p.166.

60 사료에 따라 날짜가 약간씩 다르다. 그런 연유로 에어스는 베이루트 갤리선단은 10월 20일 베이루트 항구를 떠나 11월 24일 베네치아 항구에 도착했다고 말한다. Stöckly(1995), p.151; Heers(1955), p.167.

일반적으로 동지중해로 떠났던 갤리선단이 귀환하는 시기는 11월 말에서 12월 초 사이였다. 갤리선단뿐만 아니라 가을 면화선단 또한 비슷한 시기에 베네치아로 귀환했다. 그 결과 12월은 베네치아 시장에 가장 많은 상품이 집중되는 시기였다. 베네치아 정부는 여러 법령을 통해 이러한 상품 집중 정책을 유지하려고 노력했다. 즉 특정 상품을 특정 시기에 운송함으로써 상업 거래의 규칙성을 확보했고, 그러한 규칙성은 외국 상인을 베네치아로 끌어들이는 데 효과적이었다. 위의 일정은 베네치아에서 12월에 열리는 크리스마스 정기시를 고려한 것이었다. 크리스마스 시장이 본격적으로 시작되는 12월 이전에 이미 베네치아 시장은 유럽 전역에서 온 상인들로 북적대고 있었다.[61]

상인들은 시시각각으로 변하는 시장 상황을 보고하는 편지를 쓰느라 정신이 없었다. 다티니 상사의 주재원들도 예외는 아니었다. 다티니 문서는 동지중해로부터 향신료를 가득 싣고 베네치아로 돌아온 갤리선단에 관한 정보가 유럽 전역의 관심을 끌었다는 사실을 잘 보여준다. 다티니 상사의 주재원들은 향신료 거래 동향을 타 도시의 사업상의 동료들에게 신속하게 전달하기 위해 이 무렵이면 거의 매일 편지를 썼다. 그 덕분에 제노바, 피렌체, 피사, 밀라노 등의 이탈리아 도시들, 바르셀로나, 마요르카, 발렌시아 등의 카탈루냐 도시들, 런던, 브뤼헤, 파리 등의 대서양 도시들에까지 향신료 선단의 도착과 이에 관한 정보들이 서신으로 전달되었다.

다티니 상사의 한 주재원은 1395년 12월 1일자 편지에서 3척의 갤리선과 5척의 갤리선이 이미 베네치아 항구에 귀환했다는 사실을 피렌체에 있는 동료에게 알렸다.[62] 또 다른 주재원은 같은 날짜의 편지에서

61 Lane(1966), p.134.

62 ASP, Datini, 710.8/900405. 베네치아에서 피렌체로 보낸 편지.

아직은 향신료에 대해 이렇다 할 말이 없다고 동료 상인에게 전했다. 이 말은 향신료를 하역하는 작업이 본격적으로 이루어지지 않았음을 의미한다.[63] 그는 3일 후에 쓴 편지에서 후추 가격이 165리라 정도라는 사실을 보고했다.[64]

불행히도 1395년 갤리선단이 베네치아로 수송한 향신료가 구체적으로 어떤 상인들에게 팔려나갔는지를 알려주는 사료는 거의 남아 있지 않다. 15세기 초 모체니고가 임종 직전에 한 연설은 향신료의 행방을 짐작케 해준다. 임종 연설에 따르면 매년 30만 두카토어치의 후추(3천 카리카=360,000kg), 8만 두카토어치의 일반 생강(약 60,000kg), 6만 4천 두카토어치의 계피가 롬바르디아 지방으로 팔려나갔다. 모체니고가 롬바르디아 지방으로 수출되었다고 말한 향신료의 양은 1395년 수입량을 넘어서는 양이다. 이 사료는 베네치아의 국력을 과장된 어조로 말하고 있지만 수입된 향신료의 상당 부분이 롬바르디아 지방으로 팔려나갔다는 사실만큼은 분명하게 보여준다. 하지만 사료에 언급된 롬바르디아가 오늘날 북부 이탈리아의 한 지역인 롬바르디아 지방만을 의미한다고 보기는 어려울 것 같다. 왜냐하면 이렇게 많은 양의 향신료를 롬바르디아 지방이 모두 구매하기는 불가능했기 때문이다. 적어도 모체니고가 말한 롬바르디아는 북부 이탈리아뿐만 아니라 남부 독일 지방까지도 포괄하는 의미로 사용되었을 것이다.[65]

실제로 많은 사료들이 베네치아에서 가장 많은 양의 향신료를 구입한 상인들은 북부 이탈리아와 남부 독일 출신의 상인들이었음을 증명한다.[66] 특히 남부 독일 출신의 상인들은 베네치아 내에 있는 독일 상관

---

63 ASP, Datini, 549.12/503670. 베네치아에서 피사로 보낸 편지.

64 ASP, Datini, 549.7/9291652. 베네치아에서 피사로 보낸 편지.

65 Braunstein et Delort(1971), p.126.

66 뉘른베르크 상인들은 주로 향신료와 비단을 많이 구입했다. 독일 상인들은 향신료 중

• 리알토 다리와 독일 상관

에서 향신료를 포함한 다양한 상품을 구매했다.[67] 베네치아와 남부 독일의 상업 거래는 13세기 이후 활성화되어 1400년경 남부 독일은 유럽 내에서 베네치아의 최대 무역 상대국으로 부상했다. 베네치아 정부는 독일 상인들을 위한 상관 시설을 제공했고[68] 이 독일 상관은 베네치아 내에서 가장 규모가 큰 외국 상관이었다.[69] 베네치아 정부는 독

에서도 후추, 생강, 계피를 가장 많이 구입했다. J. Wesley Hoffmann(1932), "The Fondaco Dei Tedeschi: The Medium of Venetian-German Trade," *Journal of Political Economy* 40: 251.

67 1483년 원로원 회의 기록에 따르면 독일 상인들은 주로 크리스마스 정기시에 베네치아에서 향신료를 구입했다. Lane(1966), p.134.

68 베네치아 정부가 독일 상인들에게 상업 건물을 제공한 것은 아마 1200년대 이전의 일이었지만 독일 상관에 관한 최초의 언급은 1228년이다. 독일 상인들은 이 건물을 1806년까지 사용했다. Hoffmann(1932), p.246, 251.

69 Wolfgang von Stromer(1970), "Nuremberg in the international economics of the Middle Ages," *The Business History Review* 44: 211.

일 상인들의 상업 활동을 엄격하게 통제했지만 최고의 고객을 위해 여러 가지 배려를 아끼지 않았다. 15세기 말 베네치아 연대기 작가 사누도에 따르면 독일 상인들도 자신들이 베네치아 경제에 없어서는 안 될 중요한 존재임을 잘 알고 있었다.[70]

중세 말 베네치아와 남부 독일 사이의 무역량이 증가할 수 있었던 것은 중서부 유럽에서 개발된 은광 덕분이었다. 16세기 중반 아메리카의 은이 유럽으로 대량 유입되기 이전까지 중부 유럽은 유럽 내에서 가장 중요한 은 생산지이자 공급자였다. 이 지역의 은 생산이 정점에 달한 시기는 15세기 말과 16세기 초였지만 이미 1400년경에도 상당한 양의 은이 생산되고 있었던 것으로 추정된다.[71] 왜냐하면 당시 남부 독일 상인들은 이 은을 이용해 베네치아 시장에서 향신료와 비단 등의 동방 상품을 구입하고 있었기 때문이다. 실제로 1392년 독일 상관에서 장사하고 있던 뉘른베르크 출신의 거상 힐포트 크레스Hilpot Kress는 상당한 양의 귀금속(은 단괴: 약 2,345두카토, 금 단괴: 약 516두카토, 은 가공제품: 약 1,256두카토, 주석을 도금한 철판: 약 42두카토)을 뉘른베르크로부터 받았고 이를 이용해 향신료, 비단, 면화와 같은 동방 상품들을 구입했다.[72] 당시 이 금액(4,159두카토)은 베네치아 시장에서 후추 70자루 정도를 구입

---

70 Marino Sanudo(1879), *I diarii*, vol. 2, Venezia: a spese degli editori, p.147; H. Simonsfeld(1887), *Der Fondaco dei Tedeschi*, Stutgart: passim; Braunstein(1964), pp.228-229.

71 M. Postan and E. E. Rich, ed.(1952), *The Cambridge economic history of Europe, vol. 2: trade and industry in the Middle Ages*, Cambridge, pp.469-473; John U. Nef(1941), "Silver production in Central Europe," *Journal of Political Economy* 49: 575-578; John H. Munro(2003), "The monetary origins of the Price Revolution: South German silver mining, merchant banking and venetian commerce, 1470-1540," *Global connections and monetary history, 1470-1800*, eds. by Flynn, D. O., Giraldez, A., and Glahn, von. RAldershot, pp.1-34.

72 Braunstein(1964) pp.239-243.

할 수 있는 큰돈이었다.[73]

중세 말 베네치아와 독일 사이의 상업 교역이 증가한 것은 바로 이 은을 확보한 독일 상인들의 구매력이 높아진 덕분이었다. 실제로 중세 말 독일 상인들이 베네치아로 가져온 제일의 품목은 은, 철, 구리, 납, 주석 등의 금속이었다. 크레스의 사례가 잘 보여주듯이 남부 독일 상인들은 향신료, 비단, 면화 등의 동방 상품을 구입하고 결제하는 데 이 귀금속을 이용했다. 15세기 초반에 베네치아 출신의 거상 소란초 상사는 특히 뉘른베르크와 아우구스부르크 출신의 국제 상인들에게 향신료를 판매했다. 1408년 소란초 상사는 독일 상인 폴로 디 지기스문트에게 8자루(폰도)의 후추를 판매하고 대금을 수령했다. 1411년 알렉산드리아행 갤리선단이 들여온 8자루(폰도)의 후추 중 2자루는 독일 상인들에게, 나머지 6자루는 다른 베네치아 상인들에게 판매되었다. 1411년 베이루트행 갤리선단이 싣고 온 생강은 뉘른베르크와 아우구스부르크 출신의 상인들에게 판매되었다. 1412년 알렉산드리아행 갤리선단이 싣고 온 생강은 독일 상인 솔로몬 디 지기스문트에게, 후추 2자루 중 가장 많은 양이 아우구스부르크 출신의 요하네스에게 팔렸다.[74]

다음으로 상당한 양의 향신료가 다시 선박에 실려 서지중해와 대서양 등지로 팔려나갔다. 베네치아 정부는 서지중해와 대서양으로 가는 갤리선단도 운행하고 있었다.[75] 특히 플랑드르행 갤리선단이 향신료와 기타 동방 상품들을 대서양으로 수송했다. 우리는 다티니 문서를 통해 1395년 알렉산드리아와 베이루트 갤리선단이 들여온 향신료가 1396

73 당시 후추 한 자루의 무게는 120킬로그램 정도였고, 그 가격은 60두카토 정도였다. Ashtor(1983a), p.421.

74 ASV, Miscellanea Gregolin, busta 14, conti Soranzo, fo 7r, 31r-31v, 36v.

75 플랑드르행 갤리선단은 도중에 여러 항구들에 기항했고 그곳에서 일부 화물을 부렸다. Stöckly(1995).

년 플랑드르행 갤리선단에 선적되어 대서양으로 수출되었음을 알 수 있다. 다티니 문서에 따르면 1396년 3월 무렵 4척으로 구성된 플랑드르행 갤리선단은 베네치아 항구에서 꽤 많은 양의 향신료를 싣고 대서양으로 향했다.

하지만 다티니가 남긴 1396년 플랑드르행 갤리선단의 화물 목록은 완벽한 것이 아닌 듯하다. 우선 런던에서 후추와 생강을 전혀 하역하지 않았다는 것은 쉽게 납득이 가지 않는다. 왜냐하면 런던 시장은 대서양에서 중요한 향신료 시장이었기 때문이다. 한 해 전인 1395년 플랑드르행 갤리선단이 500자루 정도의 후추를 런던으로 수송했다는 사실 또한 위의 화물 목록이 완벽하지 않을 수 있음을 시사한다.

<표 1> 다티니가 남긴 1396년 플랑드르행 갤리선단의 화물 목록[76]

하역 장소	향신료
플랑드르	후추 71자루(단위 폰도), 긴 후추 3자루(단위 콜리), 생강 216자루(단위 폰도), 베르디 생강 23자루(단위 콜리), 계피 110자루(단위 파르도)
마요르카	생강 6자루(단위 콜리), 계피 3자루(단위 콜리)
런던	후추와 생강이 없음

<표 2> 다티니가 남긴 1395년 플랑드르행 갤리선단의 화물 목록[77]

하역 장소	향신료
플랑드르	후추와 생강이 없음
마요르카	후추 154자루, 생강 7자루(단위 콜리)
런던	후추 497자루, 생강 123자루(단위 콜리), 베르디 생강 27자루(단위 콜리), 계피 48자루(단위 콜리)
시칠리아	후추 22자루(단위 콜리), 생강 5자루(단위 콜리), 계피 3자루(단위 콜리)
말리카	후추 6자루

76 선단장은 피에트로 아미도레Pietro Amidore였다. ASP, Datini, busta 1171.

베네치아 상인들은 향신료 장사에서 얼마만큼의 이윤을 얻었을까? 통상적으로 향신료 무역은 황금 알을 낳은 거위라고 알려져 있지만 실제로 베네치아 상인들이 향신료 거래에서 얻은 수익은 생각보다 크지 않았다. 또한 수익률은 개별 상인의 능력에 따라 달라질 수밖에 없었다. 실제로 향신료 가격은 연중 변했기 때문에 경쟁 상인보다 낮은 가격일 때 사서 비싸게 파는 것이 그렇게 쉬운 일이 아니었다. 그렇기 때문에 향신료 장사에서 높은 수익을 얻기 위해서는 구매와 판매가 적절한 시기에 이루어져야만 했다.

베네치아 상인들이 향신료 장사에서 얼마만큼의 수익을 올렸는지를 알기 위해서는 당시 여러 지역에서 사용되고 있던 다양한 도량형의 실제 무게와 단위 그리고 각종 화폐의 실질 가치를 알아야만 한다. 당시 상인들은 다양한 도량형과 화폐 단위에 익숙했겠지만 현대 역사가들은 여러 상업 기록에 언급된 여러 가지 도량형과 가격 단위에 혼란스러울 수밖에 없다. 일반적으로 베네치아 시장에서 후추는 카리카 단위(약 4백 베네치아 경輕 리브르에 해당=120kg)로 판매되었으며 판매 가격은 계산화폐인 리라로 표시되어 있다. 반면 생강과 계피는 백 경輕 리브르 단위로 판매되었고 가격은 실질화폐인 두카토로 표시되었다. 1395년 알렉산드리아와 베이루트 갤리선단이 베네치아에 돌아온 이후인 12월 말경 후추의 가격은 120kg당 173리라였고, 생강의 가격은 55두카토였고, 계피의 가격은 35두카토였다.[78] 반면 알렉산드리아나 베이루트 현지에서 작성된 문서에는 현지 도량형인 스포르타와 현지화폐인 디나르가 사용되었다. 예를 들면 1395년 9월 23일 알렉산드리아 시장에서 후

77 선단장은 니콜로 바디니Niccolo Baddini였다. ASP, Datini, busta 1171.

78 ASP, Datini, busta 1171. 레인의 논문에 언급된 1395년 베네치아 시장에서 후추 가격은 카리카당(120kg) 64두카토였다. 하지만 구체적인 날짜가 언급되어 있지 않다. Lane(1968), p.594.

추 가격은 스포르타당(225kg) 75디나르였다.[79] 이러한 도량형 차이 때문에 현지 시장 가격과 베네치아 시장 가격 사이의 차이를 계산하기 위해서는 여러 단계의 비교가 필요하다. 이러한 여러 요소를 고려할 때 전체적으로 동지중해 현지 가격에 비해 베네치아 시장 가격이 50% 정도 높았다.[80]

그렇다고 베네치아 상인들이 향신료 장사에서 50%의 수익을 거둔 것은 아니었다. 왜냐하면 여러 가지 비용을 공제해야만 순수 이익을 계산할 수 있기 때문이다. 동지중해 현지에서 향신료를 구매해서 베네치아 시장에서 판매하기까지 다양한 종류의 비용이 들어갔다. 현지에서 들어가는 비용으로는 중개수수료, 창고까지 운반비, 창고보관료, 포장비, 창고에서 항구까지 운반비, 항구 감시원 비용, 관세, 각종 부대비용 등이 있었다. 그중에서도 현지 당국에 지불해야 하는 관세를 포함한 각종 세금이 가장 큰 몫을 차지했다. 현지에서 드는 총 비용은 대략 구매가의 10% 전후였다.[81]

알렉산드리아와 베이루트 항구에서 선적한 후 베네치아까지 수송하기 위해서는 운임과 해상 보험료를 지불해야 했다. 물론 베네치아 갤리 상선은 안전했기 때문에 해상보험을 들 필요조차 없다는 이야기가 있었지만 만약의 사태에 대비할 필요는 있었다. 갤리 상선을 이용할 경우 향신료 운임은 향신료의 가격에 따라서 책정되었다.[82] 1395년 향신료

---

79 Ashtor(1983a), p.168.

80 Ashtor(1975b), "Profits from trade with the Levant in the Fifteenth century," *Bulletin of th School of Oriental and African Studies* 38: 255.

81 Ashtor(1975b), p.263.

82 서지중해에서는 주로 중량을 기준으로, 동지중해에서는 상품 가격을 기준으로 운임을 결정했다. 베네치아 정부 또한 상품의 종류에 따라 운임을 다르게 책정했다. 향신료와 같은 상대적으로 비싼 상품들은 주로 상품의 가격에 따라, 직물이나 금속 같은 상품들은 중량에 따라 운임이 결정되었다. Federigo Melis(1984), *I trasporti e le comunicazioni nel*

운임이 정확히 얼마였는지를 알려주는 사료를 찾지 못했지만 갤리 상선을 이용할 경우 향신료 운임은 대략 향신료 가격의 3% 정도였다.[83] 현지에서의 비용, 운송비와 위탁 수수료(약 3%로 정도)를 모두 합친 비용은 약 15% 정도였다.[84] 가격 차이와 비용을 고려할 때 베네치아 상인들이 향신료 거래에서 얻을 수 있었던 이윤율은 대략 35% 정도였을 것으로 추정된다.

이윤율 못지않게 상인들에게 중요했던 것은 사업의 순환 속도였다. 8월에 출항하는 갤리선단에 향신료 구매 대금을 선적해 보내면 11월 말이나 12월 초에 향신료를 받을 수 있었다. 만약 12월에 모든 향신료를 처분하고 대금을 받는다면 향신료 사업의 순환 속도는 약 5개월 정도밖에 안 되는 것이었다. 그러나 실제로 대금 결제는 그렇게 신속하게 이루어지지 않았다. 소란초 상사의 회계장부는 향신료를 판매한 대금을 언제 받았는지를 알려준다. 알렉산드리아와 베이루트에서 활동하고 있었던 소란초 상사의 동업자들은 1412년 알렉산드리아 갤리선단에 후추 2자루(단위 폰도)와 생강 1자루(단위 폰도)를, 베이루트 갤리선단에는 후추 2자루와 생강 1자루를 선적했다. 알렉산드리아 갤리선단은 12월 10일에, 베이루트 갤리선단은 12월 22일에 베네치아에 도착했다. 소란초 상사가 이 향신료를 판매하고 대금을 회수한 것은 다음 해 6월 5일부터 8월 2일 사이였다. 다른 베네치아 상인들도 비슷한 시기에 향신료 판매 대금을 수령했다. 이러한 결제 관행은 동방행 갤리선단의 출항 일정을 고려한 것이었다. 통상적으로 동방행 갤리선단이 8월 중후반에 베네치아를 떠나기 때문에 8월 초순 이전에 수령한 향신료 판매 대금은 그해 가을 향신료 구입 자금으로 사용될 수 있었다.

Medioevo, Firenze: Le Monnier, pp.36-68.

83 Ashtor(1975b), p.261.

84 Ashtor(1975b), p.265.

* * *

앞에서 1395년 한 해 동안 이루어진 베네치아의 향신료 무역을 사료에 근거해 상세하게 재구성했다. 이를 통해서 다음과 같은 몇 가지 결론을 도출할 수 있다. 우선 베네치아가 중세 말 지중해 향신료 무역을 거의 독점할 수 있었던 것은 정부의 체계적인 지원 덕분이었다. 베네치아 정부는 향신료 수송을 전담하는 갤리선단 제도를 도입·운영했다. 중세 말 어떤 항구 도시도 향신료를 수송하기 위해 베네치아의 경우처럼 체계적이고 규칙적인 수송 서비스를 실행하고 있지 않았다. 정기적이고 안전한 수송 선단을 제공한 것 이외에도 베네치아 정부는 아시아 향신료가 지중해로 들어오는 주요 노선을 장악하고 있던 맘루크 제국과의 우호적인 관계를 유지하게 위해 노력했다. 이 덕분에 현지의 베네치아 상인들이 다른 경쟁자들보다 유리한 조건에서 향신료를 구입할 수 있었다.

둘째로 베네치아는 동지중해로부터 들여온 많은 향신료를 판매할 수 있는 충분한 고객을 확보하고 있었다. 북부 이탈리아는 중세 말 서유럽에서 경제적으로 가장 발달한 지역 중의 하나였다. 한마디로 충분한 구매력을 가지고 있었던 것이다. 또 하나의 주요 고객이었던 남부 독일은 중세 후반 은광 개발 덕분에 충분한 현금을 보유하고 있었다. 남부 독일 상인들은 베네치아 시장에서 이 현금으로 엄청난 양의 향신료와 면화를 구입했다.

마지막 결론은 중세 말 베네치아 향신료 무역은 매우 규칙적이고 안정되어 있었다는 것이다. 8월에 베네치아 항구를 출발한 두 갤리선단은 각각 알렉산드리아항과 베이루트항에서 향신료를 선적한 다음 11월 말이나 12월 초에 베네치아로 귀환했다. 이렇게 들여온 향신료는 주로 12월이나 1월에 북부 이탈리아와 남부 독일로 팔려나갔다. 향신료 판매 대금은 적어도 다음 해 갤리선단이 출항하는 8월 이전까지 회수되었으며 회수된 현금은 갤리선단에 실려 다시 향신료 구매에 사용될 수 있었다. 다시 말해서 1년을 주기로 하는 베네치아 향신료 무역은 거의 매년 큰 변동 없이 이전부터 정해져 있던 일정을 따라 진행되었다.

6장 인도 항로 개척과 16세기 베네치아의 향신료 무역

바스쿠 다 가마가 이끄는 선단은 1498년 5월 20일 인도의 캘리컷 항구에 도착했다. 유럽에서 이 소식을 가장 먼저 접한 곳은 베네치아였다. 베네치아 귀족인 지롤라모 프리울리는 1499년 8월 초 일기에서 포르투갈 왕국의 선단이 인도에 도착했다는 소식을 기록했다.[1] 일기에 따르면 세 척의 포르투갈 선박이 인도 캘리컷에 도착했고 선장은 콜럼버스였다. 동방으로부터 들어오는 향신료 무역에서 막대한 부를 얻고 있었던 베네치아에게 이 소식은 청천벽력과도 같았다. 지롤라모는 만약 이것이 사실이라면 이보다 베네치아의 명운에 중요한 사건은 없을 것이라고 말하면서 제발 사실이 아니기를 빌었다.

---

* 이 장은 「16세기 지중해 향신료 무역」이라는 제목으로 2010년 『서양중세사연구』 26호에 게재된 논문을 수정·보충한 것이다.

1 Priuli(1938), vol.1, p.153.

그렇다면 지롤라모의 부정적인 예측처럼 인도 항로 개척이 지중해 향신료 무역에 치명적인 타격을 주었을까? 16세기 당시 베네치아 사람들의 전망은 서로 달랐다. 낙관론에서 극단적인 비관론까지 전망은 다양했다. 낙관론자들은 말라바에서 포르투갈까지의 거리가 너무 멀고, 인도양은 장악하기에는 너무나 광대하고, 포르투갈 선단이 들여오는 향신료는 질이 낮고, 맘루크 술탄이 포르투갈을 홍해에서 몰아낼 것이기 때문에 궁극적으로 포르투갈 왕의 인도 항로와 선단은 망할 운명이라고 전망했다.[2] 반면 비관론자에 속하는 지롤라모는 이 사건은 신생아에게서 엄마 젖을 빼앗는 것과 같다면서 침통한 전망을 내놓았다.[3] 유럽 전역에서도 비관론이 우세했다. 1512년에서 1515년 사이 아시아를 여행한 포르투갈 출신의 약재상 토메 피레스는 자신의 여행기에서 말라카의 주인이 되는 자는 베네치아의 숨통을 끊을 수 있다고 기록했다.[4]

포르투갈의 인도 항로가 기존의 지중해 루트에 어떤 영향을 미쳤는지에 관해서는 후대 역사가들 또한 의견의 일치를 보지 못하고 아직까지도 이를 둘러싼 논쟁을 계속하고 있다. 16세기 초반 베네치아 여론을 주도했던 부정적인 전망은 이후 역사 인식에까지 이어졌다. 즉 포르투갈의 인도 항로 개척으로 베네치아는 15세기 지중해 향신료 무역

---

2 이에 관한 논쟁은 한동안 진행되다가 1504년 이후 이탈리아 국내 문제가 베네치아 정부의 현안으로 부상하자 소강 국면에 접어들었다. Donald Weinstein(1960), *Ambassdor from venice, Pietro Pasqualigo in Lisbon, 1501*, Minneapolis: University of Minnesota Press, p.30; Robert Finlay(1994), “Crisis and crusade in the Mediterranean: Venice, Portugal, and the Cape route to India(1498-1509),” *Studi Veneziani* 28: 57-58.

3 Priuli(1938), vol. 2, p.307.

4 1511년 포르투갈은 향신료의 집산지였던 말라카를 정복한 상태였다. Armando Cortesão trans. and ed.(1944), *The Suma oriental of Tomé Pires*, London: The Hakluyt Society, vol. 2, p.287.

에서 누렸던 독점적인 지위를 영구히 상실하게 되었다는 것이다.[5] 이러한 인식은 16세기 대서양이 지중해를 누르고 새로운 유럽 역사와 경제의 중심지로 부상했다는 거시적인 역사 해석과 연결된다. 반면 19세기 말 독일 역사가들에 따르면 인도 항로 개척이 지중해를 통한 향신료 무역에 결정적인 타격을 입히지 못했고, 독일은 여전히 베네치아로부터 향신료를 구입하고 있었다. 이러한 견해는 이후 레인F. C. Lane, 고디뉴V. M. Godinho, 브로델F. Braudel, 스틴스고르N. Steensgaard와 같은 학자들에게 수용되었고,[6] 레인과 브로델은 16세기 중엽 지중해 향신료 무역이 부활했고, 때론 인도 항로 개척 이전 시기보다 더 많은 양의 향신료가 지중해를 통해 유럽으로 수입되었다고 주장했다. 브로델은 좀 더 거시적인 측면에서 지중해는 17세기 초까지 유럽 경제에서 중심적인 역할을 계속해서 수행했다고 주장한다.[7] 최근의 논쟁은 지중해 향신료 무

5 Vitorino M. Godinho(1953), "Le repli vénitien et égyptien et la route du Cap, 1496-1533," *Eventail de l'histoire vivante: hommage à Lucien Febvre*, vol. 1, Paris, pp.283-284.

6 Frederic C. Lane(1939-40), "The Mediterranean spice trade: further evidence of its revival in the sixteenth century," *American Historical Review* 45(3): 581-590; Godinho(1953), pp.283-300; Gino Luzzatto(1954), "La decadenza di Venezia dopo scoperte geografiche nella tradizione e nella realtà," *Archivio Veneto* 54-55, pp.162-181; Aldo Stella(1969), "La crisi economica veneziana della seconda metà del secolo XVI," *Archivio Veneto* 56; Charles R. Boxer(1969a), "A note on Portuguese reactions to the revival of the Red Sea spice trade and the rise of Atjeh, 1540-1600," *Journal of Southeast Asian History* 10: 415-428; Fernand Braudel(1972), *The Mediterranean and the mediterranean world in the age of Philip II*, New York: University of California Press, vol. 1, pp.543-570; Niels Steensgaard(1985), "The return cargoes of the Carreira in the 16th and early 17th century," *Indo-Portuguese history: old issues, new questions*, New Delhi: Concept, pp.13-31; Finlay(1994), pp.45-90.

7 브로델은 16세기 지중해 무역의 국면을 시기별로 분석했다. 16세기 중엽 지중해 루트의 부활 - 1570년대 포르투갈의 인도 항로 부활 - 1580년대 이후 지중해 루트의 재활성화. Braudel(1972), vol. 1, pp.543-570.

역의 부활이 일시적인 현상이었는지에 초점이 맞춰져 있다. 웨이크는 16세기 중엽 동남아시아에서 홍해로 가는 향신료 교역이 증가한 것은 지중해 루트의 부활이 아니라 중동 자체의 수요 증가 때문이고, 지중해 루트의 활성화는 포르투갈 인도 선단 운항에 문제가 생긴 예외적인 상황에서 발생한 일시적 현상이었다고 지적하면서, 인도 항로가 16세기 가장 중요한 향신료 수입 루트로 부상했고 전체적으로 지중해 루트는 16세기 내내 인도 항로에 비해 주변적인 역할밖에는 하지 못했다고 결론지었다. 그의 견해를 지지하거나 견해가 비슷한 연구자들도 다수이다.[8]

이 장에서는 기존의 논쟁에 종지부를 찍을 최종적이고 명쾌한 답을 찾기보다는 논쟁의 구체적인 내용과 핵심 쟁점을 상술하는 데 주안점을 둘 것이다. 즉 이 장의 일차적 목표는 비판적인 시각에서 연구사를 정리하는 것이다. 왜 많은 연구 성과에도 불구하고 확정적인 답을 찾지 못했을까? 가장 큰 원인은 사료의 부족일 것이다. 지중해뿐만 아니라 인도 선단에 관한 자료도 대체적으로 부족한 편이다.[9] 몇몇 시기를 제외하면 구체적인 거래량을 알 수 있는 자료는 거의 없다. 이러한 수치

---

8 Hermann Kellenbenz(1956) "Autour de 1600: le commerce du poivre des Fugger et le marché international du poivre," *Annales: Economies-Sociétés-civilisations*, 11(1): 1-28; C. H. H. Wake(1979), "The changing pattern of Europe's pepper and spice imports, ca. 1400-1700," *Journal of European Economic History* 8: 372-373; T. Bentley Duncan(1986), "Navigation between Portugal and Asia in the Sixteenth and Seventeenth centuries," *Asia and the West: encounters and exchanges from the age of Explorations*, ed. by E. J. van Kley and C. K. Pullapilly, Notredame, pp.3-25; K. H. O'Rourke and J. G. Williamson(2009), "Did Vasco da Gama matter for european markets? Testing Frederic Lane's hypotheses fifty years later," *The Economic History Review* 62: 1-45; S. Subrahmanyam(1993), *The Portuguese empire in Asia 1500-1700. A political and economic history*, New York: Longman, pp.142-143.

9 포르투갈 인도 선단에 관한 기록들이 대부분 사라졌다. Steensgaard(1985), p.13.

사료 부족과 시대적 편중을 메우기 위해 이 장에서는 연대기나 여행기 등의 자료를 십분 활용하려고 한다. 또한 16세기 유럽으로의 향신료 수입을 둘러싼 각축전을 주로 베네치아와 포르투갈의 양자 대결 구도 하에서 분석했던 기존 연구 경향의 문제점을 지적하고 16세기 중반 이후 지중해 향신료 무역을 둘러싼 경쟁이 다각화되었음에 주목할 것이다.

이러한 문제의식 하에 이 장에서는 일차적으로 인도 항로 개척이 베네치아 향신료 무역에 얼마나 큰 충격을 가했는지를 구체적으로 살펴볼 것이다. 그다음 16세기 중반 지중해 향신료 무역의 부활이 일시적인 현상이었는지 아니면 장기 지속되었는지를 구체적인 사례를 통해 알아볼 것이다.

1. 포르투갈의 인도 항로 개척이 베네치아 향신료 무역에 미친 타격

인도 항로 개척 소식이 사실로 판명된 이후 베네치아에서는 낙관론보다는 우려와 불안의 목소리가 우세했다. 이러한 우려는 기우에 그치지 않았다. 특히 두 사람의 연대기 작가 마리노 사누도와 지롤라모 프리울리가 남긴 기록은 지중해를 통한 향신료 공급이 원활하지 않았음을 구체적으로 증명한다.[10] 지롤라모의 2권의 일기는 1499년부터 1512년까지의 기록이다. 1496년에 시작해 1533년에 끝나는 사누도의 일기는 총 58권으로 이루어져 있으며, 그 속에는 비공식적인 기록뿐만 아

10 Priul(1938); Marino Sanudo(1879-1903), *I diarii*, Venezia: A spese degli editori, vol. 58.

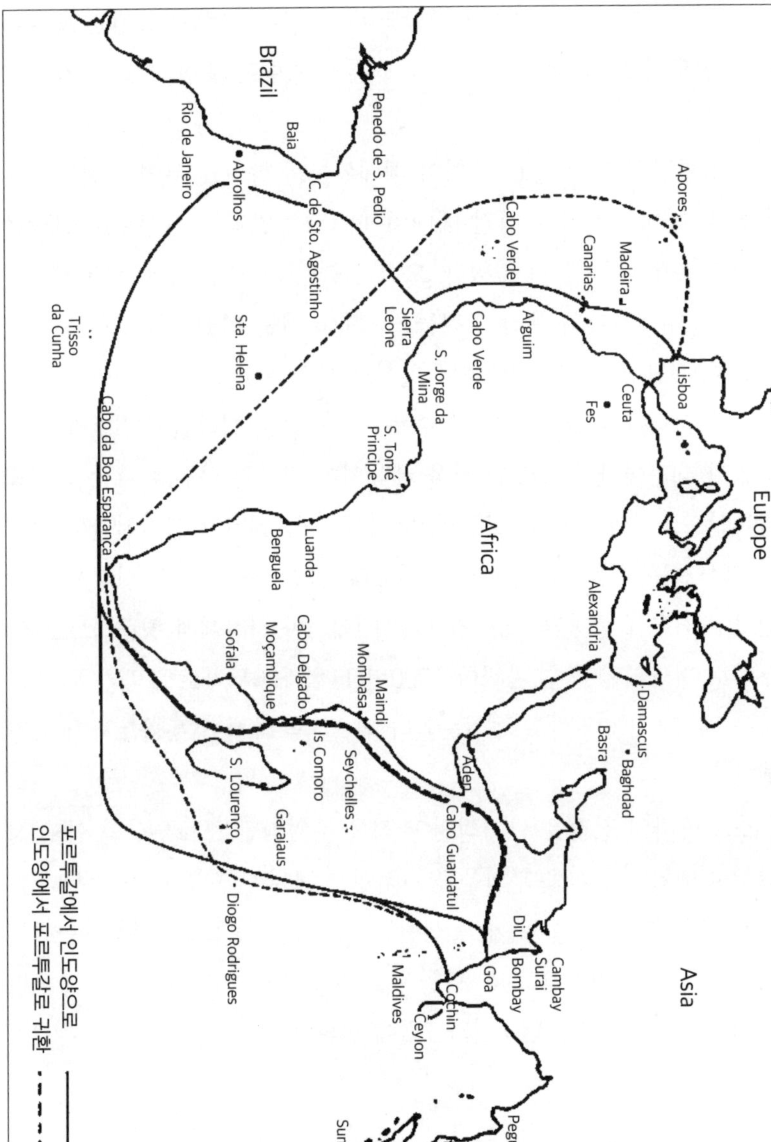
Europe
Africa
Asia
Brazil
Apores
Madeira
Canarias
Cabo Verde
Arguim
Lisboa
Ceuta
Fes
Sierra Leone
S. Jorge da Mina
S. Tomé Principe
Luanda
Benguela
Alexandria
Damascus
Baghdad
Basra
Aden
Cabo Guardatul
Maindi
Mombasa
Cabo Delgado
Moçambique
Sofala
Is Comoro
Seychelles
S. Lourenço
Garajaus
Diogo Rodrigues
Cabo da Boa Esparança
Sta. Helena
Trisso da Cunha
Penedo de S. Pedio
Baia
C. de Sto. Agostinho
Abrolhos
Rio de Janeiro
Cambay
Surai
Diu
Bombay
Goa
Cochin
Maldives
Ceylon
Pegu
Sumara
포르투갈에서 인도양으로
인도양에서 포르투갈로 귀환

• 포르투갈의 인도 항로

니라 공식적인 문서들까지도 포함되어 있다. 두 사람의 일기는 포르투갈의 인도 항로 개척이 베네치아에 미친 영향에 관한 수많은 정보를 제공한다.

포르투갈의 인도 항로 개척이 베네치아의 향신료 무역에 본격적인 지장을 초래하기 바로 직전 베네치아는 오스만과의 전쟁으로 원활한 상업 활동을 수행할 수 없었다. 오스만 술탄 바예지드 2세는 동지중해에 있는 베네치아의 해상 거점들을 장악하기를 원했다.[11] 15세기 내내 순탄하게 진행되었던 베네치아 향신료 무역은 1499년 오스만과의 전쟁으로 타격을 입었다. 향신료 수송을 전담하는 갤리선이 전쟁에 차출되었기 때문이다.[12] 1500년 가을 베네치아 정부는 향신료 수송을 위해 알렉산드리아와 베이루트로 갤리선단을 파견했지만 갤리선단이 싣고 온 향신료는 예전처럼 충분하지 않았다. 불안정한 정치적 상황으로 향신료 가격은 요동쳤다. 15세기 후반 베네치아 시장에서 평균적으로 50두카토 정도였던 후추 가격이 1500년 11월 100두카토로 배가 되었고, 다음 해 2월 130두카토로 치솟았다 몇 달 후 다시 62두카토까지 하락했다.[13]

오스만과의 전쟁은 단기적인 타격을 주었지만 포르투갈의 인도 선단은 베네치아 향신료 무역을 장기적인 침체에 빠뜨렸다. 바스쿠 다 가마가 이끈 첫 인도 항로 개척 선단은 새로운 항로를 개척했다는 점에서 성공적이었지만 싣고 온 화물은 보잘것없었다. 후추는 겨우 6톤밖에 되지 않았다. 1501년 6월과 7월에 귀환한 두 번째 인도 선단은 2천

11 오스만과의 전쟁은 1503년 평화협정으로 종결된다. Finlay(1994), p.81; Lane(1973), p.290.

12 물론 1499년과 1500년 사이 오스만 터키와의 전쟁으로 베네치아는 충분한 양의 향신료를 수입할 수 없었다. Priuli(1938), vol.1, p.197; Braudel(1972), vol. 1, p.543.

13 Sanudo(1879-1903), vol. 3, p.1101.

퀸탈의 향신료를 싣고 왔다.[14] 첫 번째 선단의 수입량보다 늘어났지만 여전히 15세기 베네치아 평균 향신료 수입량에 훨씬 못 미치는 양이었다. 하지만 당시 베네치아도 레반트로부터 충분한 양의 향신료를 확보하지 못했기 때문에 이 정도의 양도 유럽 향신료 시장에 큰 영향을 줄 수 있었다. 실제로 포르투갈이 앤트워프로 향신료를 수출할 것을 염려한 베네치아 정부는 플랑드르행 갤리선단에 적은 양의 향신료만을 선적해 보냈다.[15] 두 번째 선단이 돌아온 6월 말 피렌체 상인은 본국에 보낸 편지에서 포르투갈이 베네치아에 큰 타격을 주었다고 말했다. 1501년 7월 프리울리는 자신의 일기에서 포르투갈의 새 항로 개척이 터키와의 전쟁보다 베네치아에게 사활이 걸린 문제이고, 전에 베네치아에서 향신료를 구입했던 헝가리, 독일, 플랑드르, 프랑스 상인들이 이제부터는 리스본 시장으로 갈 것이라고 말했다.[16] 사누도의 일기에 따르면 1501년 여름 포르투갈 왕은 베네치아 정부에게 이제부터는 리스본에 와서 향신료를 구입해가라고 말했다.[17]

약간 늦은 감은 있었지만 베네치아 정부는 1502년 12월 15명의 고위직 인사로 구성된 향신료 특별위원회를 조직해 포르투갈의 신항로 개척에 대응했다. 위원회의 궁극적 목표는 포르투갈의 인도 사업을 중단시키는 것이었다.[18] 이를 위해 위원회는 같은 해 12월에 베네데토 사누도Benedetto Sanudo를 맘루크 술탄에게 특사로 파견했다. 우선 베네치

14 당시 기록에 따르면 4척의 선박만이 귀환했고 가져온 화물은 20만 파운드의 후추, 6만 파운드의 육계, 3만 파운드의 생강과 좀 더 적은 양의 정향 등이었다. D. F. Lach(1965), *Asia in the making of Europe: the century of discovery*, vol. 1, Chicago and London: University of Chicago Press, p.104.

15 Godinho(1953), p.292; Duncan(1986), pp.6-7.

16 Priuli(1938), vol. 2, pp.153-155; Lach(1965), pp.104-105.

17 Sanudo(1879-1903), vol. 4, p.101.

18 Weinstein(1960), pp.77-90.

아 정부는 술탄에게 포르투갈의 인도 항로가 베네치아뿐만 아니라 맘루크제국에게도 큰 손해를 입힐 것임을 강조했다. 세부적으로는 술탄에게 포르투갈 향신료와의 가격 경쟁을 위해 관세를 인하해주고, 포르투갈 선단이 인도양에 다시 나타나지 못하도록 신속한 조취를 취해달라고 요구했다. 하지만 맘루크제국은 인도양에서 충분한 해상력을 보유하고 있지 못했고 베네치아는 기독교 세계의 시선 때문에 직접적인 군사 지원을 할 수 없었다. 1504년 이집트의 술탄은 포르투갈이 인도 항해를 포기하지 않으면 예루살렘을 파괴할 것이라고 위협했다. 포르투갈 왕은 만약 성지가 파괴된다면 십자군을 조직할 것이라고 응수했다. 외교적 노력에서 큰 성과를 거두지 못한 베네치아는 1504년 7월 레오나르도 다 카마세르Leonardo da Ca'Masser를 리스본에 스파이로 파견해 포르투갈의 향신료 무역에 관한 자세한 정보를 수집하도록 시켰다. 1506년 돌아온 레오나르도는 포르투갈이 인도 항해를 계속할 수는 있지만 인도양에서 이슬람 상인을 완전히 몰아내고 향신료 무역에서 독점적인 지위를 확보하기는 어려울 것 같다고 보고했다.[19] 그는 충분한 인적·물적 자원을 보유하지 못한 포르투갈이 메카를 장악하고 아랍 선박의 홍해 통행을 저지하지는 못할 것이라고 예측했다.

그의 보고가 당시 정황을 잘 분석한 것이지만 이후 상황은 그의 예측대로 진행되지 않았다. 포르투갈 왕은 현지에 파견한 포르투갈 대표인 초대 부왕 알메이다Almeida(재위 1505-1509)에게 홍해 봉쇄를 지시했다.[20] 1507년 수에즈로 파견된 포르투갈 함대는 홍해 전투에서 큰 성과를 거두지 못했지만 같은 해 인도의 디우항 근처에서 맘루크 함대를

---

19 1506년 포르투갈과 에스파냐 대사 임무를 마치고 돌아온 빈센초 퀘리니Vincenzo Querini도 원로원에서 상세한 동향을 보고했다. Weinstein(1960), pp.81-84; Lach(1965), pp.106-107; Finlay(1994), p.56.

20 주경철(2008), 『대항해시대』, 서울대학교출판부, 55쪽.

격파했다. 이 승리는 알메이다 재임 시기의 중요한 사건으로 묘사된다.[21] 알메이다를 이어 부왕이 된 알부케르크Albuquerque(재위 1509-1515)는 이후 포르투갈의 인도제국Estado da India의 초석을 놓았다. 그는 4개의 주요 거점 항구와 3천 명의 인력만 있으면 포르투갈의 인도제국을 안전하게 보호할 수 있다고 주장했다.[22] 이미 1507년 호르무즈 점령에 참여한 경험이 있었던 그는 1510년 고아를, 1511년 말라카를 점령했고, 1513년에는 아덴 점령을 시도하지만 성공하지 못했다. 1515년 그는 호르무즈를 다시 공략해 점령에 성공했다.[23] 물론 포르투갈이 홍해와 페르시아만으로 가는 모든 길을 완벽하게 봉쇄하는 데는 성공하지 못했지만 홍해와 페르시아만을 통한 향신료 교역에 큰 타격을 준 것은 분명하다. 그 결과 포르투갈은 1510년대 무렵 유럽으로의 향신료 공급에서 독점적인 지위를 확보하

• 1507년 포르투갈 인도 선단

21 Subrahmanyam(1993), p.67.

22 Charles R. Boxer(1969b), *The Portuguese seaborne empire 1415-1825*, London: Hutchinson, p.53.

23 Subrahmanyam(1993), p.67; Albert H. Lybyer(1915), "The ottoman turks and the routes of oriental trade," *The English Historical Review* 30(120): 584.

게 되었다.[24]

게다가 포르투갈의 방해로 홍해로의 향신료 수입에 어려움을 겪게 된 맘루크제국의 술탄은 줄어든 재정 수입을 만회하기 위해 베네치아에게 지나치게 비싼 가격으로 향신료를 판매하고자 했다.[25] 1512-1515년 사이 인도를 여행했던 토메 피레스는 자신의 여행기에서 맘루크 술탄의 주요 재정 수입원은 기독교인들의 성지 순례와 카이로를 통한 향신료 무역에 부과된 과세였는데 이제 술탄은 향신료 무역에서 거의 아무 수입도 얻지 못한다고 쓰고 있다.[26] 결국 1517년 오스만제국은 향신료 무역에서 거둬들이는 관세 수입의 감소로 재정적 어려움에 처해 있던 맘루크제국을 쉽게 무너뜨릴 수 있었다.[27]

이러한 내외의 어려움으로 베네치아는 향신료 선단을 파견하지 못하기도 했다. 갤리선단을 몇 년 동안 보내지 못한 일은 15세기에는 거의 없던 현상이었다. 이러한 위기 국면은 1530년대 초반까지 지속되었다. 1530년대 초반까지 알렉산드리아로부터 베네치아로 들여온 향신료는 많은 경우에 천 콜리 정도였고 그 이하가 일반적이었다. 베이루트 노선의 상황은 상대적으로 나았지만 그래도 2천 콜리 정도가 최대 수입량이었다.[28] 사누도의 일기는 1500년부터 1530년 사이 베네치아가 동지중해로부터 들여온 향신료 양은 15세기 후반과 비교했을 때 현저하게 줄어들었음을 구체적으로 증명한다.

---

24 Lach(1965), p.144.

25 Lane(1973), p.290.

26 Cortesão trans. and ed.(1944), pp.10-11.

27 M. A. P. Meilink-Roelofsz(1962), *Asian trade and european influence in the indonesian archipelago between 1500 and about 1630*, The Hague: Martinus Nijhoff, p.133.

28 Wake(1979), pp.401-402.

<표 1> 베네치아 향신료 수입량[29]

연도	알렉산드리아로부터의 수입량	베이루트로부터의 수입량
1501/1502	후추(225자루) + 향신료(800자루) = (1,025자루)	후추 + 향신료 = (654자루)
1502/1503	후추(500자루) + 향신료(602자루) = (1,102자루)	후추 + 향신료 = (400자루)
1503/1504	없음	없음
1504/1505	후추 + 향신료 = (1,160자루)	후추 + 향신료 = (1,100자루)
1505/1506	없음	없음
1506/1507	선단 파견하지 않음	후추 + 향신료 = (2,000자루)
1507/1508	후추 + 향신료 = (1,100자루)	
1508/1509	선단 파견하지 않음	
1509/1510	후추 + 향신료 = (900자루)	
1510/1511	선단 파견하지 않음	
1511/1512	후추(70자루) + 향신료(1,120자루) = (1,190자루)	후추 + 향신료 + 비단 = (1,600자루)
1512/1513	후추 + 향신료 = (300자루)	후추 + 향신료 = (800자루)
1514/1515		후추 + 향신료 = (1,969자루)
1516/1517		후추 + 향신료 = (1,800자루)
1517/1518	향신료(180자루)	후추 + 향신료 = (750자루)
1518/1519	향신료(150자루)	
1519/1520	향신료(225자루)	후추 + 향신료 = (280자루)
1521/1522	후추(88자루) + 향신료(344자루) = (432자루)	후추 + 향신료 = (643자루)
1522/1523	향신료(120자루)	
1523/1524	향신료(114자루)	후추 + 향신료 = (60자루)
1524/1525	향신료(200자루)	
1525/1526		후추 + 향신료 = (600자루)
1528/1529		후추 + 향신료 = (700자루)
1529/1530	향신료(800자루)	
1530/1531	없음	
1531/1532	향신료(80자루)	후추 + 향신료 = (2,190자루)

널리 퍼진 부정적인 전망과 실질적인 어려움에도 불구하고 베네치아 정부는 향신료 무역을 완전히 포기하지 않았다. 1514년 베네치아 정부는 이전에는 갤리선단에게만 부여했던 향신료 수송 권한을 모든 선박에까지 확대했고 수입 관세도 인하했다. 그러나 이런 노력에도 불구하고 다음 해 베네치아는 부족분을 리스본 시장에서 구입할 수밖에 없었다. 1521년 베네치아 정부는 리스본으로 갤리선단을 파견했다.[30] 1527년 베네치아 원로원은 리스본으로 수입된 향신료 중에서 포르투갈 국내 소비량을 제외한 나머지 전량을 베네치아에 판매할 것을 포르투갈 왕 주앙 3세에게 제안했지만 아무런 성과를 얻지 못했다.[31] 1531년 영국 주재 베네치아 대사 카를로 카펠로의 보고 편지에 따르면 베네치아 갤리선단은 더 이상 이전처럼 영국으로 향신료를 싣고 오지 않았다. 영국 왕실 참사관들이 더 이상 베네치아로부터 향신료가 들어오지 않는다고 불평하자 베네치아 정치가들은 그것은 우리의 잘못이 아니라 이전까지 베네치아로 수입되던 향신료가 포르투갈로 들어가기 때문이라고 대답했다.[32]

2. 16세기 중엽 베네치아 향신료 무역의 부활

지중해 향신료 무역은 부활했을까? 했다면 언제부터 언제까지였을

29 이 도표 주로 사누도의 일기에 나오는 기록에 근거하여 웨이크가 작성한 것이다. Wake(1979), pp.401-402.

30 Lane(1973), p.291.

31 Braudel(1972), vol. 1, p.544.

32 Sanudo(1879-1903), vol. 55, p.191. 전체적으로 16세기 영국은 리스본과 앤트워프를 통해 향신료를 구입했다. Lach(1965), p.144.

까? 분명한 것은 1560년대 베네치아 향신료 수입량은 15세기 후반 수준을 회복했다는 사실이다. 1530년대 초반 베네치아로부터 향신료가 들어오지 않는다고 불평했던 영국인들은 1560년대 다시 베네치아로부터 향신료를 수입하고 있었다.[33] 피렌체 출신으로 주로 앤트워프에서 활동했던 상인이자 작가인 귀차르디니Guicciardini는 1560년경 앤트워프 시장에 수입된 총 향신료(15,935,000에퀴) 중에서 포르투갈로부터 들어온 향신료는 1,000,000에퀴어치에 지나지 않는다고 추정했다.[34] 포르투갈 향신료의 대부분이 앤트워프 시장을 통해 유럽으로 수출되었다는 사실을 감안할 때 지중해로부터 들어온 향신료가 엄청나게 많았음을 추측할 수 있다. 베네치아 역사 전공자인 레인은 알렉산드리아 주재 베네치아 대표부에서 작성된 문서의 사본을 근거로 1560년부터 1564년까지 알렉산드리아로부터 베네치아로 수출된 연평균 후추 양을 1,310,454파운드(12,000퀸탈) 정도로 추정했다.[35] 하지만 이 시기를 제외하면 정확한 수입량을 알 수 있는 해는 거의 없다. 이런 문제를 감안해 레인은 이러한 부활이 일시적인 현상이 아니었음을 증명하기 위해 다른 관련 사료를 추가로 제시했다.

1550년대와 1560년대 이집트와 시리아에 파견된 베네치아 대사들이 본국 정부에 보낸 보고 편지에 따르면 이집트의 알렉산드리아뿐만 아니라 시리아의 알레포 또한 향신료 구입처였다. 알레포가 아시아

33 T. S. Willan(1955), "Some aspects of english trade with Levant in the Sixteenth century," *The English Historical Review* 70(276): 401.

34 Florence Elder de Roover(1938), "The market for spices in Antwerp, 1538-1544," *Revue belge de philologie et d'histoire* 17: 212.

35 이 문서는 알렉산드리아항으로부터 베네치아로 수출된 후추의 양을 기록한 문서의 사본이다. 이 사본은 도나 달레 로제Dona dalle Rose 가문의 소유로 현재에는 베네치아 시립 박물관 문서고에 보관되어 있었다. Lane(1966), "Venetian shipping during the commercial revolution," p.14. 원 문서에 나오는 도량형은 콜로collo와 칸타르cantar이다. 알렉산드리아 후추 1칸타르는 94파운드에 해당한다. Lane(1940), p.581.

와 지중해 사이의 교역 중심지로 부상하게 된 것은 1546년 오스만제국이 바스라 항구를 점령하면서부터였다. 오스만 정복 이후 페르시아만의 바스라-바그다드-알레포-알렉산드레타 항구 노선이 번성하기 시작했다. 1548년 베네치아 정부는 향신료 구매를 위해 영사관을 알레포로 이전하기까지 했다.[36] 1553년 보고서에 따르면 "모든 종류의 향신료가 들어온다. 향신료는 우리가 이곳에 상업 거류지를 세운 이유 중의 하나다." 1557년에는 프랑스도 알레포에 영사관을 개설했다.[37]

포르투갈의 기록 또한 16세기 중엽 홍해와 페르시아만을 통해 상당한 양의 향신료가 지중해로 들어오고 있음을 증명한다. 1559년 로마 교황청 주재 포르투갈 대사로 파견된 로렌소 피레스 데 타보라Lorenço Pires de Távora가 수집하여 본국에 보낸 보고서에 따르면 홍해와 페르시아만을 통해 향신료가 들어오고 있으며 이 루트들은 포르투갈 인도 선단의 주요 경쟁 노선이었다. 로렌소는 1560년 11월자 편지에서 "저는 카이로에 있는 안토니오 핀토와 서신을 주고받는 베네치아와 라구사의 주요 인물들로부터 매년 알렉산드리아로 4만 퀸탈의 향신료가 들어오고 그중 대부분이 후추라는 사실을 알게 되었습니다⋯⋯ 많은 향신료 루트가 터키의 손에 들어갔기 때문에 리스본으로 향신료가 거의 들어오지 않는다는 사실이 이상하지 않습니다."라고 언급했다.[38] 로렌소의 정보원 중 한 명이었던 유대 상인 마튜 베쿠도의 1564년 10월 편지

---

36 베네치아는 1545년 시리아 영사관을 다마스에서 트리폴리로 옮겼고, 1548년 다시 알레포로 이전했다. Edhem Eldem, Daniel Goffman and Bruce Masters ed.(1999), *The ottoman city between East and West: Aleppo, Izmir, and Istanbul*, Cambridge: Cambridge University Press, p.26; George Stripling(1942), *The Ottoman Turks and the Arabs 1511-1574*, Urbana: The University of Illinois Press, p.67; M. A. P. Meilink-Roelofsz(1962), pp.362-363.

37 Eldem, Goffman and Masters ed.(1999), p.27.

38 L. A. Rebello da Silva and others, ed.(1862-1910), *Corpo diplomatico Portuguez*, Lisbon, vol. 9, pp.108-112.

에 따르면 포르투갈 선단이 메카 근처 해안에서 4척의 이슬람 선박을 나포했지만, 같은 해 후추 3만 퀸탈이 홍해를 통해 들어올 예정이었다. 카이로 주재 베네치아 대사의 보고에 따르면 1565년과 1566년에도 상당한 양의 향신료가 홍해를 통해 알렉산드리아로 들어왔다.[39]

반면 웨이크는 이러한 현상은 포르투갈의 향신료 수입에 차질이 생겨서 발생한 일시적인 증가라고 해석했다. 그에 따르면 이 시기(1560-1563) 포르투갈은 오스만과 전쟁 중에 있었기 때문에 향신료를 원활하게 들여올 수 없었다는 것이다.[40] 그러나 그의 주장은 설득력이 떨어진다. 브로델은 이 전쟁은 지중해를 통한 무역이 되살아나자 포르투갈이 이를 만회하기 위해 일으킨 전쟁이라고 해석했다.[41] 더욱 중요한 사실은 1560년대 이전 기록들도 지중해 향신료 무역이 중세 말의 활력을 되찾았음을 보여준다는 것이다. 대체로 지중해 루트의 부활을 지지하는 역사가들은 1540년대나 1550년대 지중해 루트가 부활했다고 해석한다.[42]

하지만 지중해 향신료 무역이 활력을 되찾기 시작한 것은 1530년대부터였다. 앤트워프에서 활동하는 독일 출신의 반 봄베르겐Van Bombergen 형제가 1532년부터 1543년까지 베네치아 상인 안토니오 그리마니Antonio Grimani에게 보낸 편지는 향신료가 동지중해를 통해 북유

---

39 1566년 5월 편지에서 카이로 주재 베네치아 대사는 2만 4천 칸타르의 후추를 실은 8척의 선박이 이미 지다항에 도착했음을 보고했다. 이것은 구자라트, 캘리컷 등지로부터 출발한 선박들이 당도하기 이전의 상황이다. 왜냐하면 인도양을 출발한 선박들이 홍해로 들어오는 시기는 5월과 11월경이기 때문이다. 1564년에는 23척의 선박이 지다항에서 향신료를 하역했다. Lane(1940), pp.584-586; Braudel(1972), vol. 1, p.551.

40 오스만과 포르투갈의 전쟁은 주로 페르시아만에서 전개되었다. 그로 인해 바스라 항구를 통한 교역량은 줄어들 수밖에 없었다. 하지만 홍해를 통한 교역은 별 문제 없이 진행되고 있었다. Braudel(1972), vol. 1, p.549.

41 Braudel(1972), vol. 1, p.553.

42 브로델(1550년대), 고딘호(1550년대), 켈렌벤츠(1540). Braudel(1972), vol. 1, p.569.

럽으로 수입되고 있음을 보여준다. 베네치아로부터 받은 향신료와 앤트워프 시장에서의 판매 가격에 관한 이야기는 모든 편지에 나오는 핵심 관심사였다. 당시 앤트워프는 포르투갈 향신료가 유럽 전역으로 팔려나가는 가장 큰 도매시장이었다. 이들의 편지에 따르면 베네치아로부터 수입된 향신료는 포르투갈 향신료와 경쟁하면서 앤트워프 시장 가격을 형성할 수 있을 정도로 중요했다.[43] 앤트워프에서 활동하는 플랑드르 상인 반 데르 몰렌Van der Molen이 베네치아에 있는 대리인에게 보낸 1540년 7월 20일자 편지도 베네치아나 마르세유에 도착한 향신료 선박 1척이 포르투갈 향신료 선박 10척보다 앤트워프 시장의 향신료 가격을 더 떨어뜨릴 수 있음을 보여준다.[44]

1530년대 후반 페르시아만과 홍해에서도 상황은 호전되었다. 지중해 무역의 부활을 원한 세력은 베네치아뿐이 아니었다. 오스만제국은 홍해와 페르시아만을 통한 동서 교역을 활성화시키기 위해 많은 노력을 경주했다. 쉴레이만 1세는 바그다드와 페르시아만 근처의 영토를 정복했고 포르투갈 세력을 디우항으로부터 쫓아내기 위해 선단을 파견하기도 했다.[45] 특히 1538년 오스만의 아덴 정복은 홍해로의 향신료 수

43 총 10통의 편지가 남아 있다. 통상 편지의 서두는 지난번에 베네치아로부터 받은 향신료에 관한 이야기로 시작되고, 편지 마지막 부분은 앤트워프 시장에서의 향신료 가격에 관한 이야기로 끝난다. Wilfrid Brulez(1958), “Lettres commerciales de Daniel et Antoine van Bombergen à Antonio Grimani(1532-1543),” *Bulletin de l’institut historique belge de Rome* 31: 182-186.

44 Elder de Roover(1938), p.217. <*Pur una nave che vengi a Marselia et una Venezia fano più abassare le specie che X de Portogalo.*>

45 아주 오래된 이제는 더 이상 설득력을 잃은 견해에 따르면 오스만제국의 팽창으로 기존의 동서 교역 루트가 봉쇄되었고, 그로 인해 유럽 세력들이 새로운 루트를 찾아 나섰으며, 새로운 노선의 발견 이후에도 오스만제국은 이전 노선을 통한 교류를 막았다는 것이다. 하지만 실제로 오스만제국은 이집트와 시리아를 정복한 이후 동서 교역을 촉진시키기 위해 많은 노력을 기울였다. Lybyer(1915), p.577.

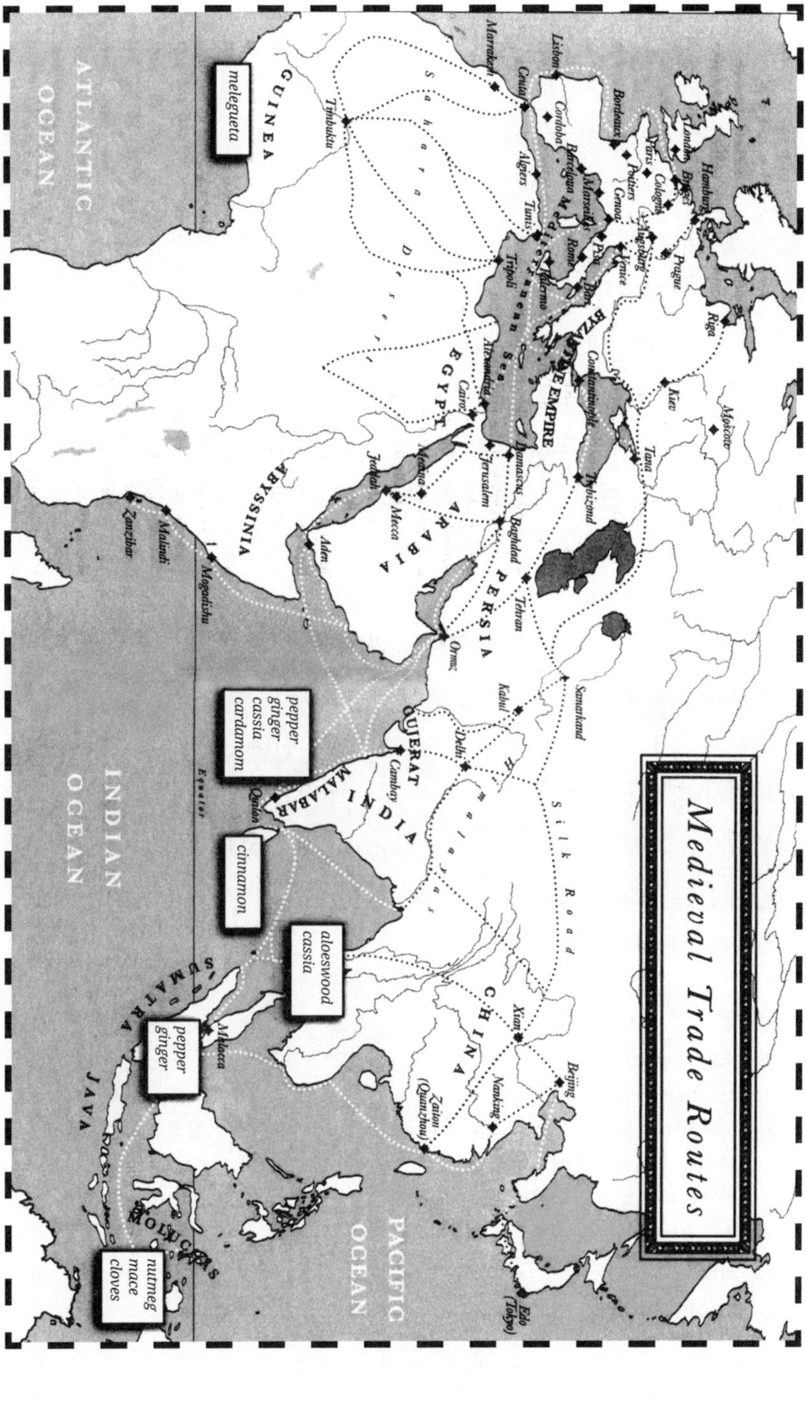

• 향신료 생산지와 중세 국제 교역로

송을 한층 원활하게 만들었다.[46] 1541년 포르투갈 또한 오스만제국과의 평화협상을 진행하면서 향신료가 오스만제국으로 자유롭게 들어오는 것을 허용하겠다는 제안을 했다. 물론 포르투갈 선박이 향신료를 홍해로 수송하는 것을 허용하는 조건 하에서였다.[47]

포르투갈의 기록 또한 1530년대 홍해와 페르시아만을 통한 향신료 무역이 활발했음을 증명한다. 특히 수마트라의 아체 이슬람 왕국의 상인들은 1530년대부터 홍해 향신료 무역에 적극적으로 참여했다.[48] 이후 홍해로 가는 향신료 무역이 더욱 늘어났다는 사실은 포르투갈 기록에서도 확인된다. 포르투갈 왕 주앙 3세는 고아의 총독에게 보낸 1546년 3월 8일자 편지에서 홍해 향신료 무역이 확실하게 되살아났다는 사실에 대해 불평했다.[49] 1552년 1월 시리아의 트리폴리 항구를 향해 떠난 3척의 베네치아 선박에 실린 엄청남 양의 귀금속은 로마에 있는 포르투갈 대사를 놀라게 할 정도였다. 이 중 상당 부분은 향신료 구입에 사용될 예정이었다.[50] 카이로 주재 베네치아 대표는 1565년 메카의 지다항에 3척의 아체 선박이 도착했고 아체 선박 2척이 추가로 들어올 예정이며, 다른 인도의 항구 도시들로부터 20척의 선박이 지다항에 도착했다고 본국에 보고했다. 1566년에는 5척의 아체 선박과 3척의 바티칼라오Baticalao 선박이 2만 4천 칸타르어치(칸타르=112영국 파운드)의 후추를 지다항에 들여왔다.[51]

46 Boxer(1969a), p.415.

47 Meilink-Roelofsz(1962), p.363.

48 아체 상인들이 홍해 향신료 무역에 참여했다는 사실을 기록한 최초의 포르투갈 문서는 1534년 문서이다. 같은 해 포르투갈 선단은 아체와 구자라티로부터 홍해로 가는 다수의 선박을 나포했다. Boxer(1969a), pp.416-417.

49 Boxer(1969a), pp.416-417.

50 Braudel(1972), p.551.

51 Meilink-Roelofsz(1962), p.363.

1561년 포르투갈 주재 프랑스 대사 장 니코Jean Nicot는 국왕 앙리 3세에게 보낸 편지에서 "며칠 전 로마로부터 온 소식에 따르면 터키인들이 홍해에서 몇 척의 포르투갈 선박과 200명의 선원을 생포해서 카이로로 이송했고, 만 9천 내지 2만 퀸탈의 후추를 알렉산드리아에서 하역했고, 그중 일부는 베네치아로 나머지 일부는 마르세유로 보내졌습니다. 이런 홍해를 통한 교역이 계속된다면 포르투갈 왕의 창고는 고갈될 것이고, 이것은 포르투갈 왕이 가장 두려워하고 포르투갈 왕의 군대가 그렇게 오랫동안 이를 막으려고 싸워왔던 것입니다."라며 즐거워했다.[52] 이스탄불에 파견된 에스파냐 첩자가 나폴리로 보낸 1563년 12월 7일과 8일자 편지에 따르면 포르투갈 대사는 상품을 인도양에서 홍해를 통해 카이로까지 수송할 수 있는 허가권을 얻기 위해 오스만제국에 평화협상을 청하고 있었다.[53] 위의 사례들은 단편적인 이야기들이지만 홍해로 가는 향신료 무역의 부활이 일시적인 현상이 아니었음을 증명한다.

1530년대 이후 다시 활력을 찾은 지중해 향신료 무역은 15세기와는 한 가지 점에서 중요한 차이가 있었다. 이후 지중해 향신료 무역을 둘러싼 경쟁은 중세 말 지중해 무역을 독점했던 베네치아와 새로운 항로를 개척한 포르투갈 사이의 2파전이 아니라 다수의 경쟁자들이 참여하는 국제전 양상을 띠게 되었다.[54] 위에서 언급한 프랑스 대사 장 니코의 편지에서 알 수 있듯이 프랑스의 항구 도시 마르세유도 지중해 향신료

52 Edmond Falgairolle éd.(1897), *Jean Nicot, ambassadeur de France en Portugal au XVIe siècle, sa correspondance diplomatique inédite*, Paris: A. Challamel, pp.122-128.

53 Braudel(1972), vol. 1, pp.553-554.

54 베네치아의 기록에 따르면 1554년 라구사 선박 한 척이 알렉산드리아항에 입항했다. 1559년 가을 키오스 선박 한 척, 베네치아 선박 두 척과 라구사 선박 한 척은 알렉산드리아에서 향신료를 선적했다. Braudel(1972), vol. 1, p.552.

수송에 참여하고 있었다. 프랑스 선박들이 지중해 향신료 수송에 활발하게 참여할 수 있었던 것은 1536년 프랑스 왕 프랑수아 1세와 오스만제국의 술탄 쉴레이만 1세가 맺은 협정 덕분이었다. 프랑수아 1세와 쉴레이만 1세의 우호적인 관계는 1520년대 후반부터였다.[55] 협정에 따르면 프랑스 상인들은 모든 터키 항구에서 무역을 할 수 있는 권한을 얻게 되었다. 오스만제국은 프랑스 상인들에게 맘루크 정권 시절 10%였던 관세를 5%로, 이후에는 3%로까지 낮춰주었다.[56] 오스만 술탄은 에스파냐와 오스트리아를 장악하고 있는 합스부르크 가문을 견제하기 위해 프랑스와의 동맹을 원했고 그 대가로 프랑스 상인들에게 특혜를 주었다.[57] 1541년 프랑스 왕 프랑수아 1세는 오스만 술탄과 우호적인 관계를 유지하기 위해 향신료를 제공하겠다는 포르투갈의 제안을 거절했다.[58] 1569년 프랑스는 오스만제국으로부터 프랑스 깃발을 단 타국 선박을 레반트 지역으로 보낼 수 있는 허가권을 얻기까지 했다.[59] 오스만 터키 사람들은 베네치아 상인들을 돈밖에 모른다고 비난했지만 프랑스 상인들에게는 호의적인 태도를 보였다. 이러한 분위기 또한 프랑스 상인들이 오스만제국 영토에서 상업 활동을 하는 데 유리하게 작용했다.

1530년대 이후 마르세유 항구는 프랑스 제일의 향신료 수입항으로 부상해 베네치아와 경쟁하게 되었다. 당시 국제적인 정기 시장이었던 리옹은 지중해 향신료와 포르투갈 향신료를 둘 다 수입하고 있었다.

---

55 Lybyer(1915), pp.585-586.

56 Lybyer(1915), p.586.

57 Lane(1973), p.293.

58 Braude(1972), vol. 1, p.547.

59 Hermann Kellenbenz(1990), "From Melchior Manlich to Ferdinand Cron: german levantine and oriental trade relations(second half of XVIth and beginning of XVIIth centuries)," *Journal of European Economic History* 19: 613.

1520년대 중반에는 앤트워프와 지중해로부터 수입되는 향신료의 양이 비슷했지만 1530년대에는 지중해로부터 들어오는 향신료가 전체 수입량의 4분의 3을 차지하게 되었다. 그중에서도 마르세유로부터 들어오는 양이 가장 많았다.[60] 1540년 프랑수아 1세가 포르투갈 향신료의 유럽 분배시장이었던 앤트워프를 견제하기 위해 프랑스 항구 도시를 통해서만 프랑스 왕국 내로 향신료가 수입되도록 하는 칙령을 반포한 이후 가장 혜택을 받은 항구 도시는 마르세유였다.[61] 프랑스와 오스만의 우호적인 관계 또한 마르세유가 성장하는 데 많은 기여를 했다.[62]

1538년에서 1544년 사이 앤트워프에서 활동하던 플랑드르 출신의 상인 반 데르 몰렌van der Molen 형제가 제노바, 로마, 베네치아에 있는 사업 동료들에게 보낸 편지도 상당한 양의 향신료가 동지중해의 알렉산드리아[63]로부터 마르세유로 수입되고 있음을 보여준다.[64] 1539년 3월 1일자 편지에는 향신료를 실은 2척의 선박이 마르세유항에 도착했고, 이로 인해 앤트워프 시장에서 향신료 가격이 하락할 것이라는 이야기가 나온다. 이 기록은 마르세유로 수입된 후추의 양은 유럽 제일의 향신료 시장이었던 앤트워프의 시장 가격에 영향을 줄 정도로 많았음

---

60 16세기 중반 리옹 시장에는 평균 2천 자루의 향신료가 수입되고 있었는데, 그중 7-8백 자루는 베네치아로부터, 나머지 대부분은 마르세유 항구로부터 수입되었다. Richard Gascon(1960), "Un siècle du commerce des épices à Lyon," *Annales. Economies, Sociétés, Civilisations* 15: 648.

61 Gascon(1960), pp.646-647.

62 앤트워프에서 이탈리아의 안코나로 보낸 1541년 12월 11일자 편지에 따르면 프랑스가 오스만 터키의 친구이기 때문에 마르세유 항구로 많은 상품을 실어올 수 있었다. Elder de Roover(1938), p.218.

63 알렉산드리아 시장은 프랑스 상인들이 향신료를 구입하는 주요 공급시장이었다. 튀니스 연안에서 산호를 채취할 수 있는 권한을 보유한 마르세유 산호 상회는 산호를 알렉산드리아에 내다 팔고 향신료를 구입해 돌아왔다. 1565년 산호 회사의 선박은 알렉산드리아에서 향신료를 가득 싣고 마르세유항으로 귀항했다. Lane(1940), p.588.

64 Elder de Roover(1938), pp.212-218.

을 보여준다. 1540년 4월 4일자 편지 또한 마르세유의 향신료 수입량이 프랑스 국내뿐만 아니라 주변 국가들에까지도 수출할 정도로 많은 양이었음을 증명한다.

푸거Fuggers, 벨저Welser 가문과 같은 독일 출신의 국제 거상들도 지중해 향신료 무역에 적극적으로 뛰어들었다.[65] 일반적으로 16세기 초반까지 독일 상인들은 베네치아 내의 독일 상관에서 향신료를 구입해야만 했다. 이는 베네치아 정부가 독일 상인을 포함한 외국 상인들이 선박을 직접 임대해 동방에서 향신료를 수송해오는 것을 원칙적으로 금지했기 때문이었다. 베네치아의 강압적 규정에 맞서 독일 상인들은 중세 말 이후 줄곧 우회로 확보에 노력했다. 15세기 중동부 유럽의 상인들이 신성로마제국 황제의 후원 하에 지중해 해로의 대안으로 흑해로 가는 육로를 개척하려다 실패했지만 대안을 찾으려는 노력은 16세기에도 계속되었다. 16세기 중엽 독일 상인들에게 가능했던 합리적인 대안은 마르세유, 동지중해의 항구 도시 라구사, 베네치아의 경쟁 도시였던 제노바 등이었다. 마르세유 항구는 1570년부터 1573년까지 베네치아와 오스만 사이의 전쟁 덕분에 항구의 중요성이 증대했다. 게다가 프랑스는 1569년 오스만제국으로부터 얻은 특권에 의거해 타국의 선박에게 동지중해로 항해할 수 있는 허가권을 부여할 수 있었다. 실제로 1570년대 초반 마르세유에서 활동한 아우구스부르크 출신의 상인 멜키오르 만리히Melchior Manlich는 7척의 선박을 구입했고, 이를 이용해 향신료를 포함한 다수의 상품을 동지중해로부터 마르세유로 수입했다.[66]

---

65 16세기 후반 독일 지역의 향신료 소비는 다른 지역에 비해 적지 않았다. 독일 상인 콘라드 로스의 계산에 따르면 포르투갈로 수입된 총 향신료 중에서 15만 파운드가 포르투갈 국내 소비분이고, 영국과 에스파냐는 3만 파운드, 이탈리아는 60만 파운드, 프랑스 25만 파운드, 120만 파운드는 저지대 국가들, 독일, 보헤미아와 폴란드 소비분이었다. Lach(1965), pp.136-137.

66 1513년 아우구스부르크에서 출생한 멜키오르 만리히는 젊은 시절 베네치아에서 활동하

동아드리아해의 항구 도시 라구사는 지리적으로 매우 적합한 곳이었다. 특히 1537년부터 1540년까지 계속된 베네치아와 오스만의 전쟁 시기에 라구사 선박들은 베네치아 선박을 대신해 동지중해 무역에서 더 적극적인 역할을 수행했다. 알렉산드리아에서 출발한 유럽 선박들은 주로 베네치아, 메시나, 라구사항으로 돌아간다는 1560년 로렌소의 이야기는 라구사의 중요성을 알려준다. 또한 로렌소는 기존에는 포르투갈에서 향신료를 구입하던 푸거 상사가 라구사항을 통해 알렉산드리아에서 향신료를 구입하려고 한다는 사실을 지적하면서 이는 포르투갈에게 매우 큰 손해를 가져올 것이라고 전망했다. 하지만 로렌소는 이러한 시도는 포르투갈뿐만 아니라 베네치아에게도 막대한 손해를 끼칠 것이기 때문에 베네치아가 잘 해결할 것이라고 안심했다.[67]

다른 경쟁자들보다 늦었지만 영국 상인들도 지중해 향신료 무역에 뛰어들었다. 1581년 영국 왕실로부터 특허를 받은 레반트 회사는 자신의 선박을 이용해 동지중해로부터 직접 향신료를 영국으로 수송했다. 1588년 동지중해로부터 런던항에 도착한 5척의 영국 선박에는 8,380파운드의 후추, 49,705파운드의 육두구, 54,120파운드의 인디고, 2,196파운드의 육계, 580파운드의 정향, 550파운드의 생강, 1,120파운드의 계피 등 다양한 종류의 향신료가 실려 있었다.[68]

그러나 영국을 포함해 지중해 향신료 무역에서 새로운 경쟁 세력

면서 동지중해와의 상업 활동에 관해 배웠다. 만리히 상사의 수송 계약서에 따르면 이집트 알렉산드리아로부터 후추, 생강, 정향, 육계와 같은 다양한 종류의 향신료가 마르세유로 수입되고 있었다. Kellenbenz(1990), pp.611-622; André E. Sayous(1935), "Le commerce de Melchior Manlich et Cie," *Revue historique* 176: 406.

67 Lane(1940), pp.587-588.

68 그중 한 척인 헤라클레스호는 1587년 11월에 시리아 항구를 떠나 1588년 3월 말에 런던항에 도착했다. 헤라클레스호는 레반트 회사의 상품도 수송했다. Willan(1955), p.405, 408.

으로 등장한 마르세유와 라구사 등은 베네치아 수준에는 이르지 못했다.[69] 플랑드르에서 베네치아로 보낸 1540년 6월 27일자 편지에는 베네치아와 터키 사이의 전쟁이 끝나서 베네치아가 다시 중요 향신료 시장이 되지 않는다면 마르세유가 포르투갈의 자존심을 무너뜨리고 프랑스 전역과 북서 유럽 일부에 향신료를 공급할 수 있을 것이라는 이야기가 나온다.[70] 이 이야기는 향신료 무역에서 마르세유가 성공하기 위해서는 베네치아의 몰락이 전제조건임을 암시한다. 실제로 마르세유 향신료 무역의 최고 전성기는 베네치아가 터키와의 전쟁 중에 있었던 1570-1573년이었다.[71]

3. 16세기 말 지중해 향신료 무역

지중해 향신료 무역의 부활이 포르투갈의 향신료 사업에 치명적인 타격을 입힌 것은 아니었다. 1570년 이후 상황은 베네치아보다는 포르투갈에게 유리하게 전개되었다. 베네치아는 1570년에서 1573년까지 터키와 전쟁 중이었고, 베네치아의 경쟁자들인 라구사, 안코나, 마르세유는 이 상황을 십분 활용해 향신료 무역에서 지분을 높였다.[72] 그 결과 베네치아 향신료 무역은 이전 시기의 활력을 일시적으로 상실했다. 이를 만회하기 위해 베네치아 정부는 1570년 11월 베네치아 선박에게만

69 Braude(1972), vol. 1, p.548; Elder de Roover(1938), p.216; Gascon(1960), p.662. 반면 고디뉴는 16세기 전반세기에 동지중해 향신료 무역에서 베네치아의 몫은 반 정도였고, 나머지 반은 프랑스, 제노바와 라구사 몫이었다고 주장했다. Godinho(1953), p.291.

70 Elder de Roover(1938), p.216.

71 이 시기 천 자루의 후추가 마르세유 항구로 수입되었다. Gascon(1960), pp.648-649.

72 마르세유에서 활동하던 독일 상인 만리히 가문은 5만 피오리노어치의 후추를 수송하는 도중에 약탈당해 막대한 손실을 입었다. Sayous(1935), p.401.

허용하는 향신료 수송 정책을 철회하고 외국 선박들에게도 이를 허용했다. 1577년 베네치아는 포르투갈로부터 향신료를 들여오기 위해 서지중해로부터의 향신료 수입을 금지한 1517년 법령을 2년간 효력 정지시키는 특단의 조치를 취하기까지 했다.[73]

한편 포르투갈 왕 세바스티앙(재위 1557-1578)은 1570년 3월 1일 법령으로 인도 선단에 대한 독점권을 포기하면서 향신료 수송을 활성화시키기 위해 노력했다.[74] 1577년 세바스티앙은 후추를 포함한 인도 상품에 관한 새로운 법령을 공포해 개별 상인들에게도 향신료를 인도에서 리스본으로 수입하는 것을 허용했다. 물론 수송 선박은 포르투갈 깃발을 달고 항해한다는 조건이었다.[75] 이러한 노력 덕분에 왕실은 1572년 향신료 무역에서 50만 두카토라는 막대한 재정 수입을 거뒀다. 게다가 포르투갈은 일시적이지만 홍해와 페르시아만으로 가는 해상 루트를 어느 정도 통제할 수 있었다.[76] 1570년 포르투갈의 부왕 루이스 데 아타이데Luis de Ataide는 이전 시기에는 매년 캘리컷에서 메카의 지다항으로 16-18척 정도가 운행했지만 올해에는 2척만이 메카의 지다항으로 갔다고 말하면서 인도양을 효과적으로 통제했다고 자랑했다.[77] 리스본으로의 향신료 수입이 더욱 원활해지자 리스본 향신료는 지중해 시장을 잠식했다.[78] 예컨대 1570년대 후반 이탈리아의 항구 도시 리보르

---

73 Lach(1965), p.133.

74 Braudel(1972), vol. 1, pp.555.

75 K. S. Mathew(1997), *Indo-Portuguese trade and the Fuggers of Germany: sixteenth century*, New Delhi: Manohar Pubns, pp.169-170.

76 Lach(1965), p.132.

77 Braudel(1972), vol. 1, pp.556.

78 1577년 11월 9일자 편지에 따르면 리스본에는 항상 2만 퀸탈 정도의 후추가 비축되어 있기 때문에 인도 선단이 들어와도 후추 가격을 크게 올리거나 낮추지 못했다. José Gentil da Silva(1959), *Marchandises et finances II: Lettres de Lisbonne 1563-1578*, Paris, doc. 252; Lach(1965), p.134.

노는 주로 포르투갈로부터 향신료를 수입하고 있었다.[79] 베네치아조차도 이 시기에 리스본으로부터 향신료를 수입했다.

그러나 1580년 펠리페 2세가 포르투갈의 왕위를 계승함으로써 상황은 다시 반전되어갔다. 펠리페 2세의 경제 정책과 대외관계는 향신료 무역에 부정적인 결과를 초래했다.[80] 펠리페 2세는 당시 적대적인 관계에 있었던 네덜란드와 영국의 상인들이 리스본 시장에서 향신료를 구입하는 것을 견제하기 위해 베네치아에게 포르투갈 향신료 판매를 맡아달라고 제안했다. 1581년 말 포르투갈 주재 베네치아 대사 조반니 프란체스코 모로지니Giovanni Francesco Morosini는 펠리페 2세의 제안을 본국 원로원에 전달했다. 하지만 베네치아 내부에서는 찬반양론이 팽팽하게 맞섰고 1584년까지 최종적인 합의가 도출되지 않았다. 1585년 베네치아 원로원은 비슷한 제안을 다시 받았다. 에스파냐는 베네치아에게 리스본 시장에서 매년 3만 칸타르의 후추(약 만 오천 퀸탈)를 칸타르당 3두카토로 구입할 수 있고 구입 대금의 3분의 1은 즉시, 나머지 3분의 2는 6개월 이내에 갚아도 된다는 제안을 했다. 펠리페 2세는 베네치아 선박을 시칠리아섬까지 호위하고 관세도 낮추겠다는 추가적인 혜택까지 약속했다.[81]

---

79 1583년 이후 리보르노 시장에서 포르투갈 향신료와 동지중해 향신료가 번갈아 우위를 점하면서 경쟁했다. 1577년 4척의 포르투갈 선박이 상당한 양의 후추를 선적하고 베네치아로 출항할 예정이었다. 그러나 선장들은 베네치아 정부가 서지중해로부터 수입되는 향신료에 3%의 관세를 부과한다는 사실을 알고 마음을 바꾸었다. 1578년 포르투갈 왕이 된 엔리케는 후추 무역에 대한 독점권을 확보하려고 노력했다. 제노바도 리스본으로부터 향신료를 공급받았다. Fernand Braudel and Rrggiero Romano(1951), *Navires et marchandises à l'entrée du porte de Livourne*, Paris, p.96; Gentil da Silva(1959), doc. 174, 208, 226.

80 반면 켈렌벤츠는 16세기 말에도 에스파냐는 베네치아와의 경쟁에도 불구하고 향신료 무역에서 독점적 지위를 유지할 수 있었다고 말한다. Kellenbenz(1956), p.27; Lach(1965), pp.135-136.

81 이러한 제안은 오히려 베네치아가 먼저 제기한 바 있었다. 1527년 베네치아 원로원은 리

이 제안이 이미 감소하고 있는 레반트 무역에 더 큰 타격을 입힐 것이라는 주장도 있었다. "시리아와 알렉산드리아로부터 돌아오는 베네치아 선박에는 향신료가 없을 뿐만 아니라 레반트 지방은 자체 소비용 향신료도 부족하기 때문에 오히려 베네치아 시장에 와서 리스본으로부터 들어온 향신료를 구입하고 있는 실정입니다." 베네치아가 이 제안을 거절하면 다른 도시가 이 제안을 수용할 것이고 그렇게 되면 베네치아는 제안을 수용한 도시에서 향신료를 구입하게 될 수밖에 없다는 견해도 있었다. 결국 펠리페 2세의 제안은 받아들여지지 않았다. 그렇지만 이러한 제안을 거절한 것은 베네치아뿐만이 아니었다. 밀라노, 제노바, 피렌체도 모두 이 제안을 거절했다.[82] 이러한 거절은 당시 이 사업이 그렇게 수지맞는 장사가 아니었음을 반증한다.

실제로 리스본으로의 향신료 수입은 기대했던 것만큼 원활하지 않았다. 1586년 펠리페 2세는 인도양에서 리스본까지의 향신료 수송 계약을 조반니 로벨라스카Giovanni Rovellasca와 체결했다.[83] 독일의 벨저가와 후거가도 이 사업에 동참했다. 계약 조건은 6년 동안 매년 5척의 선박을 말라카로 파견하고 300만 파운드의 후추를 리스본으로 수송하는 것이었다. 그러나 6년 동안 합의한 수송량의 반밖에는 수입되지 못했다. 게다가 인도양에서 돌아오는 선박들은 대서양에서 펠리페 2세와

스본으로 수입된 향신료 중에서 포르투갈 국내 소비량을 제외한 나머지 전량을 베네치아에 판매할 것을 포르투갈 왕 주앙 3세에게 제안했었지만 거절당했다. 60여년 만에 입장이 바뀌었다. Braudel(1972), vol. 1, p.544, 558-560.

82 포르투갈에게 유럽 내부에서의 판매 계약보다 더욱 중요한 사업은 아시아 사업이었다. 비슷한 시기 포르투갈의 아시아 사업을 맡게 된 것은 독일 출신의 국제 상인들이었다. 1585년 11월 29일 독일 출신의 상인 지랄도 파리Giraldo Paris는 아시아 계약 초안을 펠리페 2세에게 제출했고, 1586년 2월 15일 정식으로 아시아 계약이 체결되었다. 국제 거상들이 컨소시엄을 구성해 이 사업에 투자했다. 독일의 벨저 가문은 5/12의 지분을, 푸거 가문은 1/4의 지분을 투자했다. Kellenbenz(1956), pp.1-2.

83 Lach(1965), pp.136-139.

적대 관계에 있던 영국과 네덜란드 선박의 공격까지 받았다. 인도 사업이 불확실해지자 이에 투자했던 벨저가는 1588년 베네치아에 분점을 개설했고, 곧바로 후거가도 베네치아 사업에 동참했다. 때론 이들 독일 상인들은 베네치아 시장에 향신료가 충분하지 않을 경우 리스본에서 베네치아로 향신료를 보내기도 했다.[84]

반면 1580년대 초반 이후 동지중해 향신료 무역은 다시 활기를 되찾기 시작했다. 특히 페르시아만을 이용한 북쪽 루트(페르시아만의 바스라 항구-바그다드-알레포-트리폴리 또는 알렉산드레타)가 번성하게 되었다. 마르세유 상인 질 에르미트Gilles Hermitte는 자신의 형제에게 보낸 1583년 4월자 편지에서 알레포로부터 많은 향신료가 들어오고 있는데도 향신료 가격이 오른다고 불평했다. 그는 다음 해 베네치아 상인과 함께 인도로 사업 여행을 떠날 계획을 세우고 있었다. 이 시기 알레포는 동지중해에서 활동하던 베네치아 상인들에게 가장 중요한 활동 근거지였다. 1593년 16개의 베네치아 상업 가문이 알레포 시장에서 활동하고 있었고, 그곳에서 베네치아 상인의 사업 규모는 150만 두카토에 이를 정도로 막대했다.[85] 16세기 말 프랑스와 베네치아 상인들뿐만 아니라 영국, 독일, 플랑드르 상인들도 알레포와 페르시아만을 경유해 인도까지 진출할 수 있었다. 페르시아만을 통한 인도와 유럽 간의 서신 교환도 빈번하게 이루어지고 있었다.[86]

1583년 봄 런던항을 출발해서 5월 1일 시리아의 트리폴리항에 도착한 세 명의 영국 상인 존 엘드레드John Eldred, 랄프 피치Ralph Fitch, 존 뉴

---

84 1592년 봄까지는 베네치아 시장에도 향신료가 충분하지 않았던 것 같다. Wilfrid Brulez(1965), *Marchands flamands à Venise(1568-1605)*, Bruxelles and Roma: Academia belgica, n. 280, 287; Kellenbenz(1956), p.4, 10.

85 Braudel(1972), vol. 1, p.567.

86 1597년 아우구스부르크에서 보낸 편지는 베네치아와 호르무즈를 경유해 1598년 5월 9일 인도의 고아에 도착했다. Kellenbenz(1990), p.619.

베리John Newberie가 남긴 여행기와 편지는 북쪽 루트를 통해 상당한 규모의 향신료가 수입되고 있었고, 영국 상인들도 이 향신료 거래에 동참하고 있었음을 보여준다. 존 엘드레드는 자신의 여행기에서 알레포는 세계 최고의 시장이고, 유대인, 몽골인, 페르시아인, 아르메니아인, 이집트인, 인도인, 많은 종류의 기독교인들이 다양한 상품을 알레포로 가져와 장사를 한다고 적고 있다. 또한 그의 기록에 따르면 바그다드와 바스라 사이의 무역이 매우 활발하고, 향신료를 포함한 인도 상품을 실은 소형 선박들이 바스라 항구에 북적대고 있었다. 1584년 그는 4천 마리의 낙타 대상이 향신료와 기타 상품을 바스라로부터 알레포로 실어 나르는 광경을 목격하기도 했다.[87] 존 뉴베리는 영국으로 보낸 편지에 이곳 바그다드에서 가장 좋은 향신료를 구입할 수 있고, 이후에 바스라를 경유해 호르무즈까지 사업 여행을 떠날 것이라고 언급했다. 편지 끝부분에는 후추, 생강, 정향을 포함한 다양한 종류의 향신료 가격이 명기되어 있다.[88] 랄프 피치도 호르무즈에서는 모든 종류의 향신료가 대규모로 거래되고 있고, 많은 무어인들과 기독교인들도 이곳에서 장사한다고 증언했다. 1584년 피치와 뉴베리는 스파이 행위를 했다는 명목으로 포르투갈 관리에 의해 호르무즈에서 디우를 경유해 고아로 강제 이송되었다. 이들은 그곳에서 만난 영국과 플랑드르 출신 신부의 도움을 받았다. 피치는 영국으로 보낸 1584년 1월 25일자 편지에서 신의 도움이 있으면 영국으로 돌아갈 수 있을 것이고, 나중에 이곳으로 다시 돌아오고 싶다는 감정을 토로했다.[89]

---

87 물론 그도 이 낙타 대상의 일원이었다. Richard Hakluyt(1589), *The principal navigations, voyages, traffiques and discoveries of the english nation*, London: George Bishop and Ralph Newberie, pp.231-234.

88 Hakluyt(1589), p.209.

89 Hakluyt(1589), pp.212-213.

이들 영국 상인의 기록은 다른 기독교 국가의 상인들처럼 포르투갈인들도 인도양과 페르시아만을 오가면서 장사를 하고 있었음을 보여준다. 16세기 말엽 포르투갈 관리와 상인들은 인도네시아산 향신료를 호르무즈에까지 공급하고 있었다.[90] 사실 원칙적으로 향신료 거래는 왕실 독점 하에 있었지만 실제적으로 현지 포르투갈 관리들은 향신료를 아랍 상인들에게 판매해 자신의 이익을 챙기길 원했다.[91] 이러한 현상은 1550년대 이후 두드러졌다. 이전까지 인도양에서 이슬람 선박과 맞서 싸웠던 현지 파견 부왕과 관리들이 이제는 개인적인 이익을 위해 이들과 타협했다. 파견된 포르투갈 관리들은 관세나 공물을 받고 현지 상인들이 홍해나 페르시아만으로 향신료를 수송하는 것을 허용했다.[92] 그런 점에서 볼 때 16세기 후반 향신료가 인도양으로부터 페르시아만이나 홍해를 통해 지중해로 원활하게 유입될 수 있었던 이유 중의 하나는 현지 포르투갈 관리와 상인들의 사무역 덕분이었다.[93]

포르투갈 기록 또한 비슷한 상황을 들려준다. 1584년 인도를 떠나 페르시아만을 경유해서 1587년 유럽으로 돌아온 포르투갈 출신의 수도사 아우구스티뉴 다제베두Augustinho d'Azevedo는 펠리페 2세에게 페르시아를 관통하는 북쪽 루트를 통한 교역이 매우 활발하게 진행되고 있다는 사실을 보고했다. 보고서에 따르면 6천 마리의 낙타로 구성된 대상이 많은 인도산 상품들을 페르시아만으로부터 지중해 연안까지 실어 나르고 있었고, 지중해 연안의 선적항이었던 알렉산드레타

90 Boxer(1969b), p.62.

91 Lane(1973), p.292.

92 Meilink-Roelofsz(1962), p.129; James C. Boyajian(1993), *Portuguese trade in Asia under the Habsburgs, 1580-1640*, Baltimore and London: The Johns Hopkins University Press, p.xii.

93 Lach(1965), p.141.

Alexandretta(이스켄데룬)에는 5척의 베네치아 선박이 출항을 준비하고 있었다.[94] 마르세유 선박들도 알렉산드레타 항구에서 인디고, 육두구, 정향과 같은 향신료를 선적했다.

비슷한 시기 알렉산드리아의 향신료 시장도 활기가 넘쳤다. 여러 종류의 기록들이 향신료가 홍해를 통해 알렉산드리아로 원활하게 공급되고 있음을 보여준다.[95] 1585년 포르투갈 관리의 이야기에 따르면 수마트라의 아체 상인들은 매년 4-5만 퀸탈의 향신료를 지다항으로 들여왔다.[96] 1586년 메카의 관세 수입이 15만 두카토였고, 매년 40-50척의 선박이 메카의 지다항으로 향신료를 수송했다. 1593년 2월 17일자 독일 상인의 편지에 따르면 홍해를 통해 3만 칸타르어치의 인도산 상품이 들어왔다. 이 양은 리스본으로 들어오는 후추 양과 맞먹는 것이었다.[97]

그러나 되찾은 영광은 오래가지 않았다. 16세기 말부터 인도양에 진출한 후발 주자 영국과 네덜란드가 이를 무너뜨렸다.[98] 이전까지 주로 해적질을 해서 빼앗은 향신료를 유럽 시장에 공급했던 영국은 1600년 이후 인도양으로부터 직접 싣고 온 후추를 북유럽 시장에 공급하기 시작했다.[99] 비슷한 시기에 네덜란드 후추는 암스테르담을 통해 주변 시장으로 팔려나갔고, 1605년 이후에는 이탈리아 시장으로까지 판매가 확대되었다. 17세기 초엽 이미 향신료 군도를 확고하게 장악한 네덜란드는 포르투갈보다 더욱 확실하게 홍해 루트를 통제했다.[100] 알레포를

---

94 Braudel(1972), vol. 1, pp.564-565; Meilink-Roelofsz(1962), p.363.

95 Braudel(1972), vol. 1, p.564.

96 Boxer(1969b), p.60.

97 Braudel(1972), vol. 1, p.564, 567.

98 1596년 네덜란드는 처음으로 인도양에 모습을 나타냈다. Braudel(1972), vol. 1, p.562; Lach(1965), pp.141-142.

99 Kellenbenz(1956), p.24.

100 Lane(1973), p.294; Finlay(1994), p.87.

경유하여 지중해로 이르는 북쪽 노선도 상황은 마찬가지였다. 16세기 중반 이후 향신료 무역의 중개지로 부상했던 알레포도 몰락하기 시작했다. 17세기 초 알레포 주재 네덜란드 대사는 향신료뿐만 아니라 다른 상품 거래도 줄어들고 있다고 본국에 보고했다. 더 이상 향신료는 알레포 시장에서 중요한 역할을 하지 못했다. 17세기 이후에도 홍해와 페르시아만을 통한 향신료 교역이 완전히 중단되지는[101] 않았지만 거래량이 상당히 줄어들었음에는 틀림없다.

* * *

베네치아 연대기 작가들이 증언하는 것처럼 15세기 말 포르투갈의 인도 항로 개척은 중세 말 베네치아의 부의 원천이었던 동지중해 향신료 무역에 큰 타격을 주었다. 기존의 연구들은 신항로 개척이 베네치아의 향신료 무역에 큰 타격을 주었다는 점에는 대체로 동의한다. 하지만 베네치아의 향신료 무역, 좀 더 넓게는 지중해를 통한 향신료 수입이 영구히 몰락했는지에 관해서는 여전히 논쟁 중이다.

이 장에서는 기존의 연구 성과들을 비판적으로 분석하고 종합적인 결론을 도출할 수 있었다. 16세기 초엽 베네치아 연대기 작가들이 남긴 기록은 1530년대 초반까지 베네치아 향신료 무역이 15세기 전성기에 비해 형편없는 수준으로 줄어들었음을 보여준다. 베네치아와 오스

101 물론 1630년경 홍해는 완전히 막혔고 이집트는 교역로가 아니라 막다른 골목이 되어 버렸다고 말하는 역사가들도 있다. 예컨대 브로델은 대략 1625년 전후 레반트 무역은 회복할 수 없을 정도로 몰락했다고 주장한다. 방달A. Vandal은 홍해의 완전 폐쇄를 이야기했다. 반면 마송P. Masson은 홍해를 통한 무역이 1670년대까지 계속되었음을 주장한다. 하지만 마송은 마르세유 1700년 이후의 상업 기록에는 알레포와 카이로를 통해 향신료가 수입되었다는 언급이 나오지 않는다고 말한다. Meilink-Roelofsz(1962), p.362; Braudel(1972), vol. 1, p.562; Lybyer(1915), p.584.

만 터키 간의 전쟁, 동지중해의 정치·경제·군사적 불안정 또한 지중해 향신료 무역을 어렵게 만들었다. 하지만 포르투갈의 인도 선단의 성공과 홍해와 페르시아만에 대한 효과적인 통제가 동지중해로의 향신료 수입을 어렵게 만든 주요 원인이었다.

기존의 상반된 연구들을 분석해서 얻은 또 다른 결론은 지중해 향신료 무역의 부활이 1560년대에 국한된 일시적인 현상이 아니었다는 것이다. 지중해 향신료 무역은 1530년대 초반부터 15세기의 활력을 되찾기 시작했고 16세기 중엽에는 15세기 수준 또는 그 이상을 회복했다. 1570년대 무렵 일시적인 침체를 겪었지만 지중해를 통한 향신료 무역은 16세기 말까지 계속되었다. 결국 포르투갈은 유럽으로의 향신료 수입에서 독점적인 지위를 확보하는 데 실패했다. 최종적으로 지중해 향신료 무역을 영구적으로 무너뜨린 세력은 포르투갈이 아니라 16세기 말부터 인도양에 진출한 후발 주자인 영국과 네덜란드였다. 17세기 중반에 이르면 유럽으로의 향신료 수입은 일반적으로 지중해가 아니라 희망봉을 경유해서 이루어지게 되었다.

마지막으로 강조해야 할 점은 이전 시기 향신료 무역을 독점하다시피 했던 베네치아와 새로운 항로를 개척한 포르투갈 사이의 2파전이라는 좁은 시각으로 16세기 지중해 향신료 무역의 흥망을 분석해서는 안 된다는 것이다. 베네치아 상인뿐만 아니라, 독일, 프랑스, 영국 그리고 이탈리아 내의 베네치아 경쟁 도시 상인들도 지중해 향신료 무역에 적극적으로 동참했다. 포르투갈의 향신료 사업도 마찬가지였다. 재정과 인력이 부족한 포르투갈 왕실은 처음부터 외국 상인들과 은행가들의 투자를 적극적으로 유치할 수밖에 없었다.

3부

선박, 베네치아의 물적 기반

베네치아가 지중해 바다에서 강력한 해상 세력으로서의 명성을 얻을 수 있었던 기반은 무엇보다도 선박이었다. 15세기 베네치아는 유럽에서 가장 좋은 배를 가장 많이 보유하고 있었다. 제노바를 제외하면 중세 말 베네치아만큼 광범위한 지역에 정기적으로 선박을 운영한 해양 세력은 없었다. 베네치아의 원형 범선과 대형 갤리선들은 지중해뿐만 아니라 흑해와 대서양의 주요 항구들을 정기적으로 운항하면서 다양한 종류의 상품과 인력을 실어 날랐다. 비잔티움제국과 이슬람 세계의 선박들은 자신들의 바다를 크게 벗어나지 않았던 반면 베네치아 선박은 서유럽 기독교 바다는 물론이고 비잔티움제국과 이슬람 세계의 통제 하에 있는 바다 구석구석까지도 항해했다.

중세 말 베네치아가 보유한 선박의 상대적 비중과 위상을 정확하게 파악하려면 고대부터 16세기까지 지중해를 누볐던 다양한 선박들에 대한 이해가 선행되어야 할 것이다. 지중해 선박의 발전사에 대한 종합적인 이해가 없어서 종종 오해가 생기기 때문이다. 예를 들어 고등학교 세계사 교과서에서 15세기 말 콜럼버스와 다 가마가 타고 갔던 선박과 15세기 초 정화가 인도양 원정에 사용했던 선박을 비교하면서 유럽과 아시아 선박의 현격한 차이를 이야기한다. 그러나 포르투갈과 에스파냐가 대항해 초기에 사용했던 선박은 제노바와 베네치아가 지중해에서 사용했던 선박과 비교해보면 소형 선박에 지나지 않았다. 다 가마의 선박이 150톤급 정도의 중소형 선박이었다면 제노바가 대서양 노선에 투입한 범선은 1,000톤이 넘어가는 대형 범선이었다. 물론 정화 선단의 기함이 최대 2,000톤급의 선박임을 생각할 때 여전히 유럽과 아시아 선박의 크기 차이가 있지만 말이다.

지중해 바다에서는 고대부터 중세 말까지 크게 두 가지 유형의 선박이 사용되었다. 폭보다 길이가 긴 유형의 선박long ship과 폭이 조금 넓은 둥근 유형의 선박round ship이 있었다. 이 두 유형의 선박은 동력과 용도에서도 서로 차이가 있었다. 전자는 주로 노를 이용했던 반면 후자는 바람을 이용했다. 노를 주 동력원으로 이용한 전자는 주로 전투용 선박이었고, 후자는 상품과 사람을 실어 나르는 상선이었다. 전투용 선박으로 사용되었던 대표적인 롱십long ship은 갤리였다. 갤리선의 노잡이가 노예였다는 이야기는 특정 시대에만 해당한다. 로마제국의 갤리선은 노예를 이용했던 반면 중세 베네치아의 갤리선의 노잡이는 자유민 선원이었다.

서로마제국이 멸망하고 중세가 시작되면서 지중해를 운항하는 선박의 크기는 오히려 작아졌다. 전성기에 인구 50만을 보유하고 있었던 제국의 수도 로마는 곡물을 안정적으로 확보하기 위해 이집트 알렉산드리아로 매년 곡물 선단을 파견했는데 이때 사용된 선박은 1,000톤이 넘는 대형 선박이었다. 반면 중세 초 지중해에서 사용된 선박은 100톤이 되지 않는 소형 선박이 많았다. 이렇게 선박의 크기가 작아졌던 것은 교역량이 줄어들었기 때문이다. 하지만 중세 후반 교역량이 늘어나면서 선박의 크기도 점진적으로 커졌다.[1]

베네치아가 지중해 중요 해상 세력으로 등장한 것은 1000년경이었다. 10세기 베네치아는 이탈리아와 시칠리아 해안의 이슬람 세력과 대립하고 있는 비잔티움제국에 해상 원조를 제공할 정도로 성장했다.[2] 베

1 Pryor(1988), pp.25-86.

2 Oldrich Tuma(1984), "Some notes on the significance of the imperial chrysobull," *Byzantion*, 54, p.358.

네치아가 지중해 해상 세력으로 성장할 수 있었던 주요 배경 중의 하나는 비잔티움제국과 이슬람 세계의 해군력 약화였다. 이슬람의 해상 공세가 치열했던 8세기 초까지만 해도 비잔티움은 나름 해상력을 유지하고 있었다. '그리스의 불'이라고 불렸던 화기를 장착한 비잔티움제국의 드로몬Dromon(갤리선의 일종)은 이슬람 해상 공격을 물리치는 데 크게 기여했다. 하지만 9세기 비잔티움제국은 아드리아해에 대한 해상 통제권을 더 이상 유지하지 못했고 그 결과 아드리아해는 해적들의 바다가 되었고, 이슬람은 비잔티움제국으로부터 남부 이탈리아와 시칠리아섬을 빼앗았다.[3]

1000년 베네치아 도제 피에트로 2세 오르세올로는 달마티아 해안에서 크로아티아 출신 해적들을 몰아내고 달마티아 도시들의 충성서약을 얻어냈다. 4년 후 그는 함대를 이끌고 바리까지 진출해 이슬람 세력을 몰아냈다.[4] 달마티아 해안을 확보한 것을 축하하려고 베네치아는 도제가 출전한 날이자 그리스도가 승천한 날에 장엄한 축제를 벌였다. 이후 도제는 매년 그리스도 승천일에 도제 전용선을 타고 정부 관리들과 함께 베네치아의 외항인 리도Lido까지 진출해, "우리와 바다를 항해하는 모든 이들을 위해서 바다가 고요하고 잔잔하기를 기원합니다."라고 빌고, 사제들은 참여한 사람들에게 성수를 뿌리고, 뿌리고 남은 성수를 바다에 쏟으면서 "우슬초로 나를 정결하게 하소서 내가 정화되리라."라는 시편(51장 7절)의 찬송가를 불렀다. 이 축제는 12세기 '바다와의 결혼식' 행사로 공식화되었다.[5]

---

3 John H. Pryor and Elizabeth M. Jeffreys(2006), *The age of the Dromon: byzantine navy ca 500-1204*, Leiden and Boston: Brill; Madden(2012), pp.48-49.

4 Madden(2012), p.59.

5 Joanne M. Ferraro(2012), *Venice: history of the floating city*, New York: Cambridge University Press, p.31.

이후 베네치아 해군력은 달마티아 해안을 넘어 비잔티움제국에 해상 원조를 제공할 정도로 강해졌다. 11세기 중엽 남부 이탈리아와 시칠리아를 정복한 노르만 출신의 로베르 기스카르Robert Guiscard가 1081년 여름 아드리아해 동쪽에 있는 비잔티움제국 지배하의 두라초를 공격하자, 비잔티움제국 황제 알렉시오스 1세는 베네치아에 도움을 요청했고 베네치아는 함대를 파견했다. 1083년 가을에 가서야 베네치아 함대는 최종적으로 기스카르가 장악했던 두라초를 빼앗았다. 1084년 기스카르는 함대를 이끌고 이번에는 코르푸를 점령하기 위해 출항했다. 비잔티움제국 황제는 다시 베네치아에 선박 지원을 요청했고, 베네치아 도제 실비오는 함대를 파견했다. 베네치아와 비잔티움제국의 연합 함대는 노르만족을 물리치고 크게 승리했다. 그러나 1085년 1월 노르만 함대는 코르푸를 급습하고 연합 함대를 격파했다. 패전 소식을 접한 베네치아 사람들은 도제 실비오를 끌어내리고 비탈레 팔리에르Vitale Falier(재위 1085-1096)를 도제로 세웠다. 하지만 운명의 여신이 최종적으로 미소를 보낸 것은 베네치아와 비잔티움제국이었다. 1085년 7월 그리스에서 겨울을 나던 노르만 군대에 전염병이 퍼졌고, 기스카르도 전염병으로 사망함으로써 전쟁은 끝났다.[6]

백 년 후인 1200년경 베네치아는 서유럽 제일의 해상 세력으로 부상했다. 4차 십자군을 준비하고 있었던 십자군 수뇌부들이 십자군 병력을 동지중해로 수송해줄 가장 적합한 항구 도시로 베네치아를 선택했다는 사실이 이를 증명한다. 1201년 4월 베네치아 정부는 4천5백 마리의 말과 9천 명의 종자를 수송할 규모의 화물 수송선과 4천5백 명의 기사와 2만 명의 보병을 수송할 규모의 범선, 베네치아 정부의 비용으로 조달하는 50척의 갤리선을 준비하겠다는 수송 계약을 십자군 수뇌

6 Madden(2012), p.63.

부와 체결했다. 계약에 따라 베네치아는 5백 척 규모의 선단을 차질 없이 준비했다. 십자군이 수송비로 지불할 금액은 8만 5천 퀼른 마르크로 당시 영국과 프랑스 왕실 수입의 2배에 해당하는 엄청난 액수였다.[7] 실제로 수송 계약에 참여했던 십자군 대표 사절 중의 한 명이었던 빌라르두엥Villehardouin은 베네치아 이외의 어떤 도시도 이렇게 대규모의 인력과 말을 수송할 능력을 보유하지 못했다면서 베네치아의 해상력을 칭찬했다.[8]

베네치아가 준비한 선단의 규모는 근대 초까지 지중해 해전사에서 유례를 찾아보기 힘들 정도로 어마어마했다. 16세기까지 지중해 최대 해전이었던 레판토 해전에 참여했던 기독교 연합함대는 206척의 갤리선과 6척의 갈레아스였고, 오스만 함대는 216척의 갤리선과 64척의 갤리오트galliot, 64척의 푸스타fusta였다.[9] 즉 4차 십자군 수송을 위해 베네치아가 준비했던 선단의 규모는 1571년 레판토 해전에 동원되었던 유럽 기독교 연합함대와 비교해도 작지 않았다. 13세기 초 4차 십자군을 수송할 정도의 거대한 선단을 마련할 수 있었던 해상 세력은 아마 베네치아밖에는 없었을 것이다.

1300년경 베네치아는 경쟁자였던 제노바와 함께 지중해 항해 혁명을 주도하면서 지중해 해상 수송에서 독점적인 위치를 확보하게 되었다. '항해 혁명nautical revolution'은 선박과 항해 기술에서의 혁신적인 발전을 뜻한다. 제노바가 주도했던 혁신은 초대형 범선 건조였다. 중세 말 제노바가 초대형 범선을 제작한 이유는 동지중해에서 생산된

---

7 Donald E. Queller and Thomas F. Madden(1997), *The Fourth Crusade: the conquest of Constantinople*, Philadelphia: University of Pennsylvania Press, p.17, 222.

8 Geoffroy de Villehardouin(2004), *La conquête de Constantinople*, Paris: Honoré Champion, p.53.

9 John F. Gulmartin(2002), *Galleons and galleys*, London: Casell and Co, p.141.

• 제노바 항구에 정박 중인 대형 범선과 갤리선

염색 재료인 명반을 대서양으로 대량 수송하기 위해서였다.

반면 베네치아가 이룬 혁신은 갤리선 개량이었다. 위에서 언급했듯이 원래 지중해에서 고대부터 사용되었던 갤리선은 전투용 선박이었고, 화물을 실을 필요가 없었기 때문에 주로 크지 않은 중소형 선박이었다. 베네치아는 이 전투용 갤리선을 크게 만들어 화물 수송 선박으로 사용했다. 그런 연유로 중세 말 베네치아 갤리선은 '대형 갤리선grosse galere' 또는 '갤리 상선galere da mercato'으로 불렸다. 15세기 베네치아가 대서양 노선에 투입한 갤리 상선은 200-300톤급으로, 당시까지 지중해에서 사용되었던 갤리선 중에는 가장 규모가 큰 선박이었다. 베네치아 갤리선에 나타난 또 다른 변화는 동력이 노가 아니라 바람으로 바뀌었다는 것이다.

중세 말 베네치아가 이룬 더욱 중요한 혁신은 국영 조선소Arsenale에서 갤리 상선을 건조해 무다muda라 불리는 지중해 제일의 해상 수송 체계를 도입한 것이었다. 국영 조선소가 만들어지기 시작한 것은 13세기부터였다. 13세기 열 개의 작업장이 있었고, 한 작업장은 세로 46

미터, 가로 16,5미터, 높이 7미터의 규모였고, 이곳에서 10척의 전투용 갤리선을 동시에 건조할 수 있었다. 1326년부터 축조되기 시작한 신 조선소는 80척의 갤리선을 동시에 건조할 수 있는 능력을 갖추었다. 신 조선소를 만든 중요한 계기가 된 것은 제노바와의 해전과 증가하는 교역이었다.[10] 이런 두 가지 이유 때문에 초기에는 주로 전함, 즉 경 갤리light galley를 건조하다가 신 조선소가 만들어지면서 갤리 상선도 함께 건조하기 시작했다. 1464년부터는 전함에서 사용할 청동 포탄도 제작했다. 포탄뿐만 아니라 전함에서 사용하는 다양한 무기들, 돛, 노, 돛대, 밧줄 등 선박 운행에 필요한 모든 것을 복합적으로 생산했다. 그 덕분에 중세 말 베네치아 국영 조선소는 유럽 제일 규모의 조선소로 성장했다. 오스만제국과의 해상 전투가 늘어나면서 베네치아 정부는 최신 조선소를 추가로 만들었다. 1차 베네치아-오스만 전쟁에서 에비아섬을 상실한 베네치아는 더 많은 전투함을 좀 더 신속하게 건조할 필요성을 절감했다. 1473년 시작된 최신 조선소 건설 공사는 1570년에 가서야 완료되었다. 해전에 필요한 포탄 제작 작업장도 늘어났다.[11]

하지만 이후 국영 조선소는 점진적으로 구조적인 변화를 겪었다. 1504년을 정점으로 갤리 상선의 건조는 점차 줄어들었다. 대형 갤리를 상선으로 사용하는 시대가 저물고 있었고, 1535년 무렵이면 갤리 상선을 이용한 해상 운송 서비스가 사실상 중단되었다. 국영 조선소는 원래의 기능인 전투용 갤리를 건조하는 데 주력하게 되었다.[12]

그렇다면 15세기 베네치아가 보유한 선박의 규모는 어느 정도였을

---

10 Lane(1992), p.130; Madden(2012), p.153; 남종국(2007), 3-31쪽.

11 Jean-Claude Hocquet(2006), *Venise et la mer: XIIe - XVIIIe siècle*, Paris: Fayard, pp.302-305; Madden(2012), p.287, 328.

12 Lane(1992), pp.137-138.

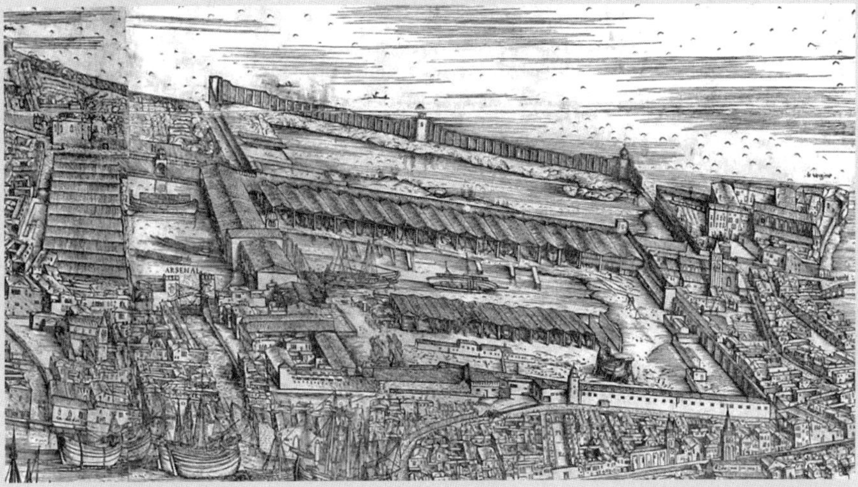

• 베네치아 국영 조선소

까? 1422년 베네치아 도제였던 토마소 모체니고의 임종 연설은 당시 베네치아가 보유하고 있었던 선박과 조선업의 규모를 들려준다. "여러분이 알다시피 우리에겐 10-200암포라급 선박 3천 척과 여기에 고용된 1만 7천 명의 선원이 있습니다. 중대형 범선 300척이 있고, 여기에 고용된 8천 명의 선원이 있습니다. 매년 45척의 중대형 갤리선이 운행되고 있고, 여기에는 만 천 명이 고용되어 있습니다." 15세기 초 베네치아는 총 3,345척의 선박을 보유하고 있었으며 이 수치는 유럽 제일이었다. 수송과 선박 건조에 고용된 인원만 3만 6천 명에 달했다. 당시 베네치아인구가 본섬과 해외 영토를 포함해 20만 정도였음을 감안할 때 인구의 10분의 1 이상이 수송과 조선업에 종사하고 있었다.

7장 중세 말 베네치아의 해상 네트워크

중세 후반 베네치아가 국제 교역에서 두드러진 역할을 할 수 있었던 것은 지중해, 흑해, 대서양을 정기적으로 운항했던 수송 인프라 덕분이었다. 당시 국제 교역을 효과적으로 뒷받침해주는 중요한 수단은 수로와 해로를 통한 수송이었다. 수상 수송은 육상 수송보다 수송비가 저렴했고 그런 연유로 국제 교역에서 대규모 상품 수송은 가급적이면 해로를 통해서 이루어졌다. 이런 당시의 구조적 특징 덕분에 베네치아와 제노바 같은 항구 도시들이 국제적 교역 활동을 주도할 수 있었다.

베네치아가 해상 수송에서 독점적인 지위를 확보할 수 있었던 것은 중세 후반 설립한 정기선단 제도 덕분이었다. 지중해, 흑해 그리고 대서양을 포괄하는 베네치아의 해상 네트워크는 당시 최고 수준의 수송

---

* 이 장은 「중세 말 베네치아의 해상 네트워크」라는 제목으로 2008년 『서양중세사연구』 21호에 게재된 논문을 수정·보충한 것이다.

인프라였고 베네치아는 이를 이용해 상품뿐만 아니라 소식과 정보도 전달할 수 있었다. 베네치아 해상 네트워크는 베네치아와 해상망으로 연결된 도시의 상업 주기를 결정했다. 이러한 인프라 덕분에 베네치아는 해상 강국으로서의 지위를 확보할 수 있었고, 국제 교역에서 큰 영향력을 행사할 수 있었다.

이 장에서는 해상제국이라는 신화를 물질적으로 뒷받침해주며, 당시 지중해 최고라고 인정받았던 베네치아 해상 네트워크의 규모와 수준dimension을 알아보고자 한다. 베네치아 해상 네트워크가 포괄하는 지리적 범위와 리듬에 관한 연구는 중세 말 바다를 통한 커뮤니케이션의 강도와 빈도를 짐작케 해줄 것이다.

중세 해상 네트워크의 수준과 규모를 알아보기 위해서 베네치아의 사례는 매우 이상적이다. 핵심적인 이유는 첫째, 중세 말 베네치아가 지중해를 포함해 흑해와 대서양을 포괄하는 광범위한 지역에 가장 정기적인 운송 서비스를 제공하고 있었다는 것이다. 둘째는 활용할 수 있는 사료가 다양하고 풍부하다는 것이다. 베네치아 정부는 선적 시기, 이용 선박, 수송 노선, 운송료 등을 포함해 수송의 모든 과정을 통제했고, 이를 기록으로 남겨놓았다.[1] 베네치아의 경우와는 달리, 또 다른 해상 강자였던 제노바의 경우 남아 있는 사료가 절대적으로 부족하다. 왜냐하면 제노바의 해상 수송은 정부의 통제 하에 있지 않고 주로 개인에 의해서 개별적으로 이루어졌기 때문이다. 베네치아의 경우는 공적인 문서뿐만 아니라 사적인 문서 또한 풍부한데, 이는 귀족 상인이 후손 없이 사망할 경우 정부 관리가 사후 처리를 맡았기에 많은 상업 문서들이 보존될 수 있었기 때문이다.[2]

---

1 이 장에서 참조한 가장 중요한 문서는 원로원 회의 기록이다. ASV, Senato Misti, Senato Mar, Senato Incanti di galere.

2 ASV, Procuratori di San Marco, Commissarie miste, busta 116, 117; Commissarie

기존의 연구들은 주로 베네치아의 해상 네트워크를 상품을 실어 나르는 수단과 베네치아의 상업적 성공의 기반이라는 경제적 맥락에서 바라보았다.[3] 당연히 기존의 연구는 상품 수송망을 재구성하고, 이를 통해 얼마나 많은 상품이 얼마나 자주 거래되었는지에 초점을 맞추었다. 그러다 보니 수송의 대부분을 담당했던 대규모 정기선단이 주요 연구 대상이었다. 특히 레인과 애쉬터는 국가가 운영하는 갤리선단과 정기 범선단이 중세 말 베네치아의 수송의 근간이었다고 보고 사적 수송의 역할과 비중을 매우 낮게 평가했다.[4]

그렇지만 해상 네트워크는 상품의 운송뿐만 아니라 정보와 소식을 전달하는 기능도 가지고 있었다. 게다가 중세 말 상업 조직, 상거래 기술 등이 변화 발전하면서 정보와 소식 전달의 필요성은 더욱 늘어났다.[5] 따라서 이 장에서는 베네치아 해상 네트워크를 상품 수송의 수단이라는 측면보다는 정보와 소식의 전달 수단으로서의 면을 부각시킬 것이다. 이렇게 되면 상품 수송망과는 중첩되면서도 사실상은 또 하나의 수송망이 우리의 눈에 들어오게 되는 것이다. 이를 위해서 우선 베네치아의 해상 네트워크의 지리적 범위를 알아볼 것이다. 구체적으로 이 작업은 베네치아 선박들이 들렀던 항구 도시의 목록과 지도를 작성

---

di Citra, busta 282.

3 Lane(1934), Frederic C. Lane의 논문집 *Venice and history*(1966)에 실린 논문 세 편 - "Rhythm and rapidity of turnover in venetian trade of the fifteenth century," pp.109-127, "Fleet and fairs -the function of the venetian muda," pp.128-142, "Merchant galleys, 1300-34: private and communal operation," pp.194-226; Frederic C. Lane(1962), "Cargaisons de coton et réglementations médiévales contre la surcharge des navires de Venise", *Revue d'histoire économique et sociale* 15: 21-31; Hocquet(1978-1979) Stöckly(1995); John E. Dotson(1982), "A problem of cotton and lead in medieval italian shipping", *Speculum* 57: 52-62.

4 Lane(1973), pp.124-126; Lane(1966), Ashtor(1983a), pp.115, 184-189, 254-262.

5 중세 소식 전달에 관해서는 Michel Balard, éd.(1994), *La circulation des nouvelles au Moyen Age*, Paris: Publications de la Sorbonne 참조.

하는 것이다. 둘째로 해상 네트워크의 속도, 주기, 빈도를 측정함으로써 베네치아 해상 인프라의 수준을 가늠할 것이다. 마지막으로 해상 네트워크의 기능을 소식과 정보의 전달이라는 맥락에서 분석할 것이다.

1. 정기선단 제도의 도입

베네치아 선박들이 기항한 항구 도시들은 얼마나 많았을까? 중세 말 베네치아는 지중해, 흑해 그리고 대서양을 포괄하는 가장 광범위한 해상 네트워크를 보유하고 있었다. 베네치아가 유럽 제일 수준의 해상 인프라를 구축할 수 있었던 것은 정부의 적극적인 관리와 육성 정책 덕분이었다. 특히 베네치아 정부는 중세 말로 갈수록 수송의 모든 분야를 더욱더 엄밀하게 통제 관리하는 방향으로 나아갔다.

베네치아 정부의 이러한 관리와 육성 정책의 최종적인 귀결은 정기선단 제도의 창출이었다. 이 제도의 핵심은 매년 정해진 시기에 특정 지역으로 수송단을 파견하는 것이었다. 정부는 선단의 운행 시기 이외에도 투입할 선박의 크기와 선단의 규모, 선원의 수, 선단장, 정박 항구와 정박 기간, 운송료 등 항해에 관련된 거의 모든 세부사항을 구체적으로 규정했다. 운송할 상품의 종류에 따라 투입할 선박의 형태도 달랐다. 안전하고 빠른 대형 갤리선은 주로 향신료와 같은 고가품을 수송했던 반면 면화와 포도주 같은 '대중적인' 상품의 수송은 갤리선보다 화물창이 큰 원형 범선에 할당되었다.[6] 베네치아의 정기선단 제도는 중세 유럽 세계에서는 거의 유일무이한 제도였다. 15세기 초 피렌체가 유일하게 이를 모방했지만 베네치아와의 경쟁에서 지면서 15세기 말에는

6 NAM(2007), pp.211-212.

피렌체 정기선단의 운영은 중단되었다.[7]

베네치아 정부가 정기선단 제도를 만들기 시작한 것은 1300년경 전후였는데 처음에는 일부 지역에만 수송단을 파견하다가 중세 말로 갈수록 대상 지역을 확대했다. 최종적으로 정부는 4가지 종류의 정기선단(갤리선단, 순례선단, 면화선단, 포도주선단)을 만들었다. 베네치아가 도입한 최초의 정기선단은 대형 갤리선으로 구성되었다.[8] 완성된 형태의 갤리선단 제도의 근간은 국영 조선소에서 건조한 갤리 상선을 활용하는 것이었다. 하지만 정부는 수송단의 실제 운영은 개인에게 위임했고 인칸토incanto라 불리는 경매를 통해 개인 투자자와 선장을 모집했다. 정부가 개인 사업자에게 운영을 위탁한 것은 수송단 운영에 필요한 자금을 조달하기 위해서였다. 비록 운영을 개인에게 위임했지만 수송단의 운행에 관한 모든 세부사항은 국가가 미리 정한 틀에 따라야만 했다. 그리고 수송단의 총책임자인 선단장은 국가가 임명한 관리였다.

정부는 초기에는 베네치아 상인들이 활발하게 활동하는 지역에 우선적으로 갤리선단을 편성했는데 그 첫 대상 지역은 14세기 초엽 베네치아의 가장 중요한 무역 상대였던 비잔티움제국과 흑해였다. 비슷한 시기에 동지중해의 키프로스와 소小아르메니아 왕국 방면으로 가는 갤리선단과 대서양 방면으로 가는 갤리선단이 만들어졌다. 1345년에는 이집트의 알렉산드리아행 갤리선단이 새로 추가되었고 1374년에는 시리아의 베이루트행 갤리선단이 창설되었다.[9] 이후 베네치아 정부가 새

---

7 Michael E. Mallet(1967), *The florentine galleys in the fifteenth century*, Oxford: Clarendon Press.

8 갤리선단에 대한 연구는 매우 많은 편이다. 그중 가장 최근의 연구 성과로는 D. Stöckly의 연구(각주 3 참조)를 들 수가 있다.

9 1291년 동방에 있는 라틴 왕국의 마지막 보루였던 아크레가 몰락한 이후 교황청은 이슬람과의 교역 활동을 금지하고 있었기 때문에 베네치아 정부는 키프로스와 소아르메니아에서 기존에 시리아에서 구입했던 상품들을 구입할 수 있었기에 이 지역으로 갤리선단

로이 수송망을 확충한 곳은 주로 서지중해였다. 정부는 1402년에 베네치아와 남부 프랑스를 연결하는 에귀모르트행 갤리선단을, 1436년에 북서아프리카행 갤리선단, 그리고 1460년에는 북동아프리카행 갤리선단을 추가로 도입했다. 15세기 후반에 이르면 베네치아는 8개의 노선에 갤리선단을 운영하게 되었다.

1380년 베네치아 정부는 상품의 수송이 아닌 승객 수송 전용 선단을 편성했다. 최종 목적지가 시리아의 항구 도시 야파였던 이 정기선단의 임무는 성지인 예루살렘을 순례하는 여행객을 수송하는 것이었다. 운항이 중단되는 1530년대까지 정부는 매년 2회씩 순례선단을 운행했으며, 매년 수백 명의 독일인, 영국인, 프랑스인, 이베리아반도 사람, 이탈리아 순례자들이 이를 이용해 성지를 다녀왔다.[10]

나머지 두 정기선단은 특정 상품의 수송을 전담하는 선단이었다. 1366년에 도입된 무다 고도노룸muda gothonorum이라 불리는 정기선단은 면화를 동지중해로부터 베네치아로 수송하는 역할을 담당했다. 면화선단이 파견된 지역은 시리아, 이집트 그리고 키프로스섬이었다. 시리아와 이집트행 면화선단은 15세기 말까지 중단 없이 지속되지만 키프로스행 면화선단의 운행은 얼마 지나지 않아 중단된다.[11] 갤리 상선

을 편성했던 것이다. 14세기 중엽 이슬람과의 교역이 정상화되면서 베네치아 정부는 이집트와 시리아로 가는 정기 갤리선단을 편성하게 된다. 반면 기존의 키프로스행 갤리선단은 중단되었다가 한 세기 후인 15세기 중엽에 가서야 복원된다.

10 Robert C. Davis(2003), "Pilgrim-tourism in late Medieval Venice," *Beyond Florence: the contours of medieval and early modern Italy*, ed. by P. Findlen, M. M. Fontaine and D. J. Osheim, Stanford: Stanford University Press, p.121.

11 키프로스행 면화선단의 운행이 중지된 것은 여러 가지 이유 때문이다. 우선 13세기 말 이후 중단되었던 시리아와의 직교역이 14세기 중엽 이후 다시 재개됨에 따라 그동안 시리아와 유럽 사이의 밀무역 중심지 역할을 했던 키프로스의 상업적 중요성이 떨어질 수밖에 없었다. 게다가 키프로스의 가장 중요한 항구 도시였던 파마구스타를 제노바가 장악함으로써 다른 유럽 상인과 선박의 출발이 줄어들게 된 것이다. Heyd(1885-1886), vol. 2, pp.61-62.

단이 1년에 한 번씩 운행했던 것과는 달리 면화선단은 1년에 두 번씩 운항했다.[12]

네 번째 정기선단은 포도주 수송을 전담하는 선단이었으며 면화선단과 마찬가지로 원형 범선으로 구성되었다. 이 선단의 주된 목적은 크레타산 포도주를 수송하는 것이었다. 포도주선단의 운영은 면화선단과 유사했다. 1432년 베네치아 정부는 3척의 범선으로 구성된 포도주선단을 크레타로 파견했다. 선단이 크레타섬에 도착하면 레지멘이라 불리는 베네치아 현지 대표부가 포도주를 선적하기를 원하는 상인들에게 이를 알리고, 상인들은 대표부 소속 사무국에 선적할 상품의 양을 사전에 제출해야만 했다.[13]

위에서 살펴보았듯이 중세 말로 갈수록 베네치아의 해상 네트워크는 더욱 확충되었고 그 덕분에 더 많은 항구 도시들이 베네치아의 수송 서비스를 이용할 수 있었다. 베네치아가 운영한 정기선단 제도의 장점은 그 운행이 안전하고 규칙적이며 정기적이라는 점이다. 이는 베네치아 정부가 그 운영을 체계적으로 관리 통제한 덕분이었다. 이러한 장점 덕분에 베네치아 정기선단은 외국 상인들에게도 인기가 높았다.[14]

이제 베네치아 정기선단이 어떤 항구 도시들에 기항했는가라는 서두에서 제기한 질문에 답할 차례다. 다행히도 매년 비슷한 시기에 원로원은 정기선단의 운영에 관한 자세한 규정을 입안했고 이를 기록으로 남겨놓았다. 원로원 회의록에 따르면 각 정기선단의 기항지는 구체

12 ASV, Ufficiali sopra le mercanzie del Levante, reg. 1, f. 12r-v; ASV, Senato Misti, reg. 56, f. 142, reg. 58, f. 22r.

13 ASV, Senato Misti, reg. 58, f. 125r-v; U. Tucci(1998), "Il commercio del vino nell'economia cretese", *Venezia e Creta*, ed. by G. Ortalli, Venezia: Istituto veneto di scienze, p.186.

14 D. Igual Luis(1994), "Las galeras mercantiles venecianes y e puerto de Valencia(1391-1534)," *Anuario de estudios medievales* 24: 183.

적으로 명시되었고 기항지의 목록은 연도별로 크게 변하지 않았다. 원로원 기록을 근거로 작성한 옆의 지도는 베네치아 정기선단들이 일상적으로 기항했던 항구 도시들의 지도다. 이 지도가 보여주듯이 실제로 베네치아 정기선단은 흑해, 지중해, 대서양의 주요 항구 도시들뿐만 아니라 중간 규모의 항구 도시들에도 기항했다. 강조할 점은 중세 말 베네치아 정기선단이 지나가지 않는 초일류 항구는 거의 없었다는 사실이다.

그렇지만 정기선단들이 기항한 항구 도시들이 베네치아 해상 네트워크의 전부는 아니었다. 왜냐하면 개인 선주나 상인들도 사적으로 선박을 운영하고 있었기 때문이다. 대부분의 역사가들이 정기선단이 중세 말 베네치아의 전체 수송 체계에서 핵심적인 부분을 구성하고 있었을 뿐만 아니라 그 비중이 점차 높아졌다고 이야기하지만 그렇다고 사적 수송을 완전히 무시할 수는 없는 것이다.[15] 최근의 몇몇 연구들은 사적 운행이 꽤 중요했음을 간과해서는 안 된다고 주장했다.[16] 하지만 직접적인 통제를 받았던 정기선단들은 여러 특혜를 받았기 때문에 개인 소유의 선박보다는 훨씬 유리한 입장에 있었던 것은 사실이다. 가장 중요한 특혜는 정기선단이 상품을 선적하는 동안에 다른 선박들은 상

---

15 특히 베네치아 해상 무역에 관한 다수의 논문과 책을 저술한 레인은 국가가 직접 운영하는 정기선단이 베네치아의 영광을 만든 기반이었음을 강조했다. 이러한 레인의 견해는 중세 지중해 무역 전문가인 애쉬터에 의해 더욱 확고하게 자리 잡는다. Lane(1973), pp.124-126; Ashtor(1983a), pp.115, 184-189, 254-262; Stöckly(1995), pp.58-62.

16 주로 다티니가 남긴 상업 문서를 이용한 콩돈Congdon은 1395년에서 1420년 사이 베네치아 개인 소유의 선박들이 사적으로 운항한 사례들을 찾아냈는데, 총 운항 횟수가 180회였다. 1년에 평균 7회 정도의 사적 수송이 있었던 것이다. 같은 기간 동안 346척의 갤리 상선이 경매를 통해 정기선단에 차출되었다. 하지만 경매에 참여한 모든 선박에 대한 기록이 남아 있는 것과는 달리 사적 수송에 관한 기록이 적다는 사실을 고려해서 이 수치의 의미를 평가해야 할 것이다. Eleanor A. Congdon(1998), "Private venetian ships and shipping c. 1400," *Al-Masaq* 10: 57-71.

• 베네치아 정기선단이 정박한 항구 도시

품을 실을 수 없게 한 것이었다. 그러나 상품의 운송에서는 정기선단에 비해 경쟁력이 없었지만 정보나 소식의 전달, 즉 상호 교류와 접촉이라는 측면에서 보자면 사적 수송은 정기선단 못지않게 중요한 역할을 했다.

그러나 사적 수송의 역할과 의미에 대한 최근의 관심과 연구에도 불구하고 사적 수송의 규모와 정도를 평가하기는 어려운 실정이다. 왜냐하면 개인 소유의 선박이 개별적으로 운행한 것에 대한 기록이 거의 남아 있지 않기 때문이다. 하지만 분명한 것은 개인 소유의 선박들도 정기선단들의 기항지들을 방문했다는 사실이다. 그리고 개인 소유의 선박들은 정기선단이 기항하지 않았던 좀 더 작은 규모의 항구 도시들도 들렀다. 예컨대 정기선단의 운행이 없었던 아드리아해 동쪽 면에 위치한 안코나Ancona를 포함한 여러 항구 도시들과 에게해 지역의 여러 도서들은 이들 개인 소유의 선박들이 자주 들렀던 곳이었다.[17]

2. 해상 네트워크의 수준: 속도, 주기, 빈도

앞의 지도가 보여주듯이 중세 말 베네치아는 유럽 제일 수준의 해상 네트워크를 운영하고 있었다. 지중해, 흑해, 대서양의 주요 항구 도시를 포괄하는 베네치아의 해상 네트워크는 당시 다른 어떤 해상 도시의 해상 인프라보다 효율적이고 정기적이었다. 하지만 해상 네트워크의 지

17 레인의 연구에 따르면 매년 20척의 갤리선과 35척 정도의 중대형 범선이 지중해, 흑해와 대서양을 누볐고, 나머지 선박들은 100톤 정도의 소형 선박으로 주로 아드리아해에서 곡물, 기름, 목재, 석재와 같은 상품들을 수송했다. 1408년 가을 정기시에 14척의 코카선이 베네치아를 떠라 여러 지역으로 파견되었다. Lane(1966), "The merchant marine of the venetian republic," pp.143-149; Biblioteca marciana di Venezia, Chronique d'Antonio Morosini, c. 208, vol. 2, p.545.

리적 분포가 모든 것을 보여주지는 않는다. 바다를 통한 유럽 도시 간의 커뮤니케이션의 수준과 규모를 이해하기 위해서는 네트워크의 지리적 분포뿐만 아니라 네트워크의 속도, 빈도, 주기 등과 같은 요소를 동시에 고려해야 할 것이다.

이미 몇몇 사가들이 중세 말 유럽에서 정보와 상품의 유통 속도, 빈도, 주기, 강도 등에 관해 연구했다. 페데리고 멜리스Federigo Melis는 1400년경 베네치아와 37개 도시 간의 상호 정보 교류의 속도와 규모에 관한 논문을 발표했고, 피에르 사르델라Pierre Sardella는 16세기 초 베네치아와 35개 도시 간의 소식 전달의 속도와 규모를 밝혔다.[18] 이들의 연구 성과를 이용해 만든 <표 1>은 베네치아와 다른 항구 도시들 간의 소식 전달에 소요되는 평균적인 시간을 나타낸다.

표에 따르면 한 세기가 경과하는 동안 정보 전달 속도가 크게 빨라지지는 않았다. 베네치아로부터 동지중해의 항구 도시들이나 대서양 항구 도시들까지의 소식 전달은 한 달 정도가 소요되었다. 베네치아로부터 가장 늦게 소식이 전달되는 곳은 흑해 북쪽에 위치한 타나였으며 약 두 달 정도가 걸렸다. 전체적으로 보면 타나를 포함한 소수 지역을 제외하면 한 달 정도면 대부분의 항구 도시에 편지가 전달될 수 있었다.[19]

---

18 Melis(1984), pp.209-211; Pierre Sardella(1948), *Nouvelles et spéculations à Venise au début du XVIe siècle*, Paris: Armand Colin, pp.56-57.

19 그러나 당시 해상 수송은 생각보다는 규칙적이지 않았기 때문에 서신의 전달 속도는 때에 따라 상당한 차이가 있었다. 예를 들어 베네치아 상인 퀘리니Vielmo Querini의 편지에 따르면 베네치아와 콘스탄티노플 간의 소식 전달은 짧게는 25일 길게는 70일이 소요되었다. 런던과 베네치아 사이의 평균 소식 전달 시간은 한 달 정도였지만 늦을 경우 51일이었다. 반면 고속 우편선박인 스카르셀라scarsella를 이용할 경우 좀 더 빨리 소식을 전달할 수 있었다. Bernard Doumerc(1994), "Par Dieu écrivez plus souvent! La lettre d'affaires à Venise à la fin du Moyen Age," *La circulation des nouvelles au Moyen Age*, M. Balard, éd., Paris: Armand Colin, pp.102-103.

<표 1> 베네치아와 여타 도시 사이의 소식 전달 속도

항구	지역	1400년경	16세기 초
런던	대서양	33일	
브뤼헤	대서양	26일	
안트워프	대서양		16일
칼레	대서양		14일
바르셀로나	서지중해	21일	12일
마요르카	서지중해	24일	
발렌시아	서지중해	22일	
세비야	서지중해	44일	
리스본	서지중해		43일
나폴리	서지중해	15일	8일
팔레르모	서지중해	16일	25일
마르세유	서지중해		12일
튀니스	서지중해	19일	
자라	아드리아해		6일
코르푸	아드리아해		15일
안코나	아드리아해	4일	
라구사	아드리아해	10일	14일
코론과 모돈	아드리아해	16일	
칸디아	에게해와 흑해		33일
콘스탄티노플	에게해와 흑해	38일	34일
로더스	에게해와 흑해	29일	
노플리	에게해와 흑해		34일
타나	에게해와 흑해	60일	
아크레	레반트	33일	
베이루트	레반트	39일	
야파	레반트	35일	
알렉산드리아	레반트	38일	55일

그러나 1-2개월이라는 베네치아와 다른 주요 항구 도시들 간의 서신의 교환 속도가 상호 교류의 빈도와 주기를 정확하게 반영하지는 않는다. 예를 들어 선박이 베네치아와 대서양의 브뤼헤 사이를 1년에 한 번만 왕복한다면 실질적인 정보 전달은 1년이 걸리는 것이 된다. 그런 점에서 속도뿐만 아니라 빈도를 함께 고려해야만 베네치아 해상 네트워크의 수준을 정확하게 평가할 수 있을 것이다. 중세 말 베네치아 정기선단은 매년 1회 내지는 2회씩밖에는 운항하지 않았다. 모든 갤리선단은 기본적으로 1년에 1회씩 출항했으며 순례선단과 면화선단이 1년에 2회씩 출항했다.[20] 정기선단의 운행 주기를 기준으로 한다면 베네치아로부터 각 항구 도시까지 편지가 도착하는 데는 한 달 정도면 충분했겠지만 정기선단의 운행이 연간 1회 내지 2회였기 때문에 서로간의 소식 전달의 주기는 6개월 내지는 1년이 되는 것이다.

그렇다면 해외에서 장사를 하는 베네치아 상인들은 빨라야 6개월 단위로 본국의 동료들과 연락을 한 것이 된다. 그러나 중세 상인들이 주고받았던 서신을 조사해보면 베네치아와 다른 도시들 간의 서신 교환이 1년에 1회 내지는 2회 정도가 아니라 매우 빈번했음을 알 수 있다.[21] 빈번한 서신 교환은 정기선단이 운행하지 않는 기간에도 개인 소유의 선박들이 베네치아와 다른 주요 항구 도시들을 연결해주고 있었기 때문에 가능했던 것이다. 아래의 세 가지 사례(베네치아와 서지중해의 바르셀로나, 베네치아와 대서양의 런던과 브뤼헤, 베네치아와 동지중해의 아크레)는 서신 왕래의 주기가 정기선단의 운행 주기보다는 훨씬 짧았음을 증명한다.

---

20 Lane(1966), pp.109-127, pp.128-141.

21 일반적으로 상업 편지에는 편지 작성일 뿐만 아니라 뒷면에 편지를 수령한 날짜도 적혀 있다. 또한 편지의 겉봉에 운송 선박을 명기하기도 한다. 이 장에서 주로 참조한 서신은 다티니가 남긴 기록이다. ASP, Fondo di Datini.

<표 2>는 1400년경 다티니 상사의 베네치아 주재원이었던 피아치티Bindo di Gherardi Piaciti가 바르셀로나에 있는 다티니 상사의 주재원 벨란디Simone d'Andrea Bellandi에게 보낸 편지의 목록이다.[22]

<표 2> 베네치아에서 바르셀로나로 보낸 편지

작성지	작성일	수신지	수신일	사료
베네치아	1400/09/18	바르셀로나	1400/10/10	927(114206)
베네치아	1400/09/18	바르셀로나	1400/10/22	927(114207)
베네치아	1400/10/16	바르셀로나	1400/12/03	927(114208)
베네치아	1400/11/06	바르셀로나	1400/12/?	927(114209)
베네치아	1400/11/13	바르셀로나	1400/12/23	927(114210)
베네치아	1400/11/20	바르셀로나	1400/12/23	927(114211)
베네치아	1401/01/08	바르셀로나	1401/02/19	927(114212)
베네치아	1401/01/20	바르셀로나	1401/03/14	927(114213)
베네치아	1401/02/18	바르셀로나	1401/03/11	927(114214)
베네치아	1401/03/08	바르셀로나	1401/03/14	927(114215)
베네치아	1401/04/09	바르셀로나	1401/05/02	927(114216)
베네치아	1401/04/09	바르셀로나	1401/05/02	927(114217)
베네치아	1401/05/14	바르셀로나	1401/06/17	927(114218)
베네치아	1401/05/28	바르셀로나	1401/07/14	927(114218)
베네치아	1401/06/18	바르셀로나	1401/07/24	927(114219)
베네치아	1402/04/15	바르셀로나	1402/05/23	928(114221)
베네치아	1402/04/15	바르셀로나	1402/06/11	928(114222)
베네치아	1402/05/13	바르셀로나	1402/06/16	928(114223)

22 ASP, Fondo di Datini, busta 927, 928.

베네치아	1402/05/20	바르셀로나	1402/07/01	928(114224)
베네치아	1402/06/03	바르셀로나	1402/07/13	928(114225)
베네치아	1402/07/15	바르셀로나	1402/08/14	928(114226)
베네치아	1402/07/29	바르셀로나	1402/09/06	928(114227)
베네치아	1402/08/05	바르셀로나	1402/09/06	928(114228)
베네치아	1402/11/11	바르셀로나	1402/12/26	928(114229)
베네치아	1402/12/02	바르셀로나	1403/01/22	928(114230)
베네치아	1403/01/27	바르셀로나	1403/03/18	928(114231)
베네치아	1403/04/28	바르셀로나	1403/05/29	928(114232)
베네치아	1403/07/14	바르셀로나	1403/08/14	928(114233)
베네치아	1403/07/21	바르셀로나	1403/08/20	928(114234)
베네치아	1403/10/06	바르셀로나	1403/11/22	928(114235)
베네치아	1403/12/15	바르셀로나	1404/01/23	928(114236)
베네치아	1406/08/29	바르셀로나	1406/09/12	929(516118)
베네치아	1406/08/28	바르셀로나	1406/08/30(?)	929(516122)
베네치아	1406/10/20	바르셀로나	1406/11/03	929(516125)
베네치아	1406/08/14	바르셀로나	1406/09/12	929(516128)

1406년까지도 베네치아와 바르셀로나를 연결하는 국영 정기 항로가 개통되지 않았음에도 불구하고 상인들은 거의 매달 편지를 바르셀로나의 동료 상인에게 보내고 있었다. 이러한 사실은 베네치아 국적이든 다른 해양 도시 소속이든 매달 편지를 운송할 선편이 존재했음을 의미한다.

1420년대에서 1440년대 사이 베네치아 상인 로렌초 돌핀이 받은 편지 또한 정기선단의 운행 기간 이외에도 선박과 편지의 왕래가 존재

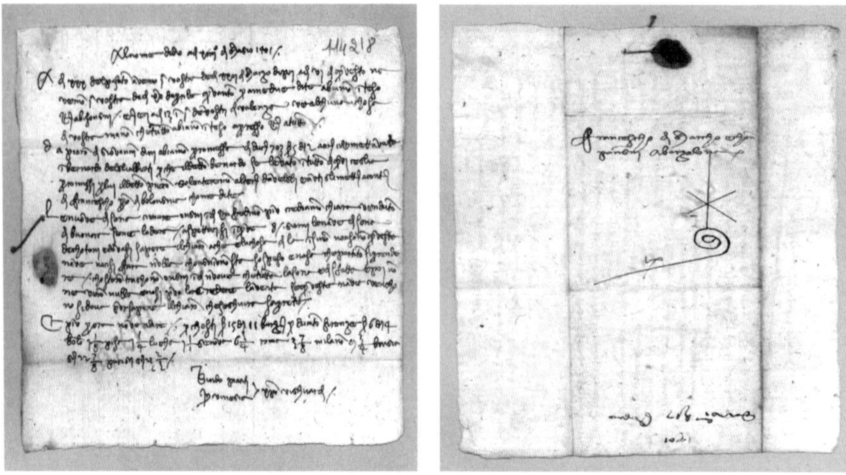

• 1401년 5월 14일자 베네치아에서 바르셀로나로 보낸 편지(busta 927, no.114218)

했음을 증명한다(<표 3> 참조).[23] 로렌초 돌핀은 5월과 6월을 제외한 모든 달에 런던이나 브뤼헤로부터 편지를 받고 있었다. 런던에 상주하는 베네치아 상인 모로지니는 1441년 12월 10일에 로렌초 돌핀에서 쓴 편지에서 11월 4일에 로렌초 돌핀에게서 편지를 받았다는 내용을 기록하고 있다. 즉 로렌초 돌핀은 대서양의 동료들과 한 달에 한 번 정도는 서신을 주고받았던 것이다.[24] 동시대의 또 다른 베네치아 상인 안드레아 바르바리고Andrea Barbarigo는 런던과 브뤼헤에서 5월과 6월에 작성된 편지를 베네치아에서 수령했다.[25] 그리고 런던과 브뤼헤에 파견된 베네치아 콘술도 매달 본국에 서신을 보냈다.[26] 하지만 베네치아 정부

23 ASV, Procuratori di San Marco, Commissarie di Citra, Busta 282, Commissaria Lorenzo Dolfin; Melis(1972).

24 Melis(1972), p.188.

25 Frederic C. Lane(1944), *Andrea Barbarigo: merchant of Venice, 1418-1449*, Baltimore: The Johns Hopkins University Press, pp.199-200.

26 Doumerc(1994), pp.102-103.

는 대서양으로 1년에 한 번씩 정기 갤리선단을 운영했을 뿐이다. 플랑드르행 갤리선단의 출발 시기는 시기별로 약간 달랐지만 15세기 초부터는 3월 말이나 4월 초로 고정된다. 현지에서 길게는 3달 정도를 보낸 다음 같은 해 말에 베네치아로 귀항한다.

<표 3> 로렌초 돌핀이 수신한 서신 목록

작성지	작성일	수신지	수신일	사료
브뤼헤	1422/08/07	베네치아	1422/08/21	Busta 282
런던	1422/08/27	베네치아	1422/10/31	Busta 282
브뤼헤	1422/10/10	베네치아	1422/11/05	Busta 282
브뤼헤	1423/01/26	베네치아		Busta 282
브뤼헤	1423/02/20	베네치아		Busta 282
브뤼헤	1423/02/21	베네치아		Melis, p.314
브뤼헤	1423/08/01	베네치아	1423/09/10	Busta 282
브뤼헤	1423/09/20	베네치아	1423/10/27	Busta 282
브뤼헤	1424/02/20	베네치아	1424/04/04	Busta 282
브뤼헤	1424/03/06	베네치아	1424/0/27	Busta 282
브뤼헤	1424/03/31	베네치아	1424/04/20	Busta 282
브뤼헤	1424/04/06	베네치아	1424/04/28	Busta 282
브뤼헤	1424/09/18	베네치아		Busta 282
브뤼헤	1424/10/15	베네치아		Busta 282
브뤼헤	1425/03/23	베네치아	1425/07/12	Busta 282
브뤼헤	1425/03/23	베네치아	1425/07/15	Busta 282
브뤼헤	1425/04/15	베네치아		Busta 282
브뤼헤	1425/11/29	베네치아	1425/12/25	Busta 282
브뤼헤	1426/11/27	베네치아		Busta 282
런던	1429/08/09	베네치아		Busta 282

런던	1429/10/28	베네치아		Busta 282
런던	1429/12/22	베네치아	1430/02/09	Busta 282
런던	1430/03/07	베네치아		Melis, p.316
런던	1441/10/30	베네치아		Busta 282
런던	1441/12/10	베네치아		Melis, p.188
런던	1442/10/11	베네치아		Busta 282
런던	1443/01/11	베네치아		Busta 282
런던	1443/02/27	베네치아	1443/04/04	Busta 282
런던	1443/07/03	베네치아	1443/08/08	Busta 282
런던	1443/09/21	베네치아	1443/11/02	Busta 282
런던	1445/03/13	베네치아	1445/04/15	Busta 282
런던	1445/10/12	베네치아	1445/11/16	Busta 282
런던	1446/01/07	베네치아	1446/03/02	Busta 282

월	1	2	3	4	5	6	7	8	9	10	11	12
편지 수	3	4	6	2	-	-	1	4	3	6	2	2

마지막 사례는 베네치아와 시리아의 항구 도시 중의 하나였던 아크레 간의 서신 교환의 빈도다. 1470년대 시리아의 항구 도시 아크레에서 활동했던 베네치아 상인 프란체스코 베빌라쿠아Francesco Bevilaqua가 본국의 고용주였던 니콜로 주스티니아니Niccolo Giustiniani에게 보낸 편지를 살펴보면 위의 두 사례와 동일한 결론을 얻을 수 있다(<표 4> 참조).[27] 즉 프란체스코는 정기선단과 정기시가 열리는 3월과 9월 이외에도 편지를 보내고 있었던 것이다. 1410-1420년대 시리아 시장에서 주로 면화

27 Benjamin Arbel(1988), "Venetian trade in fifteenth century Acre: the letters of Francesco Bevilaqua(1471-1472)," *Asian and African Studies* 22: 227-288.

를 거래했던 소란초 상사Fraterna Soranzo 또한 정기선단뿐만 아니라 개인 소유의 선박을 활용해 현지의 주재원들과 서신 교환을 했다. 소란초 상사는 면화를 수송할 때로 주로 면화 정기선단을 이용했지만 소식을 전달하기 위해서는 시리아의 항구 도시와 베네치아를 연결하는 거의 모든 선편을 활용했던 것이다.[28]

<표 4> 베빌라쿠아가 아크레에서 베네치아로 보낸 서신

작성지	작성일	도착지	도착일	소요시간
아크레	1471/05/20	베네치아	1471/08/16	2개월 26일
아크레	1471/08/20	베네치아	1471/10/23	2개월 3일
아크레	1471/08/31	베네치아	1471/11/27	약 3개월
아크레	1471/12/03	베네치아	1472/01/27	1개월 24일
아크레	1471/02/03	베네치아	1472/04/29	2개월 26일
아크레	1472/04/02	베네치아	1472/05/29	1개월 27일
아크레	1472/04/02	베네치아	1472/05/27	1개월 25일
아크레	1472/04/18	베네치아	1472/07/11	2개월 23일

위에서 살펴본 세 가지 사례에 따르면 서신의 왕래는 정기선단의 왕래보다는 훨씬 빈번했음을 보여준다. 더욱 중요한 것은 정기선단의 주기는 연간 1-2회 정도밖에는 되지 않았지만 서신의 전달은 거의 매달 이루어지고 있었다는 사실이다. 그런 점에서 베네치아와 지중해, 북대

28 소란초 상사의 회계장부에 따르면 소란초 형제들은 거의 항상 정기선단에 면화 수송을 맡겼다. 반면 편지나 소송 기록에 따르면 가능한 모든 선편을 이용해 소식을 전달하려고 노력했다. ASV, Miscellanea Gregolin, busta 14, Libro Nuovo Real, passim; ASV, Giudici di Petizion, Sentenze a giustizia, reg. 106, f. 66v-69r, reg. 111, f. 7v-10r, reg. 176, f. 94-96v.

서양의 주요 항구들 사이의 상호 커뮤니케이션의 빈도는 약 한 달 정도의 주기였다. 결국 베네치아를 기점으로 지중해와 대서양의 주요 항구들은 1-2개월 정도의 생활권에 속해 있었던 것이다.

3. 해상 네트워크의 다양한 기능과 영향력

베네치아의 해상 네트워크를 통해 상품, 소식, 정보, 인력 등이 유통되었다. 해상 네트워크는 베네치아와 그 시민들에게 막대한 경제적 가치를 가지고 있었다. 이러한 해상 인프라 덕분에 베네치아 상인들은 향신료, 면화 등과 같은 상품 거래에서 독점적인 지위를 확보할 수 있었다.[29] 게다가 정부가 운영하는 정기선단은 15세기 베네치아의 해외 식민지를 경영하는 데 필요한 핵심 기반 시설이기도 했다.[30]

베네치아의 해상 네트워크는 베네치아 선박이 정박하는 도시들의 경제 활동에도 지대한 영향을 주었다. 실제로 베네치아의 해상 수송의 순환 주기는 관련 도시의 전체 상업 활동의 주기를 결정짓기도 했다. 동지중해의 시리아 시장에서 한 해 중 가장 바쁜 시기는 베네치아 정기선단이 정박하는 9월과 10월이었다.[31] 물론 정기선단의 운행 주기는 베네치아 시장에도 지대한 영향을 미쳤다. 당시 베네치아는 연중 내내 거래와 결제가 이루어지는 정기 상설시장의 역할을 하고 있었지만 상거래의 강도는 시기별로 달라졌다. 특히 선박의 출발과 귀항을 특정 시

---

29 Ashtor(1974).

30 Bernard Doumerc(1995), "Les flottes d'Etat, moyen de domination coloniale pour Venise(XVe siècle)," *Coloniser au Moyen Age*, M. Balard et A. Ducellier éds., Paris: Armand Colin, pp.115-126.

31 Vallet(1999), pp.40-47.

기에 집중시키려는 베네치아의 해상 정책으로 인해 상거래는 선박의 출항과 귀항을 전후로 집중되게 마련이었다. 베네치아에서는 갤리선단과 면화선단이 동지중해로부터 상품을 싣고 귀항하는 12월이 일 년 중 가장 큰 정기시가 열리는 대목이었으며 이 시기 베네치아 시장은 유럽 전역에서 온 상인들로 북적댔다.[32]

해상 네트워크의 일차적인 기능은 상품과 인력의 수송이다. 상품의 수송은 지역 간의 상업 교류를 활성화시킬 뿐만 아니라 산업 발달을 촉진시키기도 한다.[33] 이러한 점에서 수송로의 신설과 확충은 경제를 활성화시키는 자극제 역할을 하는 것이다. 14세기 초 플랑드르행 갤리선단의 운항이 시작되면서 지중해와 대서양 사이의 무역은 증가했다. 14세기 후반 시리아와 이집트로부터 면화를 수송하기 위해 창설한 면화선단 덕분에 베네치아에는 유리 산업이 발전하게 되었다. 가볍고 부피가 많이 나가는 원면을 수송할 경우 배의 적재 균형을 맞추기 위해 무거운 바닥짐 역할을 하는 상품이 필요하게 된다. 마땅한 상품이 없는 경우 모래나 흙을 이용하기도 하지만 당시 시리아에는 유리 산업에 필요한 광물질이 풍부하게 생산되고 있었기에 이를 바닥짐으로 활용하게 되면서 베네치아 유리 산업이 발전할 수 있었던 것이다.[34]

해상 네트워크의 또 다른 기능은 소식과 정보 전달의 수단이다. 중세 말의 사회·경제적 변화로 인해 이러한 기능의 중요성은 더욱 커졌다. 무엇보다도 이전까지 유럽 상인의 전형이었던 순회상인이 중세 말로 갈수록 정주상인으로 변화하면서 정확한 정보와 소식을 빠르고 신

32 ASV, Senato Mar, reg. 10, f. 15v.

33 Vallet(1999), pp.40-47.

34 Eliyahu Ashtor(1983c), "Levantine alkali ashes and european industries," *The Journal of European Economic History* 12: 475-522.

속하게 전달하는 것이 성공을 위한 핵심 조건이 되었다.[35] 이곳저곳을 돌아다니면서 상품을 팔았던 순회상인과는 달리 본국에 거주하면서 해외 사업을 관리하는 정주상인은 해외의 지점들을 관리하기 위해서는 지속적인 서신 교환을 필요로 했던 것이다. 실제로 중세 말 새로운 유형의 상인과 상사들은 일주일에 3-4통의 편지를 써야만 할 정도로 서신 교환의 필요성이 높았다. 1400년경 베네치아에 상주하면서 다티니 상사의 업무를 대리하던 상인들은 해상 네트워크를 이용해 유럽 각지에 흩어져 있는 다티니 상사의 동료들에게 편지, 상품시세표valuta, 송장, 회계장부 등과 같은 다양한 종류의 상업 문서를 발송했다.[36]

이탈리아 상인들의 편지를 분석하면 중세 말 상업 세계에서 정보와 소식 전달의 중요성이 이전 시기보다 더욱 커졌음을 알 수 있다. 일반적으로 상인들은 최근에 주고받았던 서신과 서신 전달을 맡았던 선박의 이름을 언급하거나 또는 소식을 듣지 못한 지 너무 오래되었다는 불평으로 편지의 서두를 시작하곤 했다.[37] 15세기 초엽 베네치아 상인 로렌초 돌핀이 브뤼헤에 있는 자신의 주재원에게 보낸 한 편지에는 자주 편지를 쓴다는 것이 당시의 상업 세계에서 얼마나 절실했는지가 잘 나타나 있다.

"그곳에서 무슨 일이 일어나고 있는지를 알려줄 너의 소식을 기다

---

35 Jacques Le Goff(1980), *Marchands et banquiers du Moyen Age*, Paris: PUF, p.19; Peter Spufford(2002), *Power and profit. The merchant in medieval Europe*, London: Thames and Hudson, pp.19-25.

36 남종국(2006), 「상업 기록 속의 중세 이탈리아 상인과 상업세계」, 『서양중세사연구』 18호, pp.129-158.

37 1484년 8월 21일 베네치아 상인 안토니오 네그로Antonio Negro가 시리아의 다마스에 상주하는 마르코 벰보Marco Bembo에게 쓴 편지의 서두는 다음과 같다. "친애하고 자비로운 주인님, 순례선을 통해 당신의 편지를 받았습니다Per le galie de pelegrini, spettabile et gieneroxo miser, rezevei vostra." Melis(1972), p.186.

리는 매일 매 시간이 우리에게 천년같이 느껴진다. 그곳과 다른 지역들에 관한 최근의 소식들, 환율, 경기의 흐름, 그리고 네가 필요한 것들에 대해서 알려주기 바란다. 우리에게 곧바로 답장하는 것을 잊지 말고, 제발 좀 더 자주 편지를 쓰도록 해라."[38]

이처럼 상인들에게 베네치아의 해상망은 상품 수송의 수단인 동시에 현지에 나가 있는 주재원이나 사업상의 동료들과의 정보 교환의 수단이기도 했다. 상품을 수송하는 모든 선박에는 여러 종류의 문서들이 항상 동봉되었다. 좀 더 빨리 소식을 전달하기 위해 우편 전용선scarsella을 도입하는 경우도 있었다. 베네치아 정부는 베네치아와 브뤼헤를 연결하는 정기적인 우편 서비스를 운영하기도 했는데, 이 플랑드르행 속달cursores Flandriae을 이용할 경우 평균보다 두 배 빨리, 즉 15일 정도면 소식을 전할 수 있었다.[39]

상품 수송의 대부분을 담당했던 정기선단의 운행 주기보다 서신 교환의 주기가 더 짧고 신속했다는 사실은 정보와 서신의 중요성이 커지고 있음을 보여준다. 위에서 확인했듯이 정기선단이 대부분의 상품 수송을 담당했기 때문에 그에 따라 전체적인 투자나 이윤의 순환은 1년 내지는 6개월 단위로 이루어질 수밖에 없었다. 가령 향신료 상인들은 주로 1년에 한 번 운행하는 동방행 갤리선단을 이용해 향신료를 수송했고 그 결과 1년에 한 번꼴로 수익을 낼 수 있었던 것이다.

반면 정보와 소식의 전달 주기는 이보다 훨씬 짧은 한 달이었던 것이다. 상품의 수송 주기와 정보와 소식 전달의 주기가 이러한 차이를 보이는 이유는 무엇이었을까? 상품을 수송할 경우 안전하고 규칙적인

38 Doumerc(1994), p.99.

39 Doumerc(1994), pp.104-105.

정기선단을 이용해 한꺼번에 대량 수송하는 것이 유리했을 것이지만, 이를 위해서는 사전에 필요한 상품의 양과 종류를 미리 결정해야 하므로 베네치아와 해외 지점들 사이에 지속적인 상호 교신이 필요했기 때문이다. 가령 1430년대에 베네치아 상인 안드레아 바르바리고는 한 번의 면화 구입을 위해 시리아 현지에 상주하는 알베르토 돌체토Alberto Dolceto에게 여러 통의 편지를 보내 거래를 지시하고 현지 상황을 보고 받았다.[40] 아마도 정기선단이 운행하지 않는 공백기에 소식과 정보를 전달하는 역할을 담당했던 것은 상품 수송 면에서는 보조적인 역할밖에는 수행하지 못한 개인 소유의 선박들이었을 것이다.

정보 전달 수단으로서 해상망의 중요성은 상인들뿐만 아니라 베네치아 정부에게도 마찬가지였다. 해상 네트워크는 동지중해에 산재한 베네치아의 식민지나 거류지를 관리하는 데 필요한 기반 시설이었다. 정기선단과 그 선장과 선단장들은 정부가 요구하는 여러 종류의 의무, 가령 해외로 파견되는 관리 수송, 전략적 물품 수송, 전쟁 시 선단과 선원 차출 등의 임무를 이행해야만 했다.[41] 해외로 파견되는 관리는 주로 갤리선단을 공짜로 이용할 수 있었으며 현지 정황을 본국에 보고할 때도 안전한 갤리선단을 활용했다. 해외에 파견된 모든 콘술은 현지의 정치적 상황과 시장 조건들에 관한 보고를 의무적으로 이행해야 했다. 예를 들어 런던과 브뤼헤 소재 베네치아 대표는 매달 본국에 보고 서신을 보냈다. 이러한 보고서는 원로원 회의에서 검토되었고, 때론 귀족들이 받은 개인적인 편지의 정보 또한 같이 공개되기도 했다. 갤리선단의 귀항 직후 선단장은 여행과 현지 상황에 대해 보고를 해야 했다. 또한 본국으로부터 해외에 파견된 정부 관리들에게 여러 공식 문서와 소식

40 Lane(1944); *Salvatore Sassi*(1950), *Lettre di commercio di Andrea Barbarigo, mercante veneziano del 400*, Napoli: La Nuovissima.

41 Doumerc(1995), pp.115-126.

들이 갤리선단 편으로 발송되었다. 특히 디스파치dispacci라 불리는 급보들은 현지의 긴급한 정세 변화에 대한 자세하고 정확한 정보를 담고 있었기에 베네치아 정부가 즉각적이고 효율적인 대처를 할 수 있었던 것이다.[42]

지중해, 흑해, 대서양을 항해하는 베네치아 선박은 정치, 군사, 경제와 같은 다양한 문제들에 관한 정보와 소식을 상품과 함께 베네치아로 실어 날랐다. 유럽 전역에 퍼져 있는 광범위한 해상과 육상 네트워크 덕분에 베네치아는 중세 말 유럽에서 정보와 커뮤니케이션의 중심지로 성장할 수 있었다.[43] 사르델라의 표현을 빌리자면 베네치아는 16세기 초 가장 중요한 정보의 중심지였다.[44]

* * *

최근까지 다수의 역사가들은 베네치아의 해상 네트워크를 경제적 측면, 즉 상품의 수송과 교환의 맥락에서 파악했다. 그러나 이 장에서는 베네치아의 해상망을 소식과 정보의 유통이라는 측면에서 분석했다. 그리고 중세 말 베네치아의 전체 수송 체계에서 정기선단이 차지한 비중과 역할을 강조하는 기존 해석의 문제점을 지적하면서 사적 수송의 역할과 의미를 재평가했다.

상인들의 서신을 분석한 결과 그들은 실제로 일 년에 한 번 내지는 두 번 정도 운행하는 정기노선의 주기보다는 훨씬 자주 소식을 주고받

42 Robert Mantran(1977), "Venise, centre d'information sur les Turcs," *Venezia centro di mediazione tra Oriente e Occidente(secoli XV-XVI)*, H.-G. Beck, M. Manoussacas and A. Pertusi eds., Firenze: L. S. Olschki, pp.111-114.

43 Burke(2000), pp.389-419; Mantran(1977), pp.111-116.

44 Sardella(1948), pp.10, 14.

고 있었다. 실제로 베네치아와 당시의 주요 상업 도시인 서지중해의 바르셀로나, 대서양의 런던과 브뤼헤, 동지중해의 아크레 사이의 서신 교환은 적어도 한 달에 한 번 정도는 이루어지고 있었다. 베네치아 정부가 직접 운영하는 정기선단이 운행하지 않는 기간 동안에 편지를 전달한 것은 바로 사적으로 운행하는 개인 소유의 선박이었던 것이다. 이러한 사실을 고려할 때 개인이 사적으로 운영하는 선박들은 상품 수송에서는 정기선단에 뒤지지만 정보와 소식을 전달하는 데 있어서는 그 못지않게 중요한 역할을 담당했다고 볼 수 있다. 그런 점에서 베네치아 전체 수송에서 사적 부문이 차지는 비중이 15세기에 줄어들었다는 레인과 애쉬터의 견해를 일정 정도는 수정해야 할 것이다.

또 하나 지적할 점은 중세 유럽 사회에서 외부 세계와의 일상적인 접촉이 빈번하지 않았다는 사실과 비교할 때 베네치아의 해상 네트워크는 예외적으로 빨랐고 광범위했다는 사실이다. 속달을 이용할 경우 베네치아에서 브뤼헤로 한 달 만에 편지를 보낼 수 있었다. 그렇지만 일반적으로는 중세 사회에서 소식과 정보의 전달이 느렸다는 사실을 간과해서는 안 될 것이다. 왜냐하면 대부분의 지역은 베네치아의 해상 네트워크처럼 빠르고 광범위한 커뮤니케이션의 망으로부터는 멀리 떨어져 있었기 때문이다.

8장 중세 말 베네치아의 면화 수송

갈리선단 운영에 관해서는 많은 연구가 이루어졌다. 그 결과 '갈리선단'과 갈리선단에 의해 주로 수송되었던 '향신료'가 베네치아의 상업적 성공의 기반이었다는 결론을 얻어낼 수 있었다. 하지만 이러한 견해는 새로운 사료가 발굴·연구됨에 따라 일정 부분 수정이 불가피했다. 특히 프라토 상인인 다티니Francesco di Marco Datini가 남긴 방대한 양의 사료는 1400년대 베네치아의 전체 무역에서 면화 무역이 차지하는 비중이 향신료 무역에 비교해 그렇게 뒤지지 않았음을 알게 해주었다.[1]

따라서 이 장에서는 면화 수송이 향신료 수송에 못지않게 베네치아의 상업적 성공에 중요한 역할을 했음을 보여주고자 한다. 면화 수송에

* 이 장은 「중세 말 베네치아의 면화 수송」이라는 제목으로 2005년 『서양사론』 87호에 게재된 논문을 수정·보충한 것이다.

1 Ashtor(1983a).

관한 종합적인 연구가 부족한 것을 감안해, 이 장에서는 우선적으로 면화가 어떤 선박에 의해, 어떤 지역에서, 얼마만큼 수송되었는지를 당시 사료를 근거로 해서 구체적으로 밝히고자 한다. 이를 위해서 이 장에서는 일차적으로 베네치아 원로원 회의록을 참고했다.[2] 원로원은 상업, 외교, 재정 등과 같은 중요한 정치·경제 정책들을 토론하고 의결하는 중대한 국가 기구였으며, 원로원 회의록에는 수송 선박의 종류, 수송로, 운임, 갤리선단과 범선단의 경매 기록 등이 자세히 기록되어 있다. 두 번째로는 베네치아 상인들이 남긴 여러 종류의 상업 문서들을 살펴보았다.[3] 마지막으로 다티니가 남긴 자료 또한 없어서는 안 될 귀중한 사료이다.[4] 왜냐하면 그가 남긴 서신, '발루타valuta'라 불리는 상품시세표, 선적물품 목록 등과 같은 자료들은 14세기 말과 15세기 초 베네치아의 면화 무역과 수송에 관해서 다른 어떤 사료들보다 생생하고 구체적인 정보를 제공해주기 때문이다.

1. 면화 수송 정책

수송에 대한 정부의 효과적인 개입과 직접적인 운영은 베네치아의 상업적 성공의 대표적인 요인으로 꼽힌다. 정부는 선적 시기, 이용 선박, 수송 노선, 운송료 등을 포함해 수송의 모든 과정을 통제했다. 면화 수송도 이러한 여러 규제들로부터 벗어날 수 없었고, 그중 가장 기

2 ASV, Senato Misti; Senato Mar.

3 상업 문서는 주로 3개의 장서고에 보관되어 있다. ASV, Prcicuratori di San Marco; ASV, Miscellanea Gregolin; ASV, Miscellanea di carte non appartenenti a nessun archivio.

4 ASP, fondo di Datini.

본적인 원칙은 생산지에서 면화 선적은 무다 고도노룸muda gothonorum이라 불리는 정부가 허용한 시기에만 가능하다는 것이다.[5] 면화 무다는 일 년에 두 번, 즉 봄과 가을에 열렸고, 세부적인 일정은 지역마다 약간 차이가 있었다. 시리아, 이집트, 키프로스에서는 3월과 9월 무다가 있었고, 비잔티움 지방의 무다는 4월과 10월이었다.[6] 이러한 시간 차이는 면화가 베네치아로 들어오는 시기를 같게 만듦으로써 베네치아에서의 면화 거래를 연간 두 차례 집중시키기 위함이었다.

베네치아 수송 정책의 또 하나의 주요한 특징은 모든 물류를 강제적으로라도 베네치아로 집중시키는 것이었다. 1334년 12월 12일 회의에서 원로원은 향신료와 하베레 수브틸리havere subtili로 분류되는 상품들을 동지중해에서 베네치아항을 들르지 않고 서지중해나 대서양으로 직접 수송하는 것을 금지하는 법령을 통과시켰다. 하지만 면화와 명반을 포함한 몇 가지 상품들은 이러한 조치에서 제외되었다.[7] 그렇지만 정부는 가급적이면 이를 억제하려고 노력했고, 1388년 5월 18일 원로원은 허용된 직접 수송에 대해서도 동지중해에서 베네치아로 수입되는 상품에만 부과했던 3%세를 매기기로 결정했다. 정부는 이러한 정책을 15세기에도 고수했고, 1444년 12월 4일에는 동지중해산 원면을 베네치아를 경유하지 않고 서유럽으로 직접 수송하는 것 자체를 금지시켰다.[8]

몇 가지 경제적, 정치적 어려움에도 불구하고 '모든 원면은 베네치

---

5 ASV, Senato Misti, reg. 57. f. 139r; Senato Mar, reg. I. f. 204v-205v, reg. 2, f. 17v, reg. 11, f. 40v-40r.

6 무다는 여러 가지 의미로 사용되었는데, 그중 대표적인 것은 두 가지였다. 즉 무다는 안전상의 이유로 함께 항해하는 '선단'을 의미하거나 베네치아 정부가 특정 지역에서 특정 상품을 선적할 수 있도록 허용한 '기간'을 뜻했다. Lane(1966). pp.128-142.

7 Hippolyte Noiret(1892), *Documents inédits pour servir à l'histoire de la domination vénitienne en Crète de 1380 à 1485*, Roma: Thorin et fils, pp.19-20.

8 ASV, Senato Mar, reg. 2. f. 46r

아로'라는 정책은 1400년경 베네치아가 유럽에서 가장 큰 면화시장으로 성장할 만큼 성공적이었다. 이러한 집중 정책이 성공할 수 있었던 것은 베네치아 배후에 두 중요한 고객, 북부 이탈리아와 남부 독일이 있었기 때문이다.[9]

2. 수송 선박의 종류

면화와 같은 특정 상품의 수송을 전담하는 선박이 존재했을까? 최근까지의 연구에 따르면 일반적으로 대형 원형 범선은 무겁거나 부피가 크고 저렴한 상품들을 주로 수송했고, 향신료와 같은 값비싼 물품들의 경우는 주로 갤리선이 수송을 담당했다. 베네치아의 해상 규정도 전체적으로 기존의 연구 성과를 뒷받침해준다.[10] 실제로 갤리선은 대형 원형 범선에 비해 선창의 크기가 3배 이상 작았고 그로 인해서 수송비가 높았지만, 안전하고 빨랐기 때문에 향신료와 같은 고가품 수송에 적합한 선박이었다.

그러나 좀 더 자세히 살펴보면 상품의 선적지, 항로, 안전, 선박 수급 상황, 시기, 이동거리 등에 따라 선박의 선택과 이용은 차별화되어 있었기 때문에, '갤리선과 향신료' 그리고 '원형 범선과 대중 상품'이라는 기존의 해석이 항상 들어맞는 것은 아니었다. 동방 노선의 경우 기존의 해석은 여전히 유효하다. 왜냐하면 원면을 생산지로부터 베네치아로 수송하는 임무는 항상 나베nave(라틴어로 나비스navis)라 불리는 중대형 원형 범선에 부여되었고, 향신료의 수송을 전담하는 갤리선은 안

9 ASP, Datini, busta 1082. n. 903246, n. 903249

10 Lane(1966), pp.131-132.

전상의 문제와 같은 예외적인 경우를 제외하고는 원면을 베네치아로 실고 올 수 없었기 때문이다.[11] 그렇지만 이러한 원칙에도 예외는 있어, 동방으로 가는 네 개의 갤리선단 중 키프로스행 갤리선단은 항상 원면을 선적할 수 있었다. 키프로스행 갤리선단에게 예외적으로 면화와 같은 상품의 선적을 허용한 것은 다른 동방행 갤리선단의 경우와는 달리 키프로스섬에서는 충분한 향신료를 실을 수 없었기 때문이다. 키프로스행 갤리선단의 주된 임무는 향신료가 아니라 설탕을 수송하는 것이었고,[12] 그 결과 설탕을 선적하고 남은 화물창은 현지에서 쉽게 구할 수 있는 면화와 같은 상품을 실을 수밖에 없었던 것이다.

그러나 베네치아를 출발해 서지중해와 대서양으로 가는 항로들의 경우 기존의 해석은 더 이상 유효하지 않다. 왜냐하면 서유럽으로 가는 3개의 갤리선단(플랑드르행 갤리선단, 남불의 에그모르트행 갤리선단, 북서아프리카 바르바르행 갤리선단)은 모두 면화를 수송할 수 있었고, 게다가 면화는 종종 향신료 다음으로 중요한 선적 품목이었기 때문이다.

그렇다면 비싼 수송비에도 불구하고 서유럽 노선에서 면화의 수송을 갤리선단에 맡긴 이유가 무엇이었을까? 이 질문에 답하기 위해서는 우선적으로 베네치아의 무역 구조와 수송 체계를 이해할 필요가 있다.[13] 베네치아와 동지중해 간의 무역은 주로 향신료 무역이었다는 고전적인 해석과는 달리, 면화, 유리 제작에 필요한 원료 등과 같은 부피

---

11 Roberto Cessi(1960-1961), *Deliberazioni del consiglio dei rogati(Senato)*, Venezia: a Spese della deputazione, vol. I, p.93.

12 Doris Stöckly(1997), "Commerce et rivalité à Chypre. Le transport du sucre par les Vénitiens dans les années 1440, d'après quelques documents génois," *Oriente e Occidente tra Medioevo e Eta moderna. Studi in onore di Geo Pistarino*, ed. by L. Balletto, Genova: G. Brigati, p.1140.

13 베네치아 전체 수송 시스템에 관해서는 다음의 논문을 참조하라 F. C. Lane(1966), p.148.

• 1483-1484년 대형 갤리선, 에어하르트 로이비히, 목판

• 1500년 원형 범선, 야코포 데 바르바리, <1500년경 베네치아 전도>의 일부분

가 크거나 무거운 대중 상품들도 대량으로 수송되고 있었다. 그 결과 동방행 노선에는 갤리선보다 중대형 원형 범선이 더 많이 투입되었다. 결국 부피가 크거나 무겁고 저렴한 상품들을 수송하기에는 갤리선보다는 큰 화물창을 가진 중대형 원형 범선이 적합했던 것이다. 하지만 베네치아로 수입된 면화의 대부분은 당시 가장 중요한 면직물 제작지였

던 북부 이탈리아와 남부 독일로 팔려나갔고, 유리 원료는 베네치아의 유리 산업에 전적으로 할당되었기 때문에, 서유럽 노선에 원형 범선을 대규모로 투입할 필요가 사라진 것이다.[14] 그 결과 향신료 수송을 전담하는 갤리선단이 남은 면화의 수송도 떠맡을 수밖에 없었고, 실제로 서지중해와 대서양 노선의 경우 갤리선이 원형 범선보다 더 많이 투입되었다.[15]

3. 수송 노선

중세 말 베네치아는 가장 많은 노선에 가장 정기적이고 효율적인 수송 체제를 갖추고 있었으며, 베네치아 선박들은 흑해, 지중해, 대서양을 누비고 다녔다. 우선 설립 시기는 다르지만 여덟 개의 지역(키프로스섬, 로마니아-흑해, 대서양, 시리아의 베이루트, 이집트의 알렉산드리아, 남부 프랑스-이베리아반도, 북동아프리카-이베리아반도, 북서아프리카)으로 파견되는 갤리선단이 있었고, 이들은 국가 소유의 선박으로 정부의 직접적인 통제 하에 인칸토incanto라 불리는 경매 체제로 운영되었다.[16] 이와 함께 여섯 개의 노선(로마니아-흑해, 시리아, 이집트의 알렉산드리아, 키프로스섬, 크레타섬, 크레타-대서양)에 중대형 원형 범선이 운항하고 있었으며, 이들은 주로 개인 소유의 선박이었지만, 그 운영은 지역과 선적 상품에 따라 상

---

14 15세기 초 기록에 따르면 만 자루 가량의 원면이 매년 베네치아에서 북이탈리아 지방으로 팔려나갔다. Braustein et Delort(1971), pp.123-125.

15 레인Lane의 연구에 따르면 1404년에서 1433년까지 시리아 노선으로는 205회의 원형 범선 운행과 102회의 갤리선 운행이 있었고, 대서양 노선에는 107회의 갤리선 운행과 18회의 원형 범선 운행이 있었다. Jean Delumeau(1984), *La civilisation de la Renaissance*, nouvelle édition, Paris: Artaud, p.166.

16 Stöckly(1995), pp.96-97.

당히 달라졌다.

면화 수송의 경우 크게 2개의 흐름, 즉 원산지에서 베네치아로 들어오는 수입 노선과 베네치아에서 서유럽으로 가는 수출 노선이 있었으며, 생산지에서 베네치아로의 수입은 주로 중대형 원형 범선에 의해, 수출은 주로 갤리선에 의해 이루어졌다.

수입 노선

중세 말 지중해에서 가장 중요한 면화 생산지는 시리아와 터키였으며, 이들 두 지역은 유럽 면직물 산업에 가장 많은 양의 원면을 공급하고 있었다. 물론 다른 지역들(이집트, 키프로스섬, 그리스 본토와 에게해의 여러 섬들 남부 이탈리아, 시칠리아와 몰타섬, 북아프리카, 이베리아반도)에서도 면화가 재배되고 있었지만, 생산 규모와 유럽으로의 수출량은 위의 두 지역에 비교될 정도는 아니었다.[17]

왜 유럽이 가까운 기독교 지역보다는 먼 이교도 지역인 시리아와 터키에서 생산된 원면을 선호했을까? 이 질문에 대한 명확한 해답을 찾기는 쉽지 않지만, 한 가지 분명한 사실은 시리아산 면화의 해양 수송은 베네치아 선박의 독점 영역이 되었고, 터키산 면화의 해양 수송은 주로 제노바 선박에 의해서 이루어지게 되었다는 것이다. 제노바 선박이 터키산 면화 수송을 독점할 수 있었던 것은 무엇보다도 명반 무역과 관련이 있었다.[18] 13세기 말 이후 제노바 상인들은 소아시아에서 채

---

17 Maureen Fennell Mazzaoui(1981), *The italian cotton industry in the Later Middle Ages*, Cambridge: Cambridge University Press, p.xiv.

18 명반 무역에 관해서는 다음의 논문을 참조하라. M. L Heers(1954), "Les Génois et le commerce de l'alun à la fin du Moyen Age," *Revue d'histoire économique et sociale* 32: 31-53.

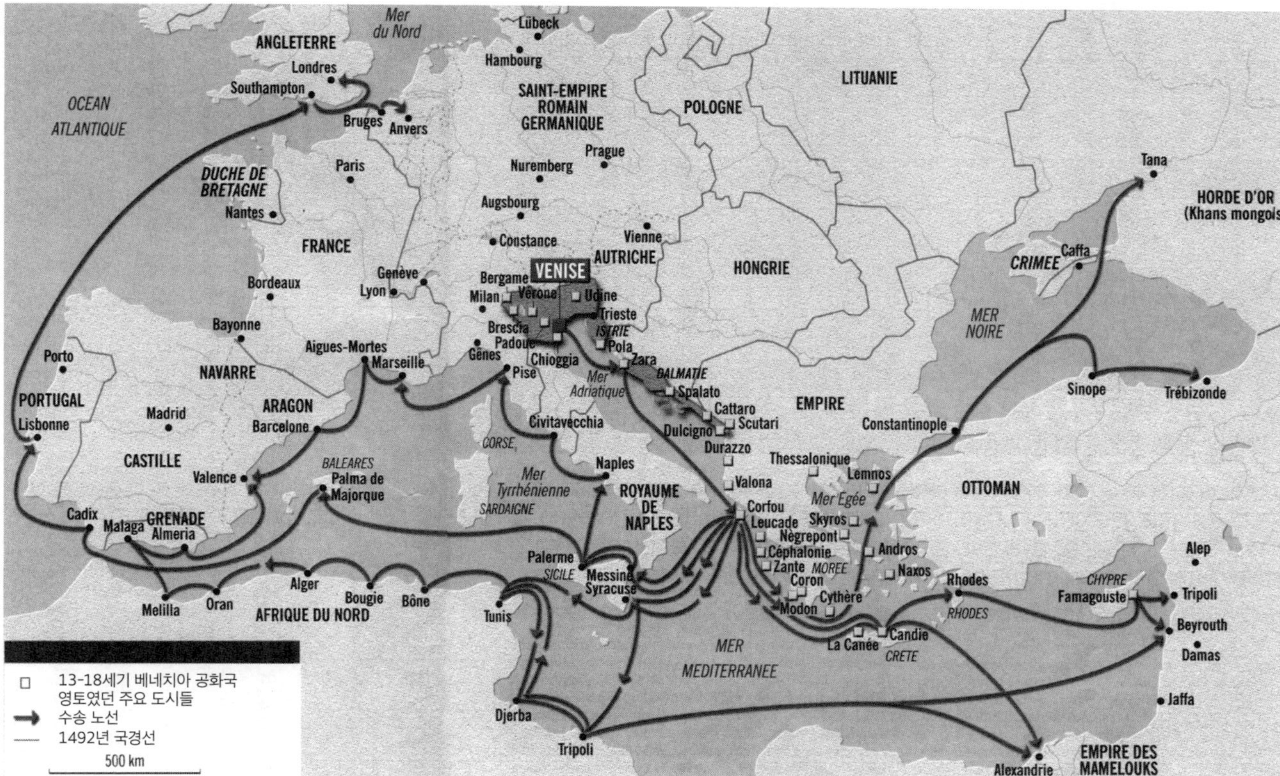

OCEAN ATLANTIQUE
Mer du Nord
ANGLETERRE
Londres
Southampton
Bruges
Anvers
Lübeck
Hambourg
SAINT-EMPIRE ROMAIN GERMANIQUE
POLOGNE
LITUANIE
DUCHE DE BRETAGNE
Paris
Nantes
Prague
Nuremberg
Augsbourg
Constance
Vienne
FRANCE
AUTRICHE
HONGRIE
Bordeaux
Genève
Lyon
Bergame
VENISE
Milan
Vérone
Udine
Trieste
Brescia
Padoue
ISTRIE
Pola
Bayonne
Gênes
Chioggia
Zara
Aigues-Mortes
Marseille
Pise
Mer Adriatique
DALMATIE
Spalato
Porto
NAVARRE
Cattaro
Scutari
Dulcigno
PORTUGAL
Lisbonne
Madrid
ARAGON
Barcelone
Civitavecchia
EMPIRE
Constantinople
CORSE
Durazzo
Thessalonique
CASTILLE
Valence
BALEARES
Palma de Majorque
Mer Tyrrhénienne
SARDAIGNE
Naples
ROYAUME DE NAPLES
Valona
Lemnos
Mer Egée
Corfou
Leucade
Skyros
Négrepont
Céphalonie
Zante
MOREE
Coron
Modon
Cythère
Andros
Naxos
Cadix
Malaga
GRENADE
Almeria
Palerme
SICILE
Messine
Syracuse
Alger
Bougie
Bône
Tunis
Melilla
Oran
AFRIQUE DU NORD
Tana
HORDE D'OR (Khans mongols)
CRIMEE
Caffa
MER NOIRE
Sinope
Trébizonde
OTTOMAN
Rhodes
RHODES
CHYPRE
Famagouste
Alep
Tripoli
Beyrouth
Damas
La Canée
Candie
CRETE
MER MEDITERRANEE
Djerba
Tripoli
Jaffa
Alexandrie
EMPIRE DES MAMELOUKS
□ 13-18세기 베네치아 공화국 영토였던 주요 도시들
수송 노선
1492년 국경선
500 km

• 베네치아의 해상 수송로

굴한 명반을 주된 수요지인 플랑드르 지방으로 수송하기 위해 당시로서는 가장 큰 선박인 코카Cocca선(원형 범선의 일종)을 도입했다.[19] 명반은 무게가 많이 나가는 화물이었기 때문에 코카선은 화물 선적의 균형을 맞추기 위해 상대적으로 가벼운 상품이 필요했고, 당시 소아시아에서 풍부하게 생산된 면화가 이 역할을 했던 것이다. 탁월한 화물 수송 능력과 상대적으로 저렴한 수송비 덕분에 제노바의 코카선은 터키산 원면 수송에서 독점적인 지위를 확보할 수 있었다.

베네치아가 시리아산 면화의 해양 수송을 독점할 수 있었던 것은 무엇보다도 정부 주도하의 효율적인 수송 서비스 덕분이었다. 1366년 베네치아 정부는 무다 고도노룸muda gothonorum이라 불리는 정기 면화선단 제도를 만들었고, 이 면화선단은 매년 2회씩 시리아와 이집트로부터 베네치아로 면화 수송을 전담하게 되었다. 1400년경 시리아 노선에는 매년 10척의 선박이 투입되었고, 알렉산드리아 노선에는 1-2척의 선박만이 파견되었다.

베네치아의 면화선단 제도는 당시로서는 유일무이한 것이었다. 왜냐하면 특정 노선에 매년 정기적으로 선단을 파견한 도시국가는 중세 말 베네치아와 15세기 피렌체를 제외하고는 없었으며, 게다가 한 상품을 수송하기 위해 정기선단을 파견한 경우는 베네치아가 유일했기 때문이다.[20] 시리아행 면화선단의 정기적인 운항 덕분에 베네치아 상인들은 15세기에 들어 다른 유럽 상인들을 제치고 시리아에서 면화 무역을 독점할 수 있었고, 더 나아가 면화만을 전문으로 취급하는 상인들까지 생겨났다. 당시 상인들이 위험을 분산하기 위해 자본을 여러 상품에 분산 투자하는 것이 일반적이었다는 사실을 감안할 때,[21] 면화 전문 상

19 Balard(1973), pp.555-556.

20 Mallet(1967).

21 이탈리아 상인에 관한 대표적인 개설서를 저술한 르누아르는 당시 이탈리아 대상인들의

인의 출현은 일차적으로 정기적이고 안전한 면화선단 덕분이었음을 알 수 있다. 왜냐하면 면화 무역의 경우 구입비를 제외한 가장 중요한 비용 항목은 운송료였고, 게다가 수송 과정에 난파, 해적질, 연착과 같은 큰 손실을 가져올 불상사들이 자주 발생할 수 있었기 때문이다.[22] 예를 들어 소란초 상사는 15세기 초엽부터 시작해 반세기 동안 주로 시리아산 면화만을 전문적으로 그리고 대량으로 취급했고, 이를 베네치아로 수송할 때는 항상 면화선단을 이용했다.[23] 향신료에 비해 수익성이 낮았던 면화 무역을 이렇게 오랫동안 할 수 있었던 것은 안정적인 수익이 보장되었기 때문이다. 안정적인 수익 보장은 대규모 투자를 가능케 함으로써 낮은 수익성에도 불구하고 규모의 수익을 얻을 수 있게 만들었다.

베네치아 정부는 갤리선단과 마찬가지로 인칸토라는 경매 제도를 통해 면화선단을 운영했다. 매년 2회씩, 1월과 7월에 면화선단에 참여하는 선박을 뽑는 경매가 열렸다. 항해와 관련된 제반 조건들을 명시한 경매 공고가 리알토Rialto에 나붙으면, 지원자들은 대위원회에 지원서를 제출했다. 입찰자와 항해를 담당하게 될 선장들이 결정되면, 다음 절차는 상인들과의 수송계약서를 작성하는 것이었다. 면화선단은 교회에서 금하는 품목을 제외하고는 모든 종류의 상품을 선적할 수 있었으며, 선적을 완료한 후 봄 면화선단은 현지에서 3월에 열리는 면화 정기시에

주요 특징들을 다음과 같이 지적했다. 그들의 사업 활동은 다양하다. 그들은 상인인 동시에 수송업자이고 은행가인 동시에 환전상이었다. Yves Renouard(1968), *Les hommes d'affaires italiens du Moyen Age*, Paris: Armand Colin, p.219.

22 일반적으로 면화의 경우 수송비는 초기 구매가의 30% 정도였다. Ashtor(1983a), pp.401-402.

23 ASV, Miscellanea Gregolin, busta 14, Libro Nuovo Real, passim; S. Sassi(1950), *Sulle scritture di due aziende mercantili veneziane del quattrocento*, Napoli: passim.

맞추기 위해 1월 말에, 가을 면화선단은 9월 면화 정기시에 맞추기 위해 7월 말에 베네치아항을 떠나야만 했다.[24]

베네치아를 떠난 면화선단들은 중간에 베네치아 식민지인 모돈, 코론, 칸디아에서 하루나 이틀 정도 머물렀으며, 그곳에서 주로 모직물과 현지 상품을 선적했다. 크레타의 칸디아항을 떠난 선단은 각자 최종 목적지까지 직항했다. 이집트행 면화선단의 최종 목적지는 알렉산드리아항이었지만, 이곳에서 충분한 면화를 구하지 못할 경우 시리아항에서 부족분을 선적할 수도 있었다. 시리아행 면화선단은 네 개의 항구 도시, 아크레, 베이루트, 트리폴리, 라오디키아에서 면화를 선적했다. 각 항구별 선적 기간은 미리 정해져 있었고, 일반적으로 트리폴리와 라오디키아에서의 정박 기간이 가장 길었다. 하지만 선단장은 현지의 사정에 따라 선적 기간과 항구별 선박 배분을 약간 조정할 수 있었다. 돌아오는 항로는 동일했고, 1월 말에 베네치아를 떠난 봄 면화선단은 6월 말이나 7월 초에 베네치아로 돌아와, 다시 가을 항해를 준비할 수 있었다. 9월 말에 떠난 가을 면화선단은 11월 말이나 12월 초에 베네치아로 돌아왔고, 다시 봄 항해를 준비했다.[25]

시리아행 면화선단의 장점이자 경쟁력 중 하나는 베네치아가 운영한 수송 노선 중에서 운항 주기가 가장 짧았다는 것이다. 다른 노선들의 경우 운항 주기는 통상 1년이었다. 정부 주도의 효율적인 수송 체제를 갖추고 있지 않았던 제노바의 경우 운항 주기는 더욱 길어, 예를 들어 제노바에서 출발해 키프로스섬에서 면화를 선적해 돌아오는 데 1년이 걸렸고,[26] 소아시아에서 대서양으로 면화를 수송하고 귀환하는

24 ASV, Ufficiali sopra le mercanzie del Levante, reg. 1, f. 12r-v.

25 ASV, Senato Misti, reg. 56, f. 142, reg. 58. f. 22r.

26 1373년 제노바는 키프로스에서 가장 중요한 항구였던 파마구스타를 점령한 후 이 지역에 곡물을 공급하기 위해 매년 선박을 모집했다. 제노바 정부와 선장들 간에 맺은 수송

데는 2년이라는 시간이 소요됐다.[27] 결국 시리아행 면화선단은 베네치아 상인들에게 1년에 두 번 이윤을 얻을 수 있는 기회를 제공한 것이다. 즉 봄 면화선단이 들여온 면화는 베네치아 시장에서 곧바로 현금이나 모직물과 물물교환 형태로 팔려나갔고, 판매대금이나 모직물은 가을 면화선단에 실려 시리아에서 또 다른 면화 구입을 위해 사용될 수 있었다.

시리아행 면화선단이 큰 성공을 거두었다는 사실은 1400년경 프라토 출신의 상인 다티니가 남긴 문서에 의해 잘 증명된다. 베네치아 상인들뿐만 아니라 다른 유럽 상인들 또한 시리아행 면화선단의 귀항을 기다렸고, 그러면서 유럽 전역에 흩어져 있는 동료 상인들에게 시시각각으로 면화선단과 면화시장에 관한 정보를 송출했다. 이전까지만 해도 시리아 현지에서 원면을 구입했던 카탈루냐 상인들이 점차 베네치아 시장에서 시리아산 원면을 구입하게 되었다는 사실도 면화선단의 성공을 뒷받침해준다. 다티니가 남긴 문서는 또한 시리아행 면화선단이 엄청난 양의 면화를 수송했음을 증명한다.[28] 문서에 따르면 매년 10대 정도의 선박이 시리아 노선에 투입되었고, 시리아행 면화선단은 약 8,000자루(자루당 150kg 정도)의 원면을 베네치아로 수송했다. 만 자루를 넘는 경우도 종종 있었다.[29] 1-2척의 선박으로 구성된 알렉산드리아행 면화선단이 베네치아로 들여온 면화는 대략 500-1,000자루 정도였다. 1394년 1척의 코카선은 500자루의 원면을 알렉산드리아로부터 베

계약서들이 제노바 시립 문서고에 보존되어 있다. Archivio di Stato di Genova(제노바 시립 문서고. 이하 ASG), Diversorum comunis Janue, n. 3021.

27 ASG, Caratorum Veterum, n. 1458. f. 45r.

28 ASP, Datini, 베네치아에서 보낸 편지들.

29 1400년 시리아행 면화선단에 의해 베네치아로 수송된 면화의 종류와 양은 다음과 같다. 봄 면화선단(8,000자루의 원면과 600자루의 원사) + 가을 면화선단(3,800자루의 원면과 150자루가량의 원사). Ashtor(1983a), p.188.

네치아로 수송했다. 일반적으로 알렉산드리아로 파견된 코카선의 평균 면화 선적량은 500자루 정도였다.[30]

시리아만큼 중요하지는 않았지만, 그리스와 에게해의 여러 섬들 또한 중요한 원면 공급지들이었다. 하지만 베네치아 정부는 이곳으로 면화선단을 파견하지 않았다. 결국 면화 수송은 주로 개인 소유의 선박에 의해 이루어졌고, 이런 연유로 이와 관련된 공식 기록이 많지 않은 편이다. 그래서 수송로, 투입된 수송 선박, 수송 규모 등 여러 측면들이 여전히 의문으로 남아 있다. 하지만 분명한 것은 베네치아 정부가 이 지역으로부터 베네치아로의 면화 수송에도 적극적으로 개입했다는 사실이다. 개인 소유의 선박들 또한 일 년에 두 번, 4월과 10월에 열리는 정기시 기간에만 면화를 선적할 수 있었고, 선적을 원하는 상인들은 현지에 파견된 베네치아 대표에게 선적할 양을 사전에, 즉 3월과 9월에 통보해야만 했었다.[31] 베네치아 정부는 적극적인 개입과 동시에 면화 수입을 장려하기 위해 상인들에게 종종 특혜를 주었으며, 그리고 크레타행 포도주선단에 면화 수송을 허용했다.[32] 이 선단의 주된 목적은 크레타산 포도주를 수송하는 것이었지만 귀로에 면화, 곡물, 치즈와 같은 상품을 함께 가져왔다. 포도주선단의 운영은 시리아행 면화선단의 운영과 유사했으며, 1432년 베네치아 정부는 3척의 범선으로 구성된 포도주선단을 파견했다. 선단이 크레타섬에 도착하면 레지멘Regimen이라 불리는 베네치아 대표부가 포도주와 면화 등을 선적하기를 원하는 상인들에게 이를 알리고, 상인들은 대표부 소속 사무국에 선적할 상품의 양을 사전에 제출해야만 했다.[33]

---

30 ASP, Datini, busta 797, n. 513471.

31 ASV, Ufficiali sopra le mercanzie del Levante, reg. 1, f. 12r-v.

32 Tucci(1998), p.186.

33 ASV, Senato Misti, reg. 58, f. 125r-v; Tucc1(1998), p.186.

이 지역으로부터 얼마만큼의 면화가 베네치아로 수송되었는지를 알기는 어렵지만, 그 규모가 무시할 정도는 아니었던 것 같다. 왜냐하면 15세기 초엽의 기록에 따르면 로마니아 지방에서 가장 규모가 작은 생산지였던 산토리노섬이 매년 150자루 정도의 면화를 생산하고 있었고,[34] 이 외에도 경작 면적이 훨씬 컸던 10개 정도의 지역들(크레타섬, 코론, 모돈, 코르푸, 네그르폰테섬, 테살로니카, 아르타, 노플리, 레판토, 갈리폴리)에서 원면이 재배되고 있었기 때문이다. 이들 대부분의 생산지가 베네치아의 식민지였거나 베네치아의 경제권에 종속되어 있었다는 사실을 감안할 때, 로마니아에서 베네치아로 수송된 면화의 양은 적어도 천 자루는 넘었고 아마도 몇 천 자루쯤은 되었을 것 같다.

키프로스섬 또한 베네치아의 원면 수급지 중의 하나였지만, 15세기 중엽 이전까지는 크게 중요하지 않았다. 왜냐하면 키프로스행 면화선단은 시리아행 면화선단이 설립된 1366년 함께 창설되었지만 얼마 지나지 않아 그 운항이 중단되었기 때문이다.[35] 1375년 키프로스행 갤리선단의 운항마저 중단됨으로써, 이후 키프로스와 베네치아를 연결하는 정부 주도하의 정기 항로는 사라지게 되었다. 이러한 중단 사태는 두 가지 이유 때문이었다. 14세기 중엽 시리아와 이집트의 이슬람교도 간의 직무역이 재개됨에 따라 키프로스의 중개무역지로서의 기능이 사라져버린 것이다. 게다가 1374년 제노바가 키프로스에서 가장 중요한 항구인 파마구스타를 점령하여 키프로스에서의 모든 무역을 이 항구를 통해서만 하도록 강요했기 때문에 다른 유럽 상인들은 점차 키프로

34 Guillaume Saint-Guillain(2002), "Les dues de l'Archipel et le coton de Santorin(fin XIVe debut XV" sieclel)," in *Basanzio, Venezia e il mondo franco-greco(XJII-XV secolo)*, ed. by C. A. Maltezou and P. Schreiner, Venezia: Istituto ellenico di studi bizantini et postbizantiri di Venezia, pp.365-394.

35 ASV, Senato Misti, reg. 33, f. 71r.

스를 외면하게 되었다.[36] 베네치아 선박이 키프로스를 방문하는 횟수는 현격히 줄어들었고, 더 나아가 키프로스를 들른 배마저도 면화를 선적하기 위해서는 시리아 항구를 방문했다.[37]

15세기 중엽으로 갈수록 베네치아와 키프로스 사이의 교역은 다시 활기를 찾기 시작했고, 그 결과 키프로스로부터의 면화 수송은 점진적으로 증가했다. 1445년에 정부는 키프로스행 갤리선단을 다시 부활시켰다. 비록 키프로스행 갤리선단의 일차 임무가 설탕을 실어 나르는 일이었고, 그 때문에 설탕선단galea zucharorum으로 불리기도 했지만, 귀로에 상당한 양의 면화를 싣고 왔다.[38] 대략 한 세기 동안 파마구스타를 점령하고 있었던 제노바 상인들이 1474년 쫓겨남에 따라 한동안 열리지 않았던 9월 면화 정기시까지 복원되었다.[39] 그동안 중단되었던 면화 선단을 재개하지는 않았지만, 베네치아와 키프로스를 연결하는 항로는 활기를 되찾았다. 1489년 키프로스 마지막 왕비였던 베네치아 출신의 카테리나가 죽자, 베네치아 정부는 키프로스를 베네치아 영토에 통합시켰다. 이후 베네치아 정부는 키프로스 농업을 식민 지형으로 개발하고 생산된 농산물을 국제시장에 독점적으로 유통시켰다.[40] 특히 이전까지 설탕 생산에 밀려 부차적인 중요성만을 가지고 있었던 면화 재배를 더욱 장려했다. 그 결과 15세기 말에는 연간 7,000자루의 원면과 500자루의 면사가 키프로스에서 베네치아로 수송되었다. 이후 생산량은 폭발적으로 늘어나 16세기 중엽에 이르면 키프로스는 베네치아의 가

---

36 Stöckly(1995), pp.124-125.

37 ASV, Senato Misti, reg. 36, 1378년 7월 2일자 법령.

38 Stöckly(1997), p.143.

39 ASV, Senato Mar, reg. 10, f. 15v.

40 Jean Richard(1977), "Une économie coloniale? Chypre et ressources agricoles au Moyen Age," *Byzantinische Forschungen* 5: 346, 352.

장 중요한 원면 공급지로 부상해, 매년 2만 칸타르의 원면을 수출하게 되었다.[41]

수출 노선

위에서도 언급했지만 베네치아는 가능하면 '모든 원면을 생산지에서 베네치아로' 가져오는 정책을 고수했고, 이러한 정책은 대체적으로 성공적이었다.[42] 수입된 원면의 대부분은 북이탈리아와 남부 독일로 팔려나갔고, 일부는 육로를 통해 중부 이탈리아의 면직물 생산지로 수출되었다. 결국 아주 일부분만이 다시 해로를 통해 남불, 이베리아반도, 북아프리카, 대서양 등지로 팔려나갔고. 수송은 동방 노선의 경우와는 달리 주로 갤리선단에 의해 이루어졌다.

베네치아 정부는 서지중해와 대서양 노선에 3개의 갤리선단(플랑드르행 갤리선단, 남불행 갤리선단, 북서아프리카행 갤리선단)을 운영했다. 14세기 초 운항을 개시한 플랑드르행 갤리선단의 경우 선적 상품은 여러 종류의 향신료, 원면과 면사, 동방산 설탕, 모직물, 푸스티안으로 불리는 면직물, 가죽, 견직물, 산호, 납 등과 같이 다양했다.[43] 이 중 가장 중요한 상품은 향신료였고, 특히 후추와 생강이 주를 이루었다. 베네치아 정부는 향신료를 우선적으로 선적하도록 법으로 정했다.[44] 면화, 포도주, 설탕이 향신료 다음으로 중요한 품목들이었다. 향신료와 면화의 중

---

41 Louis Mas-Latrie(1852-61), *Histoire de l'île Chypre sous le règne des princes de la maison de Lusignan*, Paris: impr. de A. Lainé et J. Havard, vol. 3, pp.493-513, 519-536; Bibliothèque Nationale de France, MS. Italien, n. 1230.

42 ASP. Datini, busta 1082, n. 903246, 903249.

43 ASV, Procuratori di Citra, busta 282; Melis(1972), p.188.

44 ASV, Senato Mar, reg. 1, f.40v.

요성은 1441년 5월 16일 법령에 잘 나타나 있으며, 법령에 따르면 플랑드르행 갤리선단은 베네치아 상인의 이익을 위해, 그리고 향신료와 면화를 실어 나르기 위해 창설되었다는 것이다.[45]

하지만 플랑드르행 갤리선단이 실어 나르는 면화의 양은 동방으로부터 베네치아로 들어오는 양에 비하면 매우 적은 것이었다. 다티니는 플랑드르행 갤리선단의 '선적물품 목록'을 남겨놓았다. 1394년 3척의 갤리선으로 이루어진 선단은 319자루balle의 원면을 선적했고, 1396년에는 340자루의 원면과 50자루의 면사가 갤리선단에 의해 플랑드르로 수송되었다. 다티니가 남긴 '선적물품 목록'들 중에서 플랑드르행 갤리선단의 최대 면화 선적 사례는 594자루의 원면과 52자루의 면사였다.[46]

플랑드르행 갤리선단 이외에도 개인 소유의 원형 범선 또한 대서양 지역으로 면화를 수송했다. 하지만 이들 간에는 중요한 차이점이 하나 있었는데, 갤리선단은 주로 베네치아에서 면화를 선적했던 반면 개인 소유의 범선들은 베네치아 식민지였던 크레타섬에서 면화를 선적했다. 일반적으로 면화를 동지중해의 중요 생산지인 시리아, 이집트, 키프로스섬으로부터 베네치아 식민지였던 크레타의 칸디아항으로 옮긴 다음, 이곳에서 다시 대서양으로 항해하는 범선에 옮겨 실었다. 이 범선 노선의 주된 목적은 당시로는 최상급인 크레타산 포도주를 영국과 플랑드르 지방에 공급하는 것이었고, 15세기 포도주 수요가 늘어남에 따라 이 노선은 더욱 활기를 띠게 되었다.[47] 포도주 다음으로 중요한 선

45 L. Gilliodts-van Severen(1904-1906), *Cartulaire de l'ancienne estaples de Bruges*, Brugge: impr. de I. de Plancke, n. 783.

46 ASP, Datini, busta 1171.

47 Ugo Tucci(1994), "Le commerce vénitien du vin de Crète," *Maritime food transport*, ed. by K. Friedland, Köln: Böhlau Verlag, p.204.

적품은 면화였다. 안토니오 모로지니Antonio Morosini의 연대기는 크레타와 대서양을 연결하는 노선이 15세기에 굉장히 중요한 수송로 중의 하나였음을 증명할 뿐만 아니라, 수송 상품들과 그 규모를 짐작할 수 있는 구체적인 사례들을 언급하고 있다.[48] 1426년 북아프리카 연안에서 베네치아 코카선이 제노바 선박에 의해 노략질을 당했는데, 베네치아 코카선에는 700통의 포도주와 300자루의 원면, 그리고 약간의 향신료와 명반이 실려 있었다. 연대기에 나오는 다른 사례들 또한 당시 크레타에서 대서양으로 항해하는 코카선들이 비슷한 규모, 즉 200-300자루 정도의 원면을 수송했음을 증명한다. 또한 모로지니의 연대기는 3-4척 정도의 코카선이 매년 크레타-대서양 노선을 운항했음을 보여준다. 이를 근거로 대략 600-1,200자루 정도의 원면이 크레타에서 대서양으로 수송되었다고 추정해볼 수 있다.

종합해보면 베네치아의 경우 국가 소유의 갤리선단과 개인 소유의 코카선이 대서양으로의 면화 수송을 분담하고 있었고, 이들에 의해 수송된 면화의 양은 1,000-1,800자루 정도였다고 추정해볼 수 있다. 그렇지만 베네치아 선박의 수송량은 대서양으로 들어오는 총량의 일부에 지나지 않았다. 왜냐하면 제노바, 피렌체, 카탈루냐 선박들도 대서양으로의 면화 수송에 동참하고 있었고,[49] 특히 제노바의 초대형 범선들이 훨씬 많은 양의 면화를 동지중해로부터 대서양으로 수송했기 때문이다. 예컨대 1458년 제노바 출신의 선장 멜키오네 도리아Melchione Doria

48 Antonio Morosini(1898-1902), *La chronique d'Antonio Morosini*, Paris: H. Laurens, vol. 1, pp.151-153, vol. 2, p.315.

49 다티니 편지에 따르면 카탈루냐 상인들은 시리아산, 이집트산, 터키산 그리고 키프로스산 원면을 브뤼헤 시장에 공급하고 있었다. ASP. Datini, busta 853, n. 113385, 113393, 418535; D. Pifarre Torres(2002), *El comerç internaticional de Barcelona i el mer del Nord(Bruges) a finals del segle XIV*, Barcelona: Publications de l'Abadia de Monserrat, pp.204-206.

의 초대형 범선이 동지중해에서 플랑드르 지방으로 1,569자루의 면화를 수송했다.[50] 또한 매년 8대 정도의 제노바 초대형 범선들이 이 노선을 운항했었다는 사실은 대서양 노선에서 제노바 선박이 베네치아 선박에 비해 더 많은 양의 상품을 훨씬 저렴한 운임으로 수송했음을 증명한다.

베네치아와 남불을 연결하는 에그모르트행 갤리선단의 경우도 마찬가지로 면화가 향신료 다음으로 중요한 선적 품목이었다.[51] 1426년 에그모르트행 갤리선단의 출발이 연장된 사건은 이를 잘 보여준다. 통상 에그모르트행 갤리선단의 출항 시기는 3월이었는데, 이는 이전 해 12월에 동방에서 귀항하는 갤리선단과 면화선단의 시간표에 맞춘 것이었다. 하지만 1425년 겨울 동방에서 들어온 상품, 특히 면화가 부족해지자, 정부는 충분한 면화를 선적할 수 있을 때까지 에그모르트행 갤리선단의 출발을 연기했다.[52]

에그모르트행 갤리선단이 항시적으로 면화를 수송했지만, 그 규모는 그렇게 대단하지는 않았다. 실제로 남불행에는 매년 1-2척의 갤리선이 투입되었고, 갤리선 한 척은 기껏해야 100자루 정도의 원면을 선적할 수 있었기 때문이다. 또한 남불로의 면화 수송은 육로를 통해서도 이루어졌다. 베네치아에서 포강을 따라 밀라노까지 옮겨진 면화는 다시 여러 길로 나눠져 남불을 포함한 프랑스 지역으로 수출되었다. 게다가 바르셀로나, 제노바, 사보나, 피렌체 선박들도 남불 항구에 면화를 들여왔고, 프랑스 선박들도 일정 정도 이에 참여할 수 있었다. 특히 바르셀로나와 제노바 상인들이 남불로의 면화 수입에 주도적인 역할을

50 ASG, Caratorum Veterum, n. 1553(anno 1458), f. 22r; Heers(1961), p.652.

51 ASV, Senato Misti, Senato Misti, reg. 60, f. 58r, 108r; ASV, Incanti galere, reg. 1, f. 4r.

52 ASV, Senato Misti, reg. 56, f. 26r.

했으며, 바르셀로나에서 일차 가공된 면사는 육로와 해로를 통해 몽펠리에, 마르세유, 아비뇽과 같은 남불 도시로 팔려나갔다.[53]

1437년 창설된 북서아프리카행 갤리선단의 경우도 면화가 중요한 선적 상품이었다. 초기의 경매 기록에는 향신료, 외국산 모직물, 면화가 주요 선적품으로 기록되어 있다.[54] 15세기 말 베네치아 상업안내서도 이 두 상품이 여전히 주요 수출품임을 증명한다. 일반적으로 갤리선단은 면화를 우선적으로 선적했고, 선적을 원하는 상인들은 출발일보다 20-40일 정도 전에 이를 신고하고 블레타스bulletas라 불리는 선적허가서를 받아야만 했다. 상인들은 이 선적허가서에 무게와 수량을 기입해야 했고, 수송비로 10두카토를 지불했다.[55]

하지만 에그모르트행 갤리선단의 경우와 마찬가지로 1-2척의 갤리선으로 구성된 북서아프리카행 갤리선단이 수송한 면화의 양 또한 적을 수밖에 없었다. 게다가 베네치아 갤리선단을 이용해 북아프리카로 면화 수송을 할 경우 경쟁력이 떨어졌다. 왜냐하면 15세기 제노바의 초대형 범선은 키오스와 포체아에서 선적한 엄청난 양의 명반과 면화를 대서양으로 수송하는 도중에 북아프리카 여러 항구들을 들렀고, 이곳에서 상당한 양의 면화를 하역했기 때문이다.[56] 게다가 제노바의 초대형 범선을 이용할 경우 운임은 베네치아 갤리선단의 운임의 반도 되

---

53 ASP, Datini, busta 1171.

54 Bernard Dournerc(1999), *Venise et l'emirat hqfside de Tunis(1231-1535)*, Paris: l'Harmatlan, pp.103-4, 232-233.

55 제노바 관세 장부에는 "consignanda ornnia ipsa pro in Horano. Onerio, Marica, Cadix, Antone et Scluxis ad suam voluntatem"이라는 표현이 자주 등장한다. 이는 중간 기착지였던 여러 항구들에서 승선한 상품 주인이나 대리인의 의사에 따라 상품의 일부를 하역했음을 뜻한다. 그러나 어느 항구에서 얼마만큼을 하역했는지는 알 수가 없다. ASV, Senato Mar, reg. 1. f. 21r; ASV, Incanti galere. reg. 1, f. lv, f. 2Ir.

56 ASG, Caratorum Veterum. n. 1553(anno 1458), f. 20r-2lr.

지 않았다.

4. 수송비의 감소

중세 말 해상 수송비는 전체적으로 낮은 편이었다.[57] 하지만 상품에 따라 수송비 부담은 상당한 차이가 있었는데, 특히 면화의 경우는 수송비가 구매 비용을 제외하면 가장 큰 비용 항목이었다. 15세기 초엽 시리아산 면화 무역을 전문화했던 소란초 상사의 회계장부에 따르면 시리아행 면화선단을 이용해 베네치아로 면화를 수입할 경우 수송비는 구입비의 10%를 약간 상회했다.[58] 반면 15세기 중엽 베네치아에서 알렉산드리아로 직물을 수출할 경우 수송비는 구입비 2-2,6% 정도밖에는 되지 않았고, 갤리선단을 이용해 향신료를 동지중해에서 베네치아로 수송하는 비용 또한 구입비의 3% 정도로 낮았다.[59]

게다가 10%의 면화 수송비는 정기 면화선단을 이용할 경우에나 가능한 비용이었고, 갤리선단을 이용할 경우 수송비 부담은 더욱 커졌다. 예컨대 15세기 중엽 시리아행 정기 면화선단의 수송비는 여러 노선 중 가장 낮은 5두카토였던 반면, 플랑드르행 갤리선단의 경우 면화 수송비는 12-14두카토였고, 에그모르트행 갤리선단의 경우는 10두카토 정도였다. 키프로스행 갤리선단을 이용해 베네치아로 면화를 수송할 경우 비록 수송 거리는 시리아-베네치아 노선보다 짧지만, 시리아

57 Lane(1934), p.46; Ashtor(1975b), p.260.

58 소란초 상사는 1408년 가을 면화선단을 이용해 25자루의 하마스산 원면을 베네치아로 수입했다. 현지에서의 구입비는 90L. 12S. 9D였고, 수송비는 11L. 11S. 였다. ASV, Miscellanea Gregolin, busta 14, Libro Nuovo Real, f. 15b.

59 Ashtor(1975b), p.261.

면화선단의 그것과 비교해 60% 높은 8두카토의 수송비를 지불해야만 했다.

면화의 수송비 부담이 상대적으로 높았던 이유는 무엇보다 면화의 상품으로서의 특성 때문이었다. 우선 부피가 크기 때문에 공간을 상대적으로 많이 차지했고, 게다가 향신료와 직물에 비해 상대적으로 싼 상품이었기에 1차 구입비가 저렴해 수송비 부담 비율이 커질 수밖에 없었다.

비록 수송비 부담이 상대적으로 높았던 것은 사실이지만, 면화 수송비는 점차 하락하는 추세에 있었다. 1501년 10월 21일 원로원에서는 수송비 감소와 그것이 베네치아 무역에 미치는 부정적인 영향에 대한 토론이 있었다.[60] 회의록에 따르면 베네치아는 1420년과 1450년 사이 300척의 중대형 선박을 보유하고 있었는데, 16세기 초에는 그 숫자가 상당히 줄어들었고, 이러한 결과는 수송비가 감소했기 때문이었다. 실제로 1400년경 낮아야 6두카토였던 시리아-베네치아 노선의 수송비가 16세기 초 4두카토로 떨어졌다.

수송비의 하락이 선박 보유량의 감소의 주원인이었는지는 확실하지 않지만 분명한 것은 14세기 중엽 이후 수송비는 계속해서 낮아졌다는 사실이다. 우선 시리아행 면화선단올 설립한 1366년 수송비는 10두카토였다. 1374년 9두카토, 1378년 14두카토, 1405년 12두카토로 수송비는 매년 상당한 차이가 있었다. 1400년대에는 대체로 10두카토를 넘기지 않았고, 1410년대에 이르면 6두카토로 안정된다. 1418년 가을 5두카토로 하락한 수송비는 1419년 가을을 제외하면 1424년까지 유지된다. 1425년 6두카토로 인상된 수송비는 이후 5-6두카토 정도에서 변동한다. 밀라노와 제노바의 전쟁이 있었던 1433년 수송비

60 ASV, Senato Mar, reg.15, f. 145v-146v.

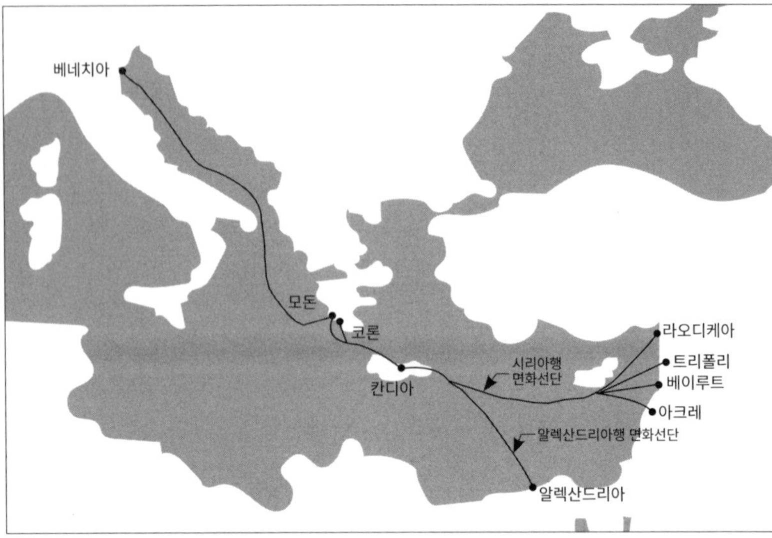

• 베네치아 면화선단의 해상 수송 노선

는 13두카토까지 올라갔지만, 이런 예외적인 경우를 제외하면 1460년대까지는 대체로 5-6두카토 선에서 안정되며, 5두카토인 경우가 더욱 늘어난다. 15세기 마지막 사반세기 동안에 운송료는 4두카토 정도로 낮아진다.[61]

이러한 수송비 감소 현상은 시리아행 면화선단에만 한정되어 있지 않고 전체 노선에서 나타났다.[62] 알렉산드리아행 면화선단의 운임은 설립 해인 1366년 8두카토에서 1372년 6두카토로 떨어졌고, 이후 6두카토는 15세기 내내 기본 운임이었다. 플랑드르행 갤리선단의 경우에는

61 1470-1480년대 알비제 바새지오와 파올로 카롤도는 공동으로 상사를 설립해 시리아산 면화 무역에 참여하게 된다. 이들은 주로 시리아산 면화를 구입해 베네치아 시장에서 파는 중개무역상들이었다. 면화의 수송을 위해 이들은 주로 면화선단을 이용했고, 일반적으로 4두카토의 운송료를 지불했다. ASV, Procuratori di San Marco, Comrnissarie miste, busta 116, 117.

62 NAM(2007), pp.502-505.

1375년 20두카토였던 수송비가 1430년대에는 12두카토까지 떨어질 정도로 하락폭이 컸다.[63] 에그모르트행 갤리선단의 경우도 마찬가지로 15세기 중엽에는 수송비가 10두카토 정도로 낮게 고정되었다.

대부분의 노선에서 수송비가 하락했던 이유가 무엇이었을까? 선박의 선적 용량이 증가함에 따라 그와 동시에 수송비도 하락했다는 견해가 있다. 실제로 15세기 동안 베네치아 대형 범선의 크기는 더욱 커졌고, 대형 범선의 보유 대수 또한 늘어났다.[64] 하지만 시리아 노선에 투입되었던 베네치아 코카선의 선적 용량은 14세기 말 이미 600에서 700보티botti였고, 15세기 중엽에도 비슷한 크기의 선박들이 사용되었다는 사실을 감안할 때 위의 견해는 수송비 감소 현상을 완벽하게 설명하지는 못한다. 아마 정부가 면화의 수입을 늘리기 위해 선장이나 선주의 이해관계보다는 상인들의 이해관계를 우선시했던 것 같다. 또한 지중해 해상 수송이 더욱 체계화되고 여러 해양 도시들 간의 경쟁이 치열해짐에 따라 수송비가 전체적으로 낮아질 수밖에 없었을 것이다. 이유가 무엇이었든 간에 수송비 감소는 궁극적으로 면화 무역을 장려하는 효과가 있었고, 낮은 가격에 대량 수송을 가능케 해주었다.

* * *

앞에서 면화 수송 노선과 각 노선별 수송 규모를 개략적으로 살펴보았다. 그렇다면 면화 수송이 베네치아 전체 수송에서 차지하는 비중은 어느 정도였을까? 15세기 중엽 베네치아의 원거리 해양 수송은 갤리선과 중대형 원형 범선이 분담하고 있었고, 정부는 갤리선단을 8개 지역

63 그렇지만 14~16두카토가 15세기 플랑드르행 갤리선단의 면화 운임이었다. ASV, Senato Misti, reg.34, f. 7v-8r.

64 Lane(1934), pp.45-46.

으로 파견했고, 중대형 원형 범선은 6개 노선에서 때론 정부 주도하에 때론 개별적으로 운항하고 있었다. 아래의 <표 1>에서 볼 수 있듯이 전체 14개의 수송 노선 중에서 4개만이 면화를 수송하지 않았다. 반면 면화 수송을 전담하는 노선이 2개였고, 나머지 8개 노선에서도 면화는 중요한 수송 품목이었다.

또한 베네치아의 전체 수송 노선 중에서 시리아행 면화선단이 가장 중요했었던 것 같다. 왜냐하면 일차적으로 가장 많은 선박이 투입되었고, 게다가 면화선단의 선적 능력은 갤리선단의 그것에 비해 월등히 컸기 때문이다. 일반적으로 갤리선은 200톤 규모의 상품을 선적했던 반면, 시리아 면화선단에 참여한 중대형 원형 범선은 600-1,000톤가량의 상품을 수송할 수 있었다. 면화 무역의 중요성은 규모뿐만 아니라 거래액에서도 향신료에 비해 그렇게 낮지 않았다. 실제로 15세기 초엽 베네치아에서 북부 이탈리아로 수출되는 상품 중 후추는 3천 자루로서 수출 총액(220만 두카토)에서 1위(30만 두카토: 14%)를 차지했고, 면화는

<표 1> 수송 노선과 면화 수송 유무

	갤리선단	면화 수송 유무	원형선단	면화 수송 유무
시리아행	3-4척	면화 ×	전담노선(10척)	○
알렉산드리아행	3-4척	○	전담노선(1-2척)	○
키프로스행	3-4척	면화 ×	2척	○
로마니아-흑해행	3척	면화 ×	3척	○
크레타행			3척	○
플랑드르행	4척	○	4척	○
남불행	1-2척	○		
북서아프리카행	1-2척	○		
북동아프리카행	1-2척	면화 ×		

만 자루 정도로서 2위(28만 두카토: 13%)를 차지했다. 동방산 상품들은 우선적으로 베네치아로 가져와야 한다는 베네치아의 수송 정책과 수입된 대부분의 상품이 북부 이탈리아와 남부 독일로 팔려나갔다는 사실을 감안할 때 면화의 중요성온 확연히 드러난다. 게다가 "베네치아 인구의 반이 면화와 그 관련 사업으로 먹고 산다"는 당대인의 이야기는 면화가 베네치아 경제의 근간이었음을 분명하게 말해준다. 결국 베네치아의 신화를 상징하는 '향신료 무역'과 그 수송을 담당했던 '갤리선단'이라는 공식은 일정 정도 수정되어야만 할 것이다. 즉 '면화 무역과 면화선단'도 베네치아의 영광을 일구는 데 결정적인 역할을 했음을 인정해야만 할 것이다.

사료 분석을 통해 우리가 얻을 수 있었던 또 하나의 중요한 결론은 베네치아의 면화 수송량이 상당한 규모였다는 사실이다. 시리아, 이집트, 키프로스, 로마니아, 터키 등지에서 베네치아로 들어오는 면화의 총량은 만 자루(자루당 150kg)를 훨씬 넘었다. 우선 1400년대 시리아행 면화선단이 매년 8,000자루 정도를 들여왔고, 알렉산드리아행 면화선단 또한 500-1,000자루 정도의 면화를 수송했다. 이들 면화선단은 국가가 운영 관리하는 선박들이었기에, 개별적으로 운행하는 개인 소유의 선박들에 의해 수송된 양 또한 고려해야 할 것이다. 이에 더해 로마니아와 터키 지방으로부터 몇 천 자루의 면화가 매년 베네치아로 들어오고 있었다. 키프로스에서 들어오는 면화의 양은 시기별로 상당한 차이가 있었으나 15세기 말에는 7,000칸타르(1칸타르=230kg 정도)였고, 16세기 중엽에는 2만 칸타르에 달했다. 그리고 크레타섬에서 베네치아를 거치지 않고 직접 대서양으로 수송된 양도 추가해야 한다.

위의 사실들을 고려해 대략 2만 자루 정도의 면화가 베네치아의 중대형 원형 범선과 갤리선에 의해 수송되었다고 추정하고, 이것이 얼마 정도의 규모였는지 간단한 계산을 해보자. 당시 2만 자루의 원면을 가지고 100만 필의 면직물을 생산할 수 있었다. 보통 한 필의 면직물의 길이는 15에서 30미터에 해당했기 때문에, 면직물 한 필로 중세 말 아랍에서 들어와 유럽 사회에 유행한 의복인 주퐁jupon을 5-10벌 정도 만들 수 있었다. 결국 2만 자루의 원면은 500-1,000만 벌의 옷을 제작할 수 있는 엄청난 양이었다.

위의 계산은 베네치아 선박들이 유럽에서 면제품의 소비가 일반화될 수 있을 정도로 면화를 대량으로 수송하고 있었음을 시사한다. 베네치아 선박에 의해 수송된 면화의 양에 다른 해양도시의 선박들에 의해 수송된 양까지 합하면, 지중해를 통해 유럽에 들어온 면화의 총량은 배 이상 늘어날 것이다. 비록 정확한 수치 비교는 힘들지만, 제노바도 면화 수송에서 베네치아만큼 중요한 역할을 했었다. 실제로 한 제노바 공증인 문서에 따르면 15세기 중엽 매년 3만 5천 칸타르(1칸타르=50kg 정도) 정도의 면화가 소아시아의 포체아에서 주로 제노바 초대형 범선에 실려 유럽으로 수출되었다. 이에 더해 바르셀로나는 시칠리아와 몰타산 면화 수송을 독점하고 있었고, 그 규모도 상당했다.

위의 결론은 더 나아가 지중해 무역의 성격을 규명하는 데 도움이 된다. 즉 지중해에서의 해양 수송은 더 이상 향신료와 같은 사치품에 국한되어 소규모로 이루어지지 않았고, 원면과 명반 같은 직물 산업에 필요한 원료까지도 대량으로 수송하게 되었음을 의미한다.

9장 베네치아 순례선단

중세 말 예루살렘 순례[1]는 베네치아를 경유하라는 말이 나올 정도로 베네치아는 예루살렘 순례자 수송에서 독점적인 지위를 획득했다. 1480년 베네치아 순례선을 타고 예루살렘 순례를 다녀왔던 밀라노 출신의 성직자 산토 브라스카Santo Brasca는 자신의 순례 여행기에서 베네치아를 선택한 이유를 다음과 같이 설명한다. "왜냐하면 베네치아는 세상의 어떤 도시보다 편리한 교통로를 제공하고, 매년 순례자 수송을 위해 갤리선을 운영하기 때문이다. 또한 승선할 때 가지고 갈 물건을 가장 쉽게 구할 수 있다." 브라스카의 설명처럼 베네치아가 예루살렘 순례자 수송을 거의 전담할 수 있었던 것은 예루살렘 순례선단 덕분이었다.

---

* 이 장은 「1480년 예루살렘 순례 여행」이라는 제목으로 2016년 『역사학보』 232호에 게재된 논문을 수정 · 보완한 것이다.

이 장에서는 왜 순례자들이 이구동성으로 베네치아 순례선단이 유럽 최고라는 평가를 했는지를 알아볼 것이다. 이를 위해 순례선단의 구체적인 운행 과정을 상세하게 살펴볼 것이다. 베네치아는 정부 차원에서 교통편 이외에도 안전 보장, 여러 종류의 통행증과 허가증 발급, 통역, 여행안내서 등의 여러 서비스를 함께 제공했다. 개별 순례자들이 이 모든 것을 직접 알아보고 준비하는 것은 사실상 불가능했기 때문에 베네치아가 제공하는 일종의 성지 순례 패키지가 순례자들에게 큰 인기를 얻을 수 있었던 것이다.

베네치아 순례 패키지가 어떻게 운영되었는지를 알아보는 데 순례 여행기만큼 좋은 사료도 없을 것이다. 중세 말 베네치아 순례선을 이용해 성지 순례를 다녀왔던 다수의 사람들이 순례 여행기를 남겼다.[2] 그런 연유로 모든 순례 여행기를 분석하는 일은 애초에 불가능하다.

이 장에서는 1480년 예루살렘을 참배했던 순례자들이 저술한 4편의 순례 여행기를 집중적으로 다룰 것이다. 중세 말 성지 순례가 매년 비

---

1 중세 말 예루살렘 순례 여행에 관해서는 이미 상당한 연구가 진행되었다. 순례자들이 저술한 대부분의 여행기가 출판되었고 그 덕분에 순례 여행의 구체적인 일정과 내용에 관해서는 이미 잘 알려져 있다. 그렇지만 연구의 초점은 주로 신앙심과 종교적 열정과 같은 종교적인 측면에 맞추어져 있다. Le Grand(1904), "Les pèlerinages en Terre Sainte au Moyen Age," *Revue des Questions Historiques*, nouvelle série, tome 31: 383-402; Donald R. Howard(1980), *Writers and pilgrims: medieval pilgrimage narratives and their posterity*, Berkely: University of California Press; Jean Richard(1981), *Les récits de voyage et de pèlerinage*, Turnhout, Brepols; Danielle Régnier-Bohler, ed.(1997), *Croisades et pèlerinages: récits, chroniques et voyages en Terre Sainte XIIe-XVIe siècle*, Paris: Robert Laffont; Béatrice Dansette(1997), *Croisades et pèlerinage: récits, chroniques et voyages en Terre Sanite XIIe-XVIe siècle*, Paris: Robert Laffont, pp.881-892; Nicole Chareyron(2005), *Pilgrims to Jerusalem in the Middle Ages*, translated by W. Donald Wilson, New York: Columbia University Press.

2 남아 있는 최초의 예루살렘 순례 여행기는 333년 보르도 출신의 순례자가 저술한 『보르도에서 예루살렘까지의 여행』이다. Dansette(1997), pp.881-892.

슷한 노정과 일정에 따라 이루어졌기 때문에 한 해만을 분석해도 전체적인 이해는 가능할 것이다.

이러한 분석을 위해 1480년은 아주 이상적인 해다. 우선 한 해에 4편의 여행기가 저술된 경우는 드물었기 때문이다.[3] 밀라노 성직자이자 루도비코 스포르차의 서기관이었던 산토 브라스카[4], 독일 출신으로 울름 지역의 도미니쿠스 수도회 소속 수사였던 펠릭스 파브리Felix Fabri(펠릭스 슈미트라 불리기도 함), 노르망디 지방인 베르농Vernon의 사제였던 피에르 바르바트르Pierre Barbatre, 그리고 익명의 프랑스인이 바로 순례 여행기의 저자들이다.[5]

또한 1480년은 다른 해에 비해 더 많은 어려움이 있었던 시기이기 때문에[6] 이 장의 목적과 의도에 잘 부합한다. 1463년에서 1479년까지 이어졌던 오스만제국과 베네치아 사이의 해상 전쟁은 끝났지만 여전히 동지중해에서는 긴장이 고조되어 있었다. 실제로 1480년 오스만제국은 남부 이탈리아와 로도스섬을 포함한 여러 지역에서 해상 공격을 펼치고 있었다. 왜 이러한 위험과 고난을 무릅쓰고 6개월 넘게 걸리는 장

---

3 몇 백 권 이상의 순례 여행기가 전해진다. Nathan Schur(1980), *Jerusalem in pilgrims and travellers' accounts: a thematic bibliography of western christian itineraries 1300-1917*, Jerusalem: Ariel Publishing House; Josephie Brefeld(1994), *A guidebook for the Jerusalem pilgrimage in the late Middle Ages: a case for computer-aided textual criticism*, Hiversum: Verloren, p.9.

4 산토 브라스카의 순례 이야기는 다음 책에 자세히 소개되어 있다. 시오노 나나미(1996), 『바다의 도시 이야기』, 정도영 옮김, 한길사, 하권, 99-156쪽.

5 Lepschy(1966); Anonymous Parisian(1480), *Le voyage de la saincte cyté de Hierusalem avec la description des lieux*, éd. by C. Schefer and H. Cordier(1882), Paris: Errnest Leroux; Felix Fabri(1896), *Felix Fabri(Circa 1480-1483 A.D.): the book of the wanderings of Brother Felix Fabri*, trans. by Aubrey Stewart, London, pp.7-47; Pierre Barbatre(1974), "Le voyage de Pierre Barbatre à Jérusalem en 1480," *Annuaire Bulletin de la Société de l'Histoire de France, 1972-1973* éd. par P. Tucoo-Chala et N. Pinzuti, Paris: Klincksieck, pp.74-172.

6 Anonymous Parisian(1480), introduction, iv; Barbatre(1974), p.82.

거리 순례 여행을 감행했는지, 그리고 어떻게 그것이 가능했는지를 알아보기에 1480년은 매우 적합한 사례다.

1. 순례는 베네치아로

성지 순례를 하려면 우선적으로 해야 할 일은 교구 사제로부터 순례허가증을 받는 것이었다.[7] 그다음에는 지인들에게 순례 계획을 알리고 작별 인사를 하는 것이었다. 순례 중에 목숨을 잃을 수도 있었기 때문에 일부 순례자들은 고향을 떠나기 전에 유언장을 작성하기도 했다.[8] 우리의 순례자들 중에 유언장을 작성한 사람은 없었다. 그렇지만 보통 사람들은 순례가 목숨을 잃을 수도 있는 매우 위험한 일이라고 생각했다. 실제로 펠릭스 파브리가 순례 계획을 전하자 많은 사람들이 슬퍼서 눈물을 흘리며 그가 위험한 일을 하다 죽을지도 모른다고 걱정했다.[9]

성지 순례를 결정하고 나서 해야 할 두 번째 중요한 선택은 예루살렘으로 가는 교통편을 구하는 것이었다. 중세 말 서유럽에서 출발해 육로로 예루살렘까지 가는 것은 거의 불가능했기 때문에 대다수의 순례자들은 선편을 이용할 수밖에 없었다. 이탈리아의 베네치아, 제노바, 남부 프랑스의 마르세유, 이베리아반도의 바르셀로나 등의 항구 도시에서 동지중해로 가는 선박을 탈 수 있었다.

7 성지 순례자에게는 세 가지 종류의 증명서가 필요했다. 첫째는 교구 사제가 발행하는 허가증, 둘째는 로마 교황의 순례허가증, 셋째는 맘루크제국의 통행허가증이다. 교황의 순례허가증이 없이 성지를 여행하면 파문을 당할 수도 있었다. 베네치아는 두 번째와 세 번째 허가증을 대리해서 받아주었다. Brefeld(1994), p.24; 시오노 나나미(1996), 113쪽.

8 15세기 프랑스 출신의 순례자 농파르Nompar de Caumont은 순례를 떠나기 전에 유언장을 작성해 자신이 사망할 경우 뒷처리를 부탁했다. Dansette(1997), pp.1062-1067.

9 Fabri(1896), pp.7-8.

1480년 순례 여행기를 남긴 네 명은 모두 베네치아 갤리선을 이용해 예루살렘을 다녀왔다. 왜 이들이 베네치아를 선택했을까? 거리만을 고려했다면 두 명의 프랑스 순례자는 마르세유에서, 밀라노의 산토 브라스카는 제노바에서 배를 타는 것이 나았을 것이다. 앞에서 언급했듯이 산토 브라스카가 베네치아를 선택한 이유는 순례선단 때문이었다.[10] 다른 순례자들도 베네치아의 아름다움, 위대함과 부에 감탄하면서 베네치아 순례선단이 가장 안전하고 확실한 교통수단이라 생각했다. 그 외에도 베네치아는 순례자들에게 필요한 다양한 편의를 제공했다. 톨로마리오라 불리는 안내인은 순례자들이 적합한 숙소를 찾고, 필요한 물품을 구입하고 환전을 하고, 수송 계약을 할 수 있도록 도왔다. 총 8명의 안내원이 있었고, 이들은 2인 1조로 활동했으며 순례자들로부터 이에 대한 사례비를 받지 않았다.[11]

베네치아가 이탈리아뿐만 아니라 유럽 전역의 순례자들을 유인할 수 있었던 것은 순례자 전용 선단을 운영했기 때문이다. 베네치아 정부는 1380년대부터 1530년대까지 순례자 수송을 전담하는 갤리선단을 운영했고, 이 덕분에 순례자 수송에서 독보적인 위치를 확보할 수 있었다.[12] 베네치아 순례선단은 야파행 갤리선단Galee de Zafo으로 불렸다. 이

---

10 Lepschy(1966), p.128. 예루살렘에 위치한 시온산 수도원의 원장을 지냈던 프란체스코 수리아노Francesco Suriano는 "어떤 다른 나라도 베네치아만큼 해적과 바다 강도로부터 안전을 보장해주지 않기 때문에perchè nulla altra natione è tanta sicura da pyrati et ladri maritimi quanto la Veneta" 순례자들에게 베네치아 순례선을 이용할 것을 권했다. Francesco Suriano(1900), *Il trattato di Terra Santa e dell'Oriente*, Milano: Artigianelli, p.15.

11 베네치아 정부는 이들이 부정을 저지르지 않도록 엄격하게 관리하려고 했지만 이들을 규제하는 법령과 고소고발이 많았다는 사실은 이들이 순례자들에게 정직하지만은 않았음을 보여준다. 순례 여행에 관한 법령에 관해서는 다음 책을 참조하라. Margaret Newett(1907), *Canon Pietro Casola's pilgrimage to Jerusalem in the year 1494*, Manchester: Manchester University Press; Barbatre(1974), pp.81-82.

12 Stöckly(1995), pp.185-187; Eliyahu Ashtor(1985), "Venezia e il pellegrinaggio in Terrasanta nel basso medioevo," *Archivio Storico Italiano*, 143, pp.97-223; Ugo

러한 명칭은 야파 항구가 예루살렘에서 가장 가까운 항구여서 순례선단이 이곳에서 순례자들을 하선시켰기 때문에 붙여진 이름이었다. 전성 시기 순례선단은 늦은 봄과 이른 가을에 두 번 운항했다.[13] 하지만 1450년대 이후부터 성지 순례자가 줄어들면서 일 년에 한 번만, 즉 봄에만 운행하게 되었다. 1480년에도 봄 순례선단만이 운항했다.[14]

순례자 수송 사업에서 베네치아의 경쟁자가 있었다면 제노바 정도였을 것이다. 1470년 순례 여행을 했던 제노바 출신 아도르노는 비좁고 비위생적인 베네치아 갤리선보다는 넓고 쾌적한 제노바 대형 범선을 타고 순례 여행을 하는 것이 훨씬 낫다고 조언했다. 하지만 아도르노의 주장에는 베네치아에 대한 제노바 사람의 시기와 질투가 배어 있는 것처럼 보인다.[15]

4월 29일 밀라노에서 출발한 산토 브라스카(35세)는 5월 7일 베네치아에 도착했다.[16] 나이 사십의 프랑스 사제 피에르 바르바트르는 1480년 4월 4일 베르농시市를 떠나 베네치아로 향했다. 그는 5월 4일 베

Tucci(1967), "I servizi marittimi veneziani per il pellegrinaggion in Terrasanta nel Medioevo," *Studi Veneziani* 9: 43-66; David Jacoby(1986), "Pèlerinage médiéval et sanctuaires de Terre Sainte: la perspective vénitienne," *Ateneo Veneto* 24; Davis(2003), p.121; Jules Sottas(1938), *Les messageries maritimes de Venise aux XIVe et XVe siècles*, Paris: Société d'éditions géographiques, maritimes et coloniale.

13 최근까지의 연구에 따르면 1300년에서 1600년 사이 매년 평균적으로 몇 천 명의 순례자들이 성지 순례를 다녀왔다. 13세기 말 십자군 왕국의 몰락 이후에 예루살렘 성지 순례자는 줄어들지 않고 오히려 증가했다. 이는 베네치아가 제공하는 순례자 전용 수송 서비스 덕분이었다. Henry L. Savage(1977), "Pilgrimages and pilgrim shrines in Palestine and Syria after 1095," *A history of the Crusades*, ed. by K. M. Setton, Madison, Wisconsin, University of Wisconsin Press, pp.66-67; Brefeld(1994), p.9.

14 Stöckly(1995), p.185.

15 Giovanni Adorno(1978), *Itinéraire d'Anselme Adorno en Terre Sainte(1470-1471)*, eds. J. Heers and G. de Groer, Paris: CNRS, pp.30-31, 43-55.

16 Lepschy(1966), p.4 6, 52.

네치아에 도착했다. 고향 마을의 교구 사제 자크 뒤 무티에Jacques du Moutier와 동행했다.[17] 펠릭스 파브리는 4월 14일 자신의 고향 울름을 떠났다. 그는 귀족 루드비히와 루드비히의 종복, 게오르그 폰 스타인 George Apollnaris von Stein과 스타인의 종복과 동행했으며 동향 사람과 순례를 함께 할 수 있다고 즐거워했다. 하지만 그는 자신의 여행기에서 베네치아 도착 날짜를 언급하지 않았다.[18]

1480년 순례 인원도 여행기별로 약간의 차이가 있지만 대략 100명 정도였던 것 같다. 순례 사업 전성기였던 14세기 말 많게는 6백 명 정도가 베네치아 순례선을 이용했던 것과 비교해보면 매우 적은 인원이었다.[19] 산토 브라스카의 증언에 따르면 성지 순례를 가기 위해 베네치아로 온 사람들은 대략 90명 정도였고, 그중에는 밀라노 공작부인의 오빠이자 제네바 주교였던 조반니 루도비코Giovanni Ludovico, 르망의 주교 필립과 다수의 공작과 기사 등 지체 높은 사람들이 포함되어 있었다. 펠릭스는 "다른 여관에는 많은 순례자들이 묵고 있는데, 독일, 프랑스에서 온 성직자, 수도사, 귀족과 평민, 특히 오를레앙의 주교와 르망의 주교가 다수의 동행과 종복들을 거느리고 선박의 출항을 기다리고 있었다. 게다가 신앙심이 깊고 부유한 여섯 명의 노부인도 우리와 함께 성지로 가려고 하고 있었다."라고 적었다.[20] 여섯 명의 노부인처럼 당시 여성들이 성지 순례를 하는 것이 흔한 일이었을까? 한 연구에 따르면 12세기 순례자의 4분의 1 내지는 3분의 1 정도가 여성이었다고 한다.

---

17 Barbatre(1974), p.90, 96.

18 Fabri(1896), pp.8-9.

19 바르바트르는 순례 인원을 언급하지 않았다. 익명의 프랑스인은 대략 80에서 100명 정도였다고 증언하다. 파브리는 110명의 순례자와 220명의 선원이 순례선에 탑승했다고 말한다. Barbatre(1896), pp.110-111; Ashtor(1985), p.206.

20 Fabri(1896), pp.10-11.

그러나 이는 예루살렘이 아니라 가까운 주변 지역으로의 순례에 해당한다. 다시 말해서 여성들의 예루살렘 순례는 매우 드물었다는 것이다. 실제로 펠릭스 파브리의 증언에 따르면 1480년 일부 귀족 남성들은 이들 여성들과 함께는 순례선에 승선하지 않을 것이며, 예루살렘에서 이들 나이 많은 여성들과 함께 기사 작위를 수여받는 것은 불명예라고 생각했다.[21]

출항을 기다리면서 산토 브라스카와 다른 순례자들은 성유물을 소장하고 있는 교회와 수도원들을 참배했고 베네치아의 여러 섬들을 둘러보면서 즐거운 시간을 보냈다. 물론 순례선 선장과 수송계약서를 작성하고 필요한 물품을 구입하는 것을 잊지 않았다. 통상적으로 수송계약서에는 운임, 음식과 포도주, 세금, 출항세, 그리고 교황청의 순례허가증 대행 발급도 함께 포함되어 있었다. 순례자가 직접 로마로 가서 순례허가증을 받을 수도 있었지만 베네치아는 이 번거로운 일까지도 대신 처리해주었다. 순례허가증을 요구할 경우 제출하지 못하면 파문을 당할 수도 있었다.[22] 하지만 출항이 지연되자 여기저기서 불만이 터져 나왔다. 펠릭스 파브리는 "우리들은 베네치아에서 지쳐가기 시작했고 출발을 학수고대하고 있었다."라고 여행기에 적었다.[23] 또한 그는 선장의 곧 출항하겠다는 말은 거짓말이기 십상이라고 푸념을 늘어놓았다.

게다가 이들 순례자들은 탐욕스러운 베네치아 장사꾼들이 순례자

---

21 다른 사람들은 이들 용감하고 신앙심 깊은 여성들이 순례에 동참하는 것이 순례를 더욱 안전하게 해줄 것이라며 이들의 탑승에 동의했다. 그렇지만 일반적으로 여성의 예루살렘 순례는 드물었고, 그럴 경우에도 여성들은 남편과 동행하거나 남장을 하곤 했다. Brefeld(1994), p.15; Fabri(1896), p.11; Lepschy(1966), p.255; Reinhold Röhricht and Heinrich Meisner(1880), *Deutsche Pilgerreisen nach dem Heiligen Lande*, Berlin: weidmann, p.476, 485, 492, 504.

22 Brefeld(1994), p.24.

23 Davis(2003), p.122.

를 속인다고 생각했다.[24] 파브리는 베네치아가 이교도인 오스만과 동맹을 맺었다고 비난하기도 했다. 그런 연유로 파브리는 베네치아 순례선을 이용할 경우 조심해야 할 내용들을 순례 여행기에 상세하게 적어 놓았다.[25] 가령 왕복 여부, 14일 이내에 출항을 하는지 여부, 경험 많은 선원을 갖추고 있는지, 충분한 무기와 병사를 태웠는지, 필요하지 않은 기항이 없는지, 도중에 물품 보급을 할 수 있는지, 매일 두 번의 식사가 나오는지, 병자를 돌봐주는지 여부 같은 것을 확실히 해두어야 한다고 당부했다. 그 외에 확인해두어야 할 사항으로는 선장이 충분한 빵과 포도주, 비스킷, 물, 고기, 달걀을 제공하는지, 아침에 식사 전에 물을 제공하는지, 항구에 정박할 경우 필요한 물품을 구입하러 해안으로 가는 작은 선박을 가지고 있는지, 순례자가 직접 식사거리를 구입할 수 없는 항구에서 식사를 제공하는지, 순례자들을 선원들로부터 보호해주는지, 요르단 방문을 포함해 충분한 방문 시간을 주는지, 선단장이 가이드와 보호자 역할을 하는지, 선장이 안전한 통행을 보장하고 당나귀 비용과 관세를 지불해주는지, 40두카토의 운임 중 반은 베네치아에서 나머지 반은 야파에서 지불할 수 있는지 여부였다. 죽은 승객의 개인적 소지품을 선단장이 몰수하는지, 사망자가 지불했던 운임의 반은 유산 집행자에게 돌아가는지, 만약 동행자가 바다 장례를 원하지 않을 경우 가장 가까운 기독교 항구에 죽은 시신을 매장할 수 있는지, 시나이를 방문하기 위해 일행을 떠나 개인 여행을 결정한 승객에게 10두카토를 환불하는지, 선단장이 성 카테리나 참배 여행을 주선해주는지, 닭장을 둘

24 실제로 베네치아는 순례 사업에서 큰돈을 벌었다. 우고 투치Ugo Tucci의 계산에 따르면 순례 사업이 번창할 때에는 매년 2만 5천 두카토가 베네치아로 들어왔다. 순례자들은 숙박, 음식, 순례에 필요한 여러 준비물품 구입, 여흥, 팁 등으로 엄청난 돈을 베네치아에서 썼다. 레인은 이 사업을 "큰 이익을 남기는 팔레스타인으로의 관광 사업the very profitable tourist trade to Palestine"이라 불렀다. Lane(1973), p.63.

25 Chareyron(2005), p.117.

공간을 제공하고 주방 시설을 이용할 수 있는지, 아픈 사람이 냄새나는 객실을 벗어나 선장실이나 선미 또는 노꾼의 벤치에서 쉴 수 있는지, 계약서에 구체적으로 언급되지 않은 것들은 일반적으로 합의된 사항으로 간주하는지도 확인해야 했다.

또한 순례자들은 이슬람 교도들과 친한 베네치아 상인들이 이슬람과 손잡고 순례 사업에서 큰돈을 챙긴다고 생각했다. 1480년 순례자들은 운임으로 55두카토를 지불했다. 이 비용에는 항해 중 식비와 출입국 관세가 포함되어 있었다.[26] 1475년 파도바 인쇄소 조판공의 월급이 3두카토였기에 운임은 조판공의 2년치 월급에 해당하는 큰돈이었다.[27] 그러나 이 돈으로는 충분하지 않았다. 산토 브라스카는 선장에게 지불하는 운임 이외도 여러 추가 비용(항구에 정박 중 육지에 내려서 하는 식사 비용, 성지에서 교통비와 통과세, 순례에 필요한 개인 용품 구입비)이 들었기 때문에 적어도 150에서 200두카토는 있어야 편안한 순례 여행을 할 수 있다고 말했다. 그래서 그는 충분한 여비를 마련할 수 없는 가난한 사람은 성지 순례를 하기 힘들다고 부언했다.[28] 그런 점에서 순례 여행기에서 돈 가방이 필요하다는 말은 허풍이나 과장이 아니었던 것이다. 중세 말 예루살렘 순례는 중하층민이 할 수 없는 사치에 가까웠다.

출항을 기다리는 동안 시리아에서 돌아온 갤리선이 오스만 함대가 로도스 포위 공격을 시작했다는 소식을 전했다. 또 다른 오스만 함대가 나폴리 왕국을 공격하기 위해 아드리아해로 진격해 들어올 것이라는 소문은 이미 봄부터 퍼져 있었다. 오스만 술탄은 나폴리 왕국을 공격하기 위해 베네치아의 협조를 구했지만 베네치아는 이를 받아들이지 않았었다. 로도스 공략 소식으로 순례자들이 동요하기 시작했고 독일인

---

26 Anonymous Parisian(1480), p.43.

27 마뇨(2015), 31쪽.

28 Lepschy(1966), pp.128-129; Brefeld(1994), pp.15-16.

들은 베네치아 정부에 안전을 보장할 수 있는 통행증을 발급해줄 것을 요청했다. 이에 베네치아 정부는 1479년 오스만 술탄과 평화협정을 체결했기 때문에 베네치아 순례선이 오스만 함대에 나포될 위험은 없다고 이들을 안심시켰다.[29] 하지만 독일 출신의 펠릭스는 “베네치아가 순례자들의 안전을 위해서 그 이상을 보장해주려고 하지 않았고 우리들에게 순례 여행을 권하지 않았다.”라고 말하면서 베네치아의 불충분한 대답에 분통을 터트렸다. 결국 선택은 순례자의 몫이었고 순례자들은 가기로 결정했다.[30]

2. 베네치아에서 야파까지 50일간의 항해

1480년 6월 1일 산토 브라스카를 포함해 약 백 명의 순례자들은 자신들을 야파까지 수송해줄 콘타리니호[31]에 승선했다. 그러나 바람이 불

29 순례선은 일종의 중립국 선박의 지위를 누리고 있었다. 평화로운 순례선임을 보여주기 위해서는 여러 조취들이 취해져야 했다. 상인을 승선시켜서도 안 되었고, 순례자와 선원들의 개인용 소비품 이외의 상품을 선적해서도 안 되었다. 가능하면 다양한 국적의 순례자들을 승선시켜야 했고 방어용 무기만 실어야 했다. 무엇보다도 선수에 예루살렘 십자가가 그려진 깃발을 내걸어야 했다. Anonymous Parisian(1480), xiii-xv; Barbatre(1974), p.82.

30 때론 부유한 귀족들은 여행 도중 이슬람 사람들로부터의 괴롭힘과 체포를 당할지도 모른다는 두려움 때문에 자신의 신분을 베네치아 정부에 신고하지 않고 순례를 했다. 이런 사람들은 순례를 마치고 돌아온 후에 베네치아 정부에 여러 문제들을 제기하기도 했다. Fabri(1896), pp.12-13; Brefeld(1994), p.24; Newett(1907), p.69.

31 1480년 베네치아 정부는 1척의 갤리선만을 운항했다. 선박의 이름은 콘타리니호였고, 선장은 아고스티노 콘타리니였다. 그에 대한 평가는 순례자에 따라 달랐다. 산토 브라스카의 묘사에 따르면 그는 유명한 귀족 가문 출신으로 지중해 항해 경험이 많고 좋은 명성을 지닌 유능한 선장이었다patricio veneto et home integerrimo et di bona fama. 그는 이미 1470년대 초반부터 여러 선박을 조종했던 노련한 선장이었다. 하지만 프랑스 출신의 바르바트르는 그가 승객의 안전을 우선시하기보다는 이익을 우선시하는 선장이라

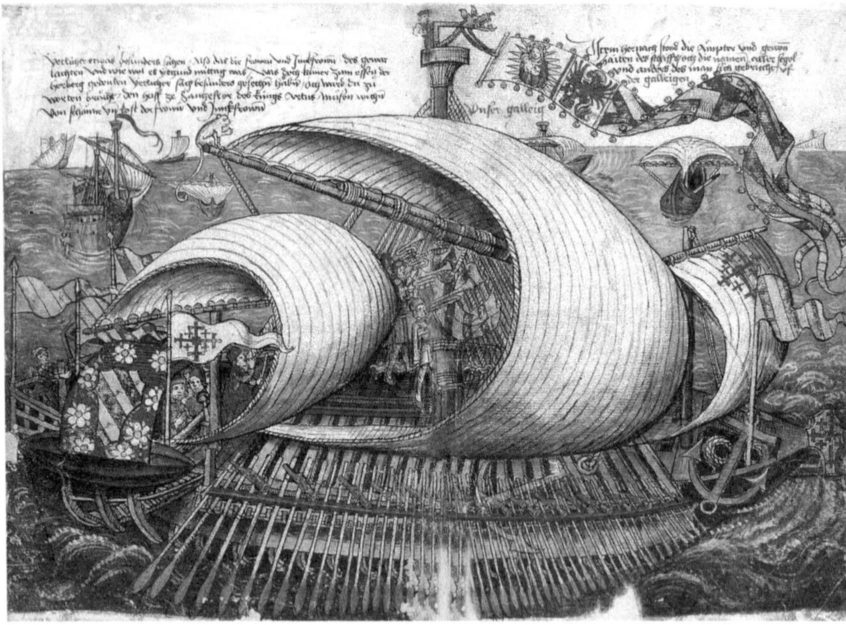

• 베네치아 순례선 콘타리나호

지 않아 일행은 며칠을 더 기다려야 했다. 6월 6일 콘타리나호는 마침내 출항할 수 있었다. 파리 출신의 익명의 순례자는 "순풍이 불자 콘타리나호는 트럼펫과 나팔 소리에 맞춰 3개의 돛을 활짝 펼쳤고 넓은 바

고 비난했다. 이렇듯 선장에 대한 평가도 순례자에 따라 달랐기 때문에 순례 여행기를 통해 객관적인 진실을 확인하기는 종종 어려운 일이다. 콘타리나호는 이단 노 갤리선이었다. 새로 건조된 갤리선들은 삼단 노 갤리선이었다. 선실은 3개의 갑판으로 이루어져 있었는데 제일 아래 갑판에는 노를 젓는 선원들이 타고 있었으며, 중간 갑판은 순례자들을 위한 공간이었다. 당시 순례선으로 사용되었던 갤리선은 400톤급 선박으로 길이 53미터, 넓이 11미터, 높이 2미터 정도의 중대형 선박이었다. 콘타리나호는 한 해 전인 1479년에도 순례자 수송을 했었고, 이후에도 계속해서 순례자 수송에 참여했다. 아고스티노 콘타리니도 1479년부터 1496년까지 콘타리나호를 지휘하면서 베네치아-야파 노선을 오갔다. Barbatre(1974), pp.83-84; Ashtor(1985), p.211; Lepschy(1966), p.52; Anonymous Parisian(1480), p.24; Fabri(1896), p.11.

다로 미끄러져 들어갔다."라고 말하면서 출발의 설렘을 묘사했다.[32]

베네치아를 출항한 일행이 야파에 도착하는 데에는 50일 정도가 소요되었다. 일반적으로 베네치아에서 야파까지의 항해에는 5주 정도면 충분했다. 1480년 항해가 보통 때보다 더 오래 걸린 이유는 오스만 함대와 좋지 않은 기상 조건 때문이었다. 오스만 함대의 위험성에 대해서는 이미 출발 전에 논란이 있었던 터였다. 코르푸항 근처에서 만난 베네치아 정찰 갤리선단의 단장 비토레 소란초Vittore Soranzo는 예루살렘으로의 항해를 계속하는 것이 매우 위험하다고 조언했다. 350척의 터키 함대가 로도스섬을 포위하고 있으며[33] 64척의 터키 함대가 발로나의 전력을 강화하기 위해 가고 있기 때문에 항해를 계속하지 말라는 충고를 했다.[34]

소란초 선단장의 조언을 전해 들은 순례자들은 크게 동요했고 낙담했다. 익명의 프랑스 순례자는 '멀리 프랑스, 영국, 스코틀랜드, 에스파냐, 플랑드르, 독일 등지에서 큰돈을 지불하고 신의 뜻에 따라 성지에서 순교할 요량으로 이렇게 순례 여행을 왔는데…'라는 탄식이 여기저기서 터져 나왔다고 증언한다. 또다시 순례를 계속할 것인지에 대한 논쟁이 벌어졌다. 일부 프랑스 순례자들은 "당신은 잃을 자식이나 친구도 없고 가진 재산도 없기 때문에 죽는 것이 훨씬 쉽다."라고 말하면서 순례를 계속하자는 독일 사제 파브리를 비난했다. 결국 독일인들과 프랑스인들 간의 싸움이 벌어지고 부상자도 있었다. 산토 브라스카의 설명

---

32 파브리의 증언에 따르면 110명의 순례자를 포함 330명이 순례선에 탑승했다. 10월 21일 베네치아로 귀환했다. Fabri(1896), p.13; Anonymous Parisian(1480), pp.17-18; Chareyron(2005), p.45.

33 돌아올 무렵에는 터키 함대의 로도스 포위 공격은 끝났다. 그 덕분에 순례선은 로도스항에 기항할 수 있었다. Fabri(1896), p.31.

34 파브리는 터키 함대가 이탈리아 남부 아풀리아 지방을 약탈하기 위해 가고 있다고 말한다. Barbatre(1974), p.119; Fabri(1896), p.14.

에 따르면 선단장의 강력한 권고대로 제네바와 르망의 주교 그리고 22명의 다른 순례자들은 예루살렘으로의 항해를 포기하고 되돌아갔다. 반면 익명의 프랑스 순례자는 되돌아가기로 결정한 사람은 20명이었으며 선장은 그들에게 받았던 55두카토 중에 10두카토만 돌려주었다고 이야기한다. 바르바트르도 20명이나 21명 정도가 돌아갔다고 증언한다. 파브리의 진술에 따르면 40명이 베네치아로 다시 돌아갔으며 이들은 베네치아로 돌아오자마자 다른 여행자들은 터키인들에게 잡혔다고 소문을 내고 다녔던 듯하다. 이 소문은 다시 이탈리아, 독일, 프랑스 고향 마을로 퍼져나갔던 듯하다. 그 결과 순례를 마치고 고향인 울름에 도착한 파브리는 자신이 죽은 줄 알고 여러 차례의 미사를 지낸 것을 알게 되었다. 그런 연유로 파브리는 돌아간 사람들이 자신들의 비겁함을 숨기기 위해 확실하지도 않은 이야기를 퍼뜨렸다고 이들을 책망했다.[35]

선단장 비토레 소란초의 권고에도 불구하고 최종적으로 대다수의 순례자들은 여행을 계속했다. 산토 브라스카는 이미 멀리 왔고, 선장에게 운임도 지불했으며, 뱃멀미에도 상당히 익숙해진데다가 순례를 계속하는 것과 마찬가지로 돌아가는 것 또한 위험하기 때문에, 그리고 무엇보다도 신의 가호가 함께할 것을 믿었기 때문에 순례를 계속하기로 결정했다. 그래도 선단장은 칸디아로부터 소식이 올 때까지 좀 더 기다릴 것을 조언했고 7일 후인 7월 1일 순례선은 코르푸를 떠나 모돈섬으로 향할 수 있었다.[36]

좋지 않은 기상 조건도 순례선의 운항을 지연시켰다. 날씨가 좋지 않아 연안에 피해 있었던 날이 8일이나 되었다. 때론 역풍으로 뒤로

---

35 돌아간 사람들 중에는 제네바와 르망의 주교, 라페르테La Ferté의 주교, 두 명의 독일 기사, 다른 유명 인사들이 포함되어 있었다. Lepschy(1966), pp.59-60, 257; Anonymous Parisian(1480), pp.40-43; Barbatre(1974), p.119; Fabri(1896), pp.14-21.

36 Lepschy(1966), p.60; Barbatre(1974), p.120.

밀려나기도 했다. 15세기에도 지중해 항해는 지리, 기후, 해안선 등 여러 가지 자연조건들에 좌우되었고 이로 인한 공포는 여전히 계속되었다. 눈물, 기도, 외침, 참회의 목소리, 공포에 질린 모습 등은 항해 도중늘 볼 수 있는 익숙한 광경이었다. 종종 '성처럼 큰 파도', '산만한 파도'는 순례자를 천국과 지옥의 심연으로 떨어뜨렸다. 특히 로도스섬과 키프로스섬 사이의 지역[37]은 항해하기가 매우 위험하기로 정평이 나 있었다.[38] 사고와 사망 또한 순례자들의 불안을 키웠을 뿐만 아니라 항해를 지연시키기도 했다. 6월 11일 페스트 증세를 보이던 선원이 사망했다.[39] 6월 15일 또 다른 선원 한 명이 사망해 바다 장례를 행했다.[40] 7월 6일 저녁 무렵 바다에 떨어진 셔츠를 찾겠다고 물에 뛰어든 선원이 결국에는 익사하고 말았다.[41] 여러 위험과 슬픈 사고에도 불구하고 콘타리니호는 49일의 항해를 마치고 7월 20일 마침내 야파항에 도착했다.

3. 20일간의 성지 순례

야파항에 도착한 선장 아고스티노 콘타리니는 야파에서 순례자들을 프란체스코 수도회에 인계했다. 중세 말 야파까지의 수송을 베네치아가 책임졌다면 성지 일정은 프란체스코 수도회가 담당하고 있었기 때문이다. 14세기 초부터 프란체스코 수도회는 서유럽 기독교인들의 성

37 Barbatre(1974), p.87.

38 Chareyron(2005), pp.64-66.

39 Lepschy(1966), pp.54-55.

40 Barbatre(1974), p.114.

41 Barbatre(1974), p.122.

지 순례를 관리하고 있었다. 그들은 맘루크 정부로부터 땅을 구입해 예수 그리스도가 사도들과 최후의 만찬을 했던 장소에 수도원(시온산 수도원으로 불림)을 건설하고 순례자 안내를 책임지고 있었다. 또한 수도사들은 순례자들에게 설교를 하고 여러 성소들에서 미사를 집전했다. 프란체스코 수도회는 아픈 순례자를 돌보고 치료하기도 했다.[42] 수도사들은 순례자들에게 현지 이슬람 주민들과 가급적이면 접촉을 피하고 종교적 논쟁을 삼가라고 조언했다. 한마디로 순례자들은 수도원장의 명령이나 허락 없이는 어떤 개인행동도 할 수 없었다. 이러한 상황 속에서 다수의 순례자들은 수도사들이 너무 서둘러서 제대로 성지 순례를 하지 못했다고 불평을 토로하기도 했다.[43] 물론 프란체스코 소속 수도사들뿐만 아니라 맘루크제국의 무장 감시병, 안내원들과 통역이 순례자 안내에 동참했다. 이슬람 관리들은 기독교 순례자의 안전을 보장하는 동시에 감시하는 역할도 수행했다.

야파에 도착했다고 해서 곧장 배에서 내릴 수는 없었다. 4명의 순례자의 말을 종합하면 통행증이 없으면 이슬람 땅에 발을 들여놓을 수가 없었다. 노련한 선장은 서기와 두 명의 통역을 라마로 보내 술탄의 고

---

42 13세기 중엽 세워진 맘루크제국은 기독교인들의 성지 순례를 적극적으로 허용했다. 14세기 초엽 나폴리 왕이었던 앙주 가문의 샤를의 손자 로베르는 맘루크제국의 술탄 알-나시르 무함마드와 기독교인들의 자유로운 성지 순례를 허용한다는 협정을 체결했다. 로베르의 명을 받고 협정 체결을 담당했던 사람은 프란체스코 수도회 수도사였던 로베르 게링Robert Guérin이었다. 이런 연유로 프란체스코 수도회가 성지에서 기독교 순례자들의 안내를 맡게 되었던 것이다. Dansette(1997), pp.890-891; Brefeld(1994), p.24; Chareyron(2005), pp.3-4.

43 16세기 초 영국 출신의 순례자의 증언에 따르면 시온산 수도원 원장이나 수도사들이 매일 그리고 항상 순례자들과 동행하면서 이곳저곳을 안내했다. Chareyron(2005), p.69; Brefeld(1994), pp.26-27; Henry Ellis(1851), *The pylgrymage of Sir Richard Guylforde to the Holy Land, A.D. 1506*, London: Camden Society, p.18; H. Moranvillé(1905), "Un pèlerinage en Terre Sainte et au Sinaï au XVe siècle," *Bibliothèque de l'École des Chartes* 66: 82.

위 관리에게 순례선의 도착을 알리고 통행증을 받아오도록 시켰다. 22일 사라센인들은 순례자들에게 입항세를 거둘 술탄의 고위 관리가 묵을 텐트를 항구 근처에 쳤다. 23일 술탄의 사자가 와서 선장에게 내일이면 술탄의 관리들과 감시병들이 올 것이라고 전했다. 7월 24일 시온산 수도원의 원장과 수도사들, 여러 명의 사라센과 맘루크들, 네스토리우스 기독교인들, 통역을 맡은 다른 기독교도들, 그리고 순례자와 일행들을 실어 나를 노새와 나귀, 말, 낙타가 도착했다.[44] 순례 여행기를 통해 짐작할 수 있듯이 맘루크 정부는 기독교인들의 성지 순례를 철저하게 통제하고 관리했다.

7월 24일 오후가 돼서야 순례자 일행은 배에서 내릴 수 있었고, 이슬람 관리들은 순례자 본인과 아버지의 이름을 꼼꼼하게 기록했다. 기록을 마친 후 순례자들은 동굴 숙소로 안내되었는데 그곳에서 그들을 기다리고 있던 것은 불편함과 모욕이었다. 산토 브라스카는 자신들을 가축 헤아리듯 인원을 점검하고 또 점검했다고 불쾌해했다. 동굴에서 물건을 서로 사고팔던 기독교인들은 이슬람 감시병들로부터 구타를 당하기도 했다.[45] 그나마 1480년 순례자들에게 다행이었던 것은 동굴 체류가 하루로 끝나 길지 않았다는 것이다. 다른 해에는 동굴 체류가 며칠씩 길어지기도 했기 때문이다.[46]

---

44 Lepschy(1966), p.65; Barbatre(1974), p.128; Fabri(1896), p.23; Anonymous Parisian (1480), pp.57-59.

45 Lepschy(1966), p.64; Barbatre(1974), p.128; Anonymous Parisian(1480), p.62.

46 다수의 순례자들이 동굴에서의 끔찍한 경험을 증언했다. 어떤 순례자는 돼지우리와 같은 그곳에서 무어인들의 홀대를 받으면서 며칠 동안 고생했다고 토로했고, 어떤 순례자는 순례자를 감시하는 악당에게 돈을 집어주지 않고는 밤에 밖으로 나가거나 소변도 보지 못했다고 불만을 털어놓았다. 1486년 순례 여행에서는 여러 명의 순례자들이 이 동굴에서 이슬람 감시자들로부터 구타를 당했고, 현지 이슬람 주민들이 동굴 입구에서 큰 돌을 던지기도 했는데 다행히 다친 사람은 없었다. Dansette(1997), p.1172; Chareyron(2005), p.73.

7월 25일 일행은 동굴을 떠나 라마로 향했다. 익명의 프랑스 순례자는 "이슬람 안내인들은 우리에게 걷는 것조차 허용하지 않았고, 걷는 대신 노새를 이용하도록 강요하면서 큰 이익을 챙겼다. 기독교인들은 이슬람 땅을 밟을 자격이 없다고 말하면서 기독교인들을 모욕했다."고 말했다.[47] 산토 브라스카의 증언에 따르면 일행 모두는 어떤 기독교인도 이슬람 땅을 감히 밟아서는 안 된다는 사실을 알고 크게 낙담했다.[48] 또한 라마로 가는 도중 이슬람 관리들은 돈을 요구하고 포도주와 다른 물건들을 빼앗기도 했다.[49]

7월 27일 일행은 라마를 출발해 예루살렘으로 향했다. 라마에서 예루살렘까지의 여정에도 여러 난관이 있었다. 27일 해질 무렵 일행은 아랍과 에티오피아 출신의 도적떼를 만났다. 그들은 활, 칼과 돌로 순례자 일행을 위협했지만 이슬람 안내자들이 최선의 다해 이들의 공격을 막아내 아무도 크게 다친 사람은 없었다.[50] 그렇지만 이 사건을 겪고 나서 바르바트르는 "이곳은 상상할 수 있는 가장 끔찍한 곳이다."라고 자신의 여행기에서 공포를 드러냈다.[51]

7월 28일 금요일 아침 무렵 일행은 학수고대하던 예루살렘에 도착했다.[52] 일행 모두는 "예루살렘을 찬양하라. 우리의 하나님을 찬양하

---

47 Anonymous Parisian(1480), p.60.

48 <ogniuno smontorno perchè christiano alcuno nè può nè ardisse cavalchare per le loro terre.> Lepschy(1966), p.65.

49 Barbatre(1974), p.129.

50 Anonymous Parisian(1480), p.68.

51 Barbatre(1974), p.131; Chareyron(2005), p.77.

52 예루살렘에서 순례자들은 국적과 사회적 신분에 따라 서로 다른 숙소에 머물렀다. 일반적으로 이탈리아인들은 시온산 수도원에서, 독일은 도시 내에 있는 숙소에서, 프랑스인들은 병원기사단의 병원에 묵었다. 그리고 성직자들은 주로 시온산 수도원에, 세속인들은 도시 내 숙소에서 유숙했다. 수도원장은 특히 지위가 높은 순례자들에게 특별대우를 해주었다. 1480년 대부분의 순례자들은 병원기사단의 병원에 머물렀는데 땅바닥에서 먹

라."고 외치며 눈물을 흘렸다. 일행은 29일 아침부터 본격적인 예루살렘 순례를 시작했다. 프란체스코 수도회 수도사들의 엄격한 감독 하에 예수살렘 순례 일정은 '순례 규정ordo peregrinationis'에 맞춰 진행되었다. 당시 세 개의 순례 코스, 즉 예수가 체포되어 심문을 받는 과정에서 걸었던 '체포의 길via captivatis', 한때 로마 총독 관저였던 곳에서 성묘에 이르는 '십자가의 길via Crucis', 그리고 성묘 교회 내부 참배가 있었다.[53]

순례자들은 그리스도의 행적을 따라 여러 장소를 참배하고 면벌부를 얻었다. 참배해야 할 가장 중요한 장소는 성묘 교회였다. 순례자들이 이곳을 순례의 최종 목적지로 생각했기 때문이다. 성묘 교회 입구에서 이슬람 관리들은 순례자들을 가축 수를 세듯 순례자의 인원수를 되풀이해서 점검했다. 산토 브라스카는 이를 입장료를 받기 위해서라고 추측했다.[54] 순례자들과 프란체스코 수도회 소속 안내 수도사들이 모두 성묘 교회 안으로 들어가면 이슬람 관리들은 밖에서 열쇠로 문을 잠갔다. 수도사들은 성묘 교회 안에서 라틴어, 이탈리아어, 프랑스어, 독일어로 미사를 집전했다. 이렇듯 시온산 수도회는 순례자들에게 세심한 배려를 아끼지 않았다. 성묘 교회에서 밤샘 미사는 모두 세 번 진행되었다.[55]

시온산 수도원은 정해진 일정에 따라 예루살렘 시내와 근처의 성지 순례를 진행했고 이를 위한 지침서도 가지고 있었다. 당시 이런 종류

고 자야 하는 불편함을 감수해야 했다. 반면 산토 브라스카는 밀라노 공작과의 친분 덕분에 수도원에서 좋은 포도주와 편안한 잠자리를 제공받았다. Chareyron(2005), p.83; Anonymous Parisian(1480), p.69; Lepschy(1966), p.68.

53 Chareyron, p.84.

54 1458년 성지 순례를 했던 파도바의 기사 카포디리스타의 계산에 따르면 성지와 유적 관람료는 15두카토였다. 시오노 나나미(1996), 111쪽.

55 Lepschy(1966), pp.91-92; Barbatre(1974), p.136; Brefeld(1994), p.28.

• 예루살렘 성묘 교회

의 순례자용 지침서는 베네치아에서도 쉽게 구할 수 있었다.[56] 1471년 1월 24일 팔레스티나에 있는 시온산 수도원은 서유럽에서 인기를 끌고 있었던 『성지 순례자용 가이드북*Guide du pélerin de Terre Sainte*』을 필사해 순례자를 안내하는 데 활용했다. 이 안내서에는 자크 드 비트리가 저술한 예루살렘의 역사, 예루살렘 왕국의 몰락에 관한 이야기, 성지를 장악했던 여러 민족들의 목록, 부르카르두스 데 몬테 시온Burchardus de Monte Sion의 순례 노선, 방문해야 할 중요한 장소들, 각각의 장소에서 암송할 기도 등이 수록되어 있었다.[57] 순례자들도 이런 종류의 안내

56 Richard, p.18.

57 중세 말에 저술된 대부분의 순례 여행기의 내용은 매우 유사하다. 그 이유는 순례 여행기의 교본이 있어 다수의 순례자들이 이를 참조해서 자신의 순례 여행을 저술했기 때문이다. Régine Pernoud(1940), *Un guide de pèlerin en Terre Sainte au XVe*

서를 지참하기도 했다. 여러 면에서 중세 말 예루살렘 순례는 오늘날의 패키지여행처럼 체계화된 틀과 일정에 따라 진행되었다.

8월 7일 아침, 일행은 예루살렘을 떠나 야파 항구로 향했다. 야파로 돌아가는 길도 순탄하지 않았다. 도중에 일행은 칼과 창으로 무장을 하고 말을 탄 20명의 강도를 만났고 그들은 몸값을 요구했다. 이슬람 안내원은 그들이 그곳에서 순례자 일행을 기다리고 있었다고 이야기하면서 돈을 주는 것이 나을 것이라고 조언했다. 결국 전투가 벌어졌고 프란체스코 수도회 소속 안내자가 머리에 창을 맞았다. 최종적으로 협상이 이루어져 비적들은 순례자 일행을 라마 근처까지 데려다주었다. 9일 아침 라마를 출발해 야파로 가는 도중 일행은 작은 마을을 지나쳤는데 그곳 주민들은 순례자 일행에게 돌을 던지고 침을 뱉었다. 익명의 프랑스 순례자는 주민이 던진 오물을 뒤집어썼다.[58] 여러 어려움을 겪었지만 순례자 전원은 무사히 베네치아 순례선으로 돌아왔다.

순례자 일행은 20일간의 성지 순례를 마치고 8월 11일 야파 항구를 떠나 베네치아로 향했다. 돌아가는 길에도 여러 위험들이 남아 있었다. 키프로스 항구에 정박하는 동안 두 명의 순례자가 원인을 알 수 없는 열병으로 사망했다.[59] 열병으로 죽은 사람 이외에도 산토 브라스카를 포함한 다수의 사람들이 고열로 생사를 넘나들었다. 고열을 참지 못하고 바다에 뛰어드는 사람들도 있었다. 익명의 프랑스 순례자는 심한 열병으로 순례자들이 고통을 겪은 것은 예루살렘 순례 중에 노숙을 하는 등 너무 힘든 여행을 했기 때문이라고 설명했다.[60] 귀로에 네 명의

---

siècle, Mantes, Imprimerie du Petit Mantais, pp.3-15; Brefeld(1994), p.10; Nicole Chareyron(2005), p.85; Barbatre(1974), p.78.

58 Barbatre(1974), pp.151-152; Anonymous Parisian(1480), pp.99-100.

59 Barbatre(1974), p.154; Lepschy(1966), p.119.

60 Parisian(1480), p.104.

순례자와 한 명의 선원이 사망했다. 예루살렘으로 가는 바다 여행에서 죽은 세 사람까지 합하면 총 여덟 명이 1480년 순례 여행에서 사망했다.[61]

* * *

사업적 측면에서 보면 1480년 순례선단은 큰 이익을 남기지 못했을 것이다. 무엇보다도 오스만과의 고조된 갈등으로 순례자 수가 현저히 줄었기 때문이다. 1480년처럼 순례 사업이 위기를 겪었던 예외적인 경우도 있었지만 베네치아 정부는 1380년대부터 1530년대까지 성지 순례선단을 중단 없이 운영했다. 이처럼 베네치아가 성지 순례선단을 150년 동안 운영할 수 있었던 것은 이슬람 지배하의 성지 예루살렘을 참배하기 위해 모든 위험과 고통을 감내하고자 했던 순례자들의 종교적 열정과 신앙심이 있었기 때문이다.[62] 예수 그리스도의 행적을 따라가는 예루살렘 순례는 기독교인이라면 평생에 한 번 정도는 해야 할 의무로 여겨졌음에 분명하다. 하지만 피에르 바르바트르가 자신의 여행기에서 "세상의 곳곳을 둘러보거나 친구들에게 '나는 그곳에 갔었고,

---

61 사망한 인원에 대해서 순례자들에 따라 약간 다른 수치를 제공한다. 7명 내지 8명이었던 것으로 추정된다. Lepschy(1966), p.274.

62 15세기 중엽 영국인 순례자 윌리엄 웨이William Wey는 자신의 순례 여행기에서 성지 순례를 하는 10가지 이유를 제시했다. 이 중에는 이유라기보다는 성지 순례 과정에서 해야 할 일들도 들어 있다. ① 성지 순례를 원하지 않는 감사할 줄 모르는 사람들에 대한 그리스도의 꾸짖음, ② 그리스도의 명령, ③ 히에로니무스의 권고, ④ 성지 순례자와 연옥에 있는 순례자의 친척들에게 부여되는 면벌부와 사면, ⑤ 신앙을 고취하기 위해 교황 레오 1세가 예루살렘의 주교에게 보낸 편지, ⑥ 성지에서 해야 할 일들과 체류일 수, ⑦ 순례자들이 성지에서 참배할 장소, ⑧ 성지의 여러 장소에서 발급하는 면벌부, ⑨ 성지에서 기록할 만한 일들, ⑩ 성지로 가는 여행에서 참배하게 되는 다양한 성유물과 유적들.
Francis Davey, ed. and trans.(2010), *The itineraries of William Wey*, Oxford, Bodleian Library, pp.55-70.

이런저런 것을 보았다'고 자랑할 목적으로 순례를 해서는 안 된다."라고 충고한 것을 보면 일부 순례자들은 관광객의 마음으로 이국적인 땅을 여행하고 자랑하고 싶은 세속적인 욕구를 가지고 있었던 듯하다.[63] 또는 성유물을 참배해서 병을 치료하고 성묘 교회에서 기사 작위를 수여받고 싶은 마음도 있었을 것이다. 1462년 예루살렘을 다녀온 영국 출신의 윌리엄 웨이William Wey는 성지 순례를 하는 이유 중의 하나로 순례 중에 여러 성유물과 유적들을 참배하는 것을 들었다.[64]

사소하지 않은 또 다른 세속적인 욕구도 있었다. 그것은 바로 죄를 고백하고 용서를 청한 기독교인에게 받을 벌을 면제해주는 면벌부였다. 분명 면벌부를 얻고자 하는 욕망은 예루살렘 순례를 결심하는 데 크게 영향을 미쳤다.[65] 성지 순례에서 얻는 면벌부는 순례자의 죄뿐만 아니라 연옥에서 고통을 받고 있는 순례자의 친족들의 죄까지도 사해주었다.[66] 성지에서만큼 다양한 기간의 면벌부를 많이 얻을 수 있는 곳은 없었다. 물론 베네치아에도 여러 성유물들이 있어서 면벌부를 얻을 수 있었지만 성지와 비교하면 보잘것없는 수준이었다.

산토 브라스카는 자신의 순례 여행기에 예루살렘 순례 도중에 얻었던 면벌부를 빠짐없이 기록해놓았다. 15세기 중엽 성지를 순례했던 영국인 성직자 윌리엄 웨이는 자신의 순례 여행기에서 성지에서 두 가지

---

63 브레펠트는 중세 말 많은 사람들이 순례를 간 이유는 낯선 이국땅을 보고 싶은 욕구 때문이었다고 주장한다. Brefeld(1994), p.15.

64 Davey(2010), pp.14-15, 65-68.

65 Brefeld(1994), pp.14-15.

66 성녀 브리지다의 계시록에는 다음과 같은 이야기가 나온다. "너희가 나의 피로 신성해진 나의 신전에 들어오게 되면 너희는 세례를 받는 순간처럼 너희의 모든 죄로부터 깨끗해질 것이다. 너희의 노력과 헌신 덕분에 연옥에 있는 너희 가족 중 일부는 풀려나서 영광스럽게도 천국으로 들어갈 것이다." 실제로 윌리엄 웨이는 예루살렘 순례가 연옥에 떨어져 있는 불행한 친족들을 구원해주길 희망했다. Davey(2010), pp.14-15, 57-58.

종류의 면벌부를 받을 수 있다고 이야기했다. 하나는 7년과 7번의 사순절(7년과 280일) 동안의 벌을 사면하는 면벌부, 다른 하나는 완전 면벌부plenaria indulgentia였다. 웨이의 설명에 따르면 십자가가 표시되어 있는 장소에서는 완전 면벌부를, 그렇지 않은 장소에서는 7년과 7번의 사순절 동안의 벌을 사면하는 부분 면벌부를 획득할 수 있었다.[67]

<표 1> 성소별 사면 기간

장소	사면 기간
부활한 예수가 제자들과 빵을 먹은 곳 참배	7년과 280일[68](p.68)
예수가 연행된 헤로데의 집 참배	7년과 280일(p.72)
예수가 조롱받고 매질을 당한 빌라도의 집 참배	7년과 280일(p.72)
베데스다 연못 참배	7년과 280일(p.73)
성모 마리아의 탄생지이자 성 안나 교회 참배	완전 면벌부(p.77)
올리브산에 위치한 성모 마리아 교회 참배	완전 면벌부(p.79)
예수가 세 명의 제자에게 앉으라고 한 곳 참배	7년과 280일(p.79)
성모 마리아가 성 도마에게 혁대를 준 곳 참배	7년과 280일(p.80)
갈릴리 근처 예수가 하늘에서 내려와 앉았던 검은색 반석 참배	완전 면벌부(p.80)
예수가 처음으로 끌려와 심문을 받았던 성 천사 교회 참배	7년과 280일(p.84)
예수 승천 후 성모 마리아가 살다가 승천한 장소 참배	완전 면벌부(p.85)
예수가 제자들과 최후의 만찬을 한 장소 참배	완전 면벌부(p.87)
성묘 교회 참배	완전 면벌부(p.92)
성 헬레나가 세 개의 십자가를 찾은 곳 참배	완전 면벌부(p.93)
베들레헴의 라헬 묘소 참배	7년과 280일(p.100)

67 Davey(2010), pp.72-73; Lepschy(1966), p.68.

68 당시 7년과 280일은 당시 이탈리아어로 "7 anni et 7 quarantene"로 표현되었다. Lepschy(1966), p.68, 261.

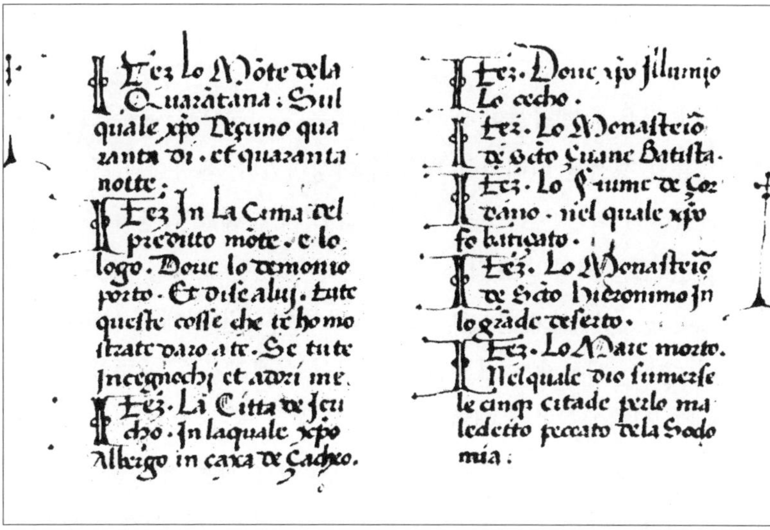

• 15세기 면벌부

중세 말로 갈수록 예루살렘 성지 순례를 통해 얻을 수 있는 사면의 기간이 늘어났다. 1171년 교황 알렉산더 3세는 성묘 참배자에게 1년짜리 면벌부를 발부한다는 칙령을 반포했다. 13세기 후반에 가면 성묘 교회 참배자에게는 7년과 160일짜리의 면벌부가 발부되었다.[69] 15세기 말 성묘 교회 참배자는 완전 면벌부를 받을 수 있게 되었다. 완전 면벌부가 발급되기 시작한 것은 13세기부터였다.[70] 성지 순례에서 얻을 수 있는 사면의 기간이 늘어난 것은 예루살렘 순례가 점점 어려워졌기 때문이다. 어쨌든 1480년 순례자들은 성지의 여러 곳을 참배함으로써 평생의 죄와 벌에 대한 사면장을 획득할 수 있었다. 이 정도면 연옥에 떨어지더라도 고통의 시간을 상당히 줄일 수 있었을 것이다. 그런 점에서

---

69 Pringle(2012), p.15.

70 Brefeld(1994), p.15; Jonathan Sumption(1975), *Pilgrimage: a image of mediaeval religion*, London: Faber & Faber, pp.141-144.

예루살렘 순례는 천국으로 갈 수 있는 여권passport to heaven을 획득할 수 있는 수단이기도 했다.[71]

분명한 것은 순례자들에게 성지 순례는 우선적으로 예수 그리스도와 사제들의 행적을 따라가는 영적인 여정이었다. 신앙심과 종교적 열정이 없었다면 이들은 목숨을 건 장거리 성지 순례를 감행하지 않았을 것이다. 1480년 익명의 프랑스 순례자는 "신의 뜻에 따라 이곳(성지)에서 죽으려고" 성지 순례를 한다고 말했다.[72] 하지만 위에서 살펴보았듯이 베네치아가 제공하는 교통편, 교황청의 순례허가증, 지중해 항해의 안전 보장, 성지에서의 통행허가증, 숙박 시설, 통역, 성지 순례 안내서 등 여러 제도와 기반 시설들이 없었다면 성지 순례는 거의 불가능했을 것이다. 그런 점에서 성지 순례는 여러 세속적인 이해관계가 얽혀 있는 사업이기도 했다. 시온산 수도회는 오늘날의 관광 가이드와 같은 역할을 수행했다.[73]

경제적 관점에서 보면 순례 사업은 베네치아에게 적지 않은 수익을 가져다주었다. 우선 베네치아 정부는 순례선단을 운영하면서, 숙박업자들은 매년 유럽 전역으로부터 베네치아로 몰려드는 수 천 명의 순례자들에게 숙소를 제공하면서, 상인들은 순례자들에게 필요한 갖가지 종류의 물건을 팔아서 각자의 수익을 챙겼다. 매년 수 천 명의 선원들이 순례자 수송선단에 고용되었다. 게다가 베네치아는 지중해 최고의 순례선단을 보유하고 있다는 명성을 추가로 누릴 수 있었다. 그리고 중세 말 베네치아의 최대 무역국이었던 맘루크제국과 성지 순례 사업에

71 R. W. Swanson(2011), *Indulgences in Late Medieval England: passports to paradise?*, Cambridge University Press; Annabel Jane Wharton(2006), *Selling Jerusalem: relics, replicas, theme parks*, Chicago and London: The University of Chicago Press.

72 Barbatre(1974), p.119.

73 Brefeld(1994), p.24, 30.

공조함으로써 상호 이해관계와 교역을 증진시킬 수 있었다. 그런 점에서 순례자 수송에서 막대한 이익을 거두고 있었던 베네치아와 성지 순례를 허용해서 관광 수입을 얻었던 맘루크제국이 이 수익 사업을 그만둘 이유는 없었던 것이다.

에필로그

이제 이 책의 핵심 질문 '중세 해상제국 베네치아'가 구체적인 실체를 가지고 있었는지 아니면 과장된 신화에 지나지 않았는지에 대해 답을 해야 할 시간이다. 15세기 베네치아는 해상제국이라 불릴 만했다. 작은 섬에서 출발한 베네치아는 1204년 4차 십자군과 중세 말 북부 이탈리아로의 정복 전쟁을 통해 꽤 넓은 영토를 확보했다. 물론 방대한 영토를 통치했던 로마제국, 몽골제국, 대영제국에 비하면 베네치아가 건설한 '해양 영토stato da mar'와 '육상 영토stato da terra'는 초라했지만 15세기 베네치아는 지중해 제일의 해상력을 보유하고 있었고, 이탈리아반도 내에서는 가장 강력한 영토 국가였다. 또한 15세기 베네치아를 이끌었던 지배 세력들은 베네치아가 로마제국을 계승해 새로운 제국을 건설한다는 자의식을 가지고 있었다. 여러 동시대 유럽인들도 베네치아가 제국으로 불릴 만한 위상을 가지고 있다고 증언한다. 베네치아는 자신들의 이익을 확보하기 위해서는 정적 제거와 정복 전쟁을 마다하지 않았고, 동지중해의 여러 식민지를 체계적으로 수탈하고 반기를 드는 토착 세력들을 철저하게 제압하는 등 근대 제국주의적 모습을 보여주기까지 했다.

그렇지만 15세기 베네치아는 정치군사 제국이 아니라 상업 제국에 가까웠다. 당시 베네치아는 지중해에서 가장 많은 선박을 보유하고 있었으며, 베네치아 선박들은 지중해, 흑해, 대서양을 정기적으로 오가면서 상품과 정보를 수송했다. 정기적이고 안전한 수송 서비스 덕분에 베네치아는 지중해 무역에서 독보적인 위치를 확보할 수 있었고, 베네치아의 해상 네트워크는 국제 무역의 흐름과 주기를 좌우할 정도로 막강한 영향력을 가지고 있었다. 한마디로 베네치아의 해상 네트워크는 지중해 제일이라는 명성을 얻었다. 베네치아 금화는 중세 지중해 세계에서 오늘날 달러와 같은 기축통화 역할을 했으며 지중해를 넘어 인도양에서도 통용되었다. 브로델의 주장처럼 15세기 베네치아는 최초의 자본주의 중심지였고, 유럽 경제의 심장이었다. 15세기 베네치아의 예산은 프랑스 예산에 크게 뒤지지 않았을 뿐만 아니라 1인당 소득 기준으로 하면 베네치아는 유럽 제일의 경제 강국이었다.

하지만 프롤로그에서 지적한 것처럼 베네치아가 중세 말 신화와 같은 업적을 이룩할 수 있었던 것은 베네치아에게 유리한 국제 정세 덕분이었다는 사실을 잊어서는 안 될 것이다. 그만큼 외부 세계의 패권 변화에 쉽게 영향을 받을 수밖에 없었기 때문에 해상제국 베네치아의 영광스러운 역사는 오래 지속되지 않았다. 실제로 해상제국 베네치아의 신화는 이미 15세기 말부터 흔들리기 시작했다.

16세기 베네치아는 사면초가였다. 위기는 사방으로부터 왔다. 1494년 프랑스 왕 샤를 8세가 이탈리아를 침공한 사건은 한 시대가 가고 새로운 시대가 오고 있음을 알리는 전조였다.[1] 일명 이탈리아 전쟁으로 불리는 이 사건은 1494년 샤를 8세의 이탈리아 침공으로 시작해 1559년 카토캉브레지 조약으로 마무리되었다. 이 전쟁은 프랑스의 발루아 왕실과 에스파냐의 합스부르크 왕실이 이탈리아를 차지하기 위

1 Michael Mallet and Christine Shaw(2012), *Italian wars, 1494-1559*, London and New York: Routledge, p.x.

• 프랑스 왕 샤를 8세의 피렌체 입성

해 벌인 전쟁이었다. 이들 두 세력은 이탈리아반도, 특히 밀라노 공국과 나폴리 왕국에 대한 소유권을 주장했다. 발루아 가문의 방계인 앙주 가문은 1265년부터 1435년까지 나폴리를 통치했었다. 아라곤의 알폰소 5세는 1443년 나폴리 왕국을 정복했다. 아라곤을 계승한 에스파냐 합스부르크 왕실은 이런 이유로 이탈리아에 대한 영토 소유권을 주장했던 것이다. 샤를 6세의 동생 오를레앙공 루이는 밀라노 공작 잔 갈레아초의 딸 발렌티나Valentina를 아내로 맞았다. 발렌티나의 손자 루이가 1498년 프랑스 왕이 되면서 할머니 가문의 영토인 밀라노 공작령에 대한 권리 주장을 하게 되었다. 하지만 밀라노 공작령은 전통적으로 신성로마 황제의 봉토였다. 이같이 결혼과 정복으로 획득했던 가문의 옛 영토를 차지하기 위한 발루아 왕실과 합스부르크 왕실 간의 이탈리아 전쟁이 시작된 것이었다.

베네치아도 이탈리아 전쟁이라는 거대한 소용돌이를 피할 수 없었다. 문제의 심각성은 베네치아를 포함한 이탈리아의 각 세력이 북서유럽에서 진행되고 있던 거시적이고 구조적인 차원의 정치·군사적 변화를 따라가지 못하고 있었다는 점에 있다. 15세기 이탈리아반도는 남부의 나폴리 왕국, 중부의 교황령 국가와 피렌체를 중심으로 하는 토스카나 공국, 북서부의 밀라노 공작령, 그리고 북동부의 베네치아 공화국 등 다섯 개의 소규모 국가로 분열되어 있었다. 이제 이탈리아 도시가 주도하는 시대가 가고 절대주의 국가로 성장하는 대륙의 영토 국가들의 시대가 오고 있었으며, 다른 한편으로는 이탈리아 도시들이 주도했던 지중해 시대는 가고 대서양 국가들이 선도하는 대서양 시대가 열리고 있었다.

이러한 상황에서 마키아벨리가 『군주론』에서 고민했던 문제는 분열된 이탈리아를 통일할 만한 자격과 힘을 가진 군주를 찾는 것이었다. 마키아벨리는 메디치 가문 또는 교황의 아들이자 이탈리아 최고의 용병대장 체사레 보르자를 그러한 군주 후보자로 생각했었던 것 같다. 마키아벨리의 생각과는 달리 당시의 여러 상황들을 고려할 때 이탈리아반도를 통일할 수 있는 힘을 가진 가장 강력한 후보는 바로 베네치아였다. 하지만 서로 분열된 이들 소규모 이탈리아 영토 국가들은 베네치아 공화국 깃발 아래에서 외부의 적을 공동으로 대적할 마음이 없었다.

사실 북부 이탈리아에서의 위기는 상당 부분 베네치아가 자초한 것이었다. 그것은 북부 이탈리아로의 팽창 정책 때문이었다. 베네치아가 북부 이탈리아에 영토적 야심을 가지게 된 것은 14세기 중엽부터였다. 1329년 베로나의 군주였던 마스티노 2세 델라 스칼라Mastino II della Scala는 파도바와 트레비소를 정복하면서 베네치아의 라구나 근처까지 진출해왔다. 그는 포강 유역을 통과하는 베네치아 상품에 대해 수출입 관세를 부과했고, 이에 맞서 베네치아 정부는 1336년 마스티노 2세와 전쟁에 돌입했다. 전쟁에서 승리한 베네치아는 트레비소를 확보하게 되었고, 이로써 북부 이탈리아를 차지하기 위한 여러 세력들의 치열한 경쟁의 소용돌이에 휘말려 들어갔다. 15세기 초 파도바 군주인 프란체스코 카라라Francesco Carrara가 트레비소를 장악하고 베네치아와 독일을 연결하는 교역로를 차단하려고 하자 베네치아는 정부는 그와 전쟁에 돌입했고, 파도바, 비첸차, 베로나를 점령했다.[2]

북부 이탈리아로의 영토 확장을 모색했던 베네치아는 1410년대에는 헝가리 왕이자 신성로마제국 황제인 지기스문트와 전쟁을 치러야 했다. 황제는 북부 이탈리아에서 베네치아가 처음 상대하는 막강한 적이었다. 1419-1420년 도제 토마소 모체니고가 이끄는 베네치아는 신성로마제국 황제와의 전쟁에서 우디네, 치비달레, 펠트레 등지를 정복했다. 모체니고를 이어 베네치아 도제가 된 프란체스코 포스카리는 적극적으로 북부 이탈리아로의 팽창 정책을 추진했다.

15세기 후반에도 베네치아는 북부 이탈리아로의 팽창을 모색했다. 특히 동지중해에서의 오스만제국의 팽창과 포르투갈의 인도 항로 발견이 베네치아 교역에 큰 타격을 주게 되면서 베네치아 정부는 북부 이탈리아를 정복함으로써 손실을 만회하고자 했다. 일부 원로원 위원들은 이탈리아반도 전체를 통일해 베네치아 지배하에 둘 원대한 꿈을 꾸기도 했다. 하지만 독일의 황제와 프랑스와 에스파냐의 왕이 당시 경제적으로 가장 부유했던 북중부 이탈리아를 노리고 있는 상황에서 베네치아의 팽창 정책은 전쟁으로 이어질 수밖에 없었다. 1503년 베네치아에 적대적이었던 교황 알렉산드로스 6세가 사망하고 오랫동안 베네치아를 지지했던 로베라 가문 출신의 율리우스 2세가 교황이 되면서 베네치아는 로마냐Romagna와 마르케 지방을 큰 저항 없이 확보할 수 있

2 Madden(2012), p.192, 230-231.

다고 전망했다. 그러나 베네치아 군대가 남으로 진군하자 교황은 베네치아를 파문했다. 1507년 교황은 베네치아가 점령한 지역을 반환하라고 요구했지만 베네치아가 이를 거절하자 신성로마제국 황제 막시밀리안 1세로 하여금 베네치아를 공격하도록 유도했다. 1508년 막시밀리안 1세는 북부 이탈리아를 점령하기 위해 남하했고, 베네치아는 프랑스와 함께 황제군을 격파하고 황제의 영토였던 프리울리와 트리에스테를 확보했다. 베네치아의 승리는 교황의 분노를 야기했을 뿐만 아니라 다른 여러 세력들의 우려를 초래했다. 결국 베네치아의 영토적 야욕은 유럽 최고의 강자들을 모두 적으로 만들었다. 화가 난 교황 율리우스 2세는 신성로마제국 황제 막시밀리안 1세, 프랑스 왕 루이 12세, 에스파냐 왕 페르난도 2세와 함께 베네치아의 팽창을 저지하기 위해 캉브레 동맹을 맺었다. 헝가리 왕, 사부아 공작 등도 이에 참여했다. 모두가 원한 것은 북중부 이탈리아에서 베네치아를 완전히 쫓아내고 그 땅을 차지하는 것이었다. 16세기 서유럽의 최고 강자들이 베네치아를 무너뜨리기 위해 연합한 것이었다. 베네치아는 절체절명의 위기에 직면했다.[3]

아냐델로 전투에서의 패배로 베네치아는 북부 이탈리아 영토를 모두 상실했다. 패배의 소식으로 베네치아 사람들은 공포에 빠졌고, 식료품을 비축하고 최악의 사태를 대비했다. 베네치아는 석호로 들어오는 모든 진입로에 대한 철통같은 경계를 명했다. 베네치아는 다시 일어나 연합국에 맞섰다. 쉽게 끝날 것 같았던 전쟁은 5년 동안 지속되었고, 그 사이 여러 세력들은 배신하고 새로운 동맹 세력을 찾았다. 1516년 전쟁이 종식되었을 때 변한 것은 아무것도 없었고, 베네치아는 전쟁 초반에 잃어버렸던 북부 이탈리아 영토를 모두 되찾았다.[4] 베네치아가 정

3 Madden(2012), pp.298-299.

4 Madden(2012), p.300.

복한 육상 영토는 이탈리아반도의 5분의 1에 해당했고, 무엇보다도 경제적으로 부유한 도시들이 밀집해 있었다.

1590년 베네치아 정부는 화가 팔마 일 조바네에게 캉브레 동맹 전쟁에서의 '최종적인 승리'를 그리게 했다. 실상은 힘겨운 방어와 수성이었던 전쟁을 승리로 미화한 것이다. 1장에서 설명한 바와 같이 <캉브레 동맹의 알레고리>라는 이 그림 중앙에는 당시 베네치아 도제였던 레오나르도 로레단이 날개 달린 사자를 이끌면서, 소를 데리고 있는 신성동맹, 즉 유럽과 싸우고 있다. 이 그림은 로레단이 현명한 외교술로 어려운 난국을 잘 타개했다고 과시하고 있는 것처럼 보인다. 실제로 베네치아는 이탈리아 전쟁이라는 위기 상황을 극복하고, 북부 이탈리아 내에 있는 육상 영토를 18세기 말까지 유지했다. 하지만 베네치아는 16세기 이후 이탈리아반도에서 더 이상 제일의 강자는 아니었다.

북부 이탈리아에서의 전쟁 못지않게 16세기 초 베네치아 사람들이 두려워했던 문제는 포르투갈의 인도 항로 개척이었다. 어떻게 보면 인도 항로 개척이 이탈리아 전쟁보다 베네치아 경제와 미래에 더 치명적인 타격일 수도 있었다. 이 소식이 베네치아에 전해지자 지롤라모 프리울리는 이보다 베네치아 명운에 중요한 문제는 없을 것이라면서 제발 사실이 아니기를 기원했다. 베네치아 경제가 조만간 망할 것이라고 전망하는 외국인들도 적지 않았다.[5]

그러나 3부에서 살펴보았듯이 16세기 베네치아는 인도 항로 개척으로 초래된 위기를 나름 잘 극복하고 16세기 말까지 잘 버텨냈다. 물론 이 결과가 베네치아의 노력만으로 이루어진 것은 아니었다. 베네치아의 이러한 행운은 포르투갈이 새로운 항로를 십분 활용하지 못한 덕분이기도 했다. 최종적으로 베네치아가 주도했던 지중해 향신료 교역을 항구적으로 무너뜨린 세력은 포르투갈이 아니라 16세기 말부터 인도양에 진출한 영국과 네덜란드였다.

캉브레 동맹의 공격, 인도 항로 개척 못지않게 베네치아의 운명에 암울한 먹구름을 몰고 오고 있었던 것은 동지중해에서 팽창하고 있던 오스만제국이었다. 그렇지만 처음부터 오스만의 팽창이 베네치아에 위기를 초래한 것은 아니었다. 팽창 초기에 오스만제국은 바다에는 큰 관심이 없었기 때문에 에게해에 대한 베네치아 선박의 통제권을 적극적으로 견제하지 않았다. 14세기 오스만의 정복 전쟁은 베네치아에 호기로 작용하기도 했다. 발칸의 여러 항구들과 에게해의 섬들을 소유하고 있던 그리스와 프랑스 군주들은 오스만에게 정복당하는 것보다 이 땅을 베네치아에 팔아넘기는 것이 유리하다고 생각했다. 그 덕분에 베네치아는 여러 항구와 섬들을 획득할 수 있었다.[6]

그러나 15세기 초반부터 베네치아와 오스만 간의 긴장이 고조되기 시작했다.[5] 1422년 오스만 술탄 무라트 2세(재위 1421-1444, 1146-1146)는 비잔티움제국의 수도 콘스탄티노플을 점령하기 위해 십만 대군을 파견했다. 비잔티움제국 제2의 도시였던 테살로니키는 오스만에 항복하는 대신 베네치아에게 보호를 요청했다. 구체적으로 당시 이곳의 통치자는 황제 마누엘 2세의 아들 안드로니쿠스였는데 그는 식량 공급과 보호를 해준다면 도시를 베네치아에게 양도하겠다는 솔깃한 제안을 했다. 베네치아는 이 제안을 수락했고, 그 결과 1423년 9월 14일 이 도시는 공식적으로 베네치아제국의 영토에 편입되었고, 도시 중앙 광장에 산마르코의 깃발이 나부끼게 되었다.[7]

베네치아는 테살로니키 획득을 인정받고 휴전협정을 체결하기 위해 오스만 궁정에 니콜로 조르조Nicolo Giorgio를 대사로 파견했다. 그러나

5 Priuli(1938), vol.1, p.153.

6 Madden(2012), pp.228-229.

7 Madden(2012), pp.236-258.

오스만 술탄은 대사를 체포하고 테살로니키를 포기하라고 요구했다. 이에 대한 반격으로 베네치아 정부는 추가로 선박을 테살로니키로 급파했다. 테살로니키를 둘러싼 베네치아와 오스만 간의 싸움은 오래 지속되었고, 베네치아 입장에서는 엄청난 재정적 손실을 감수해야 했다. 게다가 테살로니키의 그리스 원주민 중 일부는 베네치아의 통치보다는 오스만의 지배를 수용하는 것이 낫다고 생각했다. 1429년 그리스 대표단이 베네치아에 도착해 31개의 불만사항을 토로하면서 이를 개선해 줄 것을 요청했다. 식량 공급을 늘려달라는 요청은 받아들여졌지만 도시를 떠날 수 있도록 해달라는 요구는 수용되지 않았다. 1429년 다시 베네치아 정부는 오스만 궁정에 자코모 단돌로Giacomo Dandolo를 대사로 파견해 평화협정 체결을 타진했지만 대사는 감옥에 갇히고 얼마 후 사망했다.

1430년 3월 오스만 술탄은 십만의 대병력을 이끌고 테살로니키에 대한 최후의 공격을 감행했고 비잔티움제국의 제2의 도시를 손에 넣었다. 베네치아는 수백 명의 인명을 잃었고 70만 두카토에 해당하는 막대한 손실까지 감당해야 했다. 같은 해 9월에 체결된 휴전협정에 따라 베네치아는 테살로니키에 대한 권리를 포기하고 상당한 금액을 배상했고, 이에 오스만 술탄은 그리스에 있는 다른 베네치아 영토에 대한 권리를 존중하고 오스만 함대를 에게해 밖으로 이동할 것을 약속했다. 그나마 베네치아는 동지중해에서 자국 선박의 안전한 통행 정도는 확보할 수 있었던 것이다. 이 전쟁을 통해 베네치아는 오스만제국이 자신들의 혼자 힘으로는 감당할 수 없는 지중해 최고 강자로 부상했음을 감지하게 되었다.

베네치아 입장에서 오스만에 대적할 유일한 해답은 십자군이었고, 비잔티움 황제 또한 십자군이 결성되어 호시탐탐 침략을 노리는 오스만제국을 막아주길 바라고 있었다. 그런 점에서 양자의 이해관계가 일치했다. 이를 위해서 황제는 피렌체에서 열린 공의회에 직접 참가해 동서 교회의 통합에 서명까지 하는 굴욕을 감내했다. 로마 교황에게 굴복하는 대가로 군사적 지원을 받기로 한 것이었다. 그러나 프랑스와 영국의 왕들은 적극적으로 참여할 의사가 없었고 주로 오스만의 팽창에 노출된 동유럽의 군주들과 베네치아, 그리고 교황이 오스만에 맞선 십자군에 동참했다. 폴란드와 헝가리에서는 2만 정도가 십자군에 참여했고, 베네치아는 8척의 갤리선을, 교황은 10척의 갤리선을 보냈다. 사실 교황의 이름으로 파견된 10척의 갤리선은 베네치아 갤리선이었고, 교황은 이에 대한 비용을 지불하지 않고 버텼다. 이 십자군은 큰 성과 없이 1444년 평화협정으로 종결되었다.

비잔티움제국에 대한 오스만의 최후의 일격은 오래 걸리지 않았다. 1453년 오스만제국은 비잔티움제국을 정복함으로써 동지중해에서 최강 세력임을 지중해 전역에 각인시켰다. 무너져가는 비잔티움제국을 지키기 위한 십자군 전쟁과 서유럽 기독교 세계로부터의 최후의 원군은 천 년 로마제국의 멸망을 되돌릴 수 없었다. 대부분 베네치아인으로 구성된 서유럽 원군은 기껏해야 2천 정도였다. 비잔티움제국의 몰락으로 가장 큰 손실을 입게 될 서유럽 세력이 바로 베네치아였기 때문에 베네치아만이 콘스탄티노플의 최후 항전에 그나마 적극적으로 참여했다. 최후까지 전장에 남았다가 포로로 잡힌 베네치아 저항 세력의 리더였던 지롤라모 미노토Girolamo Minotto와 그의 아들, 그리고 다른 7명의 베네치아 귀족들은 처형당했다.

1453년 비잔티움제국의 몰락으로 동지중해에서 오스만의 지위는 더욱 확고해졌다. 1453년 비잔티움제국이 오스만제국의 수중에 들어간 이후 지중해에서 오스만제국을 상대할 만한 세력은 없어 보였다. 큰 곰인 오스만과 싸우기에는 당시 베네치아는 너무 작은 새끼 사자에 불과했다. 그러나 쉽게 끝날 것 같은 싸움에서 새끼 사자는 오래 버텨냈

다. 실제로 15세기 말부터 시작된 베네치아와 오스만의 전쟁은 18세기 초까지 계속되었다.[8]

1차 전쟁에서 베네치아는 알바니아와 그리스에 있는 영토를 상실했다. 가장 큰 타격은 베네치아인들이 검은 다리라 불렀던 에우보이아(에비아)섬을 빼앗긴 것이었다. 2차 전쟁은 에게해, 이오니아해, 그리고 아드리아해에서 벌어졌다. 베네치아는 아드리아해의 입구를 지키는 베네치아의 두 눈이라 불렸던 코로니Koroni와 메토니Methoni(베네치아어로 모돈)를 잃었다. 이 패배는 베네치아에게 치명적인 손실이었다.

1499년 베네치아는 존치오Zonchio(터키어로 Sapienza) 부근에서 벌어진 해전에서 오스만 해군에 패배했을 뿐만 아니라 오스만의 굴욕적인 요구를 수용할 수밖에 없었다. 오스만은 "이제까지는 베네치아가 바다와 결혼했다면 이제부터는 우리가 신랑이 되어 바다와 결혼할 것이다."라고 선언했다. 오스만의 요구에 베네치아는 이 오래된 의식은 교황들과 황제들이 인정했고, 코르푸 위쪽의 바다, 즉 아드리아해에만 해당한다고 정중하게 답했다. 체면은 지킬 수 있었을지는 몰라도 누가 봐도 이것은 굴욕적이고 옹색한 답이었다.[9]

1517년 오스만 술탄 셀림 1세(재위 1512-1520)는 시리아와 이집트를 통치했던 맘루크제국을 무너뜨림으로써 지중해의 반 이상과 흑해 전체를 장악하게 되었다. 그는 할아버지 메흐메드 2세처럼 유럽 정복을 꿈꿨다. 교황 레오 10세는 이를 저지할 십자군을 호소했고, 영국 왕 헨리 8세, 프랑스 왕 프랑수아 1세, 신성로마제국 황제 막시밀리안 1세와 에

8 제1차 베네치아-오스만 전쟁(1463-1479), 제2차 베네치아-오스만 전쟁(1499-1503), 제3차 베네치아-오스만 전쟁(1537-1540), 제4차 베네치아-오스만 전쟁(1570-1573), 제5차 베네치아-오스만 전쟁(1645-1669), 제6차 베네치아-오스만 전쟁(1684-1699), 제7차 베네치아-오스만 전쟁(1714-1718).

9 Chambers(1970), pp.49-50; Dominic Standish(2012), *Venice in environmental peril? Myth and reality*, Plymouth: University Press of America, p.38.

스파냐 왕 카를로스 2세(미래의 신성로마제국 황제 칼 5세)의 동의를 얻어냈다. 그러나 황제 막시밀리안이 1519년 사망하고 카를로스 2세가 신성로마제국 황제로 등극하자, 신성로마제국 황제 자리를 둘러싼 경쟁에서 실패한 프랑수아 1세는 오스만제국과 동맹을 맺었다. 베네치아는 이 실현될 것 같지 않았던 교황 레오 10세의 십자군에 동참하지 않았다. 결국 유럽 십자군은 결성되지 못했다.[10]

1520년 술탄 셀림 1세가 사망하고 그를 이어 술탄으로 등극한 쉴레이만 1세가 다음 해부터 본격적으로 유럽 공격에 나섰다. 그는 1521년 벨그라드를 점령함으로써 유럽 공략의 교두보를 확보했다. 본격적인 유럽 공략에 앞서 술탄은 동지중해에 있는 유럽 세력들을 제거하기를 원했고 첫 목표는 로도스섬의 요한 기사단이었다. 1522년 긴 공성전에 기사단은 항복했고 술탄은 이들이 명예롭게 섬을 떠날 수 있도록 예우했다. 로도스섬의 몰락으로 가장 큰 충격을 받은 곳은 바로 베네치아였다. 왜냐하면 베네치아인들은 다음은 자신들의 차례라고 생각했기 때문이다.

오스만에 대적할 유럽 기독교 십자군을 가장 원했던 곳은 베네치아였지만 현실적으로 실현 가능성이 없다는 사실을 너무나도 잘 알고 있었던 베네치아에게 남아 있는 선택은 오스만제국과의 평화였다. 1535년 신성로마제국 황제 칼 5세는 제노바 출신의 안드레아 도리아를 선단장으로 하는 튀니지 원정 선단을 꾸렸는데 베네치아는 이에 참여하기를 거부했다. 오스만 술탄 쉴레이만의 심기를 건드리지 않는 편이 유리하다고 생각했기 때문이다.

1537년 베네치아와 오스만제국 간의 전쟁이 다시 시작되었다. 사건의 발단은 오스만과 프랑스가 동맹을 맺고 신성로마제국을 협공한 것

10 Madden(2012), pp.323-324.

이었다. 프랑스는 플랑드르를 침공했고, 오스만은 나폴리 왕국을 공격했다. 이런 상황에서 오스만 술탄은 베네치아에 오스만과 프랑스 동맹에 참여할 것을 요청했으나 도제 안드레아 그리티Andrea Gritti(재위 1523-1538)는 정중하게 거절했다. 이에 대한 보복으로 오스만제국은 시리아에서 활동하는 베네치아 상인에 세금을 올리고, 베네치아 선박을 괴롭혔다. 결국 위협당한 베네치아 선박이 발포로 응수하자 오스만은 베네치아에 선전포고했다(1537-1540). 오스만의 일차 목표는 코르푸를 차지하는 것이었다. 2만 대군과 막대한 포탄에도 불구하고 악천후로 인해 오스만 군대는 후퇴할 수밖에 없었다. 다시 한번 날씨가 베네치아를 구했다. 그러나 베네치아는 에게해에 흩어져 있는 여러 영토를 하나씩 상실했다. 스키로스Skyros, 파트모스Patmos, 이오스Ios, 파로스Paros, 애기나섬Aegina이 오스만의 수중에 들어갔다. 그리스 본토에 있는 나플리아Nauplia와 모넴바시아Momenvasia도 오스만에게 빼앗겼다. 1540년 베네치아는 오스만제국과 평화협정을 체결함으로써 더 이상의 영토 상실을 막았다. 물론 30만 두카토에 달하는 막대한 배상금을 지불하는 조건이었다. 이제 베네치아에 남은 해외 영토는 키프로스, 크레타, 테네도스Tenedos와 여섯 개의 이오니아섬들뿐이었다.

1570년 베네치아와 오스만제국 간의 4차 전쟁이 시작되었다. 셀림 2세(재위 1566-1574)는 베네치아 정부에 키프로스섬을 넘길 것을 요구했다. 포도주를 너무 좋아해 '술고래The Sot'라는 별명을 얻은 술탄은 포도주 생산으로 유명한 키프로스섬을 최종적으로 손에 넣었다. 베네치아는 몇 달 만에 100척이 넘는 전함을 건조했지만 결국 전쟁에서 패했고, 80년 이상 보유했던 동지중해의 보물 창고를 상실했다. 교황은 12척의 선박을, 에스파냐 왕 펠리페 2세는 50척의 선박을 원군으로 파견했지만, 최종 목적지에 도달하지조차 못했다. 1년 가까운 고난의 항전 끝에 베네치아인들을 기다린 것은 잔인한 죽음과 노예 시장이

• <레판토 해전>, 파올로 베로네제, 1572년

었다. 항전을 이끌었던 베네치아 측의 지휘관 마르칸토니오 브라가딘Marcantonio Bragadin은 끔찍한 최후를 맞았다.

이에 교황 피우스 5세는 오스만제국에 대한 십자군 전쟁을 선포했다. 이 십자군에 참여한 200척의 선박 중에 베네치아 선박이 반을 넘었다. 나머지는 교황과 펠리페 2세의 선박이었다. 유럽 기독교 연합 함대의 지휘는 펠리페 2세의 아들 돈 후안이 맡았다. 이렇게 지중해 최대 해전 중의 하나인 레판토 해전이 시작되었다. 1571년 10월 7일 기독교 연합 함대와 오스만 함대가 레판토 근처에서 조우했다. 최종 승리는 기독교 함대에 돌아갔고, 오스만은 117척의 선박을, 기독교 연합군은 12척의 선박을 잃었다. 1572년 베네치아 화가 파올로 베로네제Paolo

Veronese는 레판토 해전을 화폭에 담았다.

그러나 이 영광스러운 막간극은 오래가지 않았다. 기울어져 가고 있던 균형추를 바로 잡기에는 한 번의 승리로는 부족했다. 1645년 오스만제국은 베네치아가 4백 년 이상 보유하고 있던 크레타섬을 공격했다. 쉽게 끝날 것 같았던 전쟁은 20년 가까이 지속되었다. 그러나 1669년 9월 크레타섬의 베네치아 대표 프란체스코 모로지니는 오스만제국에 항복했다.

1683년 오스만은 쉴레이만 대제 이후 가장 큰 규모로 유럽 침공을 감행했다. 공격당한 비엔나를 구하기 위해 오스트리아와 폴란드가 연합했고 베네치아도 이 항전에 동참할 것을 요구했다. 1684년 베네치아는 에게해와 펠로폰네소스반도 남단의 바다에서 오스만을 상대로 해전을 벌였다. 전쟁은 1699년 카를로비츠Karlowitz 협약으로 종결되었다. 전쟁의 승리로 베네치아는 달마티아와 펠로폰네소스반도의 이전 영토 대부분을 되찾았고 오스트리아는 헝가리와 대부분의 트란실바니아 지역을 얻었고, 폴란드는 포돌리아를 얻었다. 하지만 1714년 베네치아는 펠로폰네소스반도의 영토를 다시 오스만에게 빼앗겼다. 베네치아는 이번에도 코르푸만 가까스로 지킬 수 있었다. 이렇게 베네치아와 오스만의 긴 전쟁은 끝이 났다. 이제 싸울 필요조차도 없어졌다. 왜냐하면 베네치아는 동지중해 바다에서 더 이상 지킬 영토가 거의 없었기 때문이다.

300년 동안 베네치아는 지중해 제일 강자인 오스만제국에 맞서 힘겨운 전쟁을 벌였지만, 종국에는 모든 해양 영토를 상실했다. 한마디로 베네치아의 완패였다. 그렇지만 베네치아가 거대한 제국 오스만을 상대로 이렇게 오랫동안 싸울 수 있었던 것 자체가 기적에 가까운 일이었다.

이 책의 마지막은 19세기 영국의 낭만주의 시인 윌리엄 워즈워스의 시로 마무리하는 것이 좋을 것 같다. 19세기 영국의 시인은 위대했던 베네치아의 역사를 찬양하면서, 영광스럽고 신화 같았던 베네치아 공화국의 소멸을 아쉬워했다.

한때 베네치아는 아주 멋진 동방을 보유하고 있었습니다.
그리고 서방의 보호자이기도 했습니다.
베네치아의 가치는 자유를 지키는 맏이였다는 것입니다.
베네치아는 밝고 자유로운 처녀 도시였습니다.
어떤 간교함도 그녀를 유혹할 수 없었고, 어떤 힘도 그녀를 범할 수 없었습니다.
그녀가 자신의 배우자를 선택한다면
그녀는 분명 영원한 바다와 결혼할 것입니다.[11]

---

11 Once did she hold the gorgeous east in fee;
And was the safeguard of the West:
the worth of Venice, the eldest child of Liberty.
She was a maiden city, bright and free.
No guile seduced, no force could violate;
And when she took unto herself a Mate,
she must espouse the everlasting Sea.

William Wordsworth(1981), "On the extinction of the Venetian republic," in *Wordsworth: poetic works*, ed. by Thomas Hutchinson, revised by Ernest De Selincourt, Oxford, II. 1-8; Edward Muir, *Civic ritual in Renaissance Venice*, Princeton: Princeton University Press, p.119.

참고문헌

1. 1차 자료

<필사본>

<베네치아 국립 문서고 Archivio di Stato di Venezia 이하 ASV로 축약>

ASV, Senato Misti, reg. 33, f. 71r.

ASV, Senato Misti, reg. 34, f. 7v-8r.

ASV, Senato Misti, reg. 36.

ASV, Senato Misti, reg. 42.

ASV, Senato Misti, reg. 43.

ASV, Senato Misti, reg. 56, f.26r.

ASV, Senato Misti, reg. 58, f.22r, 125r-v.

ASV, Senato Misti, Senato Misti, reg. 60, f. 58r, 108r.

ASV, Senato Mar, reg. 1, f.21r, f.40v.

ASV, Senato Mar, reg. 2. f. 46r.

ASV, Senato Mar, reg. 10, f. 15v.

ASV, Senato Mar, reg. 15, f. 145v-146v.

ASV, Incanti galere, reg. 1, f. lv, f. 4r, f. 2Ir.

ASV, Ufficiali sopra le mercanzie del Levante, reg. 1.

ASV, Miscellanea di carte non appartenenti a nessun archivio.

ASV, Prcicuratori di San Marco, Miscellanea Gregolin, busta 14, Libro Nuovo Real.

ASV, Procuratori di San Marco, Comrnissarie miste, busta 116, 117.

ASV, Procuratori di Citra, busta 282.

ASV, Guidici di petizion, Sentenze a giustizia, reg, 106, 111, 176.

<제노바 국립 문서고 Archivio di Stato di Genova 이하 ASG로 축약>

ASG, Caratorum Veterum, n. 1458, f. 45r.

ASG, Caratorum Veterum, n. 1553(anno 1458), f. 20r-2lr, f. 22r.

<프라토 국립 문서고 Archivio di Stato di Prato 이하 ASP로 축약>

ASP, Datini, busta 549.12/503670.

ASP, Datini, busta 549.7/9291652.

ASP, Datini, busta 710.8/900405.

ASP, Datini, busta 797, n. 513471.

ASP. Datini, busta 853, n. 113385, n. 113393, n. 418535.

ASP, Datini, busta 927, 928.

ASP, Datini, busta 1082. n. 903246, n. 903249.

ASP, Datini, busta 1171.

<간행된 사료>

Adorno, Giovanni (1978), *Itinéraire d'Anselme Adorno en Terre Sainte (1470-1471)*, éd. par J. Heers et G. de Groer, Paris: CNRS.

Anonymous Parisian (1480), *Le voyage de la saincte cyté de Hierusalem avec la description des lieux*, éd. par C. Schefer et H. Cordier(1882), Paris: Errnest Leroux.

Anthimus (1996), *De observatione ciborum*, ed. and trans. by Mark Grant, Totnes, Devon: Prospect Books.

Barbatre, Pierre (1974), "Le voyage de Pierre Barbatre à Jérusalem en 1480," *Annuaire Bulletin de la Société de l'Histoire de France, 1972-1973*, éd. par P. Tucoo-Chala et N. Pinzuti, Paris: Klincksieck, pp.74-172.

Bonis, Barthélemy (1890-1894), *Les livres de comptes des frères Bonis: marchands montalbanais du XIVe siècle*, Paris: Honoré Champion.

Borlandi, Franco (1936), *El libro di mercatantie et usanze de'paesi*, Torino: S. Lattes.

Brereton, Georgine E. and Ferrier, Janet M. éd. (1994), *Le mesnagier de Paris*, Paris: Librairie générale française.

Brown, Rawdon (1847), *Itinerario di Marino Sanudo per la Terraferma Veneziana nell'anno 1483*, Padova: Tipografia del Seminario.

Casson, Lionel ed. (1989), *The periplus maris Erythraei*, Princeton: Princeton University Press.

Cessi, Roberto (1960-1961), *Deliberazioni del consiglio dei rogati (Senato)*, Venezia: a Spese della deputazione.

Chambers, David and Pullan, Brian (1992), *Venice: a documentary history 1450-1630*, Cambridge: Blackwell Publishers.

Contarini, Gasparo (2020), *The republic of Venice: De magistratibus et republica Ventorum*, edited and introduced by Filippo Sabetti and translated by Giuseppe Pezzini with Amanda Murphy, Toronto, Buffalo and London: University of Toronto Press.

Cortesão, Armando trans. and ed. (1944), *The Suma oriental of Tomé Pires*, London: the Hakluyt Society.

Dansette, Béatrice éd. (1997), "Le voyage d'outre-mer à Jérusalem de Nompar de Caumont," *Croisades et pèlerinage: récits, chroniques et voyages en Terre Sanite XIIe-XVIe siècle*, Paris: Robert Laffont, pp.1057-1123.

Davey, Francis, ed. and trans. (2010), *The itineraries of William Wey*, Oxford: Bodleian Library.

Deschamps, Eugénie (1891), *Oeuvres complètes d'Eustache Deschamps*, éd.

par Gaston Raynaud, Paris: Librairie de Firmin Didot et cie.

Ellis, Henry (1851), *The pylgrymage of Sir Richard Guylforde to the Holy Land, A.D. 1506*, London: Camden Society.

Fabri, Felix (1896), *Felix Fabri (Circa 1480-1483 A.D.): the book of the wanderings of Brother Felix Fabri*, translated by Aubrey Stewart, London: Palestine Pilgrims' Text Society.

Gadrat, Christine (2005), *Une image de l'Orient au XIVe siècle. Les Mirabilia descripta de Jordan Catala de Sévérac*, Paris: École des Chartes.

Gamarena, M. Gual (1981), *El primer manual hispanico de mercaderia (siglo XIV)*, Barcelona: Consejo superior de investigaciones científicas, Instituto de geografía, etnología e historia.

Gilliodts-van Severen, L. (1904-1906), *Cartulaire de l'ancienne estaple de Bruges*, Brugge: impr. de L. de Plancke.

Giustiniani, Bernardo (1789), "Oratio funebris habita in obitu Francisci Fuscari Ducis," *Orazione, elogi et vite scritte da letterati Veneti patrizi in lode di dogi*, ed altri illustri soggetti, ed. by G. A. Molin, Venezia: Pepoli, pp.21-59.

Grewe, Rudolf and Hieatt, Constance B. trans. & ed. (2001), *Libellus de arte coquinaria: an early northern cookery book*, Tempe: Arizona Center for Medieval and Renaissance Studies.

Hakluyt, Richard (1598), *The principal navigations, voyages, traffiques and discoveries of the english nation*, London: George Bishop and Ralph Newberie.

Jean de Joinville (1963), *History of Saint Louis, Chronicles of the Crusades*, trans. by M. R. B. Shaw, Baltimore: Penguin.

Jean de Mandeville (2000), *Le livre des merveilles du monde*, Paris: C.N.R.S.

John of Marignolli (1929), "Relatio", Sinica Franciscana, ed. by Anastasius van den Wyngaert, Roma: Apud Collegium S, Bonaventurae, vol. 1.

Labalme, Patricia H. (1969), *Bernardo Giustiniani. A venetian of the quattrocento*, Roma: Edizioni di storia e letteratura.

Lepschy, Anna Laura Momigliano (1966), *Viaggio in Terrasanta di Santo Brasca 1480 con l'itinerario dei Gabriele Capodilista 1458*, Milano: Longanesi.

Longanesi & C. (1984), *Livre des simples medecines. Codex Bruxellensis IV. 1204: A 15th-century french herbal*, english trans. by Enid Roberts and William T. Steran, Turnhout: Brepols.

Lopez, R. S. and Airaldi, Gabriella (1983), "Il più antico manuale italiano di pratica della mercatura," *Miscellanea di studi storici* 2: 99-134.

Malipiero, Domenico (1843), "Annali Veneti dall'anno 1457 al 1500," *Archivio Storico Italiano* 7: 1-720.

Martin da Canal (1973), *Les estoires de Venise. Cronaca veneziana in lingua francese dalle origini al 1275*, ed. by A. Limentani, Firenze: L.S. Olschki.

Melis, Federigo (1972), *Documenti per la storia economica dei secoli XIII-XVI*, Firenze: L.S. Olschki.

Montero-Cartelle, E. trans. & ed. (1983), *Constantini liber de coitu: el tratado de andrologia de Constantino el Africano*, Santiago de Compostela: Universidad de Santiago.

Morosini, Antonio (1898-1902), *La chronique d'Antonio Morosini*, Paris: H. Laurens.

Newett, Margaret (1907), *Canon Pietro Casola's pilgrimage to Jerusalem in the year 1494*, Manchester: Manchester University Press.

Odorico da Pordenone (2002), *The travels of friar Odoric*, trans. by H. Yule, Grands Rapids, Michigan & Cambridge: William B. Eerdmans.

Pegolotti, Balducci (1936), *La pratica della mercatura*, ed. by A. Evans, Cambridge: Medieval Academy of America.

Pernoud, Régine (1940), *Un guide de pèlerin en Terre Sainte au XVe siècle*, Mantes: Imprimerie du Petit Mantais.

Priuli, Girolamo (1912-1936), *I diarii*, Bologna: Forni Editore.

Rebello da Silva, L. A. and others, ed. (1862-1910), *Corpo diplomatico Portuguez*, Lisboa: typ. da Academia real das sciencias: Impr. nacional.

Sanudo, Marino (The Elder) (2011), *Marino Sanudo Torsello, The Book of the Secrets of the Faithful of the Cross (Crusade Texts in Translation)*, translated by Peter Lock, Surrey: Ashgate.

Sanudo, Marino (The Younger) (1879-1903), *I diarii*, Venezia: a spese degli editori.

Simonsfeld, Henry (1887), *Der Fondaco dei Tedeschi*, Stuttgart: J. G. Cotta.

Suriano, Francesco (1900), *Il trattato di Terra Santa e dell'Oriente*, Milano: Artigianelli.

Villehardouin, Geoffroy de (2004), *La conquête de Constantinople*, Paris: Honoré Champion.

2. 2차 자료

Aliquot, Hervé (1984), "Les épices à la table des papes d'Avignon au XIVe siècle," *Manger et boire au Moyen Age*, Nice: Les Belles Lettres, pp.131-150.

Arbel, Benjamin (1988), "Venetian trade in fifteenth century Acre: the letters of Francesco Bevilaqua (1471-1472)," *Asian and African Studies* 22: 227-288.

________(2013), "Venice's Maritime Empire in the Early Modern Period," *A Companion to Venetian History, 1400-1797*, ed. by Eric R. Dursteler, Leiden: Brill, pp.125-254.

Ashtor, Eliyahu (1969), *Histoire des prix et des salaires dans l'Orient médiéval*, Paris: S.E.V.P.E.N.

________(1974), "The venetian supremacy in levantine trade: monopoly or pre-colonialism," *Journal of European Economic History* 3: 5-53.

________(1974-1979), "Le monopole de Barsbay d'après des sources véni-tiennes," *Anuario de Estudios Medievales* 9: 551-572.

________(1975a), "The volume of levantine trade in the Later Middle

Ages(1370-1498)," *Journal of European Economic History* 4: 573-612.

_______(1975b), "Profits from trade with the Levant in the Fifteenth century," *Bulletin of th School of Oriental and African Studies* 38: 250-275.

_______(1980), "The volume of medieval spice trade," *Journal of European Economic History* 9: 753-763.

_______(1982), "Levantine weights and standard parcels," *Bulletin of the School of Oriental and African Studies* 45: 471-488.

_______(1983a), *Levant trade in the Later Middle Ages*, Princeton: Princeton University Press.

_______(1983b), "Pagamento in contanti e baratto nel commercio italiano d'Otremare," *Storia d'Italia, Annali 6: Economia naturale, economia monetaria*, Torino: St. Bonaventure University, pp.363-396.

_______(1983c), "Levantine alkali ashes and european industries," *The Journal of European Economic History* 12: 475-522.

_______(1985), "Venezia e il pellegrinaggio in Terrasanta nel basso medioevo," *Archivio Storico Italiano* 143: 205-215.

Azzouz, Rachid éd. (2005), *Histoire. Géographie*, Paris: Magnard.

Balard, Michel (1973), *La Romanie génoise (XII-début du XVe siècle)*, Roma: École française de Rome.

_______(1987), "Importations des épices et fonctions cosmétiques des drogues," *Les soins de beauté: Moyen Age*, Nice: Université de Nice, pp. 125-133.

_______(1988), "Du navire à l'échoppe: la vente des épices à Gênes au XIVe siècle," *Asian and African Studies* 22: 203-226.

_______ éd. (1994), *La circulation des nouvelles au Moyen Age*, Paris: Publications de la Sorbonne.

_______(1995), "Les épices au Moyen Age," *Temas Medievales* 5: 91-100.

Beckingham, Charles F. and Hamilton, B. ed. (1996), *Prester John, the mongols and the ten lost tribes*, Aldershot: Variorum.

Behrens-Abousief, Doris (2016), *Practising diplomacy in the Mamluk sultanate: gifts and material culture in the medieval Islamic world*, London and New York: I. B. Tauris.

Beichner, Paul E. (1961), "The grain of paradise," *Speculum* 36: 302-307.

Bejczy, István (2001), *La lettre du prêtre Jean. Une utopie médiévale*, Paris: Imago.

Benzoni, Gino (1973), *Venezia nell'Età della Controriforma*, Milano: Mursia Editori.

Black, Maggie (1992), *The medieval cookbook*, London: British Museum Press.

Boni, Giacomo (1892), "Il leone di San Marco: bronzo veneziano del Mille-duecento," *Archivio Storico dell'Arte* 5: 301-320.

Boxer, Charles R. (1969a), "A note on Portuguese reactions to the revival of the Red Sea spice trade and the rise of Atjeh, 1540-1600," *Journal of Southeast Asian History* 10: 415-428.

_______(1969b), *The Portuguese seaborne empire 1415-1825*, London: Hutchinson.

Boyajian, James C. (1993), *Portuguese trade in Asia under the Habsburgs, 1580-1640*, Baltimore: The Johns Hopkins University Press.

Braudel, Fernand (1972), *The Mediterranean and the mediterranean world in the age of Philip II*, New York: University of California Press.

Braudel, Fernand et Romano, Ruggiero (1951), *Navires et marchandises à l'entrée du porte de Livourne*, Paris: Armand Colin.

Braunstein, Philippe (1964), "Relations d'affaires entre Nurembergeois et Vénitiens à la fin du XIVe siècle," *Mélanges d'archéologie et d'histoire* 76: 227-269.

_______(1997), "Marchands et navigateurs à la conquête du monde," *L'Histoire* 208: 30-35.

Braunstein, Philippe et Delort, Robert (1971), *Venise: portrait historique d'une cité*, Paris: Éditions du Seuil.

Brefeld, Josephie (1994), *A guidebook for the Jerusalem pilgrimage in the late Middle Ages: a case for computer-aided textual criticism*, Hilversum: Verloren.

Brown, Patricia Fortini (1991), "The Self definition of the venetian republic," *City-states in classical antiquity and medieval Italy*, ed. by A. Molho, K. Raaflaub and J. Emlen, Stuttgart: Steiner Verlag, pp.511-548.

_______(1999), *Venice and antiquity: the Venetian sense of the past*, New Haven and London: Yale University Press.

Brulez, Wilfrid (1958), "Lettres commerciales de Daniel et Antoine van Bombergen à Antonio Grimani(1532-1543)," *Bulletin de l'institut historique belge de Rome* 31: 168-205.

_______(1965), *Marchands flamands à Venise (1568-1605)*, Roma: Academia belgica.

Burke, Peter (2000), "Early modern Venice as a center of information and communication," *Venice reconsidered: the history and civilization of an italian city-state*, ed. by J. Martin and D. Romano, Baltimore: The Johns Hopkins University Press, pp.389-419.

Cessi, Roberto (1944), *Storia della repubblica di Venezia*, Milano and Messina: Principato.

Chambers, David S. (1970), *The imperial age of Venice, 1380-1530*, New York: Harcourt Brace Jovanovich.

Chareyron, Nicole (2005), *Pilgrims to Jerusalem in the Middle Ages*, trans. by W. Donald Wilson, New York: Columbia University Press.

Christ, Georg (2012), *Trading conflicts: Venetian merchants and Mamluk officials in Late Medieval Alexandria*, Leiden and Boston: Brill.

Congdon, Eleanor A. (1998), "Private venetian ships and shipping c. 1400," *Al-Masaq* 10: 57-71.

Cote, Sébastien éd. (2007), *Histoire. Géographie*, Paris: Nathan.

Crouzet-Pavan, Elisabeth(2004), *Venise triomphante: les horizons d'un mythe*,

Paris: Albin Michel.

Dalby, Andrew (2000), *Dangerous tastes: the story of spices*, Los Angeles: University of California Press.

Dale, Thomas E. A. (1994), "Inventing a sacred past: pictorial narratives of St. Mark the Evangelist in Aquilea and Venice, ca. 100-1300," *Dumbarton Oaks Papers* 48: 53-104.

Dansette, Béatrice (1997), *Croisades et pèlerinages: récits, chroniques et voyages en Terre Sainte XIIe-XVIe siècle* éd. par Danielle Régnier-Bohler, Paris: Robert Laffont, pp.1173-1225.

Davis, Robert C. (2003), "Pilgrim-tourism in late Medieval Venice," *Beyond Florence: the contours of medieval and early modern Italy*, ed. by P. Findlen, M. M. Fontaine and D. J. Osheim, Stanford: Stanford University Press, pp.119-132.

De Vivo, Filippo (2004), "The diversity of Venice and its myths," *The Historical Journal* 47: 169-177.

Delaveau, Pierre (1987), *Les épices: histoire, description et usage des différents épices, aromates et condiments*, Paris: Albin Michel.

Delumeau, Jean (1984), *La civilisation de la Renaissance*, Paris: Arthaud.

________(2000), *History of Paradise. The Garden of Eden in myth and tradition*, trans. by M. O'Connell, New York: Continuum.

Demus, Otto (1960), *The church of San Marco in Venice: history, architecture, sculpture*, Washington: Dumbarton Oaks Research Library and Collection.

________(1984), *The mosaics of San Marco in Venice*, Chicago: University of Chicago Press.

Dotson, John E. (1982), "A problem of cotton and lead in medieval italian shipping," *Speculum* 57: 52-62.

Doumerc, Bernard (1994), "Par Dieu écrivez plus souvent! La lettre d'affaires à Venise à la fin du Moyen Age," *La circulation des nouvelles au Moyen Age*, éd. par M. Balard, Paris: Publications de la Sorbonne, pp.99-109.

_______(1995), "Les flottes d'Etat, moyen de domination coloniale pour Venise (XVe siècle)," *Coloniser au Moyen Age,* éd. par M, Balard et A. Ducellier, Paris: Armand Colin, pp.115-126.

_______(1996), "Il dominio del mar," *Storia di Venezia. Il Rinascimento, Politica e cultura*, ed. by A. Tenenti and U. Tucci, Roma: Enciclopedia Italiana, pp.113-180.

_______(1999), *Venise et l'emirat hafside de Tunis (1231-1535)*, Paris: l'Harmattan.

_______(2002), "Les Vénitiens confrontés au retour des rapatriés de l'empire colonial d'outre-mer (fin XVe - début XVIe siècles)," *Migrations et diasporas méditerranéennes (Xe - XVIe siècles)*, éd. par Michel Balard, Paris: Publication de la Sorbonne, pp.375-398.

Ducellier, Alain (1971), "Deux projets vénitiens d'assassinat du roi Zsigmond(1415-1419)," *Etudes finno-ongriennes* 4: 61-66.

Duncan, T. Bentley (1986), "Navigation between Portugal and Asia in the Sixteenth and Seventeenth centuries," *Asia and the West: encounters and exchanges from the age of Explorations*, ed. by E. J. van Kley and C. K. Pullapilly, Notredame: Cross-Cultural Publications Inc/Cross Roads Books, pp.3-25.

Eglin, John (2001), *Venice transfigured: the myth of Venice with British culture, 1660-1797*, New York: Palgrave.

Eldem, Edhem, Goffman, Daniel and Masters, Bruce ed. (1999), *The ottoman city between East and West: Aleppo, Izmir, and Istanbul*, Cambridge: Cambridge University Press.

Elder de Roover, Florence (1938), "The market for spices in Antwerp, 1538-1544," *Revue belge de philologie et d'histoire* 17: 212-221.

Falgairolle, Edmond éd. (1897), *Jean Nicot, ambassadeur de France en Portugal au XVIe siècle, sa correspondance diplomatique inédite*, Paris: A. Challamel.

Ferraro, Joanne M. (2012), *Venice: history of the floating city*, New York: Cambridge University Press.

Ferris, Kate (2012), *Everyday life in Fascist Venice, 1929-40*, London: Palgrave.

Finlay, Robert (1994), "Crisis and crusade in the Mediterranean: Venice, Portugal, and the Cape route to India (1498-1509)," *Studi Veneziani* 28: 45-90.

_______(1999), "The myth of Venice in Guicciardini's History of Italy: Senate orations on princes and the republic," *Medieval and Renaissance Venice*, ed. by E. E. Kittel and T. F. Madden, Urbana and Chicago: University of Illinois Press, pp.294-326.

Freedman, Paul (2005), "Spices and late-medieval European ideas of scarcity and value," *Speculum* 80: 1209-27.

_______(2008), *Out of the East: spices and the medieval imagination*, New Haven and London: Yale University.

Fusaro, Maria (2015), *Political economies of empire in the early modern Mediterranean, The decline of Venice and the rise of England 1450-1700*, Cambridge: Cambridge University Press.

Gascon, Richard (1960), "Un siècle du commerce des épices à Lyon," *Annales. Economies, Sociétés, Civilisations* 15: 638-666.

Gentil da Silva, José (1959), *Marchandises et finances II: Lettres de Lisbonne 1563-1578*, Paris: S.E.V.P.E.N.

Gertwagen, Ruthy (2014), "Venice's policy towards the Ionian and Aegean islands, c. 1204-1423," *The International Journal of Maritime History* 26: 529-548.

Gian, Dal (1958), *Il leone di San Marco sulle monete e sulle oselle della Serenissima*, Venezia: Edizioni della Fortuna.

Godinho, Vitorino M. (1953), "Le repli vénitien et égyptien et la route du Cap, 1496-1533," *Eventail de l'histoire vivante: hommage à Lucien Febvre*, Paris: Armand Colin, vol.1, pp.283-300.

Granel, François (1976), "La thériaque de Montpellier," *Revue d'histoire de la pharmacie* 64: 75-83.

Grasman, Edward (2012), "A salute to you: expansion under the wings of Saint Mark," *Artibus et Historiae* 33(66): 121-131.

Grubb, James (1986), "When myths lose power: four decades of Venetian historiography," *Journal of Modern History* 58: 43-94.

Guilmartin, John F. (2002), *Galleons and galleys*, London: Casell and Co.

Heers, Jacques (1955), "Il commercio nel Mediterraneo alla fine del secolo XIV e nei primi anni del XV," *Archivio Storico Italiano* 113: 157-209.

_______(1961), *Gênes au XVe siècle: activité, économique, et problèmes sociaux*, Paris: S.E.V.P.E.N.

Heers, Marie L. (1954), "Les Génois et le commerce de l'alun à la fin du Moyen Age," *Revue d'histoire économique et sociale* 32: 31-53.

Heyd, Wilhelm (1885-1886), *Histoire du commerce du Levant au moyen-âge*, Leipzig: Otto Harrassowitz, Libraire-Editeur.

Hieatt, Constance B. and Jones, Robin F. (1986), "Two anglo-norman culinary collections edited from british Library Manuscripts," *Speculum* 61(4): 859-882.

Hieatt, Constance B., Hosington, Brenda and Butler, Sharon (1996), *Pleyn delit: medieval cookery for modern cooks*, Toronto: University of Toronto Press.

Hobhouse, Henry (1985), *Seeds change: five plants that transformed mankind*, New York: Harper and Row.

Hocquet, Jean-Claude (1978-1979), *Le sel et la fortune de Venise*, Lille: Université de Lille III.

_______(2006), *Venise et la mer: XIIe–XVIIIe siècle*, Paris: Fayard.

Hoffmann, J. Wesley (1923), "The commerce of the German alpine passes during the early Middle Ages," *Journal of Political Economy* 31: 826-839.

_______(1932), "The Fondaco Dei Tedeschi: The Medium of Venetian-German Trade", *Journal of Political Economy* 40: 244-252.

Horodowich, Elisabeth (2008), *Language and statecraft in Early Modern Venice*, Cambridge: Cambridge University Press.

Howard, Donald R. (1980), *Writers and pilgrims: medieval pilgrimage narratives and their posterity*, Berkely: University of California Press.

_______(2000), *Venice and the East: the impact of the Islamic world on Venetian architecture, 1100-1500*, New Haven, CT and London: Yale University Press.

Huguenin, Daniel et Lessing, Erich (2005), *La gloire de Venise: dix siècles de rêve et d'invention*, Paris: Terrail.

Jacoby, David (1986), "Pèlerinage médiéval et sanctuaires de Terre Sainte: la perspective vénitienne," *Ateneo Veneto* 24: 27-35.

Karem, Marina P. Del Negro (2000), *The lion of St. Mark in venetian art*, doctoral dissertation: University of Louisville.

Kellenbenz, Hermann (1956) "Autour de 1600: le commerce du poivre des Fugger et le marché international du poivre," *Annales: Economies-Sociétés-civilisations* 11(1): 1-28

_______(1983), "The fustian industry of the Ulm regions in the fifteenth century and early sixteenth century," *Cloth and clothing in medieval Europe. Essays in memory of professor E. M. Carus-Wilson*, ed. by N. B. Harte and K. G. Pontin, London: Heinemann Educational Books, pp.259-276.

_______(1990), "From Melchior Manlich to Ferdinand Cron: german levan-tine and oriental trade relations (second half of XVIth and beginning of XVIIth centuries)," *Journal of European Economic History* 19(3): 611-622.

Knapton, Michael. (2013), "The Terraferma state," *A Companion to Venetian History, 1400-1797*, ed. by Eric R. Dursteler, Leiden: Brill, pp.85-124.

Lach, D. F. (1965), *Asia in the making of Europe: the century of discovery*, vol. 1, Chicago and London: University of Chicago Press.

Lane, Frederic. C. (1934), *Venetian ships and shipbuilders of the Renaissance*,

Baltimore: The Johns Hopkins University.

_______(1940), "The Mediterranean spice trade: further evidence of its revival in the sixteenth century," *American Historical Review* 45(3): 581-590.

_______(1944), *Andrea Barbarigo: merchant of Venice, 1418-1449*, Baltimore: The Johns Hopkins University.

_______(1962), "Cargaisons de coton et réglementations médiévales contre la surcharge des navires de Venise," *Revue d'histoire économique et sociale* 15: 21-31.

_______(1966), *Venice and history. The collected papers of Frederic C. Lane*, Baltimore: The Johns Hopkins University.

_______(1968), "Pepper prices before Da Gama," *Journal of Economic History* 28: 590-597.

_______(1973), *Venice. A maritime republic*, Baltimore: The Johns Hopkins University Press.

_______(1987), "Venetian galleys to Alexandria, 1344," *Studies in venetian social and economic history*, ed. by B. G. Kohl and R. C. Mueller, London: Variorum Reprints, pp.431-440.

Laurioux, Bruno (1983), "Du l'usage des épices dans l'alimentation médiévale," *Medievales* 5: 14-31.

_______(1985), "Spices in the medieval diet: a new approach," *Food and Foodways* 1: 43-76.

_______(1989), "Modes culinaires et mutations du goût à la fin du Moyen Age," *Artes mechanicae en Europe médiévale*, Bruxelles: Archives et bibliothèques de Belgique, pp.199-222.

_______(1995), "Vins musqués et flaveurs de paradis," *Le monde végétal (XIIe - XVIIe siècles), Savoirs et usages sociaux*, Saint-Denis: Presses universitaires de Vincennes, pp.157-174.

_______(1997), *Le Règne de Taillevent. Livres et pratiques culinaires à la fin du Moyen Age*, Paris: Publications de la Sorbonne.

_______(2007), *Manger au Moyen Age*, Paris: Hachette littératures, DL.

Law, John E. (1992), "The Venetian mainland state in the fifteenth century," *Transactions of the Royal Historical Society* 2: 153-174.

Le Goff, Jascques (1980), *Marchands et banquiers du Moyen Age*, Paris: Presses universitaires de France.

Le Grand, L. (1904), "Les pèlerinages en Terre Sainte au Moyen Age," *Revue des Questions Historiques, nouvelle série* 31: 383-402.

Lopez, Robert S. and Raymond, Irving W. (1955), *Medieval trade in the Mediterranean world*, New York: Columbia University Press.

Luis, D. Igual (1994), "Las galeras mercantiles venecianes y e puerto de Valencia (1391-1534)," *Anuario de estudios medievales* 24: 179-200.

Luzzatto, Gino (1954), "La decadenza di Venezia dopo scoperte geografiche nella tradizione e nella realtà," *Archivio Veneto* 54-55: 162-181.

Lybyer, Albert H. (1915), "The ottoman turks and the routes of oriental trade," *The English Historical Review* 30 (120): 577-588.

Madden, Thomas F. (2006), *Enrico Dandolo and the rise of Venice*, Baltimore: The Johns Hopkins University Press.

_______(2012), *Venice. A new history*, London: Viking.

Mallet, Michael E. (1967), *The Florentine galleys in the Fifteenth century*, Oxford: Clarendon Press.

Mallet, Michael and Shaw, Christine (2012), *Italian wars, 1494-1559*, London and New York: Routledge.

Mantran, Robert (1977), "Venise, centre d'information sur les Turcs," *Venezia centro di mediazione tra Oriente e Occidente (secoli XV-XVI)*, ed. by H.-G. Beck, M. Manoussacas and A. Pertusi, Firenze: L.S. Olschki, pp.111-116.

Marin, Serban (2003), "The Venetian community between civitas and imperium. A project of the capital's transfer from Venice to Constantinople, according to the chronicle of Daniele Barbaro," *European Review of History* 10: 81-102.

Mas-Latrie, Louis (1852-61), *Histoire de l'ile Chypre sous le règne des princes de la maison de Lusignan*, Paris: impr. de A. Lainé et J. Havard.

Mathew, K. S. (1997), *Indo-Portuguese trade and the Fuggers of Germany: sixteenth century*, New Delhi: Manohar Pubns.

Mazzaoui, Maureen F. (1981), *The Italian cotton industry in the Later Middle Ages*, Cambridge: Cambridge University Press.

_______(1987), "La diffusione delle tecniche tessili del cotone nell'Italia dei secoli XII-XVI," *Tecnica e società nell'Italia dei secoli XII-XVI*, Pistoia: Editografica, pp.157-172.

McCleary, Nelson (1931-1933), "Note storiche ed archeologiche sul testo della 'Translatio sancti Marci'," *Memorie Storiche Forogiuliesi* 27-29: 223-264.

McNeill, William H. (1974), *Venice. The hinge of Europe 1081-1797*, Chicago and London: The University of Chicago Press.

Medin, Antonio (1904), *La Storia della repubblica di Venezia nella poesia*, Milano: Ulrico Hoepli.

Meilink-Roelofsz, M. A. P. (1962), *Asian trade and european influence in the indonesian archipelago between 1500 and about 1630*, Hague: Martinus Nijhoff.

Melis, Federigo (1984), *I trasporti e le comunicazioni nel Medioevo*, Firenze: Le Monnier.

Meloy, John L. (2003), "Imperial strategy and political exigency: the Red Sea spice trade and the Mamluk sultanate in the Fifteenth century," *Journal of the American Oriental Study* 123: 1-19.

Mokyr, Joel ed. (2003), *The Oxford encyclopedia of economic history*, Oxford: Oxford University press.

Moranvillé, Henri (1905), "Un pèlerinage en Terre Sainte et au Sinaï au XVe siècle," Bibliothèque de l'École des Chartes 66: 74-104.

Morris, Jan (1980), *The Venetian empire: a sea voyage*, Harmomdsworth: Penguin.

Muir, Edward (1979), "Images of power: art and pageantry in Renaissance Venice", *The American Historical Review* 84(1): 16-52.

_______ (1981), *Civic ritual in Renaissance Venice*, Princeton: Princeton University Press.

Munro, John H. (2003), "The monetary origins of the Price Revolution: South German silver mining, merchant banking and venetian commerce, 1470-1540," *Global connections and monetary history, 1470-1800*, ed. by Flynn, D. O., Giraldez, A., and Glahn, von. R, Burlington: Ashgate, pp.1-34.

NAM, Jong-Kuk (2007), *Le commerce du coton en Méditerranée à la fin du Moyen Age*, Leiden and Boston: Brill.

Nef, John U. (1941), "Silver production in Central Europe," *Journal of Political Economy* 49: 575-591.

Nicol, Donald (1988), *Byzantium and Venice: a study in diplomatic and cultural relations*, Cambridge: Cambridge University Press.

Niermeyer Jan F. (1984), *Mediae latinitatis lexicon minus: abbreviationes et index fontium*, Leiden: Brill.

Noiret, Hippolyte (1892), *Documents inédits pour servir à l'histoire de la domination vénitienne en Crète de 1380 à 1485*, Paris: Thorin et fils.

O'connell, Monique (2009), *Men of empire. Power and negotiation in Venice's maritime state*, Baltimore: The Johns Hopkins University Press.

O'Regan, Mary (1980), "Medieval spices and spice accounts," *The Ricardian: journal of the Richard III society* 68: 164-169.

Origo, Iris (1963), *The merchant of Prato, Francesco di Marco Datini*, Harmondsworth: Penguin.

O'Rourke, Kebin H. and Williamson, Jeffrey G. (2009), "Did Vasco da Gama matter for european markets? Testing Frederic Lane's hypotheses fifty years later," *The Economic History Review* 62: 1-45.

Pach, S. P. (1973), "La route du poivre vers la Hongrie médiévale," *Mélanges en l'honneur de Fernand Braudel, Histoire économique du monde méditerranéen 1450-1650*, Toulouse: Privat, pp.449-458.

Papacostea, Serban (1971), "Kilia et la politique orientale de Sigismond de Luxembourg," *Revue Roumaine d'histoire* 15: 421-436.

Parry, Seth. (2008), *Fifty years of failed plans: Venice, humanism, and the Turks*, PhD. Dissertation of the City University of New York.

Peterson, Toby (1980), "The Arab influence on western European cooking," *Journal of Medieval History* 6: 317-340.

Pifarre Torres, D. (2002), *El comerç internaticional de Barcelona i el mer del Nord(Bruges) a finals del segle XIV*, Barcelona: Publicacions de l'Abadia de Montserrat.

Pincus, Debra (1997), "Mark gets the message: Mantegna and the praedestination in Fifteenth-century Venice," *Artibus et Historiae* 18(35): 135-146.

Piponnier Françoise (1974), "Recherches sur la consommation alimentaire en Bourgogne au XIVe siècle," *Annales de Bourgogne* 46: 65-111.

Pliny (1968), *Natural history, vol. 4, Cambridge*, Massachusetts: Harvard University Press.

Postan, Michael and Rich, E. E., ed. (1952), *The Cambridge economic history of Europe, vol. 2: trade and industry in the Middle Ages*, Cambridge: Cambridge University Press.

Pringle, Denys (2012), *Pilgrimage to Jerusalem and the Holy Land, 1187-1291*, London and New York: Routledge.

Pryor, John H. (1988), *Geography, technology, and war: studies in the maritime history of the Mediterranean, 649-1571*, New York: Cambridge University Press.

Pryor, John H. and Jeffreys, Elizabeth M. (2006), *The age of the Dromon: byzantine navy ca 500-1204*, Leiden and Boston: Brill.

Pullan, Brian (1964), "Service to the Venetian state: Aspects of myths and reality in the Early Seventeenth Century," *Studi Secenteschi* 5: 95-147.

Queller, Donald. E. (1986), *The venetian patriciate: reality versus myth*, Urbana and Chicago: University of Illinois Press.

Queller, Donald E. and Madden, Thomas F. (1997), *The Fourth Crusade: the conquest of Constantinople*, Philadelphia: University of Pennsylvania Press.

Redford, Bruce (1996), *Venice and the grand tour*, New Haven: Yale University Press.

Régnier-Bohler, Danielle, éd. (1997), *Croisades et pèlerinages: récits, chroniques et voyages en Terre Sainte XIIe-XVIe siècle*, Paris: Robert Laffont.

Renouard, Yves (1968), *Les hommes d'affaires italiens du Moyen Age*, Paris: Armand Colin.

Richard, Jean (1977), "Une economie coloniale? Chypre et ressources agricoles au Moyen Age," *Byzantinische Forschungen* 5: 331-352.

_______ (1981), *Les récits de voyage et de pèlerinage*, Turnhout: Brepols.

Rizzi, Alberto (2001), *I leoni di San Marco. Il simbolo della repubblica veneta nella scultura e nella pittura*, Venezia: Arsenale.

Robert, Mestre (1982), *Libre del coch: tractat de cuina medieval*, ed. by Veronika Leimgruber, Barcelona: Curial.

Röhricht, Reinhold und Meisner, Heinrich (1880), *Deutsche Pilgerreisen nach dem Heiligen Lande*, Berlin: Weidmann.

Romano, Dennis (2007), *The likeness of Venice. A life of doge Francesco Foscari 1373-1457*, New Haven and London: Yale University Press.

Rosand, David (1984), "Venetia figurata: the iconography of a myth," *Interpretazioni veneziane: studi di storia dell'arte in onore di Michelangelo Muraro*, ed. by David Rosand, Venezia: Arsenale Editrice, pp.177-196.

_______ (2001), *Myths of Venice: the figuration of a state*, London: Chapel Hill.

Roy, Bruno (1992), "Trois regards sur les aphrodisiaques," *Du manuscript à la table: Essais sur la cuisine au Moyen Age et répertoire des manuscrits médiévaux contenant des recettes culinaires*, éd. par Carole Lambert, Paris and Montréal: Champion-Slatkine, pp.285-292.

Rubinstein, Nicolai (1974), "Italian reactions to Terraferma expansion in the Fifteenth century," *Renaissance Venice*, ed. by J. R. Hale, London: Faber and Faber, pp.197-217.

Rudt de Collenberg, Wipertus H. (1989), "Il leone di San Marco. Aspetti storici e formali dell'emblema statale della Serenissima," *Ateneo Veneto* 27: 58-84.

Saint-Guillain, Guillaume (2002), "Les dues de l'Archipel et le coton de Santorin (fin XIVe debut XV" sieclel)," *Bisanzio, Venezia e il mondo franco-greco(XJII-XV secolo)*, ed. by C. A. Maltezou and P. Schreiner, Venezia: Istituto ellenico di studi bizantini e postbizantini di Venezia, pp.365-394.

Santalena, Antonio (1906), *I leoni di San Marco con documenti e illustrazioni*, Venezia; Maria Luisa.

Sardella, Pierre (1948), *Nouvelles et spéculations à Venise au début du XVIe siècle*, Paris: A. Colin.

Sassi, Salvatore (1950), *Sulle scritture di due aziende mercantili veneziane del quattrocento*, Napoli: La Nuovissima.

Savage, Henry L. (1977), "Pilgrimages and pilgrim shrines in Palestine and Syria after 1095," *A history of the Crusades, volume four: the art and architecture of the crusader states*, ed. by K. M. Setton, Wisconsin: University of Wisconsin Press, pp.36-58.

Sayous, André E. (1935), "Le commerce de Melchior Manlich et Cie," *Revue historique* 176: 389-411.

Schur, Nathan (1980), *Jerusalem in pilgrims and travellers' accounts: a thematic bibliography of western christian itineraries 1300-1917*, Jerusalem: Ariel Publishing House.

Scully, Terence (1992), "Les saisons alimentaires du menagier de Paris," *Du manuscrit à la table: Essais sur la cuisine au Moyen Age et répertoire des manuscrits médiévaux contenant des recettes culinaires*, éd. par Carole

Lambert, Paris · Montréal: Champion-Slatkine, pp.205-213.

_______(1995), *The art of cookery in the middle ages*, Woodbridge: The Boydell Press.

Silverberg, Robert (1972), *The realm of Prester John*, Ohio: Ohio University Press.

Smith, Stefan H. (2001), "The mystification of spices in the western tradition," *European Review of History* 8: 119-136.

_______(2007), "Demystifying a change in taste: spices, space, and social hierarchy in Europe," *The International History Review* 29: 237-257.

Sottas, Jules (1938), *Les messageries maritimes de Venise aux XIVe et XVe siècles*, Paris: Société d'éditions géographiques, maritimes et coloniales.

Southern, R. W. (1953), *The making of the Middle Ages*, London: Hutchinson's University Library.

Spufford, Peter (2002), *Power and profit. The merchant in medieval Europe*, London: Thames and Hudson.

Standish, Dominic (2012), *Venice in environmental peril? Myth and reality*, Plymouth: University Press of America.

Stantchev, Stefan K. (2009), *Embargo: the origins of an idea and the implications of a policy in Europe and the Mediterranean, ca. 1100-ca. 1500*, PH D. dissertation of University of Michigan.

Steensgaard, Niels (1985), "The return cargoes of the Carreira in the 16th and early 17th century," *Indo-Portuguese history: old issues, new questions*, ed. by Teotonio R. de Souza, New Delhi: Concept, pp.13-31.

Stella, Aldo (1969), "La crisi economica veneziana della seconda metà del secolo XVI," *Archivio Veneto* 56: 17-69.

Stöckly, Doris (1995), *Le système de l'incanto des galées du marché à Venise (fin XIIIe - Milieu XVe siècle)*, Leiden, New York and Köln: Brill.

_______(1997), "Commerce et rivalité à Chypre. Le transport du sucre par les Vénitiens dans les années 1440, d'après quelques documents génois,"

Oriente e Occidente tra Medioevo e Eta moderna. Studi in onore di Geo Pistarino, ed. by L. Balletto, Genova: G. Brigati, vol. 2, pp.1133-1144.

Stripling, George W. F. (1942), *The ottoman Turks and the Arabs 1511-1574*, Urbana: The University of Illinois Press.

Strömer, Wolfgang von. (1970), "Nuremberg in the international economics of the Middle Ages", *The Business History Review* 44: 210-225.

_______(1986), "Die Kontinentals-perre Kaiser Sigismunds gegen Venedig 1412-1413, 1418-1433 und die Verlagerung der trans-kontinentalen Transportwege," *Transporti e sviluppo economico, secoli XIII-XVII*, ed. by Anna Vannini Marx, Firenze: Le Monnier, pp.61-84.

Subrahmanyam, Sanjay (1993), *The Portuguese empire in Asia 1500-1700. A political and economic history*, New York: Longman.

Sumption, Jonathan (1975), *Pilgrimage: a image of mediaeval religion*, London: Faber & Faber.

Swanson, Robert W. (2011), *Indulgences in Late Medieval England: passports to paradise?*, Cambridge: Cambridge University Press.

Tenenti, Alberto (1973), "The sense of space and time in the Venetian world of the fifteenth and sixteenth centuries," *Renaissance Venice*, ed. by J. R. Hale, London: Faber & Faber, pp.17-46.

Thiriet, Freddy (1959), *La Romanie vénitienne au Moyen Age*, Paris: Bibliothèque de l'École Française d'Athènes et de Rome.

Thorndike, Lynn (1934), "A medieval sauce-book," *Speculum* 9: 183-198.

Tramontin, Silvio(1970), "Realtà e leggenda nei racconti marciani veneti," *Studi Veneziani* 12: 35-58.

Tucci, Ugo (1967), "I servizi marittimi veneziani per il pellegrinaggion in Terrasanta nel Medioevo," *Studi Veneziani* 9: 43-66.

_______(1994), "Le commerce vénitien du vin de Crète," *Maritime food transport*, ed. by K. Friedland, Köln: Böhlau Verlag, pp.199-211.

_______(1998), "Il commercio del vino nell'economia cretese," *Venezia e*

Creta, ed. by G. Ortalli, Venezia: Istituto veneto di scienze, pp.183-206.

Tuma, Oldrich (1984), "Some notes on the significance of the imperial chrysobull," *Byzantion* 54: 358-366.

Tzanaki, Rosemary (2003), *Mandeville's medieval audiences. A study on the reception of the book of sir John Mandeville*, Aldershot: Ashgate.

Vallet, Eric (1999), *Marchands vénitiens en Syrie à la fin du XVe siècle*, Paris: Association pour le développement de l'histoire économique.

Van der Wee, Herman (1963), *The growth of the Antwerp market and the European economy*, Louvain: Publications universitaires.

Wake, C. H. H. (1979), "The changing pattern of Europe's pepper and spice imports, ca. 1400-1700," *Journal of European Economic History* 8: 361-403.

Wansbrough, John(1963), "A Mamluk ambassador to Venice in 913/1507," *Bulletin of the School of Oriental and African Studies* 26: 503-530.

Weinstein, Donald (1960), *Ambassador from venice, Pietro Pasqualigo in Lisbon, 1501*, Minneapolis: University of Minnesota Press.

Wharton, Annabel Jane (2006), *Selling Jerusalem: relics, replicas, theme parks*, Chicago and London: The University of Chicago Press.

Willan, T. S. (1955), "Some aspects of english trade with Levant in the Sixteenth century," *The English Historical Review* 70(276): 399-410.

Wills, Garry (2001), *Venice: lion city: the religion of empire*, New York: Washington Square Press.

Wood, Paul (2017), "Aspects of art in Venice: encounters with the East," *European art and the wider world 1350-1550*, Manchester: Manchester University Press.

Wordsworth, William (1981), "On the extinction of the Venetian republic," in *Wordsworth: poetic works*, ed. by Thomas Hutchinson, revised by Ernest De Selincourt, Oxford: Clarendon Press.

Zarncke, Friedrich (1996), "Prester John's letter to the byzantine emperor Emanuel, with a note by B. Hamilton on additional latin manuscript of the letter," *Prester John, the mongols and the ten lost tribes*, ed. by C. F. Beckingham and B. Hamilton, Aldershot: Variorum, pp.39-102.

Zorzi, Alvise (1980), *Una città, una repubblica, un impero, Venezia: 697-1797*, Milano: Mondadori.

<한글 자료>

괴테, 요한 볼프강 폰(2017), 『이탈리아 여행』, 안인희 옮김, 지식향연.

김덕수 외(2012), 『고등학교 세계사』, 천재교육.

남종국(2006), 「상업 기록 속의 중세 이탈리아 상인과 상업세계」. 『서양중세사연구』 18: 129-158.

________(2007), 「13-14세기 지중해 해전: 베네치아와 제노바를 중심으로」, 『서양사연구』 36: 3-31.

________(2015), 『이탈리아 상인의 위대한 도전: 근대 자본주의와 혁신의 기원』, 앨피.

박용진(2012), 「순례와 여행: 『산티아고 순례 안내서』를 통해 본 중세의 순례」, 『동국사학』, 53: 167-195.

마뇨, 알레산드로 마르초(2015), 『책 공장 베네치아: 16세기 책의 혁명과 지식의 탄생』, 김정하 옮김, 책세상.

마키아벨리, 니콜로(2019), 『로마사 논고』, 강정인 · 김경희 옮김, 한길사.

부르크하르트, 야코프(2003), 『이탈리아 르네상스의 문화』, 이기숙 옮김, 한길사.

브라운, 패트리샤 포르티니(2001), 『베네치아의 르네상스』, 김미정 옮김, 예경.

브로델, 페르낭(1997), 『물질문명과 자본주의 III-1』, 주경철 옮김, 까치.

손세관(2007), 『베네치아: 동서가 공존하는 바다의 도시』, 열화당.

쉬벨부쉬, 볼프강(2002), 『기호품의 역사: 파라다이스, 맛과 이성』, 이병련 · 한운석 옮김, 한마당.

시오노 나나미(1996), 『바다의 도시 이야기』, 정도영 옮김, 한길사.

아부-루고드, 재닛(2006), 『유럽 패권 이전: 13세기 세계체제』, 박흥식 · 이은정 옮김, 까치.

아불라피아, 데이비드(2016), 『위대한 바다: 지중해 2만년의 문명사』, 이순호 옮김, 책과함께.

양정무(2011), 『상인과 미술』, 사회평론.

자딘, 리사(2003), 『상품의 역사: 르네상스의 새로운 역사』, 이선근 옮김, 영림카디널.

주경철(2008), 『대항해시대』, 서울대학교출판부.

최갑수(2005), 「제국에서 근대국가로: 유럽사에 대한 하나의 역사적 조망」, 『세계정치』 26: 121-149.

크롤리, 로저(2011), 『500년 무역 대국 부의 도시 베네치아』, 우태영 옮김, 다른세상.

패트릭 J. 기어리(2010), 『거룩한 도둑질: 중세 성유골 도둑 이야기』, 유희수 옮김, 길.

피쉬, 외르크 외(2010), 『코젤렉의 개념사 사전 3: 제국주의』, 황승환 옮김, 푸른역사.

투생-사마, 마귈론(2002), 『먹거리의 역사』, 이덕환 옮김, 까치.

최상준 외(2012), 『고등학교 세계사』, 교학사.

홉슨, 존 M.(2005), 『서구 문명은 동양에서 시작되었다』, 정경옥 옮김, 에코리브르.

찾아보기

[ㅂ]

[ㅅ]

[ㅍ]

중세 해상제국 베네치아

펴낸날 1판 1쇄 2020년 12월 30일
지은이 남종국
펴낸이 이승아
펴낸곳 이화여자대학교출판문화원
주소 서울특별시 서대문구 이화여대길 52 (우03760)
등록 1954년 7월 6일 제9-61호
전화 02) 3277-2965 (편집), 362-6076 (마케팅)
팩스 02) 312-4312
전자우편 press@ewha.ac.kr
홈페이지 www.ewhapress.com
책임편집 이혜지
디자인 정혜진
찍은곳 한영문화사

ISBN 979-11-5890-409-8 93920
값 27,000원

* 잘못된 책은 구입처에서 바꾸어 드립니다.